HANS PETER SYNDIKUS · CATULL

Erster Teil

IMPULSE DER FORSCHUNG

Band 46

HANS PETER SYNDIKUS

CATULL

Eine Interpretation

Erster Teil

Einleitung
Die kleinen Gedichte (1–60)

1984
WISSENSCHAFTLICHE BUCHGESELLSCHAFT
DARMSTADT

CIP-Kurztitelaufnahme der Deutschen Bibliothek

Syndikus, Hans Peter:
Catull: e. Interpretation / Hans Peter
Syndikus. – Darmstadt: Wissenschaftliche
Buchgesellschaft.
Teil 1. Einleitung. Die kleinen Gedichte (1–60).
–1984.
(Impulse der Forschung; Bd. 46)
ISBN 3-534-01507-X
NE: GT

2345

Bestellnummer 1507-X

Satz: Maschinensetzerei Janß, Pfungstadt
Druck und Einband: Wissenschaftliche Buchgesellschaft, Darmstadt
Printed in Germany
Schrift: Linotype Garamond, 9/11

ISSN 0174-0687
ISBN 3-534-01507-X

INHALT

VORWORT

Die Absicht dieser Interpretationen ist vor allem, Kunst und Kunstform in den Gedichten Catulls besser verstehen zu lernen. Sie wollen sich in die schon jahrzehntelangen Bemühungen einreihen, in den verschiedenen Formen dieser Dichtung einen und denselben künstlerischen Geist zu erkennen. Ohne Qualitätsunterschiede im einzelnen leugnen zu wollen, ist der Autor dieses Buches davon überzeugt, daß Catull auch in den kleinen Gedichten und Epigrammen Kunstwerke schaffen wollte und daß sich unter ihnen keineswegs ungeformte Augenblickseinfälle und Gelegenheitsbillets finden. Andererseits hält er die großen Gedichte der Buchmitte nicht für kalte Künstlichkeiten, sondern für Werke, in denen der gleiche Herzschlag zu spüren ist wie in den anderen Gedichten.

Die Methode dieses Buches ist die Interpretation, das heißt, das Bild des Dichters soll durch eine erneute Betrachtung und Prüfung der Einzeltexte klarer werden. Wie in anderen Untersuchungen erwies sich dabei zur Objektivierung der Ergebnisse der literarische Vergleich besonders hilfreich, das heißt die Gegenüberstellung Catulls mit den Aussagen und Formen der ihm vorliegenden literarischen Tradition. Und mehr als bei späteren Dichtern, deren Medium eine von festen Konventionen geprägte Dichtersprache ist, muß bei Catull der sprachliche Einzelausdruck geprüft werden, um, soweit es überhaupt noch möglich ist, seine Eigenart und Schattierung zu erfassen. Dann hat sich eine Interpretation vor allem darum zu bemühen, die tragende Struktur eines Textes herauszuarbeiten und in der Erkenntnis von Aufbau, Bewegung und Bildlichkeit die künstlerische Form zu erfassen. Keineswegs aber soll durch solche mehr ästhetischen Gesichtspunkte der Dichter in einem luftleeren Raum literarischer Größe angesiedelt werden, sondern die Gestalt kann nur vor dem Hintergrund der gesellschaftlichen und geschichtlichen Bedingungen seiner Existenz wirklich erfaßt werden.

Das größte Hemmnis einer vertieften Erkenntnis von Catulls dichterischem Werk ist der recht desperate Zustand der Überlieferung. Auch wenn sich in den Ausgaben der letzten Jahrzehnte so etwas wie eine *communis opinio* über den Catulltext herauskristallisiert hat, wird man sich stets bewußt bleiben müssen, daß diese Textgestalt auf der dünnen, brüchigen Überlieferung eines einzigen Codex beruht, der von Fehlern gewimmelt haben muß. Man steht also hier auf sehr unsicherem Boden und hat mit mehr Textentstellungen zu rechnen als bei den meisten anderen römischen Dichtern. Da es aber bei der Interpretation poetischer Texte sehr oft auf jedes Wort ankommt, wird sich ein Interpret Catulls fortwährend Gedanken über die Textgestalt zu machen haben und wird manche Überlegungen wegen der Unsicherheit des Textes mit einem Fragezeichen zu versehen haben.

Wenn nichts anderes vermerkt ist, lese ich den Text, wie er in der Ausgabe von Mynors steht. Eine Reihe von Büchern zitiere ich abgekürzt. Ein Verzeichnis dieser Abkürzungen findet sich am Schluß des Bandes.

H. P. S.

EINLEITUNG

1. Der Lebensrahmen

In Catulls Gedichten tritt ein ungemein lebendiger Mensch vor uns, und mehr als bei vielen anderen Autoren Roms glauben wir einen Blick in sein Leben und in seine Welt zu tun. Aber trotz dieser lebendigen Fülle bleibt uns doch im einzelnen vieles unsicher und wenig greifbar. Das hängt auch damit zusammen, daß wir außer Catulls Selbstaussagen kaum Nachrichten über ihn haben.

Die Chronik des Hieronymus gibt als Lebensdaten die Jahre 87–57 v. Chr. an.[1] Das ist wie manch ein anderes Datum dieser Chronik evident falsch: Catull nennt geschichtliche Ereignisse, die nach Hieronymus' Todesjahr fallen.[2] L. Schwabe[3] wies nun auf die Möglichkeit hin, Hieronymus habe beim Notieren der Lebensdaten wegen des nämlichen Konsuls L. Cornelius Cinna die Jahre 84 und 87 verwechseln können; wenn er nun von 87 an mit einer ihm bekannten dreißigjährigen Lebenszeit weitergerechnet habe, mußte er auch auf ein falsches Sterbedatum kommen. Die richtigen Lebensdaten seien demnach 84 bis 54. Eine andere Kombinationsmöglichkeit, die Schwabe schließlich vorzieht, ist, daß zwar das Geburtsjahr 87 richtig ist, daß aber die Zahl dreißig nur als Annäherungswert gemeint war, den die Chronologen zu wörtlich nahmen und so ein falsches Todesdatum errechneten. Das liefe auf eine Lebenszeit von 87 bis etwa 54 hinaus. Der Ansatz 84 bis 54 hat wohl mehr für sich, da ein Fehler beim Geburtsjahr wahrscheinlicher ist als bei der Zahl dreißig; letzte Sicherheit ist aber nicht zu gewinnen. Es kann aber festgehalten werden, daß nichts darauf hindeutet, daß Catull noch nach dem Jahre 54 gelebt hat. Es erscheint ganz und gar unwahrscheinlich, daß die turbulente Zeit und all die politischen und gesellschaftlichen Veränderungen nach dem Jahre 54 in Catulls Werk gar keine Spur hinterlassen haben sollten, wenn er sie erlebt hätte.[4] Es

[1] Hieron, chron. a Abr. ad a. 1930 (= 87 v. Chr.); ad a. 1960 (= 57 v. Chr.).

[2] Caesars Britannenfeldzug des Jahres 55: c. 11, 11 f.; 29, 4; Pompeius' 2. Konsulat im selben Jahr: c. 113, 2. Auch der Porticus des Pompeius, der c. 55, 6 erwähnt wird, deutet auf diese Zeit; das Theater des Pompeius wurde 55 v. Chr. eröffnet. Cf. Schwabe 33; M. Schuster, RE s. v. Valerius Sp. 2358–60; Lenchantin p. V. n. 1.

[3] p. 48; cf. Friedrich 63.

[4] So schon Schwabe 33. Vatinius' von Catull c. 52 als empörend empfundene Be-

ist auch zu bedenken, daß nicht nur Hieronymus, sondern auch schon Ovid unserem Dichter ein kurzes Leben zuschreibt.[5]

Eine Nachricht über Catull bringt noch Sueton im 73. Kapitel seiner Caesarbiographie; er berichtet dort, Catulls Schmähverse auf Mamurra hätten Caesar schwer gekränkt, er habe aber eine Entschuldigung Catulls sofort akzeptiert, ihn zu Tische geladen und sich nach wie vor der Gastfreundschaft von Catulls Vater bedient. Das ist nicht uninteressant. Wenn ein Caesar, der ja damals viele Anfeindungen gewohnt war, von Catulls Versen merklich beunruhigt war, muß Catull schon zu Lebzeiten ein einflußreicher und weithin bekannter Dichter gewesen sein; andererseits wird uns durch Sueton die gesellschaftliche Stellung von Catulls Familie klar: Caesar wohnte in den oberitalienischen Städten seiner Provinz gewiß immer in den vornehmsten Häusern und ganz bestimmt nicht bei einem Provinzialen, sondern bei einem römischen Bürger. Catulls Vater scheint zu der reichen und einflußreichen Schicht römischer Bürger gehört zu haben, die überall in den Provinzen den Handel und die Finanzverwaltung in Händen hielten; nur so sind die Besitztümer der Familie in und bei Rom und die engen Verbindungen mit den politisch führenden Kreisen Roms zu erklären. Zu einem solchen gesellschaftlichen Status der Familie paßt auch, daß sich in Rom seit der augusteischen Zeit Valerii Catulli als Magistrate finden.[6]

Im übrigen sind wir für Nachrichten über Catulls Leben auf seine eigene Dichtung angewiesen. In ihr spiegelt sich gewiß das Leben des Autors in vielfacher Weise wider, aber da die Anordnung der persönlichen Gedichte nicht in chronologischer Reihenfolge geschieht und da nur wenige Gedichte zeitlich festgelegt werden können, ist es nicht leicht, Zusammenhänge zu gewinnen und eine zeitliche Aufeinanderfolge festzulegen.

rufung auf sein Konsulat bezieht sich nicht auf die tatsächlich im Jahre 47 innegehabte Würde als *cos. suffectus,* sondern auf ein für ihn anscheinend bezeichnendes Prahlen, daß er Hoffnung auf ein, ja auf zwei Konsulate habe. Cf. Cic. Vat. 6 *quae tu impudenter vaticinando sperare te saepe dixisti*; Vat. 11 *de altero consulatu gerendo [...] cogitare*; vid. Schwabe 40–43; Fordyce ad c. 52 introd. Eine solche Zuversicht ist durch die Vorausplanung von Stellenbesetzungen durch die Triumvirn durchaus verständlich; cf. Cic. Att. 4, 8b, 2.

[5] Ov. am. 3, 9, 61 f.

[6] Die gesellschaftliche Stellung und römische Herkunft der Familie Catulls beleuchtet Pepe 25–36. Das cognomen Catullus ist eine gutlateinische Bildung, und zwar eine Deminutivform von der Wurzel Cato oder Catus wie Fabullus von Fabius; cf. Pepe 36. Das erübrigt alle Spekulationen über eine keltische Herkunft der Familie, die seit R. Pichon, Histoire de la littérature latine, Paris 1897, 288 und E. Norden, Die römische Literatur, in Gerke-Norden, Einleitung in die Altertumswissenschaft, Leipzig-Berlin 1910, 477, öfter angestellt wurden.

An Versuchen, hier weiterzukommen und die Gedichte gewissermaßen als Quelle einer äußeren oder inneren Biographie zu benützen, hat es nicht gefehlt. Ungemein einflußreich waren hier die berühmten Catulluntersuchungen L. Schwabes aus dem Jahre 1862. Aber das gewiß sehr anregende und kenntnisreiche Buch brachte neben vielem Bedenkenswerten doch auch eine Reihe sehr freier Rekonstruktionen, die völlig unbeweisbar sind. Ein Weiterschreiten auf diesem Weg führte bei späteren Catullbiographen zu geradezu romanhaften Zügen.[7] Da sich aber bei dem unsicheren Ausgangspunkt die einzelnen Hypothesen vielfach widersprachen, machten sie in unserer Zeit einer verbreiteten Skepsis Platz. Man glaubt nicht mehr recht, daß unser Material ausreicht, um einen sicheren chronologischen Rahmen zu schaffen, in dem wenigstens die wichtigsten Gedichte ihren festen Platz haben.[8] Auf dieselbe Skepsis treffen heute die früheren Versuche, eine innere Entwicklung und eine Entfaltung Catulls poetischer Produktion aus den überlieferten Gedichten ablesen zu können.[9]

[7] Eine schöne Biographie Catulls verfaßte Weinreich als Einleitung seiner Übersetzung; aber auch in dieser einfühlenden Lebensskizze ist vieles weniger sicher und beweisbar, als gemeinhin angenommen wird.

[8] Einen knappen kritischen Überblick über widersprechendste chronologische Versuche bietet Bardon, Propositions 6–8. Sein Ergebnis: En réalité, nous ne possédons aucun élément positif. Dieselbe Skepsis zeigt R. G. C. Levens in M. Platnauer, Fifty Years (and Twelve) of Classical Scholarship, Oxford 1968, 362–365.

[9] Ganz anders urteilt freilich F. Stoessl, C. Valerius Catullus. Mensch, Leben, Dichtung. Beiträge zur klass. Phil., Heft 85, Meisenheim am Glan 1977. Er weist zuversichtlich jedes Gedicht einer bestimmten Lebensepoche zu und unterscheidet etwa in Catulls großer Passion drei Entfremdungen und zwei Wiederversöhnungen, die er jeweils einer bestimmten Zeit zuschreibt. Die Grundlage dieser kühnen Hypothesen ist eine Untersuchung des Wortgebrauchs; z. B. der Veroneser Frühzeit wird ein bestimmter Wortschatz zugeschrieben. Aber die Wörter, mit denen Stoessl argumentiert, sind zum größten Teil ganz und gar übliche Wörter der lateinischen Sprache, die jeder Römer jeden Tag im Mund führen konnte. Ist es nun auch nur irgendwie wahrscheinlich, daß ein sprachgewandter Dichter wie Catull bestimmte Wörter seiner Muttersprache immer nur in kurzen Abschnitten seines Lebens in sein Werk aufgenommen haben sollte? Ist die Konzentration mancher Wörter auf bestimmte Gedichte oder Gedichtgruppen nicht eher inhaltlichen Gründen zuzuschreiben, weil sie eben thematisch nahegelegt waren? Gewiß haben Untersuchungen des Wortschatzes bei anderen Autoren, etwa bei Platon, zur Sicherung der Chronologie beigetragen; aber bei Platon handelt es sich um ein Werk, das sich über viele Jahrzehnte und nicht einige knappe Jahre erstreckt, so daß also Wandlungen wahrscheinlich sind, und die Wortuntersuchungen fußen nicht auf inhaltlich bestimmten Wörtern, sondern auf Partikeln und dergleichen, also auf Sprachelementen, deren Gebrauch mehr unbewußt geschieht. Bei solchen Wörtern scheint nun

Wir werden also bescheidener sein müssen, und anstelle einer exakten Chronologie oder gar einer Darstellung einer inneren Entwicklung mit deutlich unterscheidbaren Entwicklungsstufen müssen wir uns damit begnügen, ein paar Umrisse des Lebenslaufes herauszuarbeiten. Sicher ist weniges. Natürlich hat es für Catull Jugendjahre in Verona und am Gardasee gegeben, bevor er sich in Rom niederließ und sich in der Hauptstadt und ihrer Gesellschaft so einlebte, daß er sich ganz als Bewohner Roms fühlte;[10] aber es scheint mir etwas leichtsinnig zu sein, irgendwelche Gedichte mit Veroneser Stoffen einer vorrömischen Epoche zuzuweisen. Catull hat die Verbindung mit seiner norditalienischen Heimat nie abgebrochen; und wie er c. 68 in Verona schrieb und wie er zwei berühmte Gedichte noch nach der bithynischen Reise am Gardasee dichtete,[11] so können alle anderen Gedichte mit Veroneser Motiven zu irgendeinem Zeitpunkt seines Lebens bei einem Aufenthalt in der Heimat entstanden sein.[12]

Über Zeitpunkt und Grund von Catulls Übersiedlung nach Rom ist an sich nichts überliefert, aber wenn ein junger Mann von Adel in die Hauptstadt ging, war vermutlich eine politische Karriere beabsichtigt.[13] Das war so bei dem jungen Cicero und wird bei Catull nicht anders gewesen sein. Nahegelegt wird das auch dadurch, daß auch sein Bruder vermutlich politische Ambitionen hatte; auch er wird sich in der Verfolgung einer politischen Laufbahn nach Kleinasien begeben haben, wo er einen frühen Tod fand. Was den Zeitpunkt der Übersiedlung angeht, wird Catull wie Cicero oder auch wie Virgil, Horaz und Ovid[14] recht jung nach Rom gegangen sein: wenn man Aussicht auf eine politische Karriere haben wollte, mußte man früh beginnen; und nur in Rom konnte man die dafür nötigen Fundamente legen.

tatsächlich zumindest die statistisch feststellbare Häufigkeit des Gebrauchs in verschiedenen Epochen eines schriftstellerischen Werks nachweisbar zu schwanken: Im Gegensatz zu inhaltlich bestimmten Wörtern kann das also ein chronologisches Indiz sein. Cf. St. Borzsák, Gnomon 51 [1980] 494–496.

[10] Am deutlichsten: c. 68,34f.

[11] c. 68,27ff.; c. 4; c. 31.

[12] So urteilen auch F. Della Corte, Due studi Catulliani, Genova 1951, 153ff.; Pepe 12f., 16f. Lenchantin p. VIIIf. hält wenigstens c. 17 und 67 für Veroneser Jugendwerke. Ein solches Interesse für Belanglosigkeiten der Provinz sei in der römischen Zeit nicht mehr denkbar. Aber manche Gedichte aus der römischen Umgebung unterscheiden sich, wenn man von der Gewichtigkeit des Stoffes her urteilt, in nichts von diesen beiden Gedichten. Ich glaube übrigens nicht, daß man c. 17 und 67 gerecht wird, wenn man sie lediglich als Wiedergabe von Provinzklatsch betrachtet.

[13] Cf. Wilamowitz, Hell. D. 2,309.

[14] Hor. s. 1,6,71–73 *puerum;* Ov. tr. 4,10,15f. *teneri.*

In Rom wurde für Catull die Literatur wichtiger als die Politik. Bei einem jungen Mann, der auf politischem Gebiet bis zu seinem dreißigsten Lebensjahr nichts anderes unternommen hat, als einmal in der Begleitung eines Propraetors Aufgaben in der Provinz zu versehen, kann das politische Engagement nicht sehr groß gewesen sein. Soviel wir wissen, ist Catull auch nie wie sein Dichterfreund Calvus vor Gericht als Redner aufgetreten. Aber wenn Catull die politische Tätigkeit auch nur lässig verfolgte, so zeigen seine Gedichte doch immer wieder klare politische Parteinahme,[15] gerade in den spätesten Jahren.[16]

Alle politischen Äußerungen Catulls deuten auf eine Feindschaft gegen die damals in Rom allmächtigen Triumvirn. Wie sein Freund Calvus Epigramme gegen die Triumvirn richtete,[17] führte auch er einen Invektivenkrieg gegen Caesar und seinen General Mamurra. Dabei darf man diese Invektiven wegen ihrer vorwiegend obszönen Thematik keineswegs als Ausdruck privater Verärgerung oder gar persönlicher Eifersucht in Liebessachen betrachten[18]: die obszöne Schmähung war, wie Ciceros Reden zeigen, ein übliches politisches Kampfmittel; Calvus' Epigramme gegen die Triumvirn arbeiten ebenfalls ausschließlich mit ihm. Auch wenn Catull in Calvus' Angriffe gegen Vatinius einstimmt und seine wirkungsvolle Rede gegen ihn beifällig anhört, paßt das in diese politische Frontstellung: Vatinius war ein Werkzeug der Triumvirn. Schließlich zeugt auch Catulls Anschluß gerade an Memmius für eine durchgehende politische Linie: Memmius war im Jahre 58 in seiner Prätur als Feind Caesars hervorgetreten.[19]

Der politische Protest bei Catull bedient sich auch c. 29 einer üblichen

[15] Cf. C. Deroux, Latomus 29 (1970) 608–631. U. Knoche, WdF 141, schreibt dagegen den Dichtern um Catull eine ausgesprochene Kampfstellung gegen die *vita activa,* also gegen die politische Welt zu. Aber überträgt er hier nicht Wertungen der Elegiker auf die vorherige Generation?

[16] c. 29,4 kann nicht vor Caesars Britannenzug, also den Sommer 55, fallen. c. 54, 6f. weist auf dieses Gedicht zurück. Auch Calvus' Rede gegen Vatinius, die Catull c. 53 anhört, fällt wohl in diese Zeit. Calvus hatte Vatinius zwar schon früher angegriffen (Tac. dial. 34, 7), aber der Höhepunkt der Auseinandersetzungen fällt in die Jahre 56 und 54; cf. Cic. Sest.; Qu. fr. 2, 4, 1; Vat.; vid. p. 265 n. 6.

[17] Calvus fr. 17; 18 Morel. Th. Mommsen, Römische Geschichte, Bd. 3, Berlin [9]1904, 332, beleuchtet den politischen Hintergrund dieses „Epigrammenkrieges".

[18] Dies scheint Kroll, ad c. 29, introd., für das Wichtigste zu halten: „Der Grund seines Hasses lag vielmehr in der Rolle [...], die er bei der Damenwelt spielte." Vorausgegangen war in dieser Beurteilung Wilamowitz, Hell. D., 2, 309. Cf. aber auch C. Deroux, loc. cit. 608; 610f.

[19] Cf. Cic. Att. 2, 12, 2; Suet. D. J. 73, 2. Die hier berichtete Versöhnung bezieht sich auf die Konsulatswahl des Jahres 53.

Argumentation, wenn die Ausbeutung der Provinzen zugunsten eines nichtswürdigen Helfershelfers Caesars angeprangert wird.[20] Freilich, wenn man an Catulls eigene Bereicherungsabsicht bei seiner Provinztätigkeit in Bithynien denkt, wird man in solchen Vorwürfen kaum den entscheidenden Punkt der Feindschaft sehen. Catulls und Calvus' Haltung dürfte vielmehr eine unter der stadtrömischen jungen Aristokratie verbreitete oppositionelle Gesinnung widerspiegeln: in diesen Kreisen hielt man schon im Jahre 59 v. Chr. das Willkürregiment der Triumvirn für unerträglich.[21] Eine typisch aristokratische Haltung zeigt das 52. Gedicht, in dem sich Catull darüber empört, daß nun unwürdige Emporkömmlinge die höchsten Staatsämter einnehmen dürfen.[22] Und gut aristokratisch ist auch die grenzenlose Verachtung, mit der im 54. Gedicht Caesars Leute als Bodensatz der Gesellschaft charakterisiert werden.[23] Aber allzu grundsätzlich scheint weder bei Calvus noch bei Catull die Frontstellung gegen Caesar und die Einreihung in die politische Opposition gegen die Triumvirn gewesen zu sein: Beide söhnten sich nach ihren heftigen Invektiven mit Caesar aus, und Catull verfeindete sich mit Memmius, als ihm die Provinztätigkeit nicht den gewünschten Erfolg gebracht hatte.[24]

In Catulls politischer Haltung haben wir also einen klar fixierbaren Berührungspunkt mit seiner Umwelt und Zeit; auch das Datum seiner bithynischen Reise ist mit großer Wahrscheinlichkeit festzulegen. Da Memmius im Jahre 58 Praetor war, wird er Bithynien im Jahre 57 verwaltet haben, und Catull war dann bis Frühjahr 56 dort.[25] Die paar Gedichte, die sich darauf beziehen, sind also annähernd datierbar.[26] Von einem der bithynischen Gedichte, dem Epigramm an den toten Bruder, dessen Grab in der Gegend von Troja Catull bei seiner kleinasiatischen Reise besuchte, gelingt auch eine allerdings wenig genaue zeitliche Bestimmung von Catulls großer Pas-

[20] Cic. Att. 7, 7, 6 ist die Bereicherung des Mamurra und einiger anderer Caesarianer einer der Punkte, über die ein senatorisch gesinnter Mann nicht hinwegkommen kann; cf. C. Deroux, loc. cit. 623–625.

[21] Cf. Cic. Att. 2, 7, 3; 2, 8, 1; 2, 18, 1 f.; 2, 21, 1; 4, 1, 7; 4, 6, 1; Suet. D. J. 73. Th. Mommsen, op. cit. 217, charakterisiert die politische Situation, wobei er auch auf Memmius' Angriffe auf Caesar im Jahre 58 hinweist.

[22] Das Übliche der Aussage zeigt wieder Cicero, für den Vatinius auch ein Inbegriff des Widerwärtigen in der Politik dieser Jahre war: Cic. Att. 2, 6, 2; cf. C. Deroux, loc. cit. 625–627.

[23] Auch Caelius in Cic. fam. 8, 4, 2 kreidete es Caesar an, daß er die Freundschaft *infimorum hominum* mit viel Geld zu gewinnen suche.

[24] Suet. D. J. 73; Cat. c. 10, 12 f.; 28, 9 f.

[25] Cf. Schwabe 159–175.

[26] c. 4; 10; 28; 31; 46; 101; wegen c. 28 auch c. 47.

sion, der Liebe zu Lesbia. Der Tod des Bruders, der beim Besuch seines Grabes schon eine gewisse Zeit zurücklag, ist in c. 65 und c. 68 noch eine frische Wunde. Das 68. Gedicht aber blickt auf eine schon längere Zeit der Beziehung zu Lesbia zurück und zeigt bereits erste Anzeichen einer beginnenden Desillusionierung. Der Schluß scheint unausweichlich, daß mindestens der Höhepunkt von Catulls großer Passion vor die bithynische Reise fällt.[27]

Einige wenige Gedichte können noch durch die Erwähnung datierbarer Ereignisse zeitlich festgelegt werden: Wenn der 76 v. Chr. geborene Asinius Pollio c. 12 als *puer* bezeichnet wird, muß das Gedicht relativ früh sein. Das erotische Spottepigramm c. 113 dagegen wird durch die Erwähnung von Pompejus' 2. Konsulat auf das Jahr 55 festgelegt, ebenso kann c. 55 nicht früher sein, da in ihm die Säulenhalle am Theater des Pompejus erwähnt wird, das erst in diesem Jahr fertiggestellt wurde. Ob die c. 53 bewunderte Rede seines Freundes Calvus gegen Vatinius die des Jahres 56 oder die im Jahre 54 gehaltene war, ist nicht mit Sicherheit zu klären.[28]

Frühestens in das Jahr 55 fallen auch die Gedichte, in denen Caesars Britannenzug erwähnt wird, also c. 11 und c. 29; und c. 54 ist noch später als c. 29, auf das es sich bezieht. Daran schließt sich noch c. 45 an: Wenn in ihm ein Streben nach Reichtum konkret als ein Begehren der Schätze Syriens und Britanniens bezeichnet wird, läßt das am ehesten an eine Entstehungszeit denken, in der die Triumvirn Crassus und Caesar ihr Augenmerk auf diese Punkte gerichtet haben.

Diese zufälligen Bezeugungen scheinen wenig zur Deutung von Catulls Entwicklung beitragen zu können. Aber eine nicht unwichtige Feststellung wird durch sie doch möglich. Die vom Jammer über den Tod des Bruders und von der grenzenlosen Verzweiflung über die zerbrechende Beziehung zu Lesbia, aber auch von bitteren politischen Bemerkungen Catulls ausgehende Hypothese, der spätere Catull sei einer zunehmenden Verdüsterung

[27] P. Maas, Class. Qu. 36 (1942) 79 und Wiseman 37 halten es freilich für nicht beweisbar, daß Catull auf der bithynischen Reise das Grab des Bruders besuchte. Catull müßte also Kleinasien zweimal aufgesucht haben, oder der Besuch am Grabe wäre nur poetische Fiktion gewesen. Beides ist wenig wahrscheinlich. Auf eine zweite Reise deutet nichts hin, und warum sollte Catull in c. 101 eine Reise „durch viele Völker und viele Meere“ erdichtet haben, ein Motiv, das sich sonst in keinem Grabgedicht findet? Warum sollte er dann nicht eine der Formen des Grabepigramms gewählt haben, in denen man üblicherweise der in der Ferne Verstorbenen gedachte?

[28] Kroll ad c. 53,2 plädiert für das Jahr 56; E. S. Gruen, Harv. St. in Class. Phil. 71 (1966) 217–221, mit neuen Argumenten für das Jahr 54.

verfallen[29], ist so zu widerlegen: Wie schon den sich um die bithynische Reise rankenden Gedichten von einer allgemeinen Verdüsterung nichts anzumerken ist, gehören auch die offenbar ganz späten Gedichte 45 und 55 zu den beschwingtesten und heitersten Gebilden, die Catull geschaffen hat.

Noch ein Wort über die Dauer von Catulls poetischer Produktion. Man darf sich durch die Konzentration der datierbaren Gedichte auf Catulls letzte Lebensjahre nicht bestimmen lassen. Diese Konzentration beruht allein auf der Tatsache, daß die beiden wesentlichen Anhaltspunkte, die bithynische Reise und Caesars erstes Britannenunternehmen, in diese Jahre fallen. Catulls Worte über eine nicht unbeträchtliche Dauer seines dichterischen Schaffens sind unmißverständlich: Wenn er in dem Widmungsgedicht an Nepos auf frühe Verse zurückschaut, die bereits Nepos' Beifall gefunden hätten, tut er es mit Worten, die nur sinnvoll sind, wenn eine ganze Reihe von Jahren gemeint ist.[30] Der längere Zeitraum gilt vor allem auch für Catulls Hauptthema, seine Beziehung zu Lesbia. Wenn er c. 76, 13 rückblickend von dieser Beziehung als einem *longus amor* spricht, hebt er diese Liebe bewußt von den rasch angebahnten und schnell vorübergehenden Liebesbeziehungen ab, wie sie damals in Rom üblich waren.

Einen völlig neuen Aspekt in der Datierungsfrage bietet eine Beobachtung von O. Skutsch.[31] Er stellte fest, daß von Catulls Hendekasyllaben diejenigen in den Gedichten 2 bis 26 fast durchwegs mit Spondeen beginnen, daß sich aber bei denen des 1. Gedichts wie bei denen der Gedichte 27 bis 58 zahlreiche Verse mit einem trochäischen oder jambischen Einsatz finden. Und zwar gibt es in dieser zweiten Gruppe unter 25 Gedichten 17, die ungefähr 60 Verse mit einem solchen abweichenden Beginn haben. Skutsch deutet diese Erscheinung so, daß Catull zu irgendeinem Zeitpunkt die strenge Form mit dem spondeischen Einsatz fallengelassen hat; mit dieser Scheidung hätten wir also eine relative Chronologie in den Händen und

[29] Auf c. 55 beruft sich auch Coppel 165 bei seinem Widerspruch gegen Weinreichs These einer Verdüsterung im Lebensgefühl des Dichters, Weinreich, Catull 38.

[30] c. 1, 5 *iam tum, cum ausus es...* So kann man nur auf eine schon vor längerer Zeit erfolgte Veröffentlichung zurückschauen; cf. P. Gilbert u. M. Renard, Latomus 11 (1942) 93–96.

[31] O. Skutsch, BICS = Univ. of London. Institute of Class. Stud. Bulletin No. 16 (1969) 38–43. Jambische Basis in der Gruppe c. 2–26 haben c. 2, 4; 3, 17; 7, 2; eine trochäische Basis findet sich hier nicht. In der Gruppe c. 1 und 27–60 zählt Skutsch 34mal eine jambische und 33mal eine trochäische Basis, davon drei jambische und einen trochäischen Verseinsatz in c. 1.

könnten in den Hendekasyllaben von c. 1 und c. 27–58 eine spätere Gruppe von Gedichten fassen.

Daß in der verschiedenen Behandlung des Versbeginns zwei Stadien der poetischen Produktion greifbar werden, scheint angesichts der gravierenden Abweichungen sicher zu sein. Da aber nicht jedes einzelne Gedicht diese Merkmale aufweist und der Unterschied nur bei einem Vergleich der beiden Gruppen deutlich wird, bleibt die Frage offen, ob sich in der Anordnung unseres Gedichtbuchs die ursprünglich zeitlich geschiedenen Gruppen rein erhalten haben.[32] Ein chronologisches Interesse bestand ja bei der Zusammenstellung des ganzen Buches nicht; etwa in den ersten Lesbiagedichten bis c. 11 werden alle Stadien der Verbindung bis zum bitteren Ende durchlaufen; und unter den in Skutschs erste Hendekasyllabengruppe eingeschobenen Gedichten in anderen Versmaßen finden sich mit c. 4 und c. 11 solche, die aus Catulls letzten Lebensjahren stammen. Wie nun c. 11 aus inhaltlichen Gründen an seinen Ort gerückt ist – es sollte den Schlußpunkt der ersten Reihe von Lesbiagedichten bilden –, könnte aus ähnlichen Gründen unter die erste Gruppe von Hendekasyllabengedichten auch das eine oder andere spätere eingeschoben sein.[33] Sicher ist das bei c. 10. Das nach der bithynischen Reise verfaßte Gedicht muß nach dem Reiselied c. 46 geschrieben sein. Auch die zweite Gruppe besteht wahrscheinlich nicht nur aus späten Gedichten. Wie unter denen in anderen Versmaßen relativ frühe eingeschoben sind wie c. 51, ist bei den Hendeka-

[32] Das hebt O. Skutsch 38 hervor. Er nimmt deshalb die Anordnung der phalaikeischen Gedichte nur als 'roughly chronological' an; die Gedichte in anderen Versformen seien nach dem Gesichtspunkt metrischer Variation eingeschoben, hier könne man also keine chronologische Anordnung erwarten.

[33] Anders schließt Wiseman Cinna 109–111 von Skutschs Ergebnissen aus. Da die mit der bithynischen Reise zusammenhängenden Gedichte 10 und 46 ausschließlich eine spondeische Basis haben, die an den Beginn der Verbindung mit Lesbia gehörigen Gedichte 2 und 3 aber je eine jambische Basis aufweisen, datiert er den technischen Wandel erst nach der bithynischen Reise und setzt konsequent sämtliche Lesbiagedichte nach diesem Termin an. Aber trägt diese schmale Grundlage eine so weitreichende Folgerung? Die im Vergleich der beiden Gedichtgruppen merkliche metrische Lockerung zu einem bestimmten Zeitpunkt bedeutet ja schwerlich, daß Catull davor keinen einzigen jambischen Verseinsatz geschrieben haben könnte. Mehr als eine Verschiebung der statistischen Häufigkeit wird man bei solchen geringfügigen technischen Unterschieden nicht erwarten dürfen. Von allen von Wiseman in Kauf genommenen Schwierigkeiten scheint mir die Annahme am unwahrscheinlichsten zu sein, daß praktisch alle erhaltenen Catullgedichte den drei letzten Lebensjahren des Dichters entstammen sollen. Daß er früher nichts geschrieben hätte, wird durch c. 1,3–5 ausgeschlossen; warum soll er aber dann nur seine spätesten Gedichte veröffentlicht haben?

syllaben die schrankenlose Bewunderung Lesbias in c. 43 zu einem sehr späten Zeitpunkt nicht mehr möglich. Metrisch würde dieses Gedicht gut in die erste Gruppe passen: es hat nur spondeische Einsätze.

Auch wenn man einige Umstellungen bei der Redaktion der Sammlung in Rechnung stellen muß, wird Skutschs metrische Scheidung auch durch eine thematische Verschiedenheit bestätigt. In der ersten Gruppe stehen alle die berühmten Gedichte, in denen auf dem Höhepunkt der Liebesbegegnung mit Lesbia Catulls unverstellter Jubel über dieses Glück zum Ausdruck kommt, während in der zweiten außer c. 43 alle Lesbiagedichte von Uneinigkeit, Entzweiung und Klage über Untreue erfüllt sind. In der ersten Gruppe waren die Freunde Veranius und Fabullus in Spanien, während sie später einem Statthalter Piso wahrscheinlich nach Macedonien gefolgt waren.[34] Und in der ersten Gruppe finden sich auch alle Spottgedichte auf Furius und Aurelius, die später in c. 11 nur noch einmal in recht verschiedener Weise angesprochen werden. Schließlich sind alle politischen Gedichte in der zweiten Gruppe konzentriert.

Wenn man so unvermutet ein Mittel gewonnen hat, mit dessen Hilfe die kleinen Gedichte wenigstens im groben in zwei Gruppen zu scheiden sind, ist man verblüfft, wie einheitlich trotz einiger thematischer Verschiebungen die Dichtung hier und dort doch klingt. Die beiden Gedichtgruppen sind im Grunde keine unterscheidbaren Entwicklungsstufen. Es ist weniger der Dichter anders geworden als die Umwelt, die sich in seinem Werke spiegelt. Wie manch anderer Lyriker der Weltliteratur hat Catull einen sehr einheitlichen Ton, und er besticht weniger durch die Vielfalt seiner Klänge als durch seine Eigenart.

[34] Nach c. 28 fiel der Provinzaufenthalt der Freunde unter einem Piso, der c. 47 nochmals genannt wird, zeitlich mit Catulls bithynischem Aufenthalt zusammen. Das paßt auf das Prokonsulat des L. Piso Caesoninus, der im Jahre 57 Macedonien verwaltete. Auffallend stimmt auch c. 28, 5 *frigoraque et famem* mit Cic. Pis. 40 *fame, frigore* zusammen. Daß die Reise der beiden Freunde nach Spanien, die c. 9; 12; 13 erwähnt wird, zu einem früheren Zeitpunkt stattgefunden hat, wird auch dadurch nahegelegt, daß der 76 v. Chr. geborene Asinius Pollio c. 12 noch als *puer* bezeichnet wird. Cf. Schwabe 246–248; R. Syme, Class. et Med. 17 (1956) 129–134; R. G. M. Nisbet, Cicero in Pisonem, Oxford 1961, 180–182. Anders Kroll ad c. 9; P. Maas, Cl. Quart. 36 (1942) 79–82; Wiseman 38–40. Unentschieden Fordyce introd. ad c. 9.

2. Der gesellschaftliche Hintergrund

Die gesellschaftliche Stellung Catulls wie die seines Dichterfreundes Calvus war völlig verschieden von dem niedrigen gesellschaftlichen Rang und der abhängigen Lage der meisten früheren römischen Dichter.[1] Welch ein Schlaglicht auf die Bedeutung von Catulls Familie allein dadurch geworfen wird, daß der Proconsul Caesar in Verona stets bei seinem Vater abstieg, ist oben schon gesagt worden.[2] Die finanziellen Mittel des jungen Catull waren entsprechend: neben seinem Haus in Rom besaß er eine Villa bei Tivoli; aus der Provinz kehrte er mit einer dort erworbenen Jacht zurück; und daß er sich dort auch eine Zahl Sänftenträger gekauft habe, traut man ihm ohne weiteres zu.[3] Auch flüssige Mittel besaß er offenbar zur Genüge, wie die erklecklichen Summen zeigen, die ihm Bekannte schuldeten oder um die sie ihn baten.[4] Auch wenn er einmal scherzhaft auf das Spinnengewebe in seinem Geldbeutel hinweist und den eingeladenen Freund auffordert, alles selbst mitzubringen, so ist das keine echte Geldverlegenheit: Der Dichter spielt hier die Rolle eines Bohemiens, dem Geld gänzlich gleichgültig ist; er hat zwar gerade kein Geld einstecken, aber ein Parfüm will er für das Gastmahl verschwenden, das unbezahlbar ist.[5]

Dasselbe Bild zeigen seine gesellschaftlichen Verbindungen. Die führenden literarischen, aber auch politischen Kreise Roms sahen in Catull keineswegs einen kleinen Provinzler, sondern empfanden ihn als ihresgleichen: Mit dem nicht nur als Dichter, sondern auch als Redner und Politiker einflußreichen Licinius Calvus verband ihn eine herzliche Freundschaft; Cornelius Nepos lobte schon seine ersten Verse; der berühmte Redner und Consular Hortensius Hortalus ermunterte ihn zu einer literarischen Arbeit; und der von ihm beleidigte Caesar lud ihn sofort nach einer Entschuldigung persönlich bei sich zu Tisch.[6] Aber auch wenn er führende Männer in literarischem Angriff herausforderte, geschah das in dem Ton, in dem man von gleich zu gleich spricht, im Ton dessen, der 'dazugehört'. Und

[1] Die Wichtigkeit dieses Gesichtspunktes beleuchtet Williams 41f. und 460.

[2] Cf. auch Schwabe 50f.; Wilamowitz, Hell. D., 2, 309; Goold 2.

[3] Cf. c. 68,34f.; 44,1–4; 4,19 *erum;* 10,14 *certe;* Friedrich 64.

[4] c. 23,26; 41,2; 103,1. Es handelt sich um 10000 bis 100000 Sesterze; cf. M. Schuster, R. E. s. v. Valerius, Sp. 2356.

[5] c. 13. c. 26 gehört nicht hierher; in Vers 1 gibt die Lesart des Oxoniensis *vestra* den Text: wie in c. 23 verspottet Catull die Armut des Furius.

[6] c. 14; 50; 53; 96. Von Calvus' gesellschaftlichem Rang und seinem Reichtum zeugt, daß später Augustus, bevor er seinen Wohnsitz auf den Palatin verlegte, in Calvus' früherem Haus am Forum wohnte: Suet. Aug. 72,1. Die weiteren Stellen: c. 1,3f.; 65,17f.; Suet. D. J. 73.

solche literarischen Gefechte werden mit einer Angriffslust, einem Freimut und Selbstbewußtsein ausgefochten, die mehr an die Satiren eines Lucilius erinnern, der römischer Ritter und Freund führender Politiker war, als an den allgemeinen und gedämpften Ton und die vorsichtige Zurückhaltung späterer Literaten.[7]

Catull bewegte sich also in den oberen Rängen der Gesellschaft, und hier erwartete er auch sein Publikum. Er schrieb nicht für jedermann,[8] sondern für eine gebildete aristokratische Schicht, besonders für eine aristokratische Jugend, die sich von den Idealen Altroms gründlich abgewandt hatte und einem Lebensstil huldigte, den man als den reinen Gegensatz der altrömischen *gravitas* bezeichnen könnte.[9] Hier konnte er Leser erwarten, die die gleiche innere Unabhängigkeit wie er besaßen, die seinen Geschmack und seine gesellschaftlichen Urteile teilten und die denselben überfeinerten Sinn für alle Reize und Raffinessen des Lebens und der Literatur besaßen. Hier war man wie er elegant, charmant, witzig und frech; hier pflegte man wie er in einem lässigen 'understatement' seine ganze Überlegenheit über allen als tölpelhaft empfundenen Ernst kundzutun. Wie weitgehend Catull in Maßstäben und Lebensgefühl mit dieser modernen, modischen Welt übereinstimmte,[10] die Cicero verächtlich als '*delicata iuventus*' abstempelte, zeigt der gleiche Wortschatz, mit dem hier wie dort Geschmacks- und Gesellschaftsurteile gefällt werden. Catull bezeichnet gesellschaftliches Benehmen und literarische Produktion, die ihm gefallen, als *bellus, dicax, facetus, elegans, delicatus, iocosus, lepidus, salsus, urbanus* und *venustus*. Der Wortschatz der Kreise, in denen sich Catull bewegte, hat sich natürlich nicht direkt erhalten, aber Sallust und Cicero scheinen die modische Gesellschaft Roms mit ihren eigenen Worten charakterisiert zu haben; wir finden hier den Catullschen Wortschatz im Grunde wieder: bei Sallust: *elegans, iocus, facetiae, lepos;* bei Cicero: *lautus, facetus, dicax, deliciae, ineptiae, venustas.*[11]

[7] Williams 41 sieht einen Zusammenhang von Catulls Herkunft aus der "provincial aristocracy" und seiner "iconoclastic arrogance"; cf. auch K. Christ, Krise und Untergang der römischen Republik, Darmstadt 1979, 408.

[8] Cf. Williams 49.

[9] Auch wenn Cicero Cat. 2, 22–24 übertrieben haben wird, macht diese Schilderung der vornehmen Jugend Roms doch sehr deutlich, daß diese jungen Leute in Aufmachung und Lebensstil das genaue Gegenteil von dem sein wollten, was das altrömische Lebensideal ausmachte.

[10] Havelock 100: "... he does express the spirit and essence of 'society' set within inverted commas, ... Within this group he moved, breathing the one atmosphere which could inspire him and kindle his verse."

[11] Cf. Fordyce ad c. 43, 8; Wiseman p. 9 n. 3; 12; Sall. 25 (über Sempronia); Cic.

Gut kann man das Gesellschaftsideal, von dem Catull bezaubert ist, vom 22. Gedicht ablesen; denn Suffenus, über den hier Catull zu seinem Freund Varus plaudert, genügt nach seinen Worten in allem den Maßstäben des feinen Geschmacks, nur daß er unverzeihlicherweise miserable Verse macht, die diesem Standard keineswegs entsprechen.[12] Als positives Beispiel guten Geschmackes erscheint c. 12, 8f. auch der junge Asinius Pollio: *est enim leporum / differtus puer et facetiarum.* Catull hat dabei ein so unangefochtenes Bewußtsein gesellschaftlicher Sicherheit und Überlegenheit, daß er sich in diesen Gedichten und auch sonst geradezu zu einem '*arbiter elegantiarum*' aufschwingt, und er verweist und verspottet, was dem feinen Geschmack nicht entspricht.[13] In witziger Weise ist sich Catull c. 36 sogar einmal mit Lesbia, die ihm sonst ja als das Muster aller gesellschaftlichen Vollkommenheit erschien (c. 86!), nicht einig, was wirklich geschmackvoll ist. Und ein besonders lohnendes Objekt des Spottes ist ihm natürlich jemand, der zur Gesellschaft gehören will, aber durch lächerliche Übertreibungen des schicken Tones zeigt, daß er keine Ahnung hat. So zielt der Spott über einen Egnatius, der ein hervorstechender Schönling sein wollte, auf solche Übertreibungen. Die Pointe eines Spottgedichtes auf ihn offenbart dann die eigentlichen Ursachen seines unpassenden Benehmens: er kam aus der tiefsten Provinz.[14] Dieses ungemeine Wichtignehmen aller Fragen des rechten Tones macht deutlich, daß für Catull und seine Kreise Stilwidrigkeiten im Benehmen viel unverzeihlicher waren als ernsthafte Verfehlungen.

Catull nahm dabei so sehr das Gehabe des Stadtrömers und die hochmütigen Urteile der dortigen aristokratischen Jugend an, daß er, der ja selbst aus der Provinz nach Rom gekommen war, wie oben schon angedeutet, auch deren verächtliches Herabblicken[15] auf das bäuerisch empfundene Land und die als rückständig gewertete Provinz voll übernahm.[16] Die Worte Land und Provinz waren ihm Synonyme für ungeschliffenes, tölpelhaftes Benehmen: Wer nicht dem eleganten Standard entspricht, wird als

Cael. 67 (Verehrer Clodias offenbar in ihrer eigenen Sprache charakterisierend); Ross 104–112.

[12] Cf. Havelock p. 188 n. 33.

[13] c. 12, 2 *non belle uteris;* 12, 4 *hoc salsum esse putas;* 43, 6–8; 84; 86.

[14] c. 37, 19f.; 39, 1–16. Im 39. Gedicht bringen die Verse 7f. und 16 die bezeichnenden Werturteile.

[15] Ein typisches stadtrömisches Urteil über die Provinz zeigen die Worte eines Freundes c. 68, 27–29.

[16] Auch für diese Wertung ist c. 22 der entscheidende Text, ferner c. 36, 19; 54, 2; cf. M. Schuster, R. E. s. v. Valerius Sp. 2363.

„Grabknecht und Ziegenmelker" verhöhnt; das Land ist selbstverständlich *infacetus,* plump, geistlos; und das Schlimmste, was er über einen schlechten Geschmack sagen kann, ist, daß er provinziell ist.[17]

Ein solches Abwerten alles Nicht-Hauptstädtischen war in der hauptstädtischen Bevölkerung üblich[18] und spiegelt das Selbstbewußtsein des Stadtrömers wider; es widerspricht aber zutiefst dem ursprünglichen römischen Fühlen, wie es sich besonders in den Geschichten aus Roms Frühzeit darstellt. Die Erinnerung an die römischen Ursprünge war auch eine Erinnerung an eine bäuerliche Lebensform, in der man eine Quelle der Kraft und Tüchtigkeit sah.

Mit der bäuerlichen Lebensweise verbindet sich in manchen der Geschichtsschreibung werten Gestalten wie Cincinnatus die Vorstellung einfachster Schlichtheit, ja Armut. Auch in diesem Punkt wertet Catull – natürlich wiederum im Einklang mit der stadtrömischen Gesellschaft[19] – völlig anders als die vergoldende Geschichtstradition[20] oder später die rückgewandte Sehnsucht der augusteischen Zeit.[21] Für ihn ist Armut als solche ein Schimpf, und er verspottet Leute wegen ihrer Armut, als ob sie mit einem verwerflichen und widerlichen Makel behaftet wären. Etwa c. 21 gibt er vor, sich nicht so sehr über die drohende Verführung seines Knaben zu erregen wie darüber, daß der Knabe durch den Umgang mit dem Hungerleider Aurelius etwas von dessen Lebensart annehmen könne. Oder in c. 23 macht er sich über das altrömische Ideal schlichter, gesunder Lebensweise und Bedürfnislosigkeit grenzenlos lustig[22], und wenn jemand keine dem gesellschaftlichen Standard entsprechende Sklavenbedienung und keinen wohlgefüllten Geldschrank hat, genügt das allein schon zur Prägung eines Spottverses.[23]

Vollkommen übereinstimmend sind auch die Ansichten Catulls mit

[17] c. 43, 6–8 zeigt, daß sich *infacetus* mit *provincia* genauso selbstverständlich verbindet wie c. 22, 14 mit *rus;* cf. auch c. 81, 3 f.

[18] e. g. Plaut. Most. 39–41; Pers. 169; Ov. am. 3, 6, 88; a. a. 1, 672; 3, 127f.

[19] Cf. Lucil. fr. 1119 M; Hor. s. 1, 1, 62; Juv. 3, 147–155.

[20] Typisch ist etwa Liv. praef. 11 *ubi tantus ac tam diu paupertati ac parsimoniae honos fuerit.* Die Verbreitung einer solchen nostalgischen Wertung in der römischen Literatur zeigt W. Kroll, Die Kultur der Ciceronischen Zeit, Lpz. 1933, 1, 28–31.

[21] e. g. Hor. c. 3, 2, 1 ff.; 3, 6, 37 ff.; 3, 24, 9 ff.

[22] c. 23, 7 *bene nam valetis omnes* und 14 *sole et frigore et esuritione* spielen deutlich auf die Vorstellung an, daß man durch ein hartes, entbehrungsreiches Leben gesund und tüchtig werde.

[23] Der Spottvers c. 23, 1 wird c. 24, 5 und 8 dem Verfolgten wie ein schimpfliches Brandmal noch einmal aufgedrückt; c. 47, 2 ist *fames mundi* ein Schimpfwort; cf. auch c. 59, 2–5.

denen der jugendlichen Aristokraten über die Art, wie sich ein junger Angehöriger der Oberschicht die für seine hohen Ansprüche nötigen Mittel beschaffen solle: Er teilt die Überzeugung der vornehmen Jugend, daß für sie vor allem die Provinzen ein unerschöpfliches Ausbeutungsobjekt seien und daß die Übernahme eines Postens dort vor allem der persönlichen Bereicherung dienen müsse.[24] Vermutlich hätte er sich über die angemessene Art, eine Provinz zu verwalten, viel eher mit einem Verres geeinigt, der ja seine *cohors* durchaus zu fördern wußte,[25] als mit dem korrekten Cicero. Wiederholt wirft er seinem Propraetor in Bithynien vor, er habe die Bereicherung der jungen Leute, die ihm in die Provinz gefolgt waren, nicht hinreichend unterstützt. Und diese Vorwürfe äußert Catull, obwohl es ihm am Ende seiner Tätigkeit in der Provinz möglich war, dort eine Jacht zur Heimfahrt zu erwerben – vermutlich nicht vom mitgebrachten Geld!

Aber Kennzeichen einer elitären Gesellschaftsschicht sind gemeinhin nicht nur die gleichen Anschauungen und Lebensgewohnheiten, sondern auch bestimmte Spracheigentümlichkeiten. Es besteht häufig eine Art stillschweigender Übereinkunft darüber, wie man in solchen Zirkeln spricht und welcher Tonfall als schick gilt. Und wie sich einst die Wiener Gesellschaft des 1. Stadtbezirks in einem anderen Tonfall unterhielt als das Volk jenseits der Ringstraße oder wie heute noch die Oxfordgesellschaft in Diktion und Unterhaltungsstil bestimmte Eigentümlichkeiten pflegt, kultivierte damals in Rom eine tonangebende Gesellschaftsschicht einen nachlässig-eleganten Sprachstil, der sich von dem ordinären Volkston offenbar ebenso abhob wie von dem gravitätischen Ernst traditioneller Kreise. Wer den rechten Ton nicht traf, wurde unbarmherzig bloßgestellt. Vermutlich bogen sich Catulls Leser vor Lachen, wenn sie im 84. Gedicht einen ahnungslosen Zeitgenossen vorgeführt bekamen, der sich gerade in dem Bestreben, den modischen Ton zu treffen, fortwährend vergaloppierte und so verriet, daß er nicht 'dazugehörte'.

Aber wie in der Sprache vergleichbarer elitärer Kreise kam es damals in Rom nicht nur auf die richtige elegante Aussprache an. Wie Quintilian in seiner Definition des urbanen Tons hervorhebt, war für ihn neben gewissen Sprachgewohnheiten eine *tacita eruditio*[26] charakteristisch, also ein lässi-

[24] Den wie selbstverständlich übernommenen Maßstab zeigen c. 10; c. 28, vor allem Vers 8; 11; 14–19.

[25] Cf. Cic. Verr. 2, 27; 3, 71 f.; wie Schwabe 168 gesehen hat, findet sich hier *lucellum* genau im Sinn von Cat. c. 28, 6; es wird sich um einen burschikosen Ausdruck handeln, mit dem die beteiligten Kreise ihre anrüchigen Gewinne verharmlosten.

[26] Quint. i. o. 6, 3, 17; Havelock 102 weist in unserem Zusammenhang auf diese Stelle hin.

ges, in keiner Weise auftrumpfendes Spielen mit den verschiedensten Dingen, deren Kenntnis man voraussetzte. Ein schlimmer Verstoß gegen den leichten urbanen Ton wäre es gewesen, wenn man dabei die Dinge, auf die man anspielte, allzu ernst genommen hätte. Man scherzte leichthin mit ihnen und zeigte so, daß man mehr von ihnen verstand als alle Pedanten, die mit ihren Kenntnissen großtaten.[27]

Für die Beurteilung von Catulls Sprache in den kleinen Gedichten ist es wesentlich, diesen besonderen Gesellschaftston zu erkennen. Lässigkeiten und Abweichungen von der üblichen Kunstprosa oder der herkömmlichen Dichtersprache dürfen keineswegs von vorneherein als vulgärlateinisch abgestempelt werden, sondern sind vermutlich in einem viel größeren Umfang, als wir heute nachweisen können, die Sprache exklusiver Zirkel gewesen, die manche Nachlässigkeiten im Sprechen als modisch und elegant empfunden haben werden.[28]

Zu Catulls aristokratischem Überlegenheitsgefühl paßt sehr gut die selbstbewußte Weise, in der er von dem Wert seiner literarischen Produktion spricht. Kleidet er in dem Widmungsgedicht an Cornelius Nepos den Glauben an den Wert seiner Dichtung noch höflich in den Wunsch an die Muse, sein Gedichtbuch mehr als ein Jahrhundert weiterleben zu lassen, so spricht er in anderen Gedichten wie von einer ganz selbstverständlichen Tatsache davon, daß seine Gedichte allen Jahrhunderten bekannt sein werden.[29] Gewiß ist das Versprechen ewigen Ruhms und die Drohung mit ewiger Schande ein alter literarischer Topos; aber es gehört kein gewöhnliches Selbstgefühl dazu, einen so anspruchsvollen Topos so ganz selbstverständlich in den Mund zu nehmen.

Soweit Catull die snobistischen Eigenheiten und die hochmütigen Urteile seines Gesellschaftskreises übernahm, kann er bisweilen durchaus etwas Hochmütiges und Arrogantes an sich haben; aber der Kern seiner poetischen Imagination ist davon im Grunde nicht berührt. Wie der ähnlich gesellschaftlich geprägte Lord Byron trotz aller gelegentlichen Blasiertheit immer wieder Verse schrieb, in deren tiefem Klang Menschenleid rein und unverstellt zum Ausdruck kommt und in denen aller Glanz der Welt aufzuleuchten vermag, ist auch für Catull die Gesellschaftsrolle, die er gewiß meisterhaft spielen konnte, nicht das Letzte und Eigentliche gewesen. Mag er auch im Leben alles das gekannt und genossen haben, was die modische

[27] Cf. Havelock 82.

[28] Havelock 101 f. "But this did not mean slang; it was a colloquialism of the intelligentsia, a manipulation of language which gave it extra and allusive power, yet made it seem fragile and frivolous"; cf. auch Ross 106.

[29] c. 68, 41–46; c. 78a, 3 f.; cf. Friedrich 72.

aristokratische Jugend der Hauptstadt zu genießen pflegte, ein Mode- und Gesellschaftsdichter ist er dadurch nicht geworden. Im Gegenteil, seine schrankenlose Hingabe an ein großes Gefühl und die schlichte und unverstellte Art, wie er davon spricht, ist dem leichtsinnigen und leichtnehmenden Modeton des Gesellschaftskreises, in dem er sich bewegte, geradezu entgegengesetzt.

3. Lesbia

Die poetische Mitte in Catulls dichterischem Werk sind, wie man eigentlich immer empfunden hat,[1] die Lesbiagedichte; in diesem Teil des Werkes hat Catull auch am meisten Neuland betreten, und hier unterscheidet er sich wesentlich von der Art, wie man sonst in der hellenistisch-römischen Welt das Thema Frauenliebe behandelt hatte. Wie in der hellenistischen Welt konzedierte man in Rom einem jungen Mann ohne weiteres vorübergehende Liebesbeziehungen zu leichten Mädchen,[2] die man offenbar als ein unvermeidliches, aber nicht allzu ernst zu nehmendes Entwicklungsstadium betrachtete. Die Literatur spiegelt diese Einstellungen und Wertungen getreu wider: Liebschaften junger Leute werden im Grunde unernst behandelt, als ein menschlich-allzumenschlicher Zustand, der Gott sei Dank nicht ewig währt. Wenn man all die verliebten Toren der Komödie an sich vorüberziehen läßt und wenn man die Liebesepigramme der griechischen Anthologie und ihrer römischen Nachfolger[3] durchblättert, hat man nie den Eindruck, daß hier die Liebe als letzter Lebensernst betrachtet würde. Auch wenn die Sinne eines Verliebten noch so erregt sind und das in den leidenschaftlichsten Worten zum Ausdruck kommt, geschieht die literarische Darstellung eines solchen Zustandes im Grunde immer ein bißchen ironisch; der Dichter verliert nie ganz ein heimliches Lächeln angesichts der

[1] Cf. Mart. 8,73,8 *Lesbia dictavit, docte Catulle, tibi.*

[2] Eine solche Toleranz kommt vielfach zum Ausdruck. Micios liberale Haltung in den Adelphen des Terenz (bes. v. 52–54; 101–105; 117–122) könnte vielleicht noch als übersteigertes Gegenbild zur altväterlichen Strenge seines Bruders erscheinen; aber andere Stellen zeigen, daß man in diesem Punkt ganz allgemein recht lässig dachte: Plaut. Curc. 33–38; Catos Wort bei Hor. s. 1, 2, 31–35 und Porph. ad. l.; Cic. Cael. 28; 42f.; Hor. s. 1,2,47f.; 1,4,113f.; Ov. a. a. 1,33f. Verpönt waren wie in Athen nur Verhältnisse mit freigeborenen Mädchen und mit verheirateten Frauen. Cf. W. Kroll, Die Kultur der Ciceronischen Zeit, Stuttgart 1933, Bd. 2, 38–58; Lyne 1–4.

[3] Lutatius Catulus, Valerius Aedituus und Porcius Licinius; cf. Morel, Fragmenta poetarum Latinorum p. 42f.; 46.

seltsamen Formen und Äußerungen dieser menschlichen Schwäche, auch wenn er die eigene Verliebtheit darstellt.[4]

In Catulls Lesbiagedichten bedeutet die Liebe etwas grundsätzlich anderes. Die Liebe und der geliebte Mensch sind für ihn die höchsten Werte seines Lebens und die entscheidende Mitte seiner Dichtung. Ganz zu erklären ist dieser vollkommene Wandel der Liebesauffassung, der sich bei den Elegikern fortsetzen wird, kaum;[5] aber begünstigt und überhaupt erst ermöglicht scheint er durch bestimmte Veränderungen in der Gesellschaft worden zu sein. Courtisanen und emanzipierte Damen wie Sallusts Sempronia, die mit den Verführungskünsten jener Courtisanen wetteiferten, scheinen damals tiefere und dauerndere Leidenschaften erregt zu haben als jene vorübergehende Erregung der Sinne, die vorher das Thema der Liebesdichtung war. Auffallend ist jedenfalls, daß wir nun immer wieder von Römern der obersten Gesellschaftsschicht hören, die sich von solchen Frauen nicht nur vorübergehend bezaubern ließen, sondern ihnen dauernd hörig wurden.[6] Auffallend ist auch, daß Catull seinem Dichterfreund Calvus eine ähnlich tiefe und dauernde Liebe zuschreibt, wie er sie selbst empfand.[7]

Catulls Liebesauffassung wird besonders in zentralen Aussagen des 68. Gedichtes deutlich.[8] Der Ton, in dem Catull hier von seiner Liebe spricht, ist geradezu ekstatisch; sie hat nichts mehr gemein mit irdischer Liebe. Mit ungewöhnlichen Bildern und Metaphern beschreibt er das ihn überwältigende und zutiefst beglückende Ereignis als eine innere Verwandlung seines ganzen Lebens: Die Erfüllung seiner Liebe erscheint ihm wie dem in sen-

[4] Cf. E. Burck, Vom Menschenbild in der römischen Literatur, Heidelberg 1966, 193f.; Quinn, Cat. rev., 73.

[5] Unter Catulls literarischen Vorbildern hatte die Liebe nur in der Dichtung der Sappho eine ähnliche Bedeutung. Auf dieses Vorbild wird ausführlicher im Kapitel Formen, S. 65f. hingewiesen.

[6] Die gesellschaftliche Veränderung verfolgt Lyne 8–18; eine Reihe von Frauengestalten dieser Zeit betrachtet unter dem Gesichtspunkt der Emanzipation D. Balsdon, Die Frau in der römischen Antike, München 1979, 48–61 = Roman Women, London [5]1977.

[7] Catull scheint Calvus' über das Grab hinausreichende Liebe in c. 96 für ähnlich lebenserfüllend gehalten zu haben wie die eigene. Auch hier fällt das für Catulls Liebesauffassung wesentliche Wort amicitia.

[8] I. K. Horváth, WdF, 375–395, bestreitet, daß die Geliebte des 68. Gedichts Lesbia ist; er hält sie für ein leichtes Mädchen, dessen Gunst Catull mit Allius teilte. Allein ein Blick auf den feiernden Ton des hochstilisierten Gedichtes, auf die Apotheose der einzigartigen Geliebten hätte vor diesem Irrweg der Deutung bewahren können. Wie Catull von Mädchen spricht, wie sie Horváth vorschweben, kann eine Reihe von kleinen Gedichten zeigen. Übrigens weist Horváth p. 394, n. 26 selbst auf die Schwierigkeit hin, die die Verse 135–140 für seine These bilden.

gender Sommerhitze verdurstenden Wanderer ein kühler Gebirgsquell und wie Seeleuten, die im wütenden Sturm dem Tode nahe sind, der rettende Umschlag des Wetters; ja das erste Nahen der Geliebten beschreibt er wie die Epiphanie einer strahlenden, beglückenden Gottheit.[9]

Aber ungewöhnlicher noch als solche poetischen Übersteigerungen und ungewöhnlicher auch als der Grad der sinnlichen Erregung – Liebesdelirien jeder Art kennt ja auch die griechische Anthologie – ist es, wenn Catull die Bedeutung, ja die Würde seiner Liebe dadurch zu steigern versucht, daß er sie in die Nähe der geachtetsten menschlichen Bindungen rückt. Im 68. Gedicht stellt er sie neben einen Ehebund der Heroensage: *aut nihil aut paulo cui tum concedere digna* ...[10] Und der Augenblick, in dem die Geliebte zum ersten Mal das Haus betrat, wird in der Art gefeiert, wie das traditionell das Hochzeitslied tut. Sowohl die Hervorhebung des Augenblicks, in dem die Frau die Schwelle überschreitet, wie die das Glück vergegenwärtigende Lichtsymbolik sind an sich Motive des Hochzeitsgedichts.[11] Und um sich darüber zu trösten, daß ihm die Geliebte nicht so ausschließlich angehört, wie er das eigentlich wünschte, wagt er es Vers 138–140 sogar, seine Liebe neben die Götterehe von Zeus und Hera zu stellen; Lesbias anderweitige Liebesbeziehungen bezeichnet er dabei mit dem gleichen Wort *furta* wie die Seitensprünge des Göttervaters, als ob er eine Liebschaft Lesbias mit einem anderen als eine Art Ehebruch ansehe. Wenn Catull diesen Vergleich auch rasch als zu hoch gegriffen fallenläßt, wird in diesem Gedicht durch die fortwährende Annäherung seiner Liebe an Ehevorstellungen doch sehr deutlich, daß sie in seinen Augen einige Charakteristika hatte, die herkömmlicherweise ein Ehebund besaß. Vor allem sollte sie nach seinen in-

[9] Enthusiastische Liebhaber haben auch früher schon ihren Liebling als Gott oder als ihren Gott bezeichnet: Artemon nennt A. P. 12, 55 einen schönen Knaben einen zweiten Apollon, Meleagros A. P. 12, 54 und 56 einen zweiten Eros; cf. A. P. 12, 75–78. A. P. 12, 158, 7f. (Meleagros) fleht ein verschmähter Liebhaber den hartherzigen Knaben geradezu in Formen kultischen Sprechens an und fügt erklärend hinzu, ein Daimon habe ihm den Geliebten zum Gotte, zum Gebieter über Leben und Tod gemacht; cf. Gow-Page ad Meleagros XCIII, 7f. = A. P. 12, 158. Es ist wohl kein Zufall, daß sich vergleichbare Überhöhungen von geliebten Frauen erst spät und auch dann wenig ernsthaft finden; cf. Petron. c. 127; A. P. 5, 69 (Rufinos).

[10] c. 68, 131; bei Laodamia wird v. 73 *coniugis... amore* betont; cf. R. Reitzenstein, WdF p. 178.

[11] c. 68, 70–72 entspricht c. 61, 161–163. Die Bedeutung der Schwelle im Hochzeitsgedicht beruht darauf, daß sich die Braut vor einer als Unglückszeichen gedeuteten Berührung der Schwelle zu hüten hatte; cf. Fedeli 89f. In c. 68 hat das Motiv nur noch die Aufgabe, der Darstellung die Aura eines Hochzeitgedichtes zu verleihen.

nersten Wünschen ausschließlich sein und wie die altrömische Ehe für das ganze Leben gelten.[12]

Auch in einigen Epigrammen spricht Catull von seiner Liebe in Worten und Begriffen, mit denen man üblicherweise von einer Ehe sprach.[13] Lesbias Versprechen, Catull allein und ewig zu lieben,[14] mag man noch als eine für die Liebessprache bezeichnende Hyperbolik einstufen; Catulls eigene Versicherungen jedoch, daß der Liebesbund für das ganze Leben gelten solle, klingen gegenüber dem, was herkömmlich war, ungewöhnlich ernsthaft.[15] Auch der einer emanzipierten Frau wie Lesbia gegenüber an sich überraschende Vergleich seiner Liebe mit der beschützenden Liebe eines Vaters zu seinen Kindern nimmt die traditionelle Vorstellung der römischen Ehe auf, nach der dem Familienvater die Sorge und die Verantwortung für die Familienmitglieder zufiel.[16]

Mit den Begriffen Treue und Bund[17] hob man aber nicht nur Züge hervor, die für eine Eheverbindung wesentlich erschienen, das waren auch ent-

[12] Catull ist nicht der erste, der Worte und Vorstellungen, die eigentlich eine legale Ehe charakterisierten, auf ein Liebesverhältnis übertrug. Aber in dem leichteren Ton der Komödie geschah das ironisch und spielerisch; Plaut. Truc. 224–226 ist ein gutes Beispiel. Williams 403 zeigt, daß hier an eine Ehe überhaupt nicht zu denken ist. Ähnlich gewichtlos und keineswegs wörtlich zu nehmen waren sonst in der erotischen Dichtung Schwüre ewiger und einziger Liebe wie A. P. 5, 8, 3 f. (Meleagros); Ov. a. a. 1, 42. Dergleichen wird erst nach Catull bei den Elegikern ernst genommen: Prop. 2, 7, 19; [Tib]. 4, 13, 3.

[13] Die Nähe auch im Ausdruck beleuchtet Williams 400–412; cf. Lyne 34–38.

[14] c. 72, 1 *solum;* c. 109, 2 *perpetuum.*

[15] c. 87; 109, 5 f.; cf. c. 76, 3 f.

[16] c. 72, 3 f.; cf. Williams 405.

[17] Daß erst Catull c. 64, 335 und 373 *foedus* als feierliche Bezeichnung für den Ehebund gebraucht hat, wie Heinze ad Hor. c. 3, 24, 23 und Lyne 34 annehmen, ist schwer zu glauben. Die zahlreichen späteren Bezeugungen dieser Bedeutung können schwerlich von diesem einen Catullgedicht herrühren. Für Verg. A. 4, 339 ist *haec foedera* ein ganz selbstverständlicher anderer Ausdruck für die die Eheschließung bezeichnenden *taedae coniugis,* und wenn Ovid tr. 2, 536 von Didos Liebe als einem *non legitimo foedere iunctus amor* spricht, klingt das, als ob das *foedus legitimum* geradezu ein *terminus technicus* für die legale Ehe gewesen sei. Überhaupt ist *foedus* seit der augusteischen Zeit eine sehr geläufige Bezeichnung für die Ehe: Hor. c. 3, 24, 23; Ov. Her. 4, 17; 5, 101; met. 7, 403; 9, 501; Sen. Phaedr. 910; Val. Fl. 7, 177; Sil. 6, 447. Aber auch Liebesbindungen, ja der einzelne Liebesakt werden so benannt: Cic. Cael. 34; Ov. a. a. 2, 579; 3, 593; met. 3, 294. Das scheint also üblicher Sprachgebrauch gewesen zu sein, und vermutlich ist Catull nicht der Erfinder dieser Wortbedeutung, sondern er gab dem Wort nur einen höheren Klang, den dann die Elegiker gerne aufnahmen. Cf. R. Reitzenstein WdF 153–160.

scheidende Begriffe zur Kennzeichnung einer Freundschaft. Man kann eine Reihe von Aussagen Catulls über seine Liebe auch so deuten, daß er durch sie seine Liebe in die Nähe von Wertvorstellungen rücken wollte, die in Rom für eine Freundschaft unter Männern typisch erschienen.[18] So überträgt Catull die Forderungen, die er an eine Freundschaft stellt,[19] sogar mit den nämlichen Worten auf seinen Liebesbund. Er soll ihm „ein ewiger Bund unverbrüchlicher Freundschaft" sein,[20] und der Dichter glaubt, er habe in diesem Bund alles geleistet, wozu Freundestreue imstande sei.[21] Und wenn er beim Zerbrechen seiner Liebe über ihre Grundelemente nachdenkt, unterscheidet er sehr genau die Gefühle, die er mit dem Freundschaftsvokabular kennzeichnet, von der nur sinnlichen Liebe:[22] Sinnliche Erregung nennt er *amare,* das Freundschaftsgefühl *bene velle.* Als seine unverbrüchliche Treue nicht die erwartete Erwiderung fand, muß er verzweifelt feststellen, daß sich sein leidenschaftliches Verlangen durch Lesbias treulose Abkehr noch gesteigert hatte, während alle Gefühle der Freundschaft, die ihm vorher das Wichtigste dünkten, dahingeschwunden waren. Daß die Verbindung von Liebe und Freundschaft für Catull eine Grundforderung war und nicht nur die Charakterisierung seiner einmaligen persönlichen Liebe, zeigt das 96. Gedicht, in dem die Liebe des Freundes Calvus sowohl als *amor* wie als *amicitia* erscheint.

Aber das deutliche Bestreben Catulls, für seine Liebe neue Namen zu finden, auf sie Worte und Vorstellungen zu beziehen, die eigentlich im Zusammenhang mit Ehe und Freundschaft gebraucht wurden, darf nicht zu falschen Schlüssen führen. Catull meinte mit beiden Vorstellungen etwas durchaus anderes, als man das gemeinhin in Rom tat. Freundschaft war im

[18] Das ist eine grundlegende Erkenntnis R. Reitzensteins, SB. Heidelb. Akad. d. W. 1912, 1–36 (Ich zitiere nach dem Abdruck WdF 153ff.). Cf. E. Burck op. cit. 197; H. Tränkle, Mus. Helv. 24 (1967) 97; Ross 80–95.

[19] Die Maßstäbe zeigen am besten c. 30; 73; 102; cf. Ross 88.

[20] c. 109, 6 *aeternum hoc sanctae foedus amicitiae;* andere Worte aus dem typischen Freundschaftsvokabular sind: *bene velle, officium, fides, pietas.* Cf. R. Reitzenstein WdF 161–172; Ross 82–87.

[21] c. 75, 2; 76, 2–4; 87, 3f.; cf. R. Reitzenstein, WdF 172–174; Ross 89f.

[22] c. 72, 5–8; 75, 3f. Daß Catull mit der Übertragung von Freundschaftsbegriffen auf die Liebe kein völliges Neuland betrat, zeigt Plaut. Truc. 434–442, wo ein verzückter Liebhaber einer Hetäre die Haltung eines echten Freundes zuschreibt, die er mit dem typischen Freundschaftsvokabular charakterisiert; cf. M. v. Albrecht, Römische Poesie, Heidelberg 1977, 295 n. 12. Aber wie wenig ernsthaft der Ton bei Plautus ist, zeigt das Ziel des Ergusses: der schon vorher reichlich geplünderte Liebhaber ist nun entschlossen, dem Mädchen erneut ein Geschenk zu schicken. Ernsthaft wird das Freundschaftsvokabular erst von Catull auf die Liebe übertragen.

Rom der Politik vor allem eine genau fixierte gegenseite Verpflichtung zu praktischen Zwecken, und die altrömische Ehe war eine ungemein nüchterne und geschäftsmäßige Angelegenheit.[23] Wenn Catull dagegen von Freundschaft und Ehe spricht, hat das einen ganz anderen Klang. Seine eigenen Freundschaften waren keineswegs kühle Interessengemeinschaften, sondern leidenschaftliche Gefühlsbindungen mit Freundschaftserklärungen, Vorwürfen und Klagen, die geradezu an Worte eines glücklich oder unglücklich Liebenden erinnern.[24] Und wenn Catull in seinen mythischen Dichtungen oder in seinen Hochzeitscarmina ehelicher Verbindungen gedenkt, beschreibt er sie als Liebesverbindungen voll glühender Leidenschaft und sieht in sie die eigenen ekstatischen Liebesvorstellungen hinein;[25] in all diesen Darstellungen erscheint ihm die erotische Beglückung das Entscheidende und nicht bürgerliche Wohlanständigkeit und Vertragstreue.

Wenn Catull also die Liebe in die Nähe einer Ehe oder einer Freundschaft rückt, ist das keine Einschränkung der Emotionalität der Verbindung; Catull tastet vielmehr mit neuen, noch unerprobten Worten danach, eine tiefere Art der menschlichen Beziehung ausdrücken zu können.[26] Wenn er von einer geradezu väterlichen Fürsorge spricht, wird eine in der antiken Liebesdichtung bisher ganz unbekannte Zärtlichkeit deutlich; und die Dauer, die Ausschließlichkeit und Unverbrüchlichkeit des Bundes verlangt er, weil er glaubt, ohne die Nähe der Geliebten, die ihm eine solche Überhöhung seines Daseins gebracht hat, nicht leben zu können. Die höchste Leidenschaft ist ihm ein höchster menschlicher Wert geworden, etwas Absolutes, das zahlreiche menschliche Werte, die man bisher in anderen Lebensbereichen kannte, in sich zu vereinigen schien. Aber trotz der zunächst sehr römisch klingenden Wertvorstellungen aus dem Ehe- und Freundschaftsbereich hat Catull mit der Verabsolutierung seiner Liebeswelt eine Gegenposition gegen all das bezogen, was bis dahin in Rom Gültigkeit besaß; in einer Welt, in der allein objektive Verhältnisse galten, verkündete er die Apotheose eines Gefühls.[27] Catull hat damit neue seelische und dichterische Bereiche erschlossen, die, wie die Elegie zeigt, sehr schnell auf

[23] Die Nüchternheit der Eheschließung und der Ehewirklichkeit in der führenden Gesellschaftsschicht Roms wird in Lyne 5ff. beleuchtet.

[24] Cf. c. 9,8–11; 14,1f.; 30; 38,6; 46,9; 47,3; 50,7–13.

[25] Cf. c. 61,31f.; 104–109; 116–119; 176–178; 206–210; c. 64,19f.; 334–336; 372–374; c. 68,73f.; 105–118.

[26] Auch Lyne 25 erklärt die Übernahme solcher Worte damit, daß die bisherige Liebessprache für Catulls neues Fühlen noch keine Ausdrücke geprägt hatte.

[27] Des Abstandes von Catulls Liebesauffassung zu der der früheren Dichtung ist man vielfach gewahr geworden; cf. R. Reitzenstein WdF 175–177; L. Alfonsi,

waches Verständnis stießen und seitdem zu den Grundmotiven der europäischen Liebesdichtung gehören.

Wie bei anderen Frauengestalten, die in der Weltliteratur im Mittelpunkt lyrischer Dichtungen stehen, suchte man auch bei Catulls Lesbia hinter der Dichtung nach der einstigen Lebenswirklichkeit zu fragen, also zu ergründen, was für eine Frau das denn war, die bei Catull eine solche Bewegung des Gemüts hervorgerufen und in seiner Dichtung zu einer so eigenartigen Überhöhung der Liebe und der Geliebten geführt hat. Aber wie andere Liebesdichter spricht auch Catull mehr von den seelischen Bewegungen im eigenen Innern als von den realen Geschehnissen, von denen sie im Leben ausgegangen sind. So liefern Catulls Verse zu wenige konkrete persönliche Züge und zu wenige greifbare Lebensbilder und -situationen, als daß es uns möglich wäre, ein abgerundetes Bild dieser Frau nachzuzeichnen.[28]

Ihr äußeres Bild ist eigentlich nur indirekt aus den Gegenbildern ihrer Schönheit in den Gedichten 43 und 86 zu erschließen. Danach dürfte Lesbia eine schwarzäugige, schlanke südliche Schönheit gewesen sein, deren physische Vorzüge noch durch die Eleganz ihrer Erscheinung und den lebendigsten Esprit in den Schatten gestellt wurden.[29] Dieser Esprit ist es allein, der uns in den Gedichten in direkter Schilderung vor Augen tritt: reizend ist das Bild der mit ihrem Vögelchen spielenden Lesbia, das sich dem hingerissenen Liebhaber so eingeprägt hat, daß er es in seinem ganzen Charme und seiner Lebendigkeit wiedergab. Und die plaudernde und scherzende Lesbia des 51. Gedichtes ist zwar mit den Worten Sapphos geschildert, aber in die Darstellung scheint etwas von einer heiteren Gelockertheit, etwas von einer überlegenen Freiheit gegenüber den Zwängen der römischen Gesellschaft eingegangen zu sein. Und dann wird bei Catull noch eine andere Seite an Lesbia deutlich: Sie muß maßlos leidenschaftlich gewesen sein, in der Liebe, aber auch im Streit und im Zorn.[30] Überhaupt ist ihr Selbstbewußtsein bemerkenswert. Sie war durchaus imstande, Verse Catulls, die ihr nicht gefielen, dem Feuer zu bestimmen und ihn deswegen einen miserablen Poeten zu schelten.[31] Und wenn sie sich immer wieder den derbsten Ausschweifungen hingab, ja sich geradezu wegwarf,[32] war das schwerlich pri-

Aevum (1945), 372–378; F. Klingner, Römische Geisteswelt, München [5]1965, 224–226; Quinn, Cat. rev. 81.

[28] Cf. Bardon, Propositions 85f.

[29] Cf. c. 86, 5f.

[30] Man bedenke etwa, mit welch ungewöhnlicher Leidenschaft die ihre c. 68, 131 verglichen wird. Leidenschaft im Streit zeigen c. 83 und 92.

[31] c. 36.

[32] Cf. c. 11, 17–20; 37, 14f.; 58, 4f. Gewiß mag hier der zornige Dichter übertrie-

mitive Vergnügungssucht, sondern eher eine gänzliche Mißachtung jeder Schranke, die sie hätte hemmen können, und ein unbedingter Wille, anders zu sein als der übliche Durchschnitt der römischen Gesellschaft, den sie wohl maßlos verachtete.

Catull zeichnet uns wohl kein so deutliches Bild der Geliebten, wie es natürlicherweise eine epische oder dramatische Dichtung gestaltet hätte; aber die nur angedeuteten Konturen lassen doch einen ungewöhnlichen Menschen erahnen und genügen durchaus, die Gestalt in der gesellschaftlichen Wirklichkeit ihrer Zeit zu verankern. Ein wichtiger Punkt ist, daß sie eine solche Rolle in der Gesellschaft spielte, daß die Stadtrömerin sogar in Verona bekannt war;[33] und sie war keine Libertine, wie die meisten Dichterfreundinnen der nächsten Generation, sondern eine verheiratete Dame. Dies geht aus den Versen 143 bis 146 des 68. Gedichtes klar hervor. Wenn Catull dort klagt, Lesbia sei ihm nicht in einer feierlichen Hochzeit legal vermählt worden, sondern die Geliebte stehle sich nur heimlich aus den Armen ihres Mannes, ist dieser Gegensatz nur dann sinnvoll, wenn dieser Mann der legale Gatte war.[34] Auch die ganzen Umstände der ersten Liebesnacht und die Seltenheit und Heimlichkeit weiterer Begegnungen sprechen dafür, daß hier besondere Rücksichten und Vorsicht nötig waren, wie es nur bei einer verheirateten Frau, nicht aber bei einer Libertine zu erwarten ist.[35]

Wenn man in der römischen Gesellschaft dieser Zeit nach einer vergleichbaren Gestalt Ausschau hält, wenn man eine ähnlich blendende Erscheinung sucht, die in gleicher Weise die herkömmliche Sitte und den Anstand mit Füßen tritt, fällt der Blick unwillkürlich auf jene Sempronia, deren Charakterbild Sallust so wirkungsvoll zeichnet.[36] Auch in Sempronia

ben haben; aber einige Farben in diesem schwarzen Gemälde müssen doch wohl aus dem Leben stammen.

[33] c. 43, 7; es ist allerdings anzunehmen, daß die Veroneser Stadtaristokratie wie die italienischer Provinzstädte nicht selten nach Rom gereist sein wird und so mit den römischen Verhältnissen nicht unvertraut gewesen sein dürfte.

[34] Das Wort *vir* hier und c. 83, 1 allein wäre nicht beweiskräftig, da *vir, coniunx,* ja sogar *maritus* auch einen festen Liebhaber bezeichnen können.

[35] Die Unterschiede der Umstände beleuchtet drastisch Hor. s. 1, 2, 78f. gegenüber v. 119. Die Liebe zu einer Libertine hätte auch schwerlich die Kritik der Gesellschaft herausgefordert, von der c. 5, 2f. spricht. Das Argument, daß die Heimlichkeit der Begegnungen nicht verständlich wäre, wenn Lesbia eine Hetäre gewesen wäre, betont C. Deroux, in H. Temporini (Hrsg.), ANRW I 3, 392.

[36] Sall. coni. Cat. 25. Schon Schwabe p. 76 vergleicht: *„locus [...] qui totus de Clodia quoque scriptus esse videri possit."* Cf. Williams 541f. Zur geschichtlichen Gestalt: F. Münzer, Römische Adelsparteien und Adelsfamilien, Stuttgart 1920, 272f.

sind alle Reize, die Schönheit, gesellschaftliche Stellung, Bildung, Leichtigkeit und Kultur des Umgangs gewähren, mit einer völligen Unempfindlichkeit gegenüber den Forderungen von Sitte und Anstand, wie man sie an eine Römerin von so hohem Rang richtete, vereint. Dieser Frauentyp sollte in der römischen Gesellschaft auch in Zukunft neben dem Leitbild der sittenstrengen Matrone seine Verführungsgewalt behalten: Nicht wenige Damen aus den Palästen der Kaiser waren von eben dieser Art. So hatte Tacitus (ann. 13,45) gute Gründe, wenn er die Farben zu seinem Bild der Poppaea Sallusts Semproniakapitel entnahm.

Immer wieder bewegte die Frage, welche historische Gestalt sich hinter dem Pseudonym Lesbia verberge, die Gemüter;[37] denn daß Lesbia ein Deckname ist, war schon für Ovid in seinem Überblick über die Liebesdichtung vor ihm eine feststehende Tatsache.[38]

Was Catull zur Wahl gerade des Namens Lesbia veranlaßte, kann das 35. Gedicht lehren; er spendet hier einem von den Versen ihres Dichterfreundes begeisterten Mädchen das etwas überschwengliche Lob, sie sei kunstverständig wie Sappho. In literarischen Kreisen näherte man sich also offenbar bereits dem Ideal der '*docta puella*', das dann in der Liebeselegie so hervortritt,[39] und man erwartete von der Geliebten nicht nur physische Reize, sondern auch Witz, Charme und eine musikalisch-literarische Bildung.[40] Wenn Catull nun seine Freundin Lesbia, d. h. Frau von der Insel Lesbos nannte, ist das ein ähnliches Kompliment wie das in c. 35 gezollte, nur vermutlich ernsthafter gemeint; es soll eine Anspielung an die griechische Dichterinsel und vor allem an die dort wirkende Sappho sein.[41] Der Name Lesbia will sagen, die so genannte Frau zeige etwas von der geistigen Welt, die man mit dieser Insel verbindet; der Name ist eine Verbeugung vor Lesbias funkelndem Geist, der sie in Catulls Augen so sehr über andere Frauen erhob, daß ihm schon ein bloßes Vergleichen mit ihr geschmacklos erschien.[42] Die Wahl so poetisch preisender Namen für die in Gedichten verherrlichte Geliebte findet sich damals auch sonst: Properz und Tibull

[37] Die Identifikation mit Clodia, der Frau des Metellus, geht schon auf Victorius (= P. Vettori), Variae lectiones (1553) 16,1, zurück; cf. Schwabe 55; F. Münzer, Römische Adelsparteien und Adelsfamilien, Stuttgart 1920, 274; RE s. v. Clodia Nr. 66, Sp. 105–107; M. Schuster RE s. v. Valerius Sp. 2357.

[38] Ov. tr. 2,427f. *sic sua lascivo cantata est saepe Catullo/femina, cui falsum Lesbia nomen erat.*

[39] Cf. Prop. 1,2,27–30; 1,7,11; 2,3,19–22; 2,11,6; 2,13,11; [Tib] 4,6,2 (vid. K. F. Smith ad l.).

[40] Auch diese Interessenverschiebung beleuchtet das Semproniakapitel Sallusts.

[41] Cf. Havelock 130.

[42] Cf. c. 86,3–6.

nannten ihre Dichterlieben mit Namen aus dem Umkreis des Dichtergottes Apoll, ihre Cynthia und Delia, und Ovid wählte als Namen seines poetischen Idols den der nach Sappho berühmtesten griechischen Dichterin Corinna.[43]

Welcher Name sich hinter Catulls Pseudonym verbarg, scheint den Zeitgenossen kein Geheimnis gewesen zu sein. Ovid jedenfalls muß ihn gekannt haben; er hätte sonst nicht so sicher sagen können, daß Lesbia ein Pseudonym sei.[44] Die Kenntnis scheint im Schrifttum der 'Grammatiker' weiter tradiert worden zu sein; eine Nachricht darüber haben wir allerdings erst aus dem 2. Jahrhundert: Apuleius berichtet in seiner Verteidigungsrede, Lesbias wirkliche Name habe Clodia gelautet.[45] Wie zuverlässig ist diese Nachricht? Apuleius bringt sie so vor, als ob er ein jedem Gebildeten bekanntes Faktum erwähne. Er hat sich eben gegen den Vorwurf zu verteidigen, er habe in lockeren Versen die Namen schöner Knaben mit Pseudonymen verhüllt. Da führt er für diese Praktik die klassischen Liebesdichter Catull, Ticidas, Properz und Tibull an, die das genauso gemacht hätten, und er stellt jeweils dem Pseudonym den eigentlichen Namen der von jenen Dichtern gefeierten Mädchen gegenüber. Das klingt nicht nach leichtfertiger Erfindung; denn die Berufung auf eine übliche Praktik der Liebesdichtung war nur dann ein entlastendes Argument, wenn dies eine bekannte Tatsache war. Für die Zuverlässigkeit der Apuleius vorliegenden Tradition spricht auch, daß die einzige Namensentsprechung, die nachprüfbar ist, die von Perilla und Metella, durch Ovids Dichterkatalog bestätigt wird.[46] Und Apuleius' Namenspaare entsprechen auch dem von Bentley entdeckten Gesetz, daß ein Pseudonym in der Dichtung immer ein genaues metrisches Äquivalent des wirklichen Namens sein mußte.[47] Kein gravierender Einwand gegen Apuleius' Zuverlässigkeit ist die kurz darauf folgende falsche Identifizierung des Corydon und Alexis aus den Eklogen des Virgil; eine allegorisierende Deutung der Eklogen setzte sehr früh ein, und Apuleius folgt hier einer zwar rein spekulativen Deutung, aber ebenfalls einer in sehr frühe Zeit zurückgehenden Grammatikertradition.[48] Apuleius' Nachricht scheint also so zuverlässig zu sein, wie es solche Grammatikertraditionen überhaupt sein können; wir haben hier keine späte Spekulation, sondern

[43] Cf. Schwabe 77f.; C. Deroux, in H. Temporini (Hrsg.), ANRW I 3,412.

[44] Cf. Wilamowitz, Hell. D., 2,308: „Ovid hat offenbar um alles gewußt."

[45] Apul. apol. 10; cf. Schwabe 54.

[46] Ov. tr. 2,437f.; cf. Williams 527f. Wiseman 51f. führt diese Tradition auf den in der augusteischen Zeit lebenden C. Julius Hyginus zurück.

[47] Bentley ad Hor. c. 2,12.

[48] Cf. Williams 527.

eine, wie die Ovidparallele nahelegt, auf die frühe Kaiserzeit zurückreichende Überlieferung vor uns.

Bei der Ausschau nach Damen mit dem Namen Clodia in Catulls Zeit fiel der Blick auf die Schwester des Volkstribunen P. Clodius, die mit Q. Metellus Celer, dem Consul des Jahres 60, verheiratet war. Diese Clodia ist durch Cicero wohlbekannt. Er schildert sie freilich in recht zwiespältiger Weise. Zunächst stellt er sie im Briefwechsel als eine schöne, ungemein selbstbewußte Dame dar, die auch im politischen Geschäft ihre Hände im Spiel hatte.[49] Später aber, nachdem P. Clodius Ciceros Intimfeind geworden war, greift sie Cicero in der Rede für Caelius aufs unflätigste an. Sie ist in diesem Prozeß eine Hauptzeugin der Anklage, und Cicero versucht, ihre belastenden Aussagen als Ausfluß ihres Hasses gegen ihren ehemaligen Liebhaber Caelius abzuqualifizieren und sie auch sonst durch die Schilderung ihres unmoralischen Lebenswandels als nicht vertrauenswürdig hinzustellen.[50]

Einige Parallelen zwischen Catulls Lesbia und dieser Clodia sind nun in der Tat so frappierend, daß die Identifikation, auch wenn sie neuerdings wieder in Frage gestellt worden ist,[51] viel für sich hat. Ich nenne die wichtigsten Punkte, auf die sich diese Hypothese stützen kann,[52] und gehe dabei von folgender Überlegung aus: Hinter dem düsteren Charakterbild Clodias, das Cicero mit vielen Einzelzügen entwirft, muß das Gerede der

[49] Cf. Cic. Att. 2,1,5; 2,9,1; 2,10,2; 2,12,2; 2,14,1; 2,22,5; 2,23,3; fam. 5,2,6. Wiseman, Cinna 140f., beleuchtet die Lage, in der sich Cicero um Clodias Einfluß bemühte; hier wird auch Plutarchs Skandalversion dieser Beziehungen (Plut. Cic. 29) als unwahrscheinliche Erfindung erwiesen.

[50] Zum Verständnis der Caeliana sind vor allem R. Heinze, Hermes 60 (1925) 193–258, und W. Stroh, Taxis und Taktik, Stuttgart 1975, 243–298, hilfreich.

[51] Der Ausgangspunkt dieser mehrfach geäußerten Skepsis war ein Aufsatz von M. Rothstein, Philol. 78 (1923) 1–34. Wilamowitz, Hell. D. 2,308 tat dann diesen Aufsatz, ohne den Autor überhaupt zu erwähnen, sehr unwirsch ab. Später wurde Rothsteins Ansatz vor allem von P. Maas, Class. Quart. 36 (1942) 79–82 und T. P. Wiseman, 52–60, aufgenommen. Dabei wurden die von Schwabe 129ff. aufgestellten Grundlinien einer chronologischen Einordnung der Lesbiagedichte, die einst weithin anerkannt waren, in Frage gestellt. K. Quinn in H. Temporini (Hrsg.) ANRW I 3,384f., wendet aber zu Recht ein, daß diese Gegenhypothese selbst auf einer sehr unsicheren und schmalen Grundlage beruhe und zur Annahme von recht unwahrscheinlichen Sachverhalten zwinge (zwei Reisen Catulls nach Kleinasien u. dgl.).

[52] Gut sind die Hauptargumente von Schwabe p. 135 zusammengefaßt. Eine moderne Erörterung der traditionellen Argumente bietet Quinn, Int. 131–138. C. Deroux in H. Temporini (Hrsg.) ANRW I 3, 390–416 sucht die These durch eine Reihe neuer Argumente zu stützen.

Hauptstadt stehen, das sich, wie Cicero selbst berichtet, bei den Auseinandersetzungen um Clodius auch zu öffentlich geäußerten Schmähungen steigerte; ohne eine solche Grundlage hätten Ciceros Schmähungen wenig Wirkung gehabt! Wenn sich nun in Catulls Vorwürfen gegen die ungetreue Geliebte ebendiese Einzelheiten wiederfinden, ist das in allen Fällen, in denen es sich nicht um die üblichen Gemeinplätze der Schmährede, sondern um ungewöhnliche Züge handelt, ein starkes Argument dafür, daß die beiden Namen dieselbe Person meinen.[53]

Zunächst also einige auffallende Parallelen: Cicero spricht nicht nur allgemein von Clodias Sittenlosigkeit, sondern behauptet, sie veranstalte ihre Orgien in zahlreicher Gesellschaft in aller Öffentlichkeit;[54] eben eine solche Szene schildert Catull im 37. Gedicht. Auch Catulls Unterstellung in diesem Gedicht, von dieser ganzen Gesellschaft sei jedermann ihr Liebhaber, entspricht eine auffallend ähnlich lautende Aussage Ciceros, der sagt, es sei jedermanns Ansicht, daß Clodia jedermanns Geliebte sei.[55] Dann spielt Cicero auf ein offenbar allgemein auf Clodia gemünztes Schmähwort *quadrantaria,* also etwa Dreigroschenhure, an[56] und wiederholt mehrfach den gegenüber einer Dame der Gesellschaft haarsträubenden Vorwurf, sie unterscheide sich nicht mehr von einer Straßendirne;[57] eben das behauptet Catull von Lesbia.[58]

Die bisher erwähnten Parallelen sind auffallend, aber natürlich keine zwingenden Beweise; doch es gibt eine noch engere Berührung: Das Gerede in Rom, auf das Cicero vielfach anspielt,[59] wollte wissen, Clodius habe

[53] Cf. M. Schuster, R. E. s. v. Valerius, Sp. 2358.

[54] Cic. Cael. 47 *in turpissimis rebus frequentissima celebritate et clarissima luce laetatur;* 49 *si [. . .] virorum alienissimorum conviviis uti instituerit.*

[55] Cic. Cael. 32 *quam omnes semper amicam omnium [. . .] putaverunt;* cf. 38 *quae se omnibus provulgaret;* 49 *omnium cupiditate.* Catull c. 37, 14 f. *hanc [. . .] omnes amatis;* cf. c. 11, 18.

[56] Cic. Cael. 62; Plut. Cic. 29, 5 bezeichnet das Wort als ihren stehenden Beinamen, und auch Caelius selbst hatte es in dem Prozeß in seiner eigenen Rede verwendet: Quint. i. o. 8, 6, 53.

[57] Cic. Cael. 1 *opibus meretriciis;* 38 *quae se omnibus pervulgaret [. . .] quae [. . .] meretricio more viveret;* 49 *palamque in meretricia vita collocavit [. . .] ut non solum meretrix, sed etiam procax videatur;* 57 *in qua mater familias meretricio more vivat.*

[58] c. 58, 4 f.; cf. c. 11, 19 f.

[59] Etwas verwirrend ist allerdings, daß Clodius Verhältnisse mit allen drei Schwestern nachgesagt wurden: Plut. Cic. 29; Cic. fam. 1, 9, 15. Ein Plural findet sich auch Cic. har. resp. 9; 59. Ursprünglich stand die mit Lucullus verheiratete jüngere Schwester im Mittelpunkt: Plut. Caes. 10, 5; Plut. Cic. 29, 3; Plut. Luc. 34, 1. Auch Cic. Mil. 73 weist auf diesen Skandal zurück. Aber darauf kann sich Catull kaum beziehen. Sein 79. Epigramm spricht von Lesbias und Lesbius' Liebe als von etwas Ge-

ein Verhältnis mit seiner Schwester gehabt, und dies wurde ihm sogar in aller Öffentlichkeit in obszönen Versen, mit denen man höhnisch seine Reden begleitete, vorgehalten.[60] Außerdem machte man Witze mit Clodius' Cognomen Pulcher, den man zu einem Pulchellus entstellte[61], was einen unmißverständlichen Hinweis auf ein Lotterleben bedeutete. Diese beiden Punkte scheint nun das 79. Gedicht aufzugreifen: *Lesbius est pulcher: quid ni? quem Lesbia malit...* Das Gedicht wird erst ein sinnvoller Text, wenn man in dem Pseudonym Lesbia auch den Namen Clodia mithört: Wenn Lesbia Clodia war, bedeutet Lesbius Clodius. Von ihm wird hier also behauptet, daß seine Schwester ihn liebe;[62] und wenn sie ihn mehr liebt als ihren Liebhaber, ist das keine schwesterliche Liebe, sondern es ist eben das Verhältnis gemeint, das die üble Nachrede den beiden nachsagte. Das *est pulcher* ist dabei ungemein sprechend: es greift das verbreitete Spiel mit Clodius' Beinamen auf, der, wie Ciceros Höhnen zeigt, dem Stadtklatsch ein Symbol für Clodius' ausschweifendes Lotterleben war.[63] Je zweifelhaf-

genwärtigem. Jener Skandal aber wird von allen Zeugnissen in die Zeit verlegt, in der die jüngere Schwester mit Lucullus verheiratet war, der sich bereits im Jahre 66 (auch auf Grund dieser Nachrede) von ihr hat scheiden lassen. Während nach diesem Zeitpunkt von der jüngeren Schwester nicht mehr die Rede ist, behauptet Cicero in den frühen fünfziger Jahren, also in der Zeit von Catulls römischem Aufenthalt, von der älteren Schwester, der im Jahre 59 verwitweten Clodia Metelli, mehrfach ein Verhältnis mit ihrem Bruder: Cic. Att. 2, 1, 5; Cael. 32; 36; 38; 78; har. resp. 38. Und vor dem Hintergrund der unmißverständlichen Anspielungen auf diese Clodia scheinen auch die übrigen in den Jahren 56 und 55 sehr gehäuften Anspielungen sich auf sie zu beziehen: dom. 92; har. resp. 39; 42; Sest. 16; 39; 116; Pis. 28. Das wird auch dadurch nahegelegt, daß Plut. Cic. 29 in der älteren Schwester das Hauptangriffsziel dieser üblen Nachrede sieht. Wiseman 52–55 glaubt allerdings, für die Öffentlichkeit habe auch in den fünfziger Jahren der ursprüngliche Vorwurf, der sich gegen die jüngere Schwester gerichtet hatte, im Vordergrund stehen müssen, und allein Cicero habe ihn in seinem Haß auf die Clodia Metelli übertragen. Aber nicht nur Ciceros Angriffe, sondern auch die obszönen Sprechchöre, von denen Cic. Quint. fr. 2, 3, 2 berichtet, beziehen sich auf die Clodia Metelli. Hinzu kommt, daß wir nur von der Clodia Metelli wissen, daß sie, wohl in Solidarisierung mit ihrem Bruder, ihren altadligen Namen *Claudia* mit dem plebeischen *Clodia* eingetauscht hatte. Das geht aus Cicero hervor: zu Lebzeiten ihres Mannes nannte er sie fam. 5, 2, 6 Claudia, in der Caeliana 30; 31 etc. Clodia; vid. Pepe 41 f. Apuleius nennt aber diese Namensform, und Cat. c. 79, 1 deutet ebenfalls auf sie.

[60] Cic. Quint. fr. 2, 3, 2.

[61] Cic. Att, 1, 16, 10 *surgit pulchellus puer, obicit mihi me ad Baias fuisse* etc.; 2, 1, 4; 2, 18, 3; 2, 22, 1.

[62] Cf. Schwabe 89 ff.

[63] Der „Schöne" soll sich, als Harfenspielerin verkleidet, zum Fest der Bona Dea

tere Eigenschaften aber mit dem *est pulcher* angedeutet werden, um so größer ist auch die Schmach Lesbias, die von eben diesen Eigenschaften angezogen wird. Übrigens finden auch die im 2. Distichon angedeuteten Perversitäten des 'Lesbius' in Ciceros Angriffen auf Clodius ihre Entsprechung.[64]

Gegenüber dieser vor allem von Schwabe sehr überzeugend vorgetragenen Deutung des 79. Gedichts werden verschiedentlich Einwände erhoben. So glaubt Kroll, 'Lesbius' sei ein unbedeutender anderer Clodius gewesen.[65] Aber die Namensgleichheit muß eine Spitze haben; und auch dem *est pulcher* fehlte in diesem Fall die Schärfe. Wird denn ein eifersüchtiger Liebhaber an seinem Rivalen hervorheben, daß die Geliebte durch seine Schönheit angezogen wird, wenn es mit dieser Schönheit nicht seine ganz besondere Bewandtnis hat? Nach einem anderen Erklärungsversuch soll der Name Lesbius von Catull als Schimpfwort für einen Liebhaber Lesbias geprägt worden sein, wie er anderswo einen Liebhaber der berüchtigten Rufa Rufulus nennt oder wie Cicero Antonius nach seiner Geliebten Cytheris Cytherius höhnt.[66] Aber ist es denkbar, daß Catull den von ihm geprägten Poesienamen der Geliebten nun als in sich so entwürdigend empfunden haben sollte, daß er aus ihm ein Schmähwort hätte bilden können? Hätte er sich da nicht als Ex-Lesbius fühlen müssen? Ich möchte also meinen, daß das 79. Gedicht aus inneren Gründen am überzeugendsten als Hohn auf das Verhältnis Clodias mit ihrem Bruder zu deuten ist und daß aus diesem Grund die Hypothese, Lesbia sei die historische Clodia, die Frau des Metellus, gewesen, viel für sich hat.[67]

Wenn das richtig ist, könnte man den Zeitraum von Catulls poetischer

in das Haus des Pontifex Maximus Caesar, in dem die Matronen feierten, eingeschlichen haben: Plut. Cic. 28; Plut. Caes. 10; cf. Schwabe 94.

[64] Cf. Cic. har. resp. 59; Sest. 16.

[65] introd. ad c. 79 denkt er (nach Lipsius) an den aus dem Cicerobriefwechsel bekannten Sextus Clodius. Nach Shackleton Bailey, Class. Quart. 54 (1960) 41 f., hieß diese Person übrigens Sextus Cloelius.

[66] Cat. c. 59,1; Cic. Att. 15,22,5; cf. Deroux, loc. cit. 396; W. Stroh, Gymn. 86 (1979) 832 n. 35.

[67] Wiseman 57–60 denkt nach M. Rothstein und P. Maas wieder an die jüngere Schwester, die Frau des Lucullus; sie habe nach ihrer Scheidung im Jahre 66 eben wieder geheiratet, und der c. 68 genannte Mann sei dieser zweite Gatte. Gewiß macht der einstige Skandal eine weitere Heirat nicht undenkbar, aber eine Nachricht haben wir darüber so wenig wie über eine fortdauernde oder wiederbelebte Liaison mit Clodius. Auch sprechen für die Identifizierung nicht so schlagende Parallelen. Besonders der Vorwurf, das Leben einer Dirne zu führen, die sich jedermann hingebe, wird nur gegenüber der Clodia Metelli erhoben; cf. Wilamowitz, Hell. D. 2,308.

Produktion besser überblicken und gliedern, als es auf Grund der oben besprochenen anderen Zeugnisse möglich ist. Man brauchte dann nicht mehr nur allgemein sagen, wegen c. 68 und 96 müsse der Beginn und der Höhepunkt der Beziehungen zu Lesbia eine längere, aber nicht genau bestimmbare Zeit vor der bithynischen Reise angesetzt werden; man könnte nun genauer festlegen: da in c. 68 und 83 Lesbias Gemahl als noch lebend erwähnt wird, da aber Metellus im Jahre 59 gestorben ist, können diese Gedichte spätestens in diesem Jahr geschrieben sein. Die jubelnden ersten Lesbiagedichte, aber auch die große Elegie c. 68 hätte also der noch nicht Fünfundzwanzigjährige geschrieben; im nächsten Jahrfünft hätte er dann die bittersüße Liebe von ganz anderen Seiten her kennengelernt und überhaupt seine poetische Produktion in vielfältiger Weise erweitert. Ein solcher längerer Zeitraum paßte sehr wohl zu dem Ausdruck *'longus amor'*, mit dem Catull c. 76, 13 am Ende der Beziehung seine Liebe charakterisiert, und eine Reihe von Jahren dichterischen Schaffens paßte auch zu der Aussage des Widmungsgedichtes an Nepos, das auf zeitlich schon lange zurückliegende Gedichte zurückschaut. Zu der Gruppe der frühen Lesbiagedichte würde sich natürlich auch die, allerdings, wie oben gesagt, nicht genau abgrenzbare Gruppe von kleinen Gedichten in Hendekasyllaben stellen, die Skutsch aus metrischen Gründen als eine zeitlich frühere Epoche des dichterischen Schaffens zusammenfaßt.

Schwierigkeiten macht, wann der Endpunkt der Beziehungen zu Lesbia anzusetzen ist. Das 11. Gedicht, das Lesbia die endgültige Absage schickt, ist durch die Erwähnung von Caesars Britannenunternehmung auf das Jahr 55, also einen beträchtlichen Zeitraum nach der bithynischen Reise, festgelegt. Demnach hätte sich Catull erst lange nach dieser Reise von Lesbia getrennt. Aber ist es denkbar, daß Catull zu einem Zeitpunkt, da er noch ganz von der Leidenschaft zu Lesbia beherrscht war, sich zu einer mehr als ein Jahr dauernden Reise entschlossen haben könnte, zu der ihn ja nichts zwang, daß er sich ferner dann nach der Beendigung des offiziellen Geschäfts mit der Heimfahrt nicht im mindesten beeilt hat und zunächst nicht nach Rom fuhr, sondern erst einmal seine norditalienische Heimat aufsuchte und dort in sehr gelöster Stimmung weilte? Man möchte meinen, daß das Verhältnis damals zumindest schon recht abgekühlt gewesen sein muß, und versteht nicht recht, warum es dann erst zwei Jahre später zum endgültigen Bruch gekommen ist.

Aber das 11. Gedicht ist auch, was die Gedichtsituation anlangt, etwas rätselhaft. Ist das eine mögliche Lebenssituation? Ist es vorstellbar, daß Catull in der Realität zwei hier als Gefährten bezeichnete Leute, die er sonst als recht zwielichtige Existenzen einführt, beauftragt haben sollte, Lesbia, die nach der Gedichtsituation offenbar noch einigen Einfluß auf Catull zu besitzen glaubt, feierlich offiziell das Ende ihrer Beziehungen zu verkünden? Das könnte allenfalls die Zurückweisung eines Annäherungsversuches nach einer längeren Zeit der Trennung sein. Vermutlich ist das Gedicht aber ein rein literarisches Gebilde: Als Catull längere Zeit nach dem Ende seiner Beziehungen zu Lesbia daranging, seine Gedichte zusammenzustellen und zu einer Sammlung zu ordnen, könnte er das Bedürfnis gefühlt haben, die zentrale Lesbiathematik mit einem markanten Schlußpunkt zu versehen, wie das dann später auch Properz in der Elegie 3,25 getan hat; und aus diesem literarischen Grund hätte er dann dieses sehr rhetorisch-formale Gedicht geschrieben und es an das Ende der ersten Gruppe von Lesbiagedichten gerückt, die den ganzen Weg der Liebesbeziehung von ihrem strahlenden Beginn bis zu der herben Trennung aufzeigen. Biographisch machte diese Deutung manches verständlicher. Die bithynische Reise könnte man nach dem Ende der langen, schmerzlichen Liebe als einen Versuch verstehen, zu neuen Eindrücken und Tätigkeiten zu kommen; und zu einer solchen Auffassung würde auch gut passen, daß dem Thema Politik überhaupt erst in diesen Jahren ein breiterer Raum in der poetischen Produktion eingeräumt worden zu sein scheint.

Mir scheint also die Deutung Lesbias als die historische Clodia immer noch die sinnvollste Auslegung der wenigen Zeugnisse zu sein. Und der Gewinn dieser Überlegungen ist nicht gering: der gesellschaftliche Raum, in dem sich Catull bewegte, und die Welt, in der er seine Eindrücke empfing, wird dadurch klarer; man sieht auch deutlicher die zeitliche Entwicklung von Catulls Themen in seinem dichterischen Werk. Aber zur Gedichterklärung im einzelnen trägt dieser Gewinn eines historisch-biographischen Hintergrunds nicht allzuviel bei. Dazu sind die konkreten Parallelen denn doch zu gering, und dazu ist das Bild der historischen Clodia in der Überlieferung zu sehr entstellt, als daß wir aus diesem Zerrbild die wahre Lebenserscheinung ableiten könnten. Aber selbst wenn wir mehr biographische Daten hätten, förderte das das Verständnis von Catulls Dichtung kaum wesentlich. Wie in aller großen Lyrik wird auch bei Catull die literarische Gestaltung die notwendigerweise oft zufällige und unbedeutende Lebenswirklichkeit überstiegen haben. Und wenn auch Catull wie die anderen großen Liebesdichter der Weltliteratur ohne die Exaltationen seiner realen Empfindungen keine große Liebesdichtung hätte schaffen können, so wäre ein bloßes Stenogramm seiner Liebesgedanken und -empfindungen ganz gewiß auch keine große Dichtung geworden. Große Kunst ist keine bloße Widerspiegelung der Biographie.[68] Und ich

[68] Den entscheidenden Unterschied zwischen Kunst und Leben, daß die Kunst bereits eine Deutung der Wirrnisse des Lebens ist, hat niemand knapper ausgedrückt

glaube, man sollte auch im Falle Catulls die Illusion der Philologie des 19. Jahrhunderts aufgeben, man könne in der biographischen Wirklichkeit des dichterischen Geheimnisses habhaft werden.

4. Der literarische Standort

Die literarischen Veränderungen in der Zeit Catulls werden eigentlich erst recht verständlich, wenn man sie vor dem Hintergrund der tiefgreifenden Veränderungen in Staat und Gesellschaft sieht, die sich damals unter mannigfaltigen Krisenerscheinungen vollzogen. Von der alten Republik und der sie tragenden Gesellschaftsordnung war kaum mehr ein Schatten übrig.[1] Die gründliche Veränderung der gesellschaftlichen Anschauungen und Sitten wird von der zeitgenössischen Kulturkritik ohne Einschränkung als Niedergang und Verfall gewertet. So sieht Sallust in dieser Zeit nur noch schrankenlose Selbstsucht, sinnlosen Luxus und eine unglaubliche Sittenverwilderung.[2]

Besonders bedenklich erscheinen den kritischen Betrachtern die Lebensgewohnheiten der vornehmen Jugend Roms, also des Gesellschaftskreises, dem Catull angehörte und in dem er sich ausschließlich bewegte. Nicht anders als Sallust[3] schildert Cicero diese Jugend: er stempelt sie als *delicata iuventus* ab[4] und charakterisiert sie als eine Schar eitler, genußsüchtiger Gecken, deren nichtiges Dasein in jeder Hinsicht als das Gegenbild alles dessen erscheint, was man als die altrömische Lebenshaltung und -einstellung angesehen hatte.[5]

Die Veränderungen, die die zeitgenössischen Kulturkritiker so einhellig verurteilen, kann man aber auch aus einem anderen Blickwinkel sehen. Der Verfall der altrömischen Wert- und Gesellschaftsordnung führte auch

als Aristoteles, poet. 1451 b 5: διὸ καὶ φιλοσοφώτερον καὶ σπουδαιότερον ποίησις ἱστορίας ἐστίν. Über die Genesis des Begriffes Erlebnis und über die Relativität des Kriteriums Erlebnisdichtung verweise ich auf H.-G. Gadamer, Wahrheit und Methode, Tübingen ^{4}1975, 56ff.

[1] Sallust empfand das klar: Cat. 10,6 *civitas immutata.*

[2] Besonders bezeichnend sind die Urteile Sall. Cat. 10,3–5; 12,1–5; 13,1–3.

[3] Sall. Cat. 12,2.

[4] Cic. Att. 1,19,8 etc. Bemerkenswert ist, daß Catull c. 50,3 sich und seinen Dichterfreund Calvus als *delicati* charakterisiert, wenn sie einer geistreichen, geschmackvollen Beschäftigung nachgehen. Das von Cicero so abgewertete Wort scheint im Munde der jungen Generation eine durchaus positiv gemeinte Charakteristik ihres Lebensstils gewesen zu sein.

[5] Cf. Cic. Cat. 2,22f.

zu einer Befreiung des einzelnen aus den vorgeprägten, starren Formen, in denen in Altrom das Leben der führenden Schicht verlief. Wie in der Politik der einzelne immer weniger in den Geleisen des Herkömmlichen bleiben wollte und wie er sich oft neue, unerhörte Ziele setzte, so entfaltete sich auch in den Bereichen der Kultur ein vorher nicht gekanntes Streben nach der Verwirklichung neuer, persönlicher Werte und Ideen.[6] Ungemein bezeichnend für die neuen Möglichkeiten der Persönlichkeitsentfaltung ist das von Sallust entworfene Charakterbild der Sempronia.[7] Wenn man weniger auf die moralischen Vorwürfe achtet, sondern auf die Breite der Bildung, auf die Lässigkeit des gesellschaftlichen Umgangs und auf das Selbstbewußtsein, mit dem diese Dame aus altem Adel sich von den ihrem Stand auferlegten gesellschaftlichen Fesseln befreit hatte, so hat man das Gefühl, daß hier ein vorurteilsfreier Mensch sein Leben nach seinem Gutdünken gestalten wollte und nicht mehr danach fragte, welches Rollenverhalten man von ihm erwartete.

Vor diesem Hintergrund ist es sehr verständlich, daß man sich auch in der Literatur nicht mehr in den herkömmlichen Geleisen bewegen wollte. Schon bei Lucilius fällt die Schärfe und Unabhängigkeit seiner Urteile auf. In den Satiren stellte er sich und seine Welt so sehr in den Mittelpunkt, daß Horaz sagen konnte, in ihnen liege das Leben des Alten wie auf einem Votivbild vor unseren Augen.[8] Bekannt ist sein selbstbewußter Stolz auf seine Eigenart: um alles in der Welt wollte er seine persönliche Lebensform nicht mit dem üblichen Tun seiner Standesgenossen tauschen, die als Staatspächter große Summen verdienten.[9] Durch seine literarischen Urteile, insbesondere durch seine Wendung gegen den von ihm als schwülstig empfundenen tragischen Stil eines Accius und Pacuvius, erschien Lucilius geradezu als Vorläufer neoterischer Tendenzen, ja als Kallimacheer;[10] freilich, wenn man die Fragmente liest, scheint Horazens Urteil, Lucilius fehle noch die strenge Formung, die man in seiner eigenen Generation von einem literarischen Kunstwerk verlangte, nicht unbegründet zu sein. Und Lucilius selbst scheint ja keineswegs einen elitären alexandrinischen Anspruch vertreten

[6] Der Zusammenhang ist von K. Christ, Krise und Untergang der römischen Republik, Darmstadt 1979, 407, betont.

[7] Sall. Cat. 25.

[8] Hor. s. 2,1,32–34.

[9] Lucil. fr. 671 f. Marx: *Publicanus vero ut Asiae fiam, ut scriptuarius/pro Lucilio nolo et hoc uno non muto omnia.*

[10] Cf. M. Puelma Piwonka, Lucilius und Kallimachos, Frankfurt a. M. 1949; W. Krenkel, Wiss. Zeitschrift d. Univ. Rostock 1957/58, 249 ff.; Paratore, Poetiche 48 ff.; N. B. Crowther, Class. Phil. 66 (1971) 247; V. Buchheit, Grazer Beiträge 4 (1975) 31 f.

zu haben, wenn er sichtlich in die Breite wirken will und in klarer Einschätzung seiner Eigenart verkündet, er wolle nicht von den Allergelehrtesten gelesen werden, sondern von Durchschnittsmenschen.[11] So wird man in ihm wohl eher einen Vorläufer Catulls, was die Unabhängigkeit der Persönlichkeit, das Selbstbewußtsein und die mutwillige Angriffslust anlangt, sehen dürfen als einen im literarischen Gestaltungswillen und im alexandrinischen Formgefühl.

Deutlicher noch als bei Lucilius wird die Veränderung der Grundtendenz in der römischen Literatur um die Wende zum 1. Jahrhundert und in seinen ersten Jahrzehnten. Die Produktion von Tragödien und Komödien für die Bühne, die in Rom so lange im Mittelpunkt des literarischen Lebens gestanden hatte, versickerte damals und sollte sich dann ja auch später niemals mehr wirklich beleben.[12] Ennianisierende Geschichtsepen schrieb man zwar weiterhin, auch noch über Catulls Lebenszeit hinaus; das Interesse der politisch führenden Schicht, die gewohnt war, auf diese Weise verherrlicht zu werden, war sichtlich zu groß,[13] als daß man diese Dichtungsform allzu rasch aufgegeben hätte; aber was sich davon in Bruchstücken erhalten hat, zeigt, daß die fortwährende Produktion dieser veralteten Form kein neues Leben einhauchen konnte. Und es beteiligte sich auch in dem ganzen Jahrhundert, in dem noch solche Epen entstanden, wenn man einmal von dem uns nicht mehr greifbaren Varius absieht, kein einziger bedeutender Dichter an dieser altertümlichen Preisdichtung.

Anstelle der traditionellen Formen setzten sich im neuen Jahrhundert in der römischen Literatur immer mehr alexandrinische Tendenzen durch, die im bewußten Gegensatz zum bisher Üblichen standen. Gewiß war die römische Literatur von ihren ersten Anfängen an nicht unbeeinflußt von der gleichzeitigen griechischen, von der sie Stoffe und Motive in breiter Fülle übernahm;[14] in diesem Sinne kann man auch Ennius[15] und Plautus[16] hellenistisch beeinflußte Dichter nennen. Aber auf der damaligen kulturellen

[11] Lucil. fr. 595f.; cf. Hor. s. 1,4,8–13; 1,10,1ff.; 1,10,50ff. J. Bayet, Fondation Hardt. Entretiens 2 (1956) 27, beleuchtet den Unterschied zwischen Lucilius und Catull im jambischen Genre: anstelle sehr lockerer, heterogener Satiren schreibe Catull knappe, einheitliche Gedichte im alexandrinischen Geschmack.

[12] Cf. F. Leo, Ausgewählte kleine Schriften, hrsg. und eing. von E. Fraenkel, Roma 1960, Bd. 1,255–257 = Herm. 49 (1914) 166–169; Granarolo, D'Ennius, 154f.

[13] Gut zeigt das Cic. Arch. 19–29; auch dem *recusatio*-Topos der augusteischen Dichtung liegt noch die Vorstellung zugrunde, daß bei einem Politiker der Wunsch nach einem solchen Gedicht natürlich ist.

[14] Zu einseitig betont scheint der alexandrinische Einfluß in der frühesten römischen Literatur bei Castorina 3–13 zu sein: Castorina achtet zu wenig auf den ganz

Entwicklungsstufe Roms konnte noch kein Schriftsteller den Kern alexandrinischer Kunstgesinnung erfassen:[17] man konnte noch keinen Sinn haben für Kallimachos' Spielen mit einer unendlichen Tradition, für die nervösen Reize dieser Dichtung und das Auskosten des formal Ungewöhnlichen und Überraschenden. Motive wurden übernommen, der Geist und die Form nicht. Der Stil ist in der altlateinischen Literatur entweder hochpathetisch und auf grelle Wirkungen bedacht oder aber der Derbheit und Lässigkeit des gesprochenen Wortes nahe – also so unalexandrinisch wie nur möglich.[18] Wie in weiten Teilen der deutschen Barockliteratur hat man in der altrömischen Dichtung den Eindruck, daß von den von außen kommenden Einflüssen nur das wirksam wurde, was einer derben, kräftigen Sinnesart entsprach und was mit den Mitteln einer noch wenig geformten Sprache ausgedrückt werden konnte.

Aber in der Generation vor Catull ist mindestens schon eine Ahnung von dem zu spüren, was die Dichtung Alexandrias gewollt hatte. So sind von verschiedenen Autoren Epigramme überliefert,[19] die nicht nur thematisch das hellenistische Liebesepigramm aufnehmen, sondern die auch versuchen, die pointierte, antithetische Form des Vorbilds in der dafür noch wenig vorbereiteten lateinischen Sprache nachzugestalten. Gewiß sieht man, wenn man die spielerische Eleganz griechischer Epigramme ver-

und gar unalexandrinischen Grundcharakter der Dichtung eines Livius Andronicus, Naevius etc.

[15] Cf. F. Leo, Geschichte der römischen Literatur, Berlin 1913, 204f.; U. Knoche, Die römische Satire, Göttingen ^{3}1971, 16f.; Granarolo, D'Ennius, 12f.; N. B. Crowther, Class. Phil. 66 (1971) 246f.; V. Buchheit, Grazer Beiträge 4 (1975) 30f.

[16] Cf. F. Leo, op. cit., 121–125.

[17] W. Clausen, Gr., Rom. and Byz. St. 5 (1964) 187f. = Approaches 275f., hebt hervor, daß trotz der hellenistischen Motive und Strömungen, die in Rom ihren Widerhall fanden, von einem tiefergreifenden Verständnis für den spezifischen kallimacheischen Geist in der römischen Dichtung vor den 'neuen Dichtern' noch nicht die Rede sein kann.

[18] Granarolo, op. cit., sieht durchaus die stilistischen Unterschiede zwischen der altlateinischen Literatur und den 'neuen Dichtern'; er wertet aber diese Unterschiede offenbar nicht als so bedeutend wie thematische Einflüsse und kommt so zu anderen Urteilen.

[19] Valerius Aedituus fr. 1; 2 Morel; Lutatius Catulus fr. 1; 2 Morel; Porcius Licinius fr. 6 Morel. Auf die direkte Beeinflussung durch die zeitgenössische griechische Epigrammatik weist Cic. de or. 3, 194 und Arch. 6: Antipatros v. Sidon und Archias waren in Catulus' Haus zu Gast. Eingehend interpretieren diese Epigramme Castorina 13–21 und Granarolo, D'Ennius 37–59.

gleicht, vor allem die Mühe, die das Nachgestalten gekostet hat.[20] Aber mag hier auch manches noch zu breit und direkt im Ausdruck sein, so sind in diesen Versen doch die ersten tastenden Schritte in die Richtung zu spüren, in der es Catull und seine Freunde zur Meisterschaft bringen sollten.

Eine völlige Abkehr von der in Rom bis dahin üblichen Weise der literarischen Produktion zeigen, wie schon der Titel verrät, die Erotopaegnia des Laevius, die vermutlich in den frühen Jahrzehnten des 1. Jahrhunderts entstanden sind.[21] Laevius greift die hellenistische Dichtung dort auf, wo sie am künstlichsten ist;[22] eine besondere Freude hatte er daran, die breite Fülle lyrischer Versmaße, wie er sie in der alexandrinischen Literatur fand, in erstaunlicher Experimentierfreudigkeit nachzugestalten.[23] Die meisten Fragmente sind mythologischer Art, wobei die hellenistische Erotisierung des Mythos in vollem Maße übernommen wurde: Das erotische Spiel und die Verwirrungen der Leidenschaft, alle Reize und alle Überfeinerung der griechischen Spätkultur wurden freudig aufgenommen. In einem mythologischen Gedicht, in dem er das Schicksal Laodamias und Protesilaos' darstellte (fr. 13–19 Morel), ging er auch inhaltlich Catull voran, der ja in c. 68 in der Leidenschaft dieses mythischen Paares eine Widerspiegelung der eigenen Liebe gesehen hatte. Neben den mythologischen Themen finden sich aber auch persönliche Polemiken[24] und Liebesverse in eigener Sache.[25] Sprachlich scheint das Werk bizarr und im höchsten Grad widersprüchlich gewesen zu sein: neben weichen lyrischen Klängen und niedlichen Schilderungen findet man rhetorische Wortkaskaden von Synonyma, seltsame

[20] Vielleicht urteilt R. Reitzenstein, RE s. v. ›Epigramm‹ 6, 96, etwas zu hart: „Dem Meleager im Geiste, nicht in der Kunst ähnlich." Aber auch Ross 143 ff. kommt nach einer genauen stilistischen Analyse zu dem Schluß, daß eigentlich erst Catull einen Sinn für die formalen Reize eines hellenistischen Epigramms gehabt habe.

[21] Für die zeitliche Einordnung ist die Erwähnung des im Jahre 116 geborenen Varro Reatinus als eines bereits bekannten Mannes in fr. 3 Morel entscheidend; cf. E. Norden, N. Jb. (1925) 39 n. 2. Interpretiert werden Laevius' Dichtungen vor allem von F. Leo, Ausgew. kleine Schriften, hrsg. und eing. von E. Fraenkel, Roma 1960, Bd. 1, 268–275 = Herm. 49 (1914) 180–188; Wheeler 74–77; Granarolo, D'Ennius 59–136 und in H. Temporini (Hrsg.) ANRW I 3, 286–289 und 316–326; Castorina 23–30.

[22] F. Leo, op. cit. 183 f., sieht ihn in der Nachfolge der Technopaignien des Simias.

[23] Cf. F. Leo, op. cit. p. 268 n. 3; U. v. Wilamowitz, Griechische Verskunst, Berlin 1921, 128; Granarolo, D'Ennius 78–120.

[24] Cf. Granarolo, D'Ennius 120–136.

[25] Fr. 1 und 28 Morel; cf. F. Leo, op. cit. 274.

Neubildungen und zusammengesetzte Wörter von extremer Künstlichkeit.[26] Nirgends fühlt man auch nur einen Hauch von Kallimachos' sicherer Eleganz und eine Spur seiner Zurückhaltung allen Übertreibungen gegenüber. Für Laevius hatte die hellenistische Literatur offenbar den Reiz bizarrer Fremdartigkeit, die er nachgestalten wollte. Eine Verwandtschaft seines Werkes mit den grellen Wirkungen der asianischen Beredsamkeit, die gerade damals in Rom eine breite Wirksamkeit entfaltete, ist unüberhörbar.[27] Vermutlich war diese stilistische Unausgewogenheit auch der Grund, warum dieser die Tendenzen der Catullgeneration in vielem vorwegnehmende Autor so rasch vergessen wurde, daß er in den nächsten Generationen nicht mehr der geringsten Erwähnung für wert befunden wurde und daß er eigentlich erst wieder von den Archaisten ausgegraben wurde. Die grellen Effekte des Laevius sind wohl den eleganten und feinnervigen Dichtern um Catull wenig anziehend erschienen.[28] Aber mag auch der literarische Wert dieser Dichtungen nicht groß gewesen sein; das wenige, was von ihnen überliefert ist, zeigt recht gut, wie vorbereitet der Boden war, auf dem dann die Dichtung Catulls und seiner Freunde gedieh.

Nachdem also die hellenistische Dichtung schon in vielfältiger Weise in Rom fruchtbar geworden war, war nur noch ein letzter Schritt zu tun, der Catull und seinen Freunden vorbehalten blieb, um in das 'Allerheiligste' der alexandrinischen Kunstauffassung zu treten: diese Dichter versuchten nun auch, Kallimachos' Dichtung zu verstehen und selber Werke in seinem Geist und seinem Stil zu schaffen. Man suchte sich von allem schwerfälligen Ernst zu befreien, der in Rom so lange auch den literarischen Geschmack bestimmt hatte, und Verse in der heiteren Eleganz des bewunderten Griechen zu schreiben. Den Maßstab zeigen Worte wie *sal, lepos, venustus, ludere, delicatus, iocus, facetiae.*[29] Mit solchen Worten kennzeichnet Catull

[26] Nach Gellius 19,7,16 waren diese Bildungen spaßhaft; cf. Granarolo, D'Ennius 123f.

[27] Cf. F. Leo, op. cit., 271.

[28] Ross 156–160 betont die Unterschiede zu der Dichtung Catulls, insbesondere die stilistische Unentschiedenheit, die anderen Absichten und Vorbilder. Castorina 23–30 verwischt fast alle Unterschiede zwischen Laevius und der Catullgeneration, als ob sich irgendwo bei Catull und seinen Freunden solche sprachlichen Künstlichkeiten, ja Verquertheiten fänden, wie sie uns in den Laeviusfragmenten allenthalben entgegentreten.

[29] Dieser literarische Maßstab wird besonders deutlich in c. 1,1f.; 16,7; 35,17; 50; 65,1–4; 95; cf. J. Bayet, Fondation Hardt. Entretiens 2 (1956) 19f.; Castorina 80f. Auch der von Catull c. 38,1 angesprochene Dichterfreund Cornificius betont in dem Elfsilbler fr. 1 Morel, daß er in zurückgenommenem Ton plaudere, d. h. leichte Verse schreibe. *Deducta voce* entspricht dabei Verg. ecl. 6,5 *deductum carmen*, ist

seine Gedichte und die seiner Freunde, und mit ihnen charakterisiert er im 50. Gedicht ein poetisches Experimentieren mit seinem Freund Calvus als ein scheinbar gewichtloses Scherzen. Wer von den Zeitgenossen aber solche Leichtigkeit und Eleganz im Dichten nicht erreicht wie jener Suffenus des 22. Gedichts, wird zur Zielscheibe unbarmherzigen Spottes gemacht.

Diesen neuen Geist der Dichtung empfand Catull klar als Gegensatz zu dem, was in Rom bisher üblich war. Dies wird besonders durch die betont polemische Haltung gegenüber der bisher führenden literarischen Gattung, dem pathetischen Geschichtsepos in der Nachfolge des Ennius, deutlich: Die unendlich viele Hexameter reihenden Dichtungen werden als schal und unkünstlerisch empfunden.[30] Sehr klar ist hier der Wandel des Stilempfindens seit Lucilius greifbar: Lucilius hatte zwar auch schon einmal über eine Wendung bei Ennius gelacht, weil er sie als dem gesprochenen Wort zuwiderlaufend empfand (fr. 1190 M), aber für ihn war Ennius selbstverständlich noch ein zweiter Homer, ein *Homerus alter* (fr. 1189 M). Catull aber urteilt über den Stil einer Dichtung in der altlateinischen Weise bereits wie Horaz, dem diese Art des Dichtens veraltet, hart und matt erscheint und viel zu wenig ausgefeilt (epi. 2,1,64–75). In der Wendung gegen das bisher in Rom übliche lange Epos weiß sich Catull Kallimachos nahe: Sein Verdikt gegen die 'großen' Bücher[31] und das lange Epos[32] erscheinen als der entscheidende Wink in der eigenen literarischen Situation. In dem programmatischen 95. Gedicht beruft sich Catull ausdrücklich auf den kallimacheischen Maßstab, wenn er neben die Namen von zwei der alten Enniusmanier verhafteten Zeitgenossen den Namen des Antimachos stellt, den Kallimachos wegen seiner künstlerisch nicht gestalteten Breite (παχὺ γϱάμμα) zu einem negativen ästhetischen Exempel gestempelt hatte.[33]

Der Wandlung des poetischen Ideals entsprechend, haben die Dichtungen in Catulls Kreis einen anderen Charakter als alle Dichtung davor in Rom: Die kleine Form, das kleine, thematisch scheinbar gewichtlose Ge-

also ein fester literarischer Begriff, der *tenuis,* λεπτός entspricht; cf. Macr. sat. 6,4,12.

[30] Cf. c. 36,1 und 20; 95,3 und 7. Auch die c. 14,18f. und c. 22 angegriffenen Dichtungen dürften zu diesem Genre gehört haben.

[31] Call. fr. 1; 465 Pf.

[32] Call. fr. 1; epi. 28,1.

[33] Nach der überzeugenden Deutung von M. Puelma, Philol. 101 (1957) 90–100, zog Kallimachos im Aitienprolog Vers 11f. die „zarten koischen Mädchen" der „großen Frau", also die Elegien des Philitas dem Antimachos vor; ferner Call. fr. 398 Pf.

dicht im Sinne von Kallimachos' Aitienprolog wird nun das Ziel des Bemühens. Auch wenn das Werk von Catulls Freunden weitgehend verloren ist, zeigen die erhaltenen Fragmente klar, daß auch ihre Gedichte denselben Charakter wie die Catulls hatten.

Wie Kallimachos anstelle der ausgedehnten Mythenerzählung des herkömmlichen Epos in dem Kurzepos ›Hekale‹ intimere poetische Reize zu gestalten versuchte, schufen Catull und die Dichter um ihn Kleinepen in seiner Art: Catull schrieb ein Peleusgedicht, Cinna eine ›Zmyrna‹, Calvus eine ›Io‹, Valerius Cato eine ›Dictynna‹, Cornificius einen ›Glaucus‹ und vielleicht auch Caecilius eine ›Magna Mater‹.[34] Immer nun, wenn in der Geschichte der Literatur in so auffälliger Weise eine neue Form gewählt wird, ist das ein Zeichen, daß die Entwicklung an einem entscheidenden Wendepunkt angelangt ist: hier ist es das Zeichen, daß sich der kallimacheische Geist in Roms literarischer Avantgarde durchgesetzt hat. Das Programm dieser Produktion, den Willen zu einem bis ins letzte durchgeformten Kunstwerk, beleuchtet Catulls 95. Gedicht, in dem er die Vollendung des in neunjähriger Arbeit entstandenen Kleinepos seines Freundes Cinna feiert und seine Kunstgestalt von der Gestaltlosigkeit epischer Massenproduktion abhebt.[35]

'Kleine' Form schuf man aber auch noch in einem genaueren Sinn: Wie Kallimachos' Epigramme ebenso dichte, bis ins letzte gestaltete Kunstwerke sind, wie seine größeren Gedichte und wie überhaupt die vielfach wegen ihrer scheinbar gewichtlosen Thematik unterschätzten hellenistischen Epigramme oft in raffinierter Technik als kleine Meisterwerke ge-

[34] Wörtliche Fragmente dieser Gedichte gibt es sehr wenige: Cinna fr. 6–8 Morel; Calvus fr. 9–14 Morel; Cornificius fr. 2 Morel; cf. H. Deichgräber, Herm. 99 (1971) 51–60. Von Cato und Caecilius haben sich keine Fragmente erhalten, die Existenz solcher Gedichte bezeugen: Suet. gramm. 11, 6; Cat. c. 35, 17f. R. O. A. M. Lyne, Ciris. A Poem attributed to Vergil, Cambridge 1978, 38ff., 154ff., 185ff., macht es nun wahrscheinlich, daß Ciris v. 129–162 eine Partie aus Calvus' Io widerspiegelt, Ciris v. 206–385 eine aus Cinnas Zmyrna.

[35] Cf. Bährens 11–13; Paratore, Poetiche 70. R. O. A. M. Lyne, Class. Quart. 72 = N. S. 28 (1978) 180–184, sieht das Kallimacheische auch anderer großer Gedichte Catulls darin, daß in ihnen Kallimachos' Grundbestreben greifbar sei, anstelle der traditionellen epischen oder elegischen Erzählweise alternative Formen zu setzen. Dieser Zug, der sich auch auf andere alexandrinische Dichter berufen könnte, sei zusammen mit der Erlesenheit der Form und einem modern-erotischen Inhalt das greifbarste Kennzeichen der Dichtergruppe. Aus der Reihe fällt freilich der Valerius Cato nahestehende Furius Bibaculus, der in pathetischer Enniusmanier Annalen über Caesars Gallienkrieg verfaßt hat: fr. 7–16 Morel. Vermutlich hat hier ein erwarteter politischer Lohn das ästhetische Gewissen zum Schweigen gebracht.

schaffen sind, so sind auch die Epigramme Catulls und seiner Freunde keine bloßen Gelegenheitsverse; auch sie sollen kleine Kunstwerke sein, deren geistreiche Form den neuen Geist verrät.[36]

Was von den Epigrammen gesagt wurde, gilt auch von den anderen kleinen Gedichten in Hendekasyllaben, Hinkjamben usw. Für sie ist uns das griechische Vorbild nicht mehr so greifbar wie bei den Epigrammen,[37] aber auch hier muß es in der hellenistischen Epoche eine beträchtliche Produktion gegeben haben,[38] die die Dichter um Catull vor Augen hatten. Die Bedeutung des Einflusses hellenistischer Kleinformen auf die kleinen Gedichte Catulls ist an der Ähnlichkeit zahlreicher Einzelheiten mit den Motiven der griechischen Anthologie deutlich abzulesen;[39] und vermutlich wird diese motivliche Verwandtschaft mit den griechischen Epigrammen nicht nur auf eine Anlehnung an diese, sondern auch an heute verlorene motivähnliche Gedichte in anderen Versmaßen zurückgehen.

Wie bei dem Kleinepos zeigen auch in den poetischen Kleinformen die wenigen Gedichte und Fragmente, die sich aus dem Umkreis um Catull erhalten haben, formal und thematisch eine enge Verwandtschaft mit dem Catullschen Opus. Wie in Catulls Gedichten Begebenheiten seines Alltags Eingang finden, schreibt Cinna von einer Reise in Oberitalien;[40] und Ca-

[36] Quinn, Cat. rev. 24, betont mit Recht, daß die kleinen Gedichte für die Neoteriker eine ernste Sache waren; aber das waren sie schon für die hellenistischen Dichter. Ein Studium der hellenistischen Epigramme der A. P. zeigt, daß diese Dichter versuchten, auch dem stofflich Gewichtlosen eine hohe formale Vollendung zu geben; cf. J. Bayet, Fondation Hardt. Entretiens 2 (1956) 18.

[37] Von den hellenistischen lyrischen Gedichten in Phalaikeen haben sich nur wenige Spuren erhalten: Call. fr. 226 Pf.; fr. lyr. adesp. 27–29 Powell. Phalaikeen wurden auch in Epigrammen verwendet: Call. fr. 395 Pf.; A. P. 13, 6 (Phalaikos); Theocr. epi. 22; Inscr. Gr. IX I, 883 = GV 1978 Peek; dies geschah auch in Kombination mit anderen Versmaßen: Call. epi. 38 und 40; Theocr. epi. 17 und 20. Choljamben: Call. fr. 191–194 Pf.; fr. lyr. adesp. 12–15 Powell; A. P. 7, 345 (Aischrion); 13, 3 (Theokrit).

[38] Wenn Bezeichnungen für lyrische Versmaße von hellenistischen Dichtern wie Phalaikos und Asklepiades abgeleitet sind, zeigt das, daß diese Versmaße zum ersten Mal von diesen Dichtern stichisch verwendet wurden; cf. Lenchantin p. XXVf.

[39] Nach dem Kommentar von Kroll ist vor allem das Catullbuch von Hezel diesen Beziehungen nachgegangen.

[40] Cinna fr. 9 Morel. Nach Ov. tr. 2, 427–436 waren auch die Erotika dieser Dichter miteinander verwandt. Aber Ovids Worte sind im Grunde nur eine inhaltliche Aussage und müssen nicht mehr bedeuten, als daß in Liebesgedichten beider Autoren die gleiche Freizügigkeit herrschte. Das ist aber das in diesem Genre Übliche, also kein Charakteristikum der Gruppe; cf. R. O. A. M. Lyne, Class. Quart. 72 = N. S. 28 (1978) 172.

tulls heiter-ironische Verse an Dichterkollegen haben ein Pendant in Bibaculus' spöttelnden Versen über den Dichterfreund Cato.[41] Andererseits kann man mit Catulls Rühmen der Zmyrna seines Freundes Cinna Ticidas' Preis der Lydia Catos und Cinnas Rühmen der Dictynna dieses Dichters zusammenhalten.[42] Ferner schrieb auch der Freund Calvus Spottjamben und Spottepigramme auf Zeitgenossen;[43] wobei mit Catulls Versen besonders seine beißenden Epigramme auf die Triumvirn Caesar und Pompeius verwandt sind. Und wie Catull schilt Calvus in einem Elfsilbler das bäuerische Land – vermutlich doch auch als Gegensatz zu weltmännischer Urbanität – und vermerkt befriedigt, wenn man es flieht.[44] Aber die beiden treffen sich auch in milderen Weisen: mit Catulls Klagen über den jäh entrissenen Bruder kann man Calvus' Trauer über die tote Geliebte zusammenhalten, Verse, denen Catull mit einem tröstenden Epigramm antwortet.[45] Schließlich findet sich auch bei Cinna ein klarer Hinweis auf die kallimacheische Poetik mit ihrer Betonung der unermüdlichen Arbeit am dichterischen Werk; ausdrücklich nimmt dabei Cinna auf das von Kallimachos in diesem Zusammenhang genannte Vorbild, den Dichter Arat, Bezug. Und Cornificius spricht von seiner Dichtung in dem gleichen understatement wie Catull.[46]

Ein letzter, geradezu verblüffender Beweis für die Ähnlichkeit der poetischen Produktion des ganzen Kreises ist, daß die sonst wenig gepflegte Gattung des Hochzeitsgedichtes wie von Catull auch von den Dichtern in seinem Umkreis geschätzt wurde; und wie Catull schreiben seine Dichterkollegen diese *Carmina* teils in Hexametern, teils in dem lyrischen Versmaß der Glykoneen. Auch in diesem besonderen Thema ist eine Beziehung zur hellenistischen Dichtung greifbar: von dem damals in Rom lebenden, in der Weise der hellenistischen Poesie schreibenden Dichter Parthenios hat sich ein Fragment aus einem Hochzeitsgedicht erhalten.[47]

[41] Cat. c. 14; 53; Bibaculus fr. 1; 2 Morel.

[42] Cat. c. 95; Ticidas fr. 2 Morel; Cinna fr. 14 Morel.

[43] Calvus fr. 1; 2 Morel in Hendekasyllaben; fr. 3 in Choljamben; fr. 17; 18 in Distichen. Bis in den Wortlaut ähnlich sind Calvus fr. 17 und Cat. c. 29,3f.

[44] Calvus fr. 2 Morel. Die gleiche Wertung zeigen Cat. c. 22,14; 36,19; cf. K. Deichgräber, Herm. 99 (1971) 66.

[45] Calvus fr. 15; 16 Morel; Cat. c. 96.

[46] Cinna fr. 11 Morel; cf. Call. epi. 27. Auch Cornificius fr. 1 Morel hat im Grunde einen kallimacheischen Maßstab; cf. auch Cat. c. 1,3f.; 14a, 1; 16,7f.; 50,1f.

[47] Calvus fr. 4 Morel und Ticidas fr. 1 Morel wie Cat. c. 61 in Glykoneen, Calvus fr. 5–8 Morel wie Cat. c. 62 in Hexametern; cf. Bährens 15. K. Deichgräber, Herm. 99 (1971) 48–51, zweifelt allerdings, ob Morel die Bruchstücke 5, 7 und 8 richtig als

Die sehr auffällige formale und thematische Verwandtschaft der poetischen Produktion dieser ganzen Dichtergruppe ließ die Herausgeber der Fragmente der Neoteriker, Bährens und Morel, einen Schritt weiter gehen. Wie ihre Anordnung der Fragmente der einzelnen Dichter zeigt, nahmen sie bei ihnen allen ein ganz in der Anordnung von Catulls Gedichtbuch gestaltetes Opus an, in dem auf kleine Gedichte in lyrischen Maßen Hochzeitsgedichte, das zentrale Epyllion und schließlich Epigramme folgten. Diesen Dichtern hätte also von vorneherein die Herausgabe ihres Werkes als ein in einer sehr eigentümlichen Weise geordnetes Ganzes vor Augen geschwebt. So attraktiv dieser Gedanke zunächst erscheinen mag, müssen wir klar sehen, daß es dafür keinen einzigen Beweis gibt und daß die Anordnung der Gedichte von den einzelnen Dichtern auch in einer von Catull sehr abweichenden Weise vorgenommen worden sein konnte.[48]

Die auffallende thematische Übereinstimmung mit dem Griechen Parthenios ist ein Hinweis darauf, wie sich damals in Rom die Kenntnis so schwieriger Werke und Ideen, wie es die kallimacheische Poesie und Poetik unstreitig sind, so wirkungsvoll verbreiten konnte;[49] griechische Literaten lebten damals schon längst in der Hauptstadt der Welt und warben für ihre Ideen.[50] Parthenios selbst, dessen erhaltenes Prosawerk und dessen Versfragmente klar die Vorlieben des alexandrinischen Geschmackes zeigen, kann durchaus auch persönlich mit den Dichtern um Catull bekannt gewesen sein, wie er es später mit dem Elegiker Gallus war, für dessen Elegiendichtung er eine Stoffsammlung erotischer griechischer Mythen veranstaltet hat; er war schon im dritten Krieg gegen Mithridates als Gefangener eines Cinna, vielleicht eines Verwandten des Dichters, nach Rom gekommen und lebte dort als Literat.[51]

Hexameter gedeutet hat und ob fr. 6 in einem Epithalamium stand. Auf Parthenius fr. 32 Martini wies Wilamowitz, Hell. D. 2,279 hin.

[48] K. Deichgräber, loc. cit. 46–70, hält bei einigen Modifikationen im einzelnen an dem Grundgedanken von Bährens und Morel fest.

[49] Nach R. Pfeiffer, Class. Quart. 37 (1943) 30f. und A. Rostagni, Scritti minori II 2, Torino 1956, 49–99 betonen vor allem W. Clausen, loc. cit. 187f.; Ross 162; E. Paratore, La letteratura latina dell'età repubblicana e augustea, Firenze ²1969, 304 und Wiseman, Cinna 47–56 die Bedeutung dieser Gestalt für die 'neuen Dichter'.

[50] Das Ausmaß des literarischen griechischen Einflusses in Italien und Rom schon um die Wende zum 1. Jahrhundert zeigt Cic. Arch. 5. Danach war in dieser politisch ruhigen Zeit das Interesse für diese Studien noch viel größer als in den unruhigen Zeiten danach; cf. Ellis XXIV.

[51] Suda, s. v. Parthenios. Rostagni stellte die Hypothese auf, der Dichter Cinna sei 64 v. Chr. selbst Offizier des Pompeius gewesen und habe Parthenios persönlich nach Rom gebracht; beweisbar oder auch nur wahrscheinlich ist das nicht.

Die Ähnlichkeit der Bestrebungen und der dichterischen Produktion dieser Gruppe beruht nicht nur auf der Gemeinsamkeit, wie sie Zeitgenossenschaft und gleiche literarische Probleme mit sich bringen: Catulls Werk zeigt, daß er mit den meisten Dichtern, die seine Interessen teilten, auch persönlich bekannt, ja befreundet war. Er spricht sie in vertrautem Tone an[52] und widmet ihnen durch die Anrede Gedichte.[53] Und er rühmt nicht nur ihre literarische Produktion, sondern schildert auch im 50. Gedicht sehr anschaulich, wie er einmal mit Calvus die Zeit mit poetischen und metrischen Versuchen aufs angenehmste verbrachte. Wie in anderen Zeiten – in der deutschen Literatur könnte man an die Bewegung des Sturm und Drang denken – scheint hier das Bewußtsein, eine neue Literatur in einer vielfach am Alten haftenden Umgebung zu schaffen, eine Gruppe von jungen Dichtern auch persönlich zusammengeführt zu haben.

Im freundschaftlichen Verkehr wird es natürlich manche gegenseitigen Anregungen und Beeinflussungen oder auch förderliche Kritik gegeben haben; die üblich gewordene, auf Cicero zurückgehende Bezeichnung νεώτεροι bzw. Neoteriker für diesen Dichterkreis ist also durchaus sinnvoll: es gibt deutliche Gemeinsamkeiten und ein klares Zusammengehörigkeitsgefühl. Schwerlich berechtigt ist aber, den Kreis befreundeter Dichter als 'Schule' unter einem 'neoterischen Schulhaupt', nämlich Valerius Cato, zu bezeichnen. Die Annahme einer solchen Sonderstellung Catos kann sich nicht auf Zeugnisse aus dem Dichterkreis berufen: weder Catull noch Bibaculus sprechen besonders respektvoll von oder zu ihm, sondern in demselben ironisch scherzenden Ton wie zu den anderen Dichterkollegen.[54] Auch in der Rückschau auf diese Gruppe bei Ovid steht Cato nicht im Mittel-

[52] Calvus: c. 14; 50; 53; 96. Cinna: c. 95 (mit ihm war er nach c. 10, 29–32 in Bithynien; cf. Cinna fr. 11 Morel); Caecilius (sonst nicht bekannt): c. 35; Cornificius: c. 38; Cato: c. 56. Nie genannt wird Furius Bibaculus, den seine Fragmente in naher Verbindung mit Valerius Cato zeigen; denn der c. 11; 16; 26 auftretende Furius kann schwerlich der Dichter sein. Solche Schmähverse konnte Catull nicht an einen Autor richten, der in diesen Jahren seiner Dichtungsauffassung nahestand; wer der von Catull angegriffene Furius war, wird den Zeitgenossen durch die mehrfache Zusammenstellung mit einem Aurelius vermutlich völlig klar gewesen sein.

[53] Daß eine solche Anrede in einer veröffentlichten Gedichtsammlung als Ehrung gemeint war, zeigt am besten die von Suet. vit. Hor. p. 2, 25–3, 6 Klingner überlieferte briefliche Klage des Augustus, Horaz habe keine der Episteln des 1. Buches an ihn adressiert; der Kaiser hielt also die Episteln keineswegs für eine Zusammenstellung bei beliebigen Gelegenheiten entstandener Briefe; er wußte sehr wohl, daß sie ideale Darstellungen freundschaftlicher Verhältnisse waren und daß eine Anrede in ihnen als eine Art Widmung und eine öffentliche Ehrung gemeint war.

[54] Cat. c. 56; Bibaculus fr. 1; 2 Morel.

punkt, sondern wird eher am Rand genannt.[55] Und Cinnas und Ticidas' rühmende Verse über seine Dichtungen sind gewiß ehrend, unterscheiden sich aber in nichts von Catulls Lob für Cinnas Gedicht.[56]

Ihren Ausgangspunkt nahm die Hypothese einer herausragenden Stellung Catos von einer Suetonstelle[57], wo Cato ein ausgezeichneter Lehrer genannt wird, der viele vornehme Schüler hatte und besonders solche, die sich zur Dichtkunst hingezogen fühlten *(maxime ad poeticam tendentibus)*. Die dafür von Sueton angeführten Verse *Cato grammaticus, Latina Siren,/qui solus legit ac facit poetas*[58] faßte man nun vielfach als Beweis dafür auf, daß Cato angehende Dichter gelehrt und geschult habe und sie zu neuen Zielen der poetischen Produktion geleitet habe.[59] *Poetas legere et facere* dürfte aber wesentlich anders zu verstehen sein, nämlich als Behandlung moderner Dichter im Unterricht und die Förderung ihrer Werke durch öffentliche Vorlesungen und wohlwollende Hinweise in eigenen Schriften;[60] das war die übliche Aufgabe eines Grammatikers in Rom: Sueton, de gramm. 2, schreibt, daß die römischen 'Grammatiker' insofern Krates nachfolgten, als sie die noch wenig verbreiteten Gedichte verstorbener Freunde oder anderer von ihnen geschätzter Dichter *diligentius retractarent ac legendo commentandoque etiam ceteris nota facerent*. Und in diesem Sinne erklärt Sueton[61] den der Charakterisierung Catos sehr ähnlichen Vers auf einen anderen Grammatiker *Epirota, tenellorum nutricula vatum:* dieser Grammatiker habe in seinem Unterricht als erster Virgil und andere moderne Dichter gelesen. Cato war also durchaus Lehrer und Grammatiker, wie auch Bibaculus sagt,[62] aber nicht das Haupt einer Dichterschule,

[55] Ov. tr. 2,436.

[56] Cinna fr. 14 Morel; Ticidas fr. 2 Morel.

[57] Suet. de gramm. 11, 2.

[58] Seit Burmann werden die Verse vielfach Bibaculus zugeschrieben.

[59] Nach O. Jahn formulierte Schwabe 311 diese These noch relativ vorsichtig: *illius igitur conlegii poetarum, si hoc publico nomine poetas illos studiorum communione saepius inter parietes privatos coniunctos nominare fas est, magister Cato exstitit et primum eos et exemplo et doctrina quadam familiari variis in eis artibus erudivit, quarum cognitio poetam decet.* Heute zu vergleichen sind etwa E. Castorina 53–56; Paratore, Poetiche 77–79.

[60] So deutet der von Paratore, Poetiche 78, zitierte G. Bruguoli, Studi suetoniani, Lecce 1968, 103–107, die Suetonstellen. Zu *facere* in der Bedeutung „den Ruf von jemand gründen" cf. G. L. Hendrickson, Class. Phil. 12 (1917) 331. Auch Horaz, epi. 1,19,39f., unterstellt den 'Grammatikern' einen bedeutenden Einfluß auf die Bewertung neuerschienener Literatur.

[61] Suet. de gramm. 16.

[62] Bibaculus fr. 2,3f. Morel: *Mirati sumus unicum magistrum, summum grammaticum, optimum poetam.* Messalla nannte ihn in einem Suet. gramm. 4 zitierten

sondern der Vorsteher einer üblichen Schule, in der Dichter in der üblichen Weise erklärt wurden. In gut alexandrinischer Weise vereinigte er die verschiedenen Tätigkeiten eines Philologen und eines produktiven Dichters in einer Person: als Lehrer unterrichtete er eine adlige, literarisch aufgeschlossene Klientel, als Philologe machte er eine Luciliusausgabe, und als Dichter verfaßte er Gedichte im modernen Geschmack.[63]

Soweit die spärlichen Nachrichten ein Urteil zulassen, war Cato gewiß eine weithin anerkannte Gestalt; seine literarhistorische Bedeutung dürfte aber mehr darin liegen, daß er die Gedanken der Catullgeneration weitertrug und sie der nächsten Generation vermittelte, als daß er in dem Freundeskreis um Catull die führende Rolle gespielt hätte. Auf eine solche spätere Wirksamkeit deuten alle Quellen, die von seiner Breitenwirkung sprechen: Bibaculus' auf seine Bedeutung hinweisenden Verse gelten dem alten, ja dem uralten Cato und sind, wie die Anrede an Gallus zeigt, lange nach Catulls und Calvus' Tod geschrieben (fr. 2 Morel). Und jüngst sind auch Verse von Gallus selbst aufgetaucht, in denen Cato als literaturkritische Autorität zusammen mit Viscus genannt wird, der nach Horaz, sat. 1, 10, 81 f., eine solche Rolle in der frühaugusteischen Zeit spielt.[63a] Auf diese Zeit weist auch eine von Sueton, gramm. 4, überlieferte kritische Bemerkung des Valerius Messalla, der sich in ihr von Cato, den er verächtlich Schulmeister, *litterator,* nennt, nebst Furius Bibaculus und Ticidas distanziert, die offenbar die damals noch Lebenden aus dem Kreis der 'neuen Dichter' waren.

Daß auch den Zeitgenossen die neuartige Poesie um Catull als eine einheitliche literarische Strömung erschien, wird durch einige Bemerkungen Ciceros deutlich, in denen er nicht genannte zeitgenössische Dichter einfach als οἱ νεώτεροι oder *poetae novi* bezeichnet.[64] Damals waren also in Rom Dichter unter dem Namen 'die Jüngeren' oder 'die Modernen' bekannt. Daß tatsächlich Autoren von der Art bzw. in der Nachfolge Catulls gemeint sind,[65] wird deutlich, wenn Cicero diesen Poeten metrische Ei-

Brief *litterator.* Vorsichtig beurteilen die Rolle Catos auch N. B. Crowther, Class. Phil. 66 (1971) 108; J. Granarolo in H. Temporini (Hrsg.) ANRW I 3, 294–299.

[63] Von einer Emendation des Lucilius wissen die schwerlich von Horaz herrührenden Verse, die zu Beginn von Hor. s. 1, 10 überliefert sind. Auch durch Suet. gramm. 2 wird deutlich, daß Cato über Lucilius geschrieben hat.

[63a] Veröffentlicht durch R. D. Anderson, P. J. Parsons, R. G. M. Nisbet, Journ. Rom. St. 69 (1979) 125–155.

[64] Cic. Att. 7, 2, 1 (Ende 50 v. Chr.); Orator 161. Beide Zeugnisse sind nach Catulls Tod geschrieben.

[65] R. O. A. M. Lyne, Class. Quart. 72 = N. S. 28 (1978) 167f., argumentiert, Cicero müsse eine Gruppe mit sehr auffälligen gemeinsamen Charakteristika im Auge gehabt haben, wenn er ihre Eigenart mit einem einzigen Vers treffend parodie-

genheiten und prosodische Feinheiten zuschreibt, die für Catull und seine Freunde bezeichnend sind.

Es lohnt, dem im einzelnen nachzugehen: In dem Atticusbrief 7,2,1 parodiert Cicero einen 'Spondeiazon', wie ihn Catull in seinem 64. Gedicht liebt und wie er sich auch bei Cinna findet;[66] obendrein erhält der Vers auch in der Art von Catulls 64. Gedicht durch einen ungewöhnlichen und klangvollen griechischen Eigennamen am Versende einen sehr fremdartigen Charakter. Cicero bietet nun Atticus scherzhaft an, er dürfe den Vers einem der νεώτεροι als seinen eigenen verkaufen. Dabei zeigt Cicero neben der deutlichen Ironie über eine so seltsame Mode durchaus ein gewisses Vergnügen, daß ihm ein Vers in dieser modernen Art so gut gelungen ist.[67]

Orator 161 fühlt sich Cicero sichtlich etwas unwohl, daß er in seiner jugendlichen Aratübersetzung, dem Brauch der gesamten früheren Literatur folgend, ein Schluß-*s* vor Konsonanten elidiert hatte. Er hält das zwar immer noch für einen guten Klang, fürchtet aber, seine Verse könnten deshalb nicht dem gebildeten Zeitton entsprechend *(subrusticum)* erscheinen, weil die 'neuen Dichter' dergleichen vermieden. Wenn Cicero dabei etwas unsicher seine *indocta consuetudo* verteidigt, meint man fast noch das kritische Argument der *poetae docti* herauszuhören. Eine solche Unsicherheit ist nur verständlich, wenn die neue Art bereits den Zeitton bestimmte. Interessant ist auch, daß sich Cicero in seinen späteren Versen in diesem Punkt der strengen Prosodie der 'neuen Dichter' unterworfen hat.[68]

Aufschlußreich ist auch eine Bemerkung der Tusculanen, in der Cicero gegen zeitgenössische Poeten polemisiert; er rügt diese „Nachbeter Euphorions“,[69] weil sie nichts mehr von Ennius wissen wollten. Cicero sieht also

ren zu können glaubte. Auch die Benennung mit einem griechischen Ausdruck deute auf eine bestimmte festumrissene Gruppe, die unter dieser Bezeichnung kenntlich war.

[66] Verse mit einem Spondeus im 5. Fuß sind im früheren griechischen Epos nicht sehr häufig, etwa 3,5 Prozent der Verse sind so gebildet. Auffallend gehäuft sind sie dann bei den hellenistischen Dichtern. Bei Apollonios, Arat, Euphorion, in Kallimachos' Hekale und Moschos' Europa haben 8–13 Prozent der Verse diesen Ausgang. In Rom finden sich bei Ennius, Lukrez und Cicero nur wenige Beispiele, Catull dagegen hat in c. 64 von 408 Versen 23 Spondiaci und liebt sie auch in den Elegien c. 66 und 68. Bei Catulls Freund Cinna findet sich ebenfalls ein Beispiel: fr. 4 Morel. In der augusteischen Zeit ist dann dieser Versausgang wieder wenig geschätzt, ja er scheint geradezu gemieden; vid. N. B. Crowther, Class. Quart. 64 = N. S. 20 (1970) 323f.

[67] Cf. Paratore, Catullo 19–23; Crowther loc. cit. 322–324.

[68] Cf. Paratore, Catullo 13–18; Crowther loc. cit. 324f.

[69] Cic. Tusc. 3,45 *ab his cantoribus Euphorionis;* der Plural zeigt, daß hier nicht

bei diesen Dichtern zum einen alexandrinische Neigungen und zum anderen ein Abrücken von Ennius und damit vom alten Epos überhaupt, dessen berühmtester Vertreter Ennius war. Das sind beides entscheidende Charakteristika der Dichtung Catulls und seiner Freunde.

Im ganzen zeigen die drei Stellen, daß sich wenige Jahre nach Catulls Tod seine Tendenz in der Literatur seiner Zeit so durchgesetzt hatte, daß ein Mann wie Cicero sichtlich Mühe hat, seinen literarisch konträren Standpunkt zu verteidigen. Die in diesen Urteilen Ciceros merkliche Antipathie gegen die neue literarische Strömung scheint der große Redner übrigens auch Catull selbst gegenüber zum Ausdruck gebracht zu haben. Wenn sich Catull in dem an Cicero gerichteten 49. Gedicht in scheinheiliger Selbstverkleinerung *pessimus poeta* nennt, weist das auf ein unwirsches Urteil Ciceros hin, auf das Catull in seiner Weise repliziert.[70]

Anders als der in literarischen Geschmacksfragen am Alten hängende Cicero erkannte Cornelius Nepos schon früh die Bedeutung Catulls und hielt ihn im Rückblick für den neben Lukrez bedeutendsten Dichter seiner Generation.[71] Ovid rechnet dann auch Lukrez der alten Art zu und stellt Tristien 2,427–436 sehr betont die neue Dichtung Catulls und seiner Freunde der älteren Dichtung mit ihren anspruchsvollen Themen und ihrem ernsten Tonfall gegenüber, für die ihm Ennius und der Enniusverehrer[72] Lukrez bezeichnend erscheinen. Für Ovid beginnt sichtlich mit den 'neuen Dichtern' eine neue Epoche der römischen Literatur, die Epoche, der er sich selbst zuzählt. Auffallend ist, wie er in dem sonst recht locker gefügten Dichterkatalog die Dichter um Catull als Gruppe zusammenstellt und ihre Ähnlichkeit stark betont: *par fuit... similisque licentia Calvi, Cinna quoque his comes est, parque Catonis opus.*[73] Für Ovid sind das also

allein der übrigens damals noch sehr junge Cornelius Gallus gemeint sein kann: Cicero sieht bei einer ganzen Gruppe von Dichtern diese charakteristischen Züge. N. B. Crowther, loc. cit. 325–327, glaubt nicht, daß Cicero mit den *cantores Euphorionis* die gleiche Gruppe von Dichtern meint, die er als die neuen Dichter bezeichnet hatte. Aber hier wie dort werden Züge angesprochen, die für den Kreis um Catull typisch sind.

[70] Cf. E. Paratore, La letteratura latina dell'età repubblicana e augustea, Firenze ²1969, 304.

[71] Cat. c. 1,3f.; Nep. vit. Att. 12,4; auch Vell. Pat. 2,36 hält Catull neben Varro und Lukrez für den großen Dichter seiner Generation.

[72] Cf. Lucr. 1,117–119.

[73] Ov. tr. 2,431; 435f. Ähnlich als einheitliche Gruppe werden in dem Katalog der Liebesdichter eigentlich nur noch die Dichter der römischen Liebeselegie behandelt. Vers 465 wird mit *eadem... praecepta* Properz neben Tibull gestellt, denen sich dann Ovid Vers 467 mit *his ego successi* hinzurechnet. Die Gleichstellung und Ein-

keine Einzelgänger, sondern es ist eine Gruppe von Dichtern, die man zusammen zu sehen hatte.

Der ungemeine Einfluß der literarischen Bewegung um Catull wird in der Wirkung auf die Dichtung der nächsten Generation deutlich. Der Wandel ist vollkommen.[74] Ciceros literarische Götter waren für mehr als ein Jahrhundert bis zur Archaistenzeit tot. Und die Maßstäbe und der literarische Geschmack Catulls und seiner Freunde bestimmten die poetische Produktion der frühen augusteischen Zeit weitgehend und wirkten noch lange nach. So wie Catull Kallimachos' Dichtung vor Augen hatte, nennt auch Properz Kallimachos und Philitas seine literarischen Vorbilder,[75] wie er sich andererseits Catulls und Calvus' Art verpflichtet fühlt.[76] Für Properz bedeuten diese Vorbilder vor allem eine Wahl der Stilebene: wie Kallimachos und Catull lehnt er das große Epos ab und nimmt für sich das kallimacheische Stilideal eines zurückgenommenen Tones in Anspruch. Auch die anderen Elegiker fühlten sich Kallimachos nahe.[77]

Kallimacheische Stimmung und der außerordentliche Einfluß Catulls in der frühen augusteischen Zeit zeigen auch die sog. ›Appendix Vergiliana‹[78] und das Kleinepos ›Ciris‹, das ganz in der Art der Kleinepen der 'neuen Dichter' gestaltet ist. Zur gleichen Zeit stöhnt Horaz, Satire 1,10,18f.,

ordnung Cinnas in die Dichtergruppe spricht übrigens nicht für die Theorie von Wiseman, Cinna 56–58, daß der eigentliche Bahnbrecher und die führende Gestalt der Bewegung Cinna gewesen sei.

[74] Die entscheidende Umwertung ist also an diesem Punkt der geschichtlichen Entwicklung erfolgt, auch wenn sie, wie oben gesagt wurde, durchaus vorbereitet war; cf. Paratore, Poetiche 73ff.

[75] Prop. 2,1,39–42: er sieht seine Dichtung in der unpathetischen Art des Kallimachos; 2,34,31f.: die beiden Griechen sind das rechte Vorbild für einen Liebesdichter; 3,1,1f.: sie sind seine Vorbilder; 3,3,51f.: Philitas ist sein Vorbild; 3,9,43f.: er will ein Dichter in ihrer Art sein; 4,1,64: auch in der neuen Thematik des 4. Buches sieht er sich als römischer Kallimachos; 4,6,3f.: im Wetteifer bzw. in der Nachfolge der beiden. Cf. Butler-Barber, The Elegies of Propertius, Oxford 1933, XXXIX–XLIII; Williams 655f.; Paratore, Poetiche 89–93; M. Puelma, Mus. H. 39 (1982) 222.

[76] Prop. 2,25,4; 2,34,85–94. Hier werden auch Varro Atacinus und Gallus als verwandte Dichter genannt.

[77] Das Alexandrinische bei Tibull beleuchtet G. Luck, Die römische Liebeselegie, Heidelberg 1961, 83ff. Ovid stellt am. 2,4,19f. seine Elegien als etwas von ihm offenbar als gleichartig Empfundenes neben die Gedichte des Kallimachos; cf. a. a. 3,329; rem. a. 379–382; 759f.; M. Puelma loc. cit. 222 n. 5.

[78] [Verg.] catal. 6,6 zitiert Cat. c. 29,24, catal. 4, 11 geht auf Cat. c. 68,147 zurück, catal. 10 parodiert Cat. c. 4; cf. Ellis p. XX n. 2.

über Catullepigonen, die nichts von der alten Literatur kennten, sondern sich nur darauf verstünden, Verse des Catull und Calvus nachzuleiern. Virgil selbst wählt in seinem ersten Gedichtbuch, den Eklogen, ein ausgesprochen hellenistisches Vorbild, und wie Properz bekennt er sich zu der Entscheidung für die kleine Form und gegen das große Epos;[79] Catulls Freund Cinna nennt er einmal ein bewundertes Vorbild,[80] und wenn er an Pollio hervorhebt, daß auch er moderne Gedichte verfasse *(carmina nova)*, fühlt er sich mit ihm in dem Bewußtsein eins, die neue literarische Strömung zu vertreten.[81] Auch in dem zweiten Werk, der Georgica, ist die Wahl des hesiodeischen Themas durchaus eine Wahl im Sinne der kallimacheischen Poetik.[82] Und wenn sich dann Virgil schließlich doch der Form des großen Epos zuwendet, so ist das keine Bekehrung zur hergebrachten Form, sondern er schreibt auch das große Epos so kunstbewußt, daß es dem Verlangen der Kallimacheer, ein Gedicht müsse bis ins letzte ausgefeilt und durchgestaltet sein, standzuhalten vermag;[83] so bewundert es der kallimacheisch eingestellte Properz uneingeschränkt.[84]

Wenig scheint zunächst Horaz mit neoterischer Kunstauffassung zu tun zu haben. Seine Leitbilder sind ja ganz anderer Art: Archilochos, Lucilius, Alkaios, Pindar. Die Rückwendung zur großen klassischen Dichtung, die bei Virgil am Ende des Weges geschieht, scheint hier von Anfang an beabsichtigt. Und doch ist Horaz in seinen literarischen Maßstäben und in der Präzisionsarbeit seiner poetischen Technik ganz Kallimacheer. Den Unterschied zwischen Lucilius und sich sieht er in eben dieser kallimacheischen

[79] Verg. ecl. 6, 3–5.

[80] Verg. ecl. 9,35f. Ähnlich bewundert der sonst wenig kenntliche Zeitgenosse Valgius den Dichter Cinna als ein bedeutendes Vorbild für die Dichter seiner Zeit: Valgius fr. 2 Morel; cf. Wiseman, Cinna 57.

[81] Verg. ecl. 3, 86. Daß Pollio dieser literarischen Strömung nahestand, wird auch durch die Freundschaft Catulls und Cinnas nahegelegt: Cat. c. 12, 8f.; Cinna schrieb vermutlich im Jahre 56 v. Chr. ein Propemptikon Pollionis (fr. 1–5 Morel).

[82] Cf. Call. epi. 27; fr. 460 Pf. Anläßlich des Verses Verg. g. 1,437, den Virgil nach Parthenios gebildet habe, berichtet Macrobius s. 5, 18, Virgil habe sich für die griechische Literatur Parthenios' Rats bedient *(quo grammatico in Graecis V. usus est)* = Parth. fr. 30 Martini. Außer den Elegiker Gallus hätte demnach Parthenios auch noch den jungen Virgil literarisch beeinflußt.

[83] Wie Virgil bei der Konzeption seines Epos den ursprünglich vorschwebenden Plan eines historischen Epos um Augustus vor allem aus künstlerischen Gründen aufgegeben hat, zeigt F. Klingner, Römische Geisteswelt, München [5]1965, 288–290. Die nach hellenistischen Kompositionsprinzipien erfolgte ungemeine Konzentration und Durchformung des Stoffes hat bereits R. Heinze, Virgils epische Technik, Lpz. [3]1914, erhellend dargelegt.

[84] Prop. 2,34,65f.

Formgesinnung,[85] und in programmatischen Gedichten bekennt er sich wie Properz und der junge Virgil zur kleinen Form, zu einem schwerelosen, unprätentiösen Stil, und wie sie wendet er sich gegen das große Epos.[86] Wie groß in der Odendichtung auch im einzelnen formal und thematisch die Nähe zur hellenistischen Dichtung ist, haben R. Reitzenstein und G. Pasquali durch den Nachweis der Verwandtschaft mit den hellenistischen Epigrammen der Anthologie aufgezeigt;[87] mögen sie auch die Nähe zur hellenistischen Dichtung zu einseitig betont und die klassizistische Rückwendung des Horaz zu wenig herausgestellt haben, die von Reitzenstein und Pasquali zuerst gesehenen Fakten sind unbestreitbar.[88] Schließlich wendet sich noch der Augustusbrief mit den kallimacheisch neoterischen Argumenten[89] gegen die in breiten Kreisen offenbar immer noch lebendige Vorliebe für die altrömische Literatur und verficht aufs energischste die Rechte der modernen Dichter, die freilich 14 v. Chr. nicht mehr mit den 'neuen Dichtern' um Catull identisch sind. Und noch ein letztes markantes Zeugnis für das Weiterwirken der neoterischen Kunstgesinnung bei Horaz: Die Forderung der ›ars poetica‹, an einem rechten Gedicht müsse man neun Jahre lang arbeiten, bis es für eine Veröffentlichung reif sei, erhebt Catulls Beschreibung des Werdegangs des kleinen Epos seines Freundes Cinna zu einem allgemeinen Gesetz.[90]

Der Ausgangs- und Bezugspunkt der Literatur der Kaiserzeit sind nicht mehr Catull, sein Kreis oder gar seine griechischen Vorbilder, sondern die augusteische Dichtung, die sehr schnell klassische Geltung errang. Und doch wird Catull nicht wie die meisten voraugusteischen Dichter vergessen. Martial etwa weiß sich ihm nahe, und er hält Catull in der kleinen Form für so herausragend wie Virgil in der großen.[91] Oder für Plinius d. J. hat die

[85] Am deutlichsten zeigen die formalen Maßstäbe: s. 1, 4, 8–25; 1, 10, 1–15; epi. 2, 1, 63–78.

[86] Hor. c. 1, 6; 2, 12; 4, 2; cf. Paratore, Poetiche, 74; 82–89.

[87] R. Reitzenstein, N. Jahrb. 21 (1908) 81–102 = R. R., Aufsätze zu Horaz, Darmstadt 1963, 1–22; G. Pasquali, Orazio lirico, Firenze 1920.

[88] Ich müßte im einzelnen auf meine ›Lyrik des Horaz‹, Bd. 1 Darmstadt 1972, Bd. 2 Darmstadt 1973, und vor allem auf den Odenkommentar von R. G. M. Nisbet und M. Hubbard, Bd. 1 Oxford 1970, Bd. 2 Oxford 1978, verweisen. Eine genaue Untersuchung der Textstruktur und der 'Quellenfrage' deckt immer wieder die Verwandtschaft mit hellenistischer Dichtung auf.

[89] Sehr deutlich ist das epi. 2, 1, 66–68; das nimmt die Argumente der frühen Luciliuskritik auf.

[90] Cat. c. 95, 1 f.; Hor. a. p. 388; cf. Paratore, Poetiche 82 f.

[91] Mart. 14, 195. Martial spielt immer wieder auf Catull an: 1, 7, 3; 1, 61, 1; 1, 109, 1; 4, 14, 13 f.; 7, 14, 3 f.; 8, 73, 8; 10, 78, 16; 11, 6, 14–16; 14, 77; cf. Ellis XXI n. 2.

Art von Catulls Hendekasyllaben für jeden, der sich in solchen Gedichten versucht, eine geradezu kanonische Geltung.[92] Schließlich nennt ihn Gellius einen überaus eleganten Dichter und läßt bei einem literarischen Disput auch griechische Gesprächsteilnehmer zugestehen, daß einige Gedichte des Catull und Calvus ohne weiteres neben die hübschesten griechischen Liebesverse gestellt werden könnten.[93] Spürbar bleibt der Einfluß von Catulls Dichtung bis in die Spätantike zu Ausonius und den Dichtern der Anthologia Latina, und die ungewöhnliche Verbreitung seiner Verse in der breiten Öffentlichkeit ist durch inschriftliche Zeugnisse nachweisbar.[94]

5. *Das Gedichtbuch*

Catulls ganze dichterische Hinterlassenschaft ist in einem einzigen Buch gesammelt. Das ist nicht nur nach modernen Maßstäben ein schmales Werk; aber wenn man die wenigen Jahre bedenkt, denen es entstammt, ist der geringe Umfang verständlich.

Trotz des Widmungsgedichtes an Cornelius Nepos, das eine Herausgabe des Buches durch den Autor nahelegt, wird vielfach die Meinung vertreten, das Buch, wie es uns überliefert ist, habe nicht Catull selbst zusammengestellt, sondern sei vielleicht erst lange nach dem Tod des Dichters von anderer Hand gesammelt und herausgegeben worden.[1]

Als Begründung dieser These werden vor allem folgende Argumente vorgebracht: 1. Catull widme seinem Freund einen *libellus;* nun sei aber das überlieferte Gedichtbuch viel umfangreicher, als gemeinhin Bücher, die poetische Texte enthielten, waren. Wenn es also vor der Zeit der Pergamentcodices überhaupt schon so umfangreiche Poesiebücher gegeben haben sollte, hätte ein solches Buch nicht als *libellus* bezeichnet werden können.[2] Die Folgerung ist, das Widmungsgedicht habe ursprünglich eine viel

[92] Plin. ep. 4,14,5; cf. 1,16,5; 4,27,4; Ellis XXI.

[93] Gell. n. Att. 7,20; 19,9.

[94] Die wichtigsten Stellen, die das Fortwirken seiner Dichtung in der Kaiserzeit belegen, findet man bei Ellis XXI; cf. Weinreich 62–67; die inschriftlichen Zeugnisse behandelt E. W. Lissberger, Das Fortleben der römischen Elegiker in den Carmina Epigraphica, Diss. Tübingen 1934.

[1] Nach E. a Brunér, Acta Soc. Scient. Fennicae 7 (1863) 599ff. begründet vor allem Wheeler 1–32 diese These ausführlich. Das Pro und Contra erörtern besonders Quinn, Int. 9–20 und Coppel 141–148; cf. auch Kroll p. IXf.; Weinreich 38–50; Fordyce 409f.; Bardon p. IIIf.

[2] Wheeler 15–17 gibt genaue Aufstellungen darüber, wie viele Verse sonst ein Buch, d. h. eine Buchrolle enthielt. Dem stellt er den üblichen und den größten Um-

kleinere Gedichtsammlung eingeleitet und sei erst lange nach Catull vor die ganze Sammlung gesetzt worden. 2. Catull spreche in dem Widmungsgedicht von seinen Versen als *nugae*, also als Bagatellen; das hätte aber nicht gesagt werden können, wenn sich im folgenden schon das Peleusepos befunden hätte, da das epische Genos traditionellerweise der höchsten Stilebene zugerechnet worden sei.[3] 3. In der späteren Antike werden einige Verse als Catullverse zitiert, die sich in dem überlieferten Catulltext nicht finden; man müsse also daraus schließen, daß es ein breiteres Werk gegeben habe als das von dem handschriftlich überkommenen Catullbuch repräsentierte.[4] 4. Schließlich sei der Inhalt der überlieferten Gedichtsammlung so heterogen, wie man das von kaum einem anderen Gedichtbuch in der Antike kenne, und auch im einzelnen seien keine durchgehenden Ordnungsprinzipien in der Gedichtanordnung erkennbar.[5]

Niemand wird bestreiten wollen, daß das scharfsinnige und gut begründete Überlegungen sind, und in der Tat ist einiges in Catulls Gedichtbuch ohne Parallele in der uns bekannten antiken Literatur. Aber es warnt auch manches vor einer Annahme der aus diesen Überlegungen abgeleiteten Folgerungen. So wird die Hypothese, das Widmungsgedicht sei nicht für eine umfassende Ausgabe, sondern für eine wohl frühe kleine Sammlung poetischer Bagatellen geschrieben worden, durch die metrischen Beobachtungen von O. Skutsch recht unwahrscheinlich.[6] Danach ist das Widmungsgedicht seinem metrischen Charakter nach zeitlich nicht den auf es folgenden Gedichten in Hendekasyllaben zuzurechnen, die die Liebe zu Lesbia in ihrem Beginn und ihrem Höhepunkt feiern, sondern der späteren Gedichtgruppe ab c. 27. Das heißt aber doch wohl, daß es von Anfang an einer Sammlung voranstand, die Gedichte aus verschiedenen Schaffensperioden vereinigte, und daß diese Sammlung nicht sehr früh anzusetzen ist, zeigen die Verse 5f., die auf eine ziemlich lange Zeit poetischer Produktion zurückblicken.

Auch bei der Überlegung, in welche Zeit der postulierte anonyme Sammler und Herausgeber der Catullgedichte zu setzen sei, ergeben sich merk-

fang uns erschließbarer Papyrusrollen gegenüber. Das Ergebnis ist: der überlieferte Catulltext übertrifft die üblichen Verszahlen bei weitem, und die Größe der Papyrusrolle entspräche den allergrößten erschlossenen Papyrusrollen überhaupt.

[3] Cf. Wheeler 20.

[4] Cf. Wheeler 11–13. Gewiß hält man heute nicht mehr alles für catullisch, was einst Ellis unter die Fragmente einreihte; aber es besteht kein vernünftiger Grund, auch abgesehen von dem anderweitig überlieferten Priapeum die Existenz von Catullgedichten zu bestreiten, die sich niemals in der uns vorliegenden Sammlung befunden haben.

[5] Cf. Wheeler 15f.; 26–32.

[6] O. Skutsch, BICS 16 (1969) 38–43.

liche Schwierigkeiten. Nimmt man an, die Gedichte seien unmittelbar oder doch bald nach dem Tod des Autors gesammelt und herausgegeben worden, wie das Varius und Tucca für die Aeneis besorgten, sind die vorgebrachten Schwierigkeiten etwa hinsichtlich des Umfangs des Gedichtbuches nicht behoben; denn da herrschten noch die gleichen buchtechnischen Bedingungen. Weist man aber die Gedichtsammlung einem vielleicht sogar über ein Jahrhundert späteren Zeitraum zu, muß man sich fragen, wie das bis dahin verstreute Material so unverfälscht die Zeit überdauern konnte. Wie schnell damals ohne den Schutz einer festen Ausgabe Texte der verschiedensten Provenienz einem Autor zugeschrieben werden konnten und wie dann ein Herausgeber nicht mehr sondern konnte, zeigen die ›appendix Vergiliana‹ und das ›corpus Tibullianum‹ in aller Deutlichkeit.

Theoretisch besteht noch die Möglichkeit, daß Catull zu seinen Lebzeiten nur Teilsammlungen seiner Gedichte herausgegeben hat; es könnte dann ein späterer Editor des Gesamtwerkes alle unter Catulls Namen umlaufenden Gedichtbücher gesammelt und diese Texte dann neu in der uns überlieferten Buchform angeordnet haben. Aber ist es wahrscheinlich, daß von den ursprünglichen Ordnungsprinzipien keine Spur mehr zu entdekken ist? Auch die frühen Bezeugungen von Catulls Dichtung bei Ovid und Martial legen es nahe, daß bereits diese Autoren Catull in der uns überlieferten Form gelesen haben. Wenn Ovid, Tristien 427–430, von Catull sagt, der laszive Dichter habe sich nicht damit begnügt, die Frau zu besingen, die von ihm den Namen Lesbia erhalten hatte, sondern er habe noch viele andere Liebschaften zum Gegenstand seiner Dichtung gemacht, so scheint bereits der augusteische Dichter die Variation und Themenvielfalt, die für die uns überlieferte Buchanordnung so bezeichnend sind, als ein sehr auffälliges Charakteristikum empfunden zu haben. Auch bei Martial wird von Catulls Dichtung in einer Weise gesprochen, die auf die uns bekannte Anordnung der Gedichte zu deuten scheint: Martial 4, 14 zeigt, daß es damals eine Catullausgabe gab, die denselben Anfang besaß, wie er uns überliefert ist. Denn wenn Martial dem Epiker Silius seine leichtfertig scherzenden Büchlein *(libellos)* zusendet und etwas anachronistisch meint, so habe Catull vielleicht dem Epiker Virgil seinen *passer* geschickt, weist das unverkennbar auf den gleichen Buchbeginn: *libellus* ist das Wort, mit dem Catull sein Werk in dem Widmungsgedicht bezeichnet, und *passer* ist das erste Thema, ja sogar das erste Wort, mit dem die Sammlung nach dem Widmungsgedicht beginnt. Auch Martial 11, 6, 14–16 spielt auf Catulls Dichtung in dieser Weise an: Martial verspricht hier seinem Liebling dann, wenn er ihn küsse wie Catull (also unendlich oft), auch einen *passer Catulli* zu schenken, d. h. sich mit einer Dichtung in der Weise Catulls zu bedanken. Die Art, wie hier das Kußthema zitiert wird *(da nunc basia)*, zeigt, daß in diesem mit dem *passer*-Thema einsetzenden Buch auch die Kußgedichte, vor allem das 5., standen. Beide Epigramme machen deutlich, daß man in Martials Zeit ein Gedichtbuch Catulls unter dem Namen ›Passer‹ kannte,[7] in dem die ersten Gedichte dem uns überlieferten Buchbeginn entsprachen. Eine solche Benennung nach den Anfangsworten ist ein auch sonst mehrfach bezeugter Brauch.[8]

Daß dieses *passer* betitelte Buch eine Gesamtausgabe der Werke Catulls war, legt eines von Martials Geschenkepigrammen nahe.[9] Diese Epigramme, die Buchgeschenke begleiteten, nennen entweder Einzeltitel, wenn es sich um Einzelwerke handelt, oder im Falle einer Gesamtausgabe nur den Namen des Autors. Auf der einen Seite findet man etwa Vergili Culex, Monobyblos Properti, Ovidi Metamorphosis, auf der anderen Sallustius, Tibullus, Lucanus und eben auch Catullus. Es gab also zu Martials Zeiten eine Gesamtausgabe des Catull, die mit dem oben *passer* genannten Buch identisch sein dürfte; denn es ist nicht einzusehen, warum der 'Catull' des zitierten Epigramms dem Epiker Virgil nicht alle seine Gedichte habe zusenden wollen, wenn eine solche Ausgabe existierte.

Auch die beiden Wörter *libellus* und *nugae* legen das Widmungsgedicht nicht als Einleitungsgedicht eines kleinen Bändchens poetischer Bagatellen fest. Wenn man an Catulls Vorliebe für Deminutiva denkt, muß man damit rechnen, daß die Verkleinerungsform *libellus* hier eine emotionale Anteilnahme ausdrücken soll[10] oder daß es ein purer Ausdruck von Bescheidenheit ist, wie er einem Dedikationsgedicht ansteht.[11] Eine solche Wortwahl, die nicht unbedingt etwas mit dem äußeren Umfang eines Werkes zu tun hat, findet sich ja auch später; man denkt etwa an den Beginn von Goethes Werther: „und laß das Büchlein deinen Freund sein."

[7] Cf. Th. Birt, Das antike Buchwesen, 1882, 407; Coppel 179–182. W. Clausen, Class. Phil. 71 (1976) 38–41, glaubt, das *passer* genannte Buch habe die kleinen Gedichte bis c. 50 umfaßt, die im Gegensatz zu den folgenden nach einem künstlerischen Plan geordnet seien. Aber in den Anordnungsprinzipien bis c. 50 und danach ist schwerlich ein greifbarer Unterschied zu finden.

[8] Cf. Wheeler 19f.; Coppel 179f. Hier wird auch auf die ausnehmende Berühmtheit der *Passer*-Gedichte im Altertum hingewiesen.

[9] Mart. 14,195; cf. E. A. Schmidt, Philol. 123 (1979) 228 n. 59.

[10] Cf. Weinreich 40f.; E. A. Schmidt loc. cit. 219. Als Ausdruck der Indignation verwendet Catull die Verkleinerungsform *libellus* c. 14,12. Das hier angesprochene Buch muß übrigens ziemlich umfangreich gewesen sein, wenn es von *tot poetis* und *tantum impiorum* erfüllt war.

[11] Horaz nennt epi. 1,13,4 seine Odenbücher bei der Übersendung an Augustus *libelli.* Später widmet Plinius d. Ä. dem Titus sogar seine überaus umfangreiche Naturgeschichte als *libelli:* Plin. nat. hist. 1 praef. 12; ähnlich Sen. contr. 2 praef. 5; cf. Wheeler 251 n. 22; E. A. Schmidt loc. cit. 220.

Die Bezeichnung *nugae* für die eigenen Dichtungen kann als Ausdruck bescheidener Selbstverkleinerung gemeint sein. Wie üblich ein solcher Wortgebrauch war, kann Horaz zeigen, der nicht nur von seinen Satiren, sondern auch von seinen Oden als *nugae* und *ludicra* spricht: s. 1,9,2; epi. 1,1,10; 1,19,42; 2,2,141. Hinter diesem Ausdruck könnte aber auch das kallimacheische Ideal kleiner, 'schlanker', inhaltlich scheinbar gewichtloser Poesien stehen. Einen solchen alexandrinischen Unterton legt die Übereinstimmung mit einem Buchtitel des Philitas nahe, der eines seiner Werke παίγνια, Spielereien, nannte, was Catulls *nugae* ziemlich genau entspricht.[12] Übrigens ist festzuhalten, daß Catull in seinem Widmungsgedicht mit *nugae* keineswegs den Inhalt der so eingeleiteten Sammlung bezeichnet, sondern allgemein Verse, wie er sie eben schreibt, und insbesondere jene frühen Verse, die seinerzeit Cornelius Nepos schon gut gefallen haben. Wenn aber *nugae*, strenggenommen, gar nicht den Inhalt des folgenden Buches bezeichnet, besteht auch nicht der behauptete harte Widerspruch zwischen diesem Wort und der Aufnahme eines epischen Gedichts.[13]

Während man so negativ sagen kann, daß in dem Widmungsgedicht nichts steht, das der Annahme widerspricht, es sei für eben jene Sammlung konzipiert worden, die uns überliefert ist, deutet positiv der Ewigkeitstopos[14] in Vers 9f., mit dem Catull die Muse um ein die Zeiten überdauerndes Bestehen des so eingeleiteten Büchleins bittet, darauf hin, daß der Dichter die hier gesammelten Gedichte für Poesien hält, die ihm belangvoll erscheinen. Denn mögen auch die Worte, in denen der Wunsch geäußert wird, wie das ganze Gedicht leichthin gesagt erscheinen, so steht hinter ihnen im Grunde doch derselbe Anspruch wie in c. 95,5–8, der Anspruch, daß guter Dichtung ewige Dauer beschieden sein solle.

Zeugen nun Fragmente, die die Existenz von Gedichten beweisen, die sich nicht in unserer handschriftlichen Überlieferung finden, davon, daß unser Catullbuch nur einen mehr oder minder zufälligen Teil einer ursprünglich viel größeren dichterischen Hinterlassenschaft enthält? Gegen eine solche Annahme spricht, daß die Zahl solcher Fragmente gegenüber der Zahl von antiken Zitaten, die auf Verse weisen, die uns auch hand-

[12] Philitas fr. 10f. Powell.

[13] Wilamowitz, Hell. D. 2,306, weist darauf hin, daß Catull keineswegs behauptet hat, daß sich in seinem Gedichtbuch nur *nugae* fänden.

[14] Catull nimmt hier einen uralten Topos der griechischen Dichtung auf, der in Rom schon früh übernommen wurde; cf. Sappho fr. 55; 65; 147; 193 LP.; Theogn. 243–252; Pind. P. 6,5–14; A. P. 7,715,5f. (Leonidas v. T.); Enn. var. fr. 17f. V^2; Hor. c. 2,20; 3,30; Prop. 3,1,35–38; 3,2,23f.; vid. meine ›Lyrik des Horaz‹, Bd. 2, Darmstadt 1973, 172–174.

schriftlich überliefert sind, verschwindend gering ist. Wir können also zuverläßlich damit rechnen, daß das meiste von dem, was die Antike von Catull las, seinen Eingang in das uns überlieferte Catullbuch gefunden hat. Bei den zahlreichen mechanischen Verstümmelungen unserer Überlieferung[15] könnte es sogar sein, daß ein Fragment von einem Gedicht unseres Catullbuches stammt, das sich hier nicht erhalten hat. Aber es besteht natürlich auch die Möglichkeit, daß Catull wie andere Autoren auch bei der Zusammenstellung des Gedichtbuches nicht alle von ihm verfaßten Gedichte aufgenommen hat; diese Verse können sich anderweitig erhalten haben und so die Grundlage der Zitate geworden sein.

Von den Argumenten, mit denen man es in Zweifel ziehen wollte, daß die Sammlung der Gedichte und ihre Anordnung auf den Autor selbst zurückgehen, bleiben im Grunde nur der unförmige Umfang und die Heterogenität des Buches bestehen. Eine naheliegende Erklärung wäre, daß ursprünglich das Werk entsprechend den drei Hauptgruppen kleine Gedichte, große Gedichte, Epigramme auf drei Buchrollen aufgeteilt werden sollte[16] und daß durch die Ungunst der Überlieferung die ursprüngliche Einteilung in drei Bücher nicht tradiert wurde. Freilich, seltsam ist es schon, daß sich keinerlei Spuren einer solchen Einteilung in drei Bücher erhalten haben; denn sonst werden Dichterverse wenigstens zum Teil mit Buchangaben zitiert; und auch das Widmungsgedicht ist wie für ein Einzelbuch verfaßt. Wegen dieser Schwierigkeiten vermutet Quinn[17], Catull habe zwar eine solche Einteilung in drei Bücher vorgeschwebt, er habe aber die Ausgabe nicht mehr vollenden können; der Herausgeber des postumen Werkes habe dann die Gedichte in einem Buch zusammengefaßt. Aber sehr hilfreich ist auch diese Hypothese nicht: Wenn die damalige Editionspraxis wirklich nur kürzere Gedichtbücher erlaubte, hätte sich ein Herausgeber wie ein Autor danach richten müssen. Aber es ist zu fragen, ob der durchschnittliche Umfang eines Gedichtbuches der voraugusteischen Zeit eine so verbindliche Größe war, wie es besonders von Th. Birt und Wheeler angenommen wurde. Die Ausnahmen von der Regel sind unübersehbar und gewichtig: die Epigrammsammlungen des Meleagros- und Philipposkranzes müssen den üblichen Umfang bei weitem überschritten haben; in der

[15] Eine Übersicht über die Gedichtfragmente in dem handschriftlich überlieferten Catulltext, die man eher als Reste mechanisch fragmentierter Gedichte denn als nie vollendete, von einem Herausgeber gesammelte Paralipomena zu deuten hat (In welcher antiken Lyriksammlung hätte man solche Bruchstücke gesammelt?), und über die Lücken der handschriftlichen Überlieferung bietet M. Schuster, RE s. v. ›Valerius‹ Sp. 2365.

[16] Cf. Quinn, Int. 16f.

[17] Quinn, Int. 18f.

hellenistischen Zeit ist Apollonios' 4. Buch mit 1780 Hexametern so groß wie zwei Bücher der Aeneis; und in Rom war nach Suet. gramm. 2 das später von dem Grammatiker C. Octavius Lampadio in sieben Bücher aufgeteilte Bellum Punicum des Naevius ursprünglich in einer einzigen Buchrolle enthalten. Sogar in der augusteischen Zeit übertrifft Properzens 2. Buch bei weitem die durchschnittliche Größe eines Gedichtbuches, und Ovids Heroides sind sogar umfangreicher als das Catullbuch in seiner überlieferten Form.[18]

Was die Heterogenität des Inhalts angeht, so ist sie unbestreitbar, aber die inhaltlich und formal so verschiedenen Gedichte sind keineswegs ein ungeordnetes Konglomerat von Texten; vielmehr ist in der Anordnung der Gedichte sehr wohl eine klug und sachgemäß disponierende Hand zu spüren. Im großen sind die Gedichte in drei Gruppen eingeteilt:[19] c. 1–60 sind kleine Gedichte in jambischen oder lyrischen Versmaßen, c. 61–68 eine Gruppe umfangreicher Gedichte, und den Rest des Werkes bilden 48 Gedichte in Distichen, abgesehen von der Elegie c. 76 alles Epigramme. Die zentrale Gruppe der größeren Gedichte ist dabei in der Anordnung an die

[18] Properzens 2. Buch enthält fast 1400 Verse, Ovids Heroides ohne die Sapphoepistel 3764 Verse. In der von den Herausgebern Bornecque und Dörrie angenommenen ersten Auflage der Heroides, die die Episteln 1–15 enthalten hätte, wären es immerhin auch noch 2414 Verse gewesen. Cf. E. A. Schmidt, Philol. 123 (1979) 216–219. Es ist auch zu bedenken, daß bei Catull die zahlreichen Kurzverse der Gedichte 1–61 schmalere Kolumnen in einer Buchrolle ergaben als die Hexameter eines Epos; cf. H. Tränkle, Mus. H. 24 (1967) 100f.; Wiseman 29–31. Th. Birt, Berl. phil. W. 33 (1903) 1226ff., vermutete allerdings, Ovid habe die ersten 14 Episteln der Heroides zunächst in drei Büchern herausgegeben, aber dafür gibt es nicht den Schatten eines Beweises.

[19] Cf. Wilamowitz, S. u. S. 292f.; H. J. Mette, Gnomon 28 (1956) 34–36 = WdF 19–23. Anders sieht die Bucheinteilung C. W. Macleod, Cl. Qu. 23 (1973) 304ff.; cf. J. Van Sickle, Cl. World, 75 (1981) 65ff.; M. Puelma, Mus. H. 39 (1982) 222f. Neben dem gemeinsamen elegischen Versmaß schließe die Berufung auf die *carmina Battiadae* in c. 65, 16 und wieder in c. 116, 2 Catulls Elegien und Epigramme als einheitliche Gruppe zusammen, die durch das Eingangs- und Schlußgedicht als Dichtungen in der Nachfolge des Kallimachos gekennzeichnet werden. Aber kallimacheischen Geist atmen auch viele Gedichte Catulls in anderen Versmaßen. Gegen die Annahme, Catull habe seine Elegien und Epigramme als eine zusammengehörige Werkgruppe angesehen, könnte man auch anführen, daß dies eine unerklärliche Abweichung vom kallimacheischen Vorbild wäre: in den antiken Kallimachosausgaben waren Elegien und Epigramme streng voneinander getrennt. Es ist auch zu bedenken, daß Catull, wie es besonders die Untersuchungen von D. O. Ross jr. zeigen, seine Epigramme in Sprache und Metrik wesentlich anders als die Elegien behandelt hat.

nächststehenden kleinen Gedichte so angepaßt, daß sie c. 61 mit einem lyrischen Versmaß beginnt und c. 65–68 in elegischen Distichen endet, so daß diese Gedichte den benachbarten kleinen Gedichten metrisch entsprechen. In der Mittelgruppe sind c. 62 und 64 in Hexametern abgefaßt; nach dem uns in der Gruppe der kleinen Gedichte wieder begegnenden Prinzip metrischer Variation steht dazwischen ein Gedicht, das in den sehr bewegten Galljamben geschrieben ist.

Wir finden hier nicht nur im einzelnen die Dichtungsarten und Versmaße wieder, die für die alexandrinische Literatur charakteristisch waren; auch die Anordnung des Ganzen spiegelt im kleinen die Einteilung alexandrinischer Dichterausgaben wider, wie sie uns bei Kallimachos greifbar ist,[20] auch Kallimachos' dichterische Werke waren nach Gattungen und nach den verschiedenen Metren geordnet. So folgen in einer Kallimachosausgabe auf die Aitien in elegischen Distichen die Jamben, die Gedichte in lyrischen Maßen, das Kurzepos Hekale und die Hymnen, woran sich vermutlich die kleineren epischen und elegischen Werke und die Epigramme angeschlossen haben.[21]

Bei Catulls kleinen Gedichten und Epigrammen hat es gestört, daß die Ordnung weder nach chronologischen Gesichtspunkten noch nach dem sachlichen Zusammenhang geschah.[22] Aber eben das ist zu erwarten, auch Gedichtbücher hellenistischer Dichter hatten diesen Charakter. Etwa für die manchen Kritiker befremdende Verstreuung der Lesbia und Juventius geltenden erotischen Gedichte über das ganze Buch hin finden wir eine genaue Analogie in der rekonstruierbaren Anordnung des Meleagroskran-

[20] Die Anordnung antiker Kallimachosausgaben nach Genera erschließt R. Pfeiffer, Callimachus, vol. II, Oxford 1953, XXXV–XXXVIII. F. Della Corte, Due studi catulliani, Genova 1951, 18f., bezweifelte, daß Kallimachos' Anordnung für Catull vorbildlich gewesen sein könnte. In diesem Fall hätte Catull die großen Elegien voranstellen müssen. Aber bei der hinsichtlich Gedichtgröße und Metren anderen Streuung seines Werkes mußte Catull variieren. Die trotzdem außerordentlich ähnliche Reihenfolge der poetischen Genera kann kaum zufällig sein. Cf. H. J. Mette, WdF 22; Weinreich 43–45.

[21] O. Weinreich hat Gnom. 31 (1959) 248f. eine spätantike Parallele zu der Catullschen Buchanordnung nachgewiesen: die sog. Epigrammata Bobiensia zeigen eine vergleichbare Gliederung, zwei längere Gedichte in der Buchmitte werden von zwei Gruppen von je etwa 30 Kurzgedichten umrahmt. Catulls Buchaufbau scheint also nicht so einzigartig gewesen zu sein, wie man vielfach annahm; cf. Coppel 148–150.

[22] Wheelers Urteil 29: "The rule in the detailed order of our collection is planlessness." Besonders verwirrt ist Wheeler 25 darüber, daß die Gedichte 11, 29, 45, 55 und 113, die mit Sicherheit aus den Jahren 55–54, also der letzten Lebenszeit Catulls stammen, über das ganze Werk verstreut sind.

zes.[23] Es gibt in ihm eine große Zahl von Liebesgedichten des Meleagros, die an die gleichen Personen Heliodora, Zenophila und Myiskos gerichtet sind. Die einer bestimmten Person geltenden Gedichte waren nun keineswegs zusammengefaßt oder gar nach der zeitlichen Reihenfolge der Liebesbegebenheiten geordnet, sondern wie Catulls Lesbia- und Juventiusgedichte waren sie leichthin über das Gedichtbuch verstreut, und ihr Zusammenhang wurde nach dem Prinzip der *variatio* immer wieder von Gedichten mit anderer Thematik unterbrochen.[24]

Das Prinzip größtmöglicher Variation, das in thematischer und auch chronologischer Hinsicht so im Vordergrund steht, ist bei den kleinen Gedichten auch in der Verteilung der verschiedenen Metren der wesentliche Gesichtspunkt. Aber die Abwechslung der Metren wird so konsequent durchgeführt, daß fast so etwas wie eine Gesetzmäßigkeit in der Art der Variation entdeckt wurde.[25] Die kleinen Gedichte sind nämlich so angeordnet, daß die Aufeinanderfolge von zwei Gedichten im gleichen Versmaß nach Möglichkeit vermieden wird. Die einzige Ausnahme ist das überaus häufige phalaikeische Metrum, das wegen der großen Zahl von Gedichten in diesem Maß notgedrungenerweise auch in aufeinanderfolgenden Gedichten verwendet werden mußte, und dann die beiden kurzen, die kleinen Gedichte abschließenden Jamben c. 59 und 60, die so als ein Schlußakzent wirken. Im ganzen bilden also die Phalaikeen eine Art Grundmelodie, aus der immer wieder die selteneren lyrischen Maße oder die jambischen Gedichte wie andersartige Tonfolgen auftauchen.[26]

Aber wenn so auch im großen die Variation das Grundprinzip der Gedichtanordnung ist, im einzelnen finden sich durchaus Beziehungen einzelner Gedichte zueinander. Wie im Meleagroskranz bei allem Vorherrschen des Variationsprinzips gelegentlich doch auch Motivgleiches oder -verwandtes zusammengestellt wurde, schon damit so die verschiedene

[23] Cf. Gow-Page, The Greek Anthology. Hellenistic Epigrams, vol. I, Cambridge 1965, XVII–XXI; Williams p. 552–554.

[24] In unserem Zusammenhang sind besonders die Partien A. P. 5,134–215 und 12,37–171 wichtig: immer wieder erscheinen hier in Gedichtfolgen, die dem alten Meleagroskranz entstammen, erotische Epigramme des Meleagros, die den oben genannten Personen gelten; dazwischen aber sind absichtlich andere Epigramme, auch von anderen Dichtern, geschoben.

[25] H. J. Mette, WdF 23.

[26] Wheeler 29 hat es als ein Zeichen mangelnder Planung angesehen, daß zwischen die Gedichte 29–31 und 51–52 keine in Hendekasyllaben eingeschoben wurden. Ich verstehe den Grund des Anstoßes nicht recht. Es kam doch wohl auf das Abwechseln und Zusammenstoßen verschiedener Rhythmen an und nicht auf eine mechanisch gleichmäßige Verteilung der Hendekasyllaben über das Buch.

Behandlung des gleichen Themas besser bemerkt und bewundert werden konnte, finden wir auch bei Catull einige Gruppen von motivähnlichen Gedichten.

Am wichtigsten von diesen Gruppen ist die umfassende Einführung des Lesbiathemas in den Anfangsgedichten des Buches: In c. 2, 3, 5, 7, 8 und 11 wird die Liebe zu Lesbia bereits in allen wesentlichen Stationen von der ersten werbenden Annäherung und dem leidenschaftlichen Höhepunkt bis zur Enttäuschung und zum endgültigen Bruch vorgeführt.[27] Durch diesen Zyklus versteht so der Leser von Beginn an, was Lesbia für Catulls Lyrik bedeutet, und mit diesem Wissen kann er dann später, wenn die weiteren Lesbiagedichte nicht mehr in einer zeitlichen Reihenfolge stehen, für sich selbst jedes Gedicht in einen allgemeinen Geschehenszusammenhang einreihen; und er erhält auch von allem Anfang an einen Einblick in das ganze Spektrum konträrer Gefühlsregungen, in denen sich bei Catull das Lesbiathema entfaltet. Aber bereits in dieser Anfangssequenz steht das Liebesthema nicht für sich da; in den dazwischengeschobenen Gedichten 4, 6, 9 und 10 werden andere wichtige Themen der Gedichtsammlung wie die Reise nach Bithynien, der Freundeskreis und das Leben in der großstädtischen Welt der Hauptstadt skizziert. Wie in einer bewußt gestalteten Ouvertüre sind so wesentliche Themen, die das Gedichtbuch als ganzes bestimmen, herausgehoben an seinen Anfang gerückt.

Auch bei den Epigrammen treten die Lesbiagedichte gelegentlich zu ganzen Gedichtsequenzen zusammen.[28] Und auch andere Gruppen motivähnlicher Gedichte sind durch die Nähe im Gedichtbuch bewußt aufeinander bezogen, so die Angriffe auf das Paar Furius–Aurelius, auf 'Mentula' und auf Gellius.[29] Aber daneben sind andere, in einer Reihe von Gedichten behandelte Themen wie die bithynische Reise, die Angriffe auf Caesar, die Erotika auf Juventius keineswegs in Gruppen zusammengefaßt, sondern leichthin über das ganze Buch verstreut.

Wenn sich so also durchaus Gedichtfolgen und -gruppen herausschälen und man dabei den Eindruck bekommt, bestimmte Gedichte seien absichtlich nahe aneinander gerückt, damit sie sich gegenseitig beleuchten können, bleibt der vorherrschende Eindruck doch, daß das Gedichtbuch nach dem

[27] Cf. K. Barwick, Phil. 102 (1958) 312–318; Williams 469f.; Wiseman 14: "Having read poems 2–11, the reader is immediately able to place each of them (scil. der Lesbiagedichte) in its context."

[28] Besonders: c. 70; 72–75; 76; 85; 87.

[29] Furius u. Aurelius: c. 15; 16; 21; 23; 24; 26. 'Mentula': c. 94; 105; 114; 115. Gellius: c. 74; 80; 88–91; 116. Ferner Aufilena: c. 110; 111. Auch die beiden Hochzeitsgedichte c. 61; 62 stehen beieinander. Cf. Wheeler 28; 252 n. 41.

Prinzip größtmöglicher Abwechslung zusammengestellt ist.[30] Gewissermaßen wie ein bunter Blumenstrauß sollen die Gedichte durch die Vielfalt der Formen und die Fülle der Farben wirken, und die ordnende Hand scheint nur leicht etwas zurechtgerückt zu haben, und zwar – wie die metrische Abwechslung und die Auflockerung von Gruppen inhaltlich zusammengehöriger Gedichte zeigen – vor allem in die Richtung, daß sich keine allzu monotonen Partien ergaben. Eine besonders gern verwendete Figur der Zusammenstellung, bei der sowohl Gleichklang wie Variation zur Geltung kommen, ist es, wenn zwei motivgleiche oder sonstwie verwandte Gedichte durch ein drittes von verschiedener Art getrennt werden. Nicht weniger als ein dutzendmal sind Gedichte so verbunden.[31]

6. Die Formen

Wie oben schon dargestellt, ist Catulls dichterisches Werk in drei klar geschiedene Teile gegliedert, in die kleinen Gedichte in lyrischen und jambischen Versmaßen, in die großen Gedichte und in die Epigramme. Diese Einteilung nach poetischen Gattungen beruht, wie gesagt, auf alexandrinischer Tradition; aber die Gattungsunterschiede scheinen auch für Catull selbst von nicht geringer Bedeutung gewesen zu sein. Jedenfalls spricht er von den großen Gedichten, die in der Buchmitte vereinigt sind, auf ganz andere Weise als von den kleinen Gedichten des ersten Buchdrittels.

Jene benennt er mit demselben Wort *carmen, carmina,* mit dem er die Poesie der frühen Griechen[1], aber auch die Dichtungen des Kallimachos bezeichnet.[2] Das Wort muß für ihn, wie die Stellen im einzelnen zeigen,

[30] Diese Meinung wird nicht von allen Betrachtern geteilt. In vielfältiger Weise hat man darum versucht, weitergehende Ordnungsprinzipien und Gedichtzyklen bei Catull zu entdecken. Die Hauptvertreter dieser Betrachtungsweise sind: R. Westphal, Catulls Gedichte, Breslau [2]1870, 1–32; B. Heck, Die Anordnung der Gedichte des Catullus, Diss. Tübingen 1951 (masch.); K. Barwick, Philol. 102 (1958) 284–318; H. Tränkle, Mus. H. 24 (1967) 100–103; Wiseman 1–31; E. A. Schmidt, Philol. 117 (1973) 215–242; H. Offermann, Rhein. Mus. 120 (1977) 269–302. Gewiß ist durch diese Untersuchungen manches neue Licht auf Catullsche Themen gefallen. Aber die zahlreichen Widersprüche in der Einschätzung und Gewichtung der einzelnen Kriterien zeigen sehr deutlich, daß man sich hier auf sehr unsicherem Boden befindet.

[31] Wheeler loc. cit. notiert: c. 2 (2a) 3; 5 (6) 7; 16 (17) 21; 21 (22) 23; 37 (38) 39; 41 (42) 43; 69 (70) 71; 70 (71) 72; 85 (86) 87; 107 (108) 109. Dieses Ordnungsprinzip ist auch Serv. ad Verg. ecl. 7, 1 bekannt.

[1] c. 68, 7.

[2] c. 65, 16; 116, 2.

einen hohen Klang gehabt haben: er gebraucht es in feierlichem hymnischen Anruf, oder wenn er von Trauergedichten spricht, die er für den toten Bruder verfassen will;[3] und er verwendet es ohne Unterschied, ob er sein Epos oder seine große Elegie c. 68 meint.[4]

Auf ganz andere Weise redet Catull von seinen kleinen Gedichten im ersten Buchdrittel; das sind „nette Verse", Verschen, Spielereien, Possen.[5] Und wenn er hier ein einzelnes Gedicht benennen will, nennt er es nicht *carmen,* sondern *poema,*[6] eine Bezeichnung, die von ihm wie *versus* ohne inhaltliche Distinktion für alles Versifizierte angewendet wurde.[7] Catull scheint also diesen Teil seiner poetischen Produktion bewußt leichtzunehmen, ihm kein übermäßiges Gewicht beizumessen.

Dieses understatement Catulls hat man seit Plinius d. J. vielfach für bare Münze genommen. Plinius sah in Gedichten in der Art von Catulls kleinen Gedichten schnell hingeworfene Gelegenheitsverse, reine Gesellschaftspoesie zum Amüsement einiger guter Freunde,[8] und er fühlte sich ganz in den Fußstapfen Catulls, wenn er dann, wenn er nichts Ernsthaftes betreiben konnte, „im Reisewagen, im Bad, während des Essens", schnell ein paar Hendekasyllaben hinwarf, in denen er seinen augenblicklichen Stimmungen Ausdruck gab[9] und mit denen er bei der nächsten Gelegenheit ein paar Freunde unterhalten wollte.[10] Und wie Plinius scheinen in der Kaiserzeit unzählige Dilettanten kleine Gedichte in der Art Catulls, wie sie meinten, geschrieben zu haben.[11]

Wollte man aber von dieser epigonalen Massenproduktion her die Gedichte Catulls charakterisieren und werten, bedeutete das ungefähr das-

[3] c. 64,24; 65,12. Die hier intendierte Stilhöhe des Wortes zeigt auch Lucr. 1,933f.; das Wort wird sonst aber auch leichthin gebraucht, z. B. Hor. s. 2,1,63; 2,5,75 u. ö.

[4] c. 64,116; 68,149. c. 61,13 wird das Hochzeitslied, das Hymenaeus anstimmen soll, *carmina* genannt.

[5] c. 6,16: *lepido... versu;* 16,3; 16,6; 50,4: *versiculi;* 1,4: *nugae;* c. 14a, 1f.: *mearum ineptiarum/lectores.*

[6] c. 50,16.

[7] *poema:* c. 22,15f.; *versus:* c. 22,3. Andere Wörter für literarische Erzeugnisse jeder Art sind *charta:* c. 1,6; 36,1 und 20; *scripta:* c. 36,7; 44,18.

[8] Plin. ep. 5,3,2 rechnet dergleichen Poesien zu den *innoxiae remissionis genera.*

[9] Plin. ep. 4,14,2f. *his iocamur, ludimus, amamus, querimur, irascimur, describimus aliquid;* wohl wegen dieses deutlichen thematischen Anschlusses an Catulls kleine Gedichte betont Wheeler 53f. den Unterschied zwischen Catulls und Plinius' kleinen Gedichten zu wenig: Plinius' Beschreibung seiner Hendekasyllaben seien "an excellent description of Catullus' own work".

[10] loc. cit.: *quae... placeant.*

[11] Die Zahl der Autoren, die Plinius ep. 5,3,5f. nennt, ist Legion.

selbe, wie wenn man Goethes Erlebnislyrik von der ausgeleierten Versproduktion des späteren 19. Jahrhunderts her erfassen und beurteilen wollte. Was für Catull eine neue künstlerische Aufgabe war, für die der lateinischen Sprache erst einmal die Ausdrucksmittel gewonnen werden mußten, und was bei ihm in unerschlossene Bereiche des Fühlens und Wertens führte, war 150 Jahre später ein gewichtloses Gesellschaftsspiel geworden, das seine Regeln dem Werk Catulls entnahm,[12] ohne seinen Geist und seine Kunst zu erben; Plinius' Gelegenheitsversen fehlt menschliche Bedeutsamkeit und künstlerischer Ernst ziemlich vollständig. Es kam ihm im Grunde nur darauf an, die Gewandtheit seiner Feder und seine stilistische Anpassungsfähigkeit in der Aufnahme der verschiedensten Formen zu demonstrieren.[13] Das Ergebnis konnte nicht viel mehr als eine pure Formspielerei sein, und so lassen uns die Beispiele, die der Autor in seinen Briefen zitiert, den Verlust seines Gedichtbuches ohne allzu großes Bedauern verschmerzen.

Ein entscheidender Unterschied zwischen Catull und seinen kaiserzeitlichen Epigonen ist, daß für ihn die kleine Form ganz und gar nichts Triviales an sich hatte, daß sie ihm vielmehr eine lockende künstlerische Aufgabe bedeutete. Auch in seinen kleinen Gedichten eiferte er der Eleganz und dem Witz der alexandrinischen Dichter nach, durch deren Vorbild er sich von der als schwerfällig empfundenen literarischen Praxis in Rom zu lösen versuchte. Gewiß können wir Catulls Anschluß an dieses Vorbild nur indirekt, durch seine Nähe zu Motiven der hellenistischen Epigrammatik nachweisen, die gerade in den kleinen Gedichten auf vielfältige Weise erkennbar ist; denn die lyrischen Gedichte der hellenistischen Zeit sind fast vollständig verloren.[14] Aber Catull wird diese Lyrik auch direkt gekannt

[12] Plinius entschuldigt sich ep. 4,14,4f. ausdrücklich, wenn er, was das Obszöne betrifft, aus einer gewissen persönlichen Schüchternheit heraus, der durch Catulls Praxis vorgegebenen *lex opusculi* nicht in allem zu folgen vermag. Gewiß sind einige der ep. 5,3,5f. genannten Autoren kleiner Gedichte vorcatullisch, aber die Richtschnur holte man, wenn man von Plinius her urteilen darf, von Catulls Gedichten.

[13] Für wie wenig belangvoll er diese Seite seiner literarischen Produktion hielt, verhehlt er nicht; wie er ep. 7,3 sagt, sei er durch den puren Zufall oder Langeweile zum Schreiben solcher Verse gekommen; und festgehalten an dieser Beschäftigung habe ihn eine gewisse Freude an der eigenen Sprachfertigkeit (ep. 7,3,5–8) und der Erfolg (7,3,7 und 9).

[14] Was sich in den Epigrammen der A. P. an Gedichten in verschiedenen, auch lyrischen Versmaßen erhalten hat, erschließt der Index von Gow-Page, The Greek Anthology. Hellenistic Epigrams, Oxford 1965, vol. 2 p. 712 unter dem Stichwort ›metre: unusual metres‹. Unter den von Powell, Collectanea Alexandrina, Oxford 1925, 132ff. gesammelten Lyrica hat vieles kaum literarischen Anspruch, jedenfalls nicht im Sinne der Alexandriner.

haben.[15] Ebenso wichtig wie Vorbilder war für Catull wohl das Urteil der führenden Alexandriner, das den ästhetischen Wert der kleinen Form nachdrücklich unterstrich. So hatte schon Philitas kleine, wohlgeformte Gedichte mit demselben herausfordernden understatement wie Catull Paignia, Spielereien, genannt,[16] und Kallimachos rühmte in seinem Aitienprolog nicht nur allgemein die kleine Form, sondern namentlich die kleinen Gedichte des Philitas.[17]

In seiner Liebeslyrik geht Catull über das witzige, geistreiche Spiel hinaus, das wir aus den erotischen Epigrammen der Anthologie kennen und das wir auch in uns nicht erhaltenen alexandrinischen Gedichten in lyrischen Maßen voraussetzen dürfen. Catulls Aufschwünge und Abgründe des Fühlens, seine Verzückung im Glück und dann wieder das Fallenlassen in schwärzeste Verzweiflung und Bitterkeit ist etwas existentiell anderes als alles, was wir von der persönlichen Liebesdichtung Alexandrias kennen, in der die Exaltationen des Liebesgefühls nie ganz ernst genommen und immer mit einem leichten Schuß Ironie dargestellt wurden.[18] Um den Ausdruck für solche Seelenbewegungen zu finden, muß man zu der Lyrik einer viel früheren Zeit zurückgehen, zu der Liebesdichtung Sapphos. Mit der nachtwandlerischen Sicherheit des Genies griff nun Catull auf eben diese Dichtung zurück, wie uns das 51. Gedicht klar vor Augen stellt, in dem er sich den leidenschaftlichsten Ausbruch der griechischen Dichterin anzuverwandeln strebt. Und wie er in diesem Gedicht mit den Worten der Sappho eine vollkommene Überwältigung durch die Leidenschaft dargestellt hat, macht er auch in einer ganzen Reihe anderer Gedichte ähnliche Momente erhöhter, ja ekstatischer Gefühlsbewegung zu seinem Thema.

[15] Vergleiche das oben im Kapitel ›Der literarische Standort‹ dazu Gesagte.

[16] Fr. 10f. Powell; die Gedichte sind in elegischen Distichen abgefaßt. Auch die als Epigramme überlieferten fr. 12f. haben, wie Wilamowitz, Hell. D. 1, 115f., zeigt, keinen epigrammatischen, sondern eher elegischen Charakter; vielleicht gehörten auch sie zu Gedichten von der Art der Paignien.

[17] Call. fr. 1, 9–12 Pf. und Pfeiffer ad 2; cf. R. Pfeiffer, History of Classical Scholarship. From the beginnings to the end of the Hellenistic age, Oxford 1968, 89.

[18] An mythologischen Gestalten stellte man freilich in der Nachfolge des Euripides durchaus hemmungslose Leidenschaft dar: Parthenios' Sammlung leidenschaftlicher Liebesstoffe zeigt, wie entscheidend diese Thematik war, und weder Catulls Klage der Ariadne noch Virgils Darstellung von Didos Leidenschaft hätten ohne Vorgänger in der hellenistischen Dichtung geschrieben werden können. Aber es ist etwas anderes, die Raserei der Leidenschaft an einer Frau des Mythos darzustellen oder sich selbst ohne Rücksicht und Scham zu einer solchen Leidenschaft zu bekennen und sie in ihrer ganzen Hemmungslosigkeit zu schildern.

Wie für Sappho, ist auch für Catull die eigene Leidenschaft die Mitte des Daseins und der Dichtung.

Aber darüber hinaus ist der Ausdruck eines sehr persönlichen Gefühlsmoments immer wieder der Ausgangspunkt eines Gedichtes. Neben den Bewegungen der Leidenschaft in den Lesbiagedichten finden wir etwa in c. 31 eine ungewöhnliche Stimmung, in der die Anspannung der Reise noch nachzittert, aber die vertraute Umgebung der Heimat dann doch zu einem wohligen Gleitenlassen in Ruhe und Schlaf verlockt. Oder in c. 50 wird die Rückerinnerung an eine glückliche Stunde mit dem Freund fast zu einer Liebeserklärung. Oder in c. 46 ergeben das Gefühl der Befreiung, Reiselust, Neugier, Jugendübermut, Winterende und Frühlingsbeginn eine ganz eigentümliche Verbindung. Und man könnte weiteres nennen. Immer wieder wird eine bestimmte Gefühlslage in ihrer Einmaligkeit bewußt und mit großer Unmittelbarkeit im dichterischen Wort gestaltet. Man könnte hier von einer in der antiken Lyrik ganz ungewöhnlichen Nähe zu der Eigenart neuzeitlicher Lyrik sprechen, wenn nicht eine ungemeine Klarheit der Selbstreflexion und eine durch strenge Formgebung ermöglichte Objektivierungskraft Catull doch wieder als Erben alexandrinischer Kunstgesinnung erwiese.

Eine weitere poetische Tradition ist noch in Catulls kleinen Gedichten zu greifen, die des Jambus:[19] Catull scheint in dem kräftigen Selbstbehauptungswillen und in der übermütigen Angriffslust des griechischen Jambus ein willkommenes Ausdrucksmittel seiner Persönlichkeit gesehen zu haben. Er ist sich der Tradition des Genos bewußt und schreibt seinen jambischen Gedichten, die er mehrmals ausdrücklich „iambi“ nennt, die traditionelle Aufgabe des Jambus zu, den Gegner anzugreifen, zu verhöhnen und schmerzlich zu verletzen.[20] Auch ein Teil der in Hendekasyllaben abgefaßten Gedichte hat einen ausgesprochen jambischen Charakter, und Catull bezeichnet auch dieses Versmaß als Träger jambischen Angriffs.[21] Kaum berechtigt ist es freilich, die ganze Gruppe der kleinen Gedichte als dem jambischen Genos zugehörig zu betrachten:[22] Eine große Zahl dieser Gedichte kann ihm vom Motiv her nicht zugerechnet werden. Eine solche Einreihung ist auch nicht von der Verwendung des Lieblingsversmaßes

[19] Einen direkten Anschluß an Archilochos zeigt c. 56, 1; cf. Archil. fr. 168 West. Formal sind Catulls Jamben allerdings mehr dem hellenistischen Geschmack nahe, wie ja auch die in der hellenistischen Dichtung bevorzugten Metren gewählt werden, während dann Horaz die Epodenform des Archilochos nachgestalten wird. Cf. Lenchantin p. XXXII–XXXIV.

[20] c. 36, 5; 40, 2; 54, 6; fr. 3 Mynors = fr. 2 Bardon.

[21] c. 12, 10f.; 42, 1ff.

[22] Quinn, Int. 32, empfiehlt diese Ansicht.

unseres Dichters in der hellenistischen Zeit nahegelegt: Bei Kallimachos wurde ein Gedicht in Phalaikeen unter die Lyrika gerechnet, und auch die anderen aus der hellenistischen Zeit erhaltenen Verse in diesem Maß haben keinen jambischen Charakter.[23]

Die großen Gedichte in der Buchmitte fanden lange wenig Verständnis. Eine Zeit, die im Erlebnis- oder Bekenntnisgedicht den Inbegriff des Lyrischen sah, konnte keinen Sinn für die artifiziellen Reize und die exaltierte Gefühls- und Bildwelt dieser Gedichte haben. Man schalt das Ganze als alexandrinische Gelehrsamkeit und sah in diesen Gedichten im Grunde einen Fehlweg des Dichters. Gewiß hat in der Wertung dieser für das Verständnis Catulls zentralen Poesien längst ein Umdenken eingesetzt, aber die alten Maßstäbe von der entscheidenden Bedeutung des Erlebnisses in der Dichtung wirken noch immer nach, wenn man nun zwar die Bedeutung dieser Gedichte anerkennt, aber diese Bedeutung darauf zurückführt, daß etwa c. 63 und 64 verschlüsselte Selbstaussagen Catulls seien. Gewiß hätte Catull die Gefühlsaufschwünge und verzweifelten Zusammenbrüche in diesen Gedichten kaum so gestalten können, wenn er nicht auch persönlich Glück und Verzweiflung zutiefst erfahren hätte; aber ein bloßes Sprachrohr für leidenschaftliche Selbstäußerungen sind Attis und Ariadne schwerlich. Sie sind keine allegorischen Vermummungen des eigenen Selbst, sondern poetische Gestaltungen, die ihr eigenes, von ihrem Schöpfer gelöstes Leben haben. In einer Interpretation dieser Gedichte gilt es nun, einmal der verwirrenden Gestaltungsvielfalt dieser Gebilde nachzugehen und den sich in ihnen ausdrückenden Traditionen gerecht zu werden, aber dann doch nicht nur Geschicklichkeit in der Adaption zu bewundern, sondern zu verfolgen, welche neuen Ausdrucksmöglichkeiten des Gefühls hier gefunden worden sind.

Gründlich verschieden von den kleinen Gedichten des ersten Buchdrittels sind die knapp fünfzig Epigramme, die am Ende der Gedichtsammlung stehen.[24] Auch die Epigramme, deren Thema schmerzlichste Umstände des eigenen Lebens sind, sind nie in der Art eines lyrischen Gedichts oder einer Elegie[25] eine Wiedergabe eines strömenden Gefühls. Catulls Epigramme sind Reflexionsgedichte; und auch, wenn der Gegenstand das eigene Ich und die verwirrend widersprüchlichen Zustände der eigenen Seele sind, sucht der epigrammatische Dichter immer einen Standpunkt außerhalb dieser

[23] Call. fr. 226 Pf.; A. P. 13, 6 (Phalaikos); Theocr. epi. 22.

[24] Den Unterschied heben I. Schnelle 72 und F. Klingner, Römische Geisteswelt, München [5]1965, 220–222, hervor; D. O. Ross jr. widmet sein Buch "Style . . ." im wesentlichen der Untersuchung dieses Unterschieds.

[25] c. 76 halte ich nicht für ein Epigramm, sondern für eine Elegie.

Verwirrung, von wo aus er das eigene Ich wie ein äußeres Geschehen durch den Gedanken klären kann. Das Ergebnis eines solchen Reflexionsprozesses sind dann kristallklare, knappe Texte mit einer ungemein gedanklichen Präzision der Unterscheidungen. Besser als viele neuere Kritiker, die auch bei den Epigrammen mit dem für die Erlebnislyrik geschaffenen Begriffsarsenal arbeiteten und so der Unterschiede zu den kleinen lyrischen Gedichten nicht gewahr wurden, ist Lessing in seinen ›Zerstreuten Anmerkungen über das Epigramm und einige der vornehmsten Epigrammatisten‹ der Eigenart dieser Dichtungen gerecht geworden. Obwohl die Lessingschen Grundbegriffe Erwartung und Aufschluß wohl in erster Linie von Martials Technik abgeleitet sind, fördern sie auch das Verständnis nicht weniger Catullepigramme. Immer wieder stellt uns der Dichter zu Beginn eines Epigramms vor eine seltsame, widersprüchliche, Kopfschütteln hervorrufende Situation, auf die er dann oft auf eine ganz und gar unerwartete Weise ein erhellendes Licht fallen läßt, das uns alles Vorherige neu sehen lehrt.[26] So ist die Pointe des Epigramms oft keineswegs bloß eine geschickte Steigerung oder eine verblüffende Wendung, sondern nicht selten eine höhere Stufe gedanklicher Klarheit, die erst in der Entfaltung des Gedichtes gewonnen wird.

Wie sehr Catull in seinen Epigrammen ganz bewußt eine andere Ausdrucksform als in seinen übrigen Gedichten gewählt hat, zeigen vor allem die Untersuchungen von David O. Ross jr.: im Vergleich mit den kleinen Gedichten des ersten Buchdrittels, aber auch mit den großen Gedichten der Buchmitte treten in den Epigrammen emotionale Formen des Sprechens stark zurück. So finden sich die bei Catull sonst so beliebten, meist emotional gefärbten Deminutiva[27] und emotionalen Interjektionen[28] hier kaum. Auch Bildungen, die den poetischen Stil kennzeichnen, wie zusammengesetzte Adjektive oder sonst für den dichterischen Sprachgebrauch typische Adjektive oder eine in anderen Gedichten nach griechisch-alexandrinischem Vorbild gewagte Nachstellung von Partikeln werden in den Epigrammen gemieden.[29] Und höchstens in spöttischem Pathos findet man in ihnen die bei Catull so beliebten klangvollen Eigennamen, die sonst vielen

[26] Natürlich ist das keine Erfindung Catulls, sondern schon eine Grundform des griechischen Epigramms; auch Ennius epi. 17f. V² hat diesen Aufbau. Aber Catulls Epigramme sind gemeinhin gedanklicher, abstrahierender als die griechischen. Statt farbiger Situationen, wie das die Dichter der Anthologie tun, stellt Catull oft Begriffe oder allgemeine Eigenschaften heraus; cf. Lyne 22f.

[27] Ross 22–26.

[28] Ross 49–53.

[29] Ross 18–22; 53–63; 67–69.

Versen einen fremden, gewählten Klang verleihen.[30] Auch spezifisch dichterische Mittel wie Metaphern und Vergleiche treten in den Epigrammen sehr in den Hintergrund; was sich davon findet, könnte man im allgemeinen in Prosa auch sagen.[31] Schließlich ist die Metrik[32] den Gewohnheiten der gesprochenen Sprache, wie sie die Komödie zeigt, näher als im übrigen Werk. Die größere metrische Lässigkeit kann man vor allem an den häufigen Elisionen[33] und an der weniger strengen Behandlung der Pentametermitte ersehen.[34] Alle diese Einzelheiten zeigen, daß von Sprache und Metrum her in Catulls Werk nicht, wie man von der Thematik her meinen könnte, die kleinen Gedichte und Epigramme am ähnlichsten gestaltet sind, sondern daß sich die Epigramme in gleicher Weise von der Gruppe der Polymetra wie der der großen Gedichte abheben: sie haben einen weniger emotionalen Charakter und verzichten auf eine ganze Reihe typisch poetischer Ausdrucksmittel.

Ross führt diese Abweichungen des Epigrammstils von der sonstigen Gestaltungsweise Catulls auf Zwänge der römischen Tradition des Epigramms zurück, der sich Catull und auch seine Freunde angeschlossen hätten.[35] Die Erklärung überzeugt im grundsätzlichen durchaus; denn aus welch anderem Grund hätte Catull etwa die Metrik so unterschiedlich behandeln sollen? Allerdings muß ein solcher Anschluß an eine Tradition nicht unbedingt bedeuten, daß Catull mit seinen Epigrammen keinen künstlerischen Anspruch erhoben hätte.[36] Mir scheint die Art von Catulls Anschluß an die Tradition des römischen Epigramms mehr von der Art zu sein, wie Horaz die ihm in Lucilius' Satiren vorgegebene Tradition behandelte. Einerseits gibt Horaz ohne weiteres zu, daß er sich einer lockeren Form anschließt und keine 'poetischen' Werke im herkömmlichen Sinn

[30] Ross 67–69. Die wenigen Ausnahmen (c. 88,5f.; 95) erheben sich deutlich über den üblichen Epigrammstil.

[31] Sehr wenig geht darüber hinaus, bes. c. 77,5f.; 99,2 und 4; 107,6; an diesen Stellen wird der normale Epigrammstil bewußt übersteigert.

[32] Die „Rauhigkeit des Catullischen Pentameters" war schon Lessing, op. cit. II 2, aufgefallen.

[33] Die Zahlen, die Ross 119 gibt, sind sehr deutlich; er zählt in hundert Versen in c. 64 33,3 Elisionen, in den Elegien 44,8 und in den Epigrammen 75,7.

[34] Ross untersucht 115–127 diesen und weitere metrische Unterschiede und stellt auch eine prosaischere Wortstellung fest.

[35] Besonders p. 160.

[36] Ross scheint mir Catull allzusehr in den Fesseln einer im Grunde wenig poetischen Tradition zu sehen. Urteile wie "the unsophisticated quality of epigram" oder "the basically unpoetic tradition" scheinen mir keine zutreffende Charakterisierung von Catulls Epigrammatik zu sein.

schreibt;[37] und der Bau des Satirenverses ist dann auch gegenüber dem epischen Hexameter gelockert und scheinbar lässig. Andererseits aber erhebt Horaz durchaus den Anspruch, um vieles kunst- und formbewußter als Lucilius zu verfahren und bei aller scheinbaren Lässigkeit jedes Wort zu wägen und auf Tonhöhe und Wirkung abzuhorchen.[38] In eben dieser Weise scheinen Catull und seine Freunde in ihren Epigrammen ganz anders als die römischen Epigrammatiker vor ihnen auf Eleganz des Ausdrucks und gedankliche Präzision geachtet zu haben. Die scheinbar bescheidene Eigenart des Genos und seine größere Nähe zur Prosa dürften ganz bewußt bewahrt worden sein, weil das die passende Form für eine reflektierende, gedankliche Aussage war; so konnten sich Witz und Scharfsinn besser entfalten als in 'poetischeren' Formen.

Wie alles Lebendige läßt sich Catulls Dichtung schwer auf *einen* Begriff bringen. Wie vor allem Havelock aufgezeigt hat, ist in ihr Gegensätzlichstes vereinigt. Neben der Übernahme raffiniertester literarischer Techniken findet man eine ungemeine Frische im Ausdruck; neben wachster Selbstreflexion und Selbstbeobachtung eine fast naive Hingabe an ein überwältigendes Gefühl; neben kundigster Kennerschaft alter Traditionen ein unbedenkliches, ja rücksichtsloses Wegschieben des Herkömmlichen; neben einem verwirrenden Spiel mit Masken und Spiegelungen die schrankenloseste Offenheit, ja Selbstentblößung, die man sich denken kann. Das ist gewiß nicht die zur Ruhe gekommene, die Gegensätze ausgleichende Kunst der augusteischen Zeit. Catull ist ein Kind seiner Epoche, und sein Werk spiegelt ihre Übergänge und Brüche wider; in ihm vollzieht sich genauso eine geistige Revolution, wie draußen um ihn die römische Welt gewaltsam verändert und umgestürzt wird.

[37] Hor. s. 1,4,39f.; 1,4,53–62; epi. 1,1,10.
[38] Hor. s. 1,4,17f.; 1,10,7–17; 1,10,67–74.

DIE INTERPRETATIONEN

1. Gedicht

In dem ersten Gedicht widmet Catull sein Buch Cornelius Nepos, einem fünfzehn bis zwanzig Jahre älteren, vielseitigen Literaten, dem historische Arbeiten bereits einen Namen gemacht hatten. Eine solche Widmung war schon lange fester Brauch;[1] der Angesprochene war keineswegs immer der Patron des Dichters,[2] eine Widmung brauchte nicht mehr als eine freundschaftliche Geste zu sein. Catull gibt als Grund an, Cornelius habe seine kleinen Poesien schon vor Jahren[3] geschätzt, als er vermutlich noch ganz unbekannt war; aber der herzliche Ton des Gedichtes läßt auch auf engere persönliche Beziehungen schließen. Jedenfalls war Cornelius Nepos' Urteil von Dauer: Viel später und lange nach Catulls Tod hat er ihn und Lucrez als die bedeutendsten Dichter seiner Generation bezeichnet.[4]

In Einleitungsgedichten einer Sammlung war es vielfach üblich, einen Blick auf das folgende Werk zu werfen, das Buch zu charakterisieren oder sogar ein literarisches Programm zu entwerfen: So hatte es Kallimachos zu Beginn der Aitien gehalten, und die Herausgeber hellenistischer Anthologien entfalteten an dieser Stelle in dem Bild eines Blütenkranzes die ganze Fülle von Namen und poetischen Reizen, die den Leser erwarteten; denselben programmatischen Charakter hatten dann wieder viele Einleitungsgedichte der augusteischen Zeit.[5]

Kroll glaubte nicht, daß Catull seinem Einleitungsgedicht eine solche Aufgabe gegeben habe[6]: Es seien schnell hingeworfene Verse, die vorgäben, die fein hergerichtete Buchrolle zu begleiten; die Attribute hübsch, neu und gut geglättet gälten allein der äußeren Aufmachung des Büchleins

[1] Ein Beispiel aus dem 5. Jahrhundert ist der Elegiker Dionysios Chalkus fr. 1 West, Beispiele aus der hellenistischen Zeit sind A. P. 4,1,1–4 (Meleagros) und 4,2,5 (Philippos), aus Catulls Zeit Lucr. 1,25f. und die Widmungen Ciceros.

[2] Cf. Williams 45.

[3] *iam tum cum* deutet auf eine beträchtliche Zeitspanne hin.

[4] Nep. Att. 12,4.

[5] Call. fr. 1 Pf.; A. P. 4,1; 4,2; Hor. c. 1,1; epi. 1,1; Prop. 2,1; 3,1; Ov. am. 1,1; tr. 1,1.

[6] Kroll, introd. et ad 1. 2; er wendet sich mit seiner nüchternen Erklärung sichtlich gegen die Auffassung von Bährens.

und nicht etwa auch der Dichtung, wie Bährens angenommen hatte. Nun ist es gewiß richtig, daß Catull spricht, als habe er die geschmackvoll hergerichtete Rolle vor sich liegen und überlege in einem lebendig wiedergegebenen Selbstgespräch, wem er sie schenken solle. Aber man fragt doch, ob das alles ist, ob das Äußere nicht auch ein Bild für den Inhalt des Buches sein solle. Ein Blick nur auf die äußere Aufmachung eines Buches will nicht recht zu dem Catull passen, den wir sonst kennen: anderswo lacht er laut über einen Goldschnittpoeten, bei dem die prätentiöse Aufmachung der Bücher in einem lächerlichen Gegensatz zum banalen Inhalt steht.[7] Und daß es Catull hier auch um den Inhalt geht, zeigen wenigstens die letzten Verse: Der Wunsch nach der Unsterblichkeit des Buches kann nur die Unsterblichkeit des poetischen Werkes meinen.

Eine auf den Inhalt des literarischen Werkes zielende Bedeutung des Einleitungsgedichtes wird vor allem von J. P. Elder vertreten[8]: Hier lägen programmatische Aussagen im Sinne der Poetik des Kallimachos vor.

Kallimachos hatte in seinen literarischen Wertungen immer wieder mit Gegenüberstellungen gearbeitet.[9] Er stellt der als fad und abgestanden empfundenen Manier besonders epigonaler Epen seine kleinen, aber neuartigen und bis ins letzte durchgearbeiteten Gedichte gegenüber. Symbole seiner Kunst sind ihm die Biene und Zikade, die nur vom feinsten Stoff kosten. Diese Wertung hat Catull aufgenommen. Er aktualisierte die kallimacheische Gegenüberstellung als Frontstellung gegen das römische traditionelle Epos in der Nachfolge des Ennius,[10] das sich zu seiner Zeit noch uneingeschränkter Beliebtheit erfreute. Er wollte dieser als schwerfällig und unkünstlerisch empfundenen Tradition eine heitere und leichte Eleganz entgegensetzen: Worte wie *sal, lepos, venustus, ludere, delicatus, iocus, facetiae* zeigen den Maßstab.[11] Aufschlußreich ist c. 22: Der dort vorgeführte Suffenus verfügt über alle nur wünschenswerte gesellschaftliche Brillanz; aber in seiner literarischen Produktion, die in Catulls Augen den gleichen Geschmack verlangte, zeigt er kein bißchen Eleganz; hier füllt er dicke Bücher mit abgeschmackten Versen.

Im Lichte dieser kallimacheischen Wertungen erscheinen die Attribute, die Catull in dem Einleitungsgedicht seinem Büchlein gibt, als Symbole für eine neue Kunst.[12] Und gerade, was auf den ersten Blick nur ein höflich

[7] c. 22,6–8.

[8] Harv. Stud. in Class. Phil. 71 (1966) 143–149 = WdF 27–35.

[9] Call. fr. 1 Pf.; hy. Ap. 108–112; epi. 27; fr. 398 Pf.

[10] Den kallimacheischen Maßstab zeigt am klarsten c. 95. Hier wird nach zwei Enniusepigonen parallel dazu Kallimachos' Gegenbeispiel Antimachos genannt.

[11] c. 16,7; 22,2 und 9; 35,17; 50.

[12] Cf. Havelock 107; Quinn, Int. 10.

abschwächendes understatement zu sein scheint, zielt auf den Kern der kallimacheischen Ästhetik, die alles Pompöse und Laute flieht.

Schon die Wahl der Verkleinerungsform *libellus* ist wohl mit Absicht geschehen. Die äußere Erscheinung der Buchrolle kann es nicht meinen; denn Catulls Buch war nach antiken Maßstäben groß. So könnte die Deminutivform eine gefühlsmäßige Beziehung des Dichters zu seinen 'lieben' Versen ausdrücken, aber sie könnte auch schon auf die kleine Form, auf Kallimachos' immer wieder hervorgehobenes Unterscheidungsmerkmal seiner Kunst[13] hinweisen wollen, das dann von allen Kallimacheern als wesentliches Kennzeichen ihrer Kunstauffassung übernommen wurde.[14]

Auch das Attribut *novus* meint schwerlich nur, daß eben ein neues Buch erschienen ist. Das paßte nicht recht zu der starken Betonung, die bei unverbunden gereihten Epitheta natürlicherweise auf dem zweiten liegt[15] und die durch das *modo* im nächsten Vers noch unterstrichen wird. Diese Betonung wird nur verständlich, wenn es Catull auf das Wort ankam, und da im damaligen Rom die Bezeichnung 'neue Dichter' ein Schlagwort war, mit dem man das Ungewöhnliche der neuen literarischen Mode zu charakterisieren suchte,[16] wird die Bezeichnung 'neues Buch' darauf hinweisen wollen; der junge Virgil gebrauchte das Wort in eben dem Sinn, wenn er an Pollio rühmt, daß auch er 'neue Gedichte' schaffe.[17]

Sehr naheliegend ist ein inhaltlicher Bezug bei den Attributen *lepidus* und *expolitus.* Mit *lepos* und *lepidus,* womit in der Komödie meist ein nettes Wesen oder hübsches Aussehen bezeichnet wurde, charakterisierte man dann auch gern witzig und geistreich formulierte Worte.[18] Catull kennt beide Bedeutungen. Er kann damit ein reizendes menschliches Wesen

[13] In fr. 1 Pf. ist das das entscheidende Charakteristikum: Vers 5f.; 9–12; 24; 32; ferner fr. 421 Pf.; hy. 2, 112; epi. 27, 3f.

[14] A. P. 9, 25, 1 (Leonidas v. T.); Cat. 95, 9; Verg. ecl. 6, 5; Prop. 3, 1, 8; 3, 3, 5 und 18; Hor. s. 1, 4, 17f.; c. 1, 6, 9; 2, 16, 38; 4, 2, 31; 4, 15, 3f.; a. p. 46; cf. R. Pfeiffer ad Call. fr. 1, 23f.; Klingner 437–441.

[15] Cf. Kroll ad 1.

[16] So gebraucht Cicero Att. 7, 2, 1 die Bezeichnung οἱ νεώτεροι, wenn er in einem Vers die alexandrinische Mode moderner Dichter durch Übertreibung persifliert. Die griechische Bezeichnung muß hier ein üblicher Ausdruck für eine klar umrissene literarische Erscheinung sein, weil Cicero ohne nähere Erklärung mit dem Verständnis seines Freundes rechnet.

[17] Verg. ecl. 3, 84 und 86; das Attribut „neue" ist hier nur sinnvoll, wenn es als inhaltlich unterscheidendes Merkmal gemeint ist; cf. J. P. Elder, WdF 33.

[18] Lucil. fr. 84. M.; Lucr. 1, 644; auct. ad Her. 4, 32; Cic. de or. 1, 27; 1, 159; 2, 220; 3, 171; Or. 96; Brut. 143; Hor. a. p. 272f.; vid. V. Buchheit, WdF 49f.

ebenso bezeichnen wie hübsche Verse.[19] Aber das Wort scheint an Bedeutung gewonnen zu haben. Wie das verwandte *venustus* [20] ist es für ihn geradezu ein Schlüsselwort, mit dem er in Lebensweise und Dichtung das Geschmackvolle und Urbane im Gegensatz zum Schwerfälligen und Plumpen charakterisiert.[21]

Daß auch das Glätten mit dem Bimsstein eine inhaltliche Bedeutung haben kann, zeigt die augusteische Dichtung: Wenn Properz in der Elegie 3,1,8 seine Verse „vom zarten Bimsstein geglättet" dahinströmen lassen will, ist das offensichtlich eine vertraute Metapher für das kallimacheische Ideal einer ausgefeilten Dichtung.[22] Auch Ovid will eine inhaltliche Aussage machen, wenn er das erste Buch der Tristien in jämmerlichem Zustand, ohne Glättung durch den Bimsstein nach Rom schickt.[23] So scheinen also die Worte *lepidus* und *expolitus* bei Catull auf eben das zu zielen, was Kallimachos und die Kallimacheer mit λεπτός und verwandten Worten bezeichneten.[24] Und das Glätten mit Bimsstein weist wohl auch auf die Feile und die unermüdliche Arbeit, die nach der Auffassung dieser Poetik wahre Kunst zu ihrer Vollendung braucht.[25]

Auch das scheinbar wegwerfende Wort *nugae,* also Spielereien, Possen, mit dem Catull seine frühen Verse bezeichnet, steht im Traditionsstrom literarischer Begriffe und Bezeichnungen, der auf die kallimacheische Poetik zurückgeht. Mit dem *nugae* entsprechenden Wort παίγνια bezeichneten hellenistische Dichter ihre kleinen Gedichte,[26] um so den Abstand von dem steifen Pathos der herkömmlichen Dichtung augenscheinlich werden zu

[19] Einerseits c. 12,8; 36,10 und 17; 50,7 (in c. 78,1 f. ist es ironisch gebraucht), andererseits c. 6,16 f.; 16,7.

[20] c. 35,17; 36,17.

[21] Wie die beiden Worte dann geradezu *termini* der Stilkritik werden, zeigt V. Buchheit, loc. cit. 51 f.

[22] Cf. F. Cairns, Mnemos. s. 4, v. 22 (1969) 153–158.

[23] Ov. tr. 1,1,1–14.

[24] Neben λεπτός: λεπτάλεος, τορός, *tenuis*; cf. Call fr. 1,24 Pf.; epi. 27,3; fr. 398 Pf.; Verg. ecl. 6,3 f.; Hor. s. 2,6,14 f.; c. 2,16,38; epi. 2,1,225; a. p. 46; Prop. 3,3,18; vid. R. Pfeiffer ad Call. fr. 1,23; 1,24.

[25] Call. epi. 27,4; Philitas fr. 10,13 Powell; A. P. 9,545,1 (Krinagoras); Cat. c. 95,1 f.; Cinna fr. 11,1 Morel; [Verg.] Ciris 46; Hor. s. 1,4,8–13; 1,10,67–74; epi. 2,1,66–68; a. p. 289–291; vid. W. Kroll, Studien zum Verständnis der römischen Literatur, Stuttgart 1924, 1,38.

[26] Bei Philitas stammen die elegischen Distichen fr. 10 und 11 Powell aus einem Werk mit dem Titel παίγνια. In dieser Tradition bezeichneten dann A. P. 6,322 (Leonidas v. A.) und A. P. 12,258,1 (Straton) in einem auf die eigenen Epigramme zurückblickenden Schlußgedicht Liebesepigramme als παίγνια. Aelian n. a. 15,19 verwendet das Wort für die Gedichte Theokrits. Cf. J. P. Elder, WdF 32 n. 12.

lassen. Und auch in Rom hatte das schon Tradition: Zu Beginn des 1. vorchristlichen Jahrhunderts hatte Laelius seine Gedichte in verschiedenen lyrischen Versmaßen *erotopaegnia* genannt.[27] In dem nur bruchstückhaft erhaltenen Gedicht 14a spricht Catull von seinen Gedichten sogar wie von *ineptiae*. Horaz wird diesen Ton dann aufnehmen. Auch er scherzte gern leichthin über seine Dichtungen, als ob nicht viel daran sei, und nannte sie ebenfalls mehrfach *nugae*.[28] Andere augusteische Dichter sprechen im selben Sinn von ihrer Dichtung als einem *lusus* und einem *ludere*.[29] All das wertet aber keineswegs wirklich ab, sondern meint die Grazie und innere Leichtigkeit, die für Kallimachos wesentliche Kennzeichen der von ihm geschätzten Dichtung waren.

Schließlich haben auch die Worte, die dem literarischen Werk des Cornelius Nepos gelten, kallimacheisches Gepräge.[30] Dreierlei hebt Catull hervor: Nepos habe als erster eine literarische Aufgabe bewältigt, außerdem sei das Werk grundgelehrt und habe viel Mühe gemacht. Alle drei Punkte sind Kategorien der kallimacheischen Literaturkritik: Im Aitienprolog gebietet Apoll dem Dichter, nicht in den Spuren anderer, sondern auf unbetretenen Pfaden zu wandeln.[31] In Rom wurde das zum Preis dessen, der als erster eine literarische Gattung einführte.[32] Dann aber wollte der Literat *doctus* sein, und alles, was mit der Literatur zusammenhängt, wurde darum so genannt: Die Muse, der Dichter – und sein Mädchen.[33] Damit hängt zusam-

[27] Laevius fr. 1–5 Morel; cf. J. P. Elder, loc. cit.

[28] Hor. s. 1, 9, 2; epi. 1, 19, 42; 2, 2, 141. Porphyrio ad s. 1, 9, 2 bemerkt, so pflegten Dichter auf bescheidene Weise ihre kleinen Verse zu benennen.

[29] Verg. g. 4, 565; [Verg.] Culex 1–10; Hor. c. 1, 32, 2 etc.; Plin. epi. 7, 9, 10. Cf. H. Wagenwoort, Studies in Roman Literature, Culture and Religion, Leiden 1956, 30–42.

[30] J. P. Elder sieht Catulls Urteil über Nepos' Werk schwerlich richtig. Die Worte sind nicht ironisch und rücken das Geschichtswerk nicht in den Bereich antikallimacheischer Größe und Länge. Ein Geschichtswerk von drei Büchern ist nach antiken Maßstäben ein ausgesprochen schmales Werk! Wenn Catull zwischen dem Freundeslob und der eigenen Selbstbescheidung den Abstand so fühlbar macht, ist das herkömmliche Höflichkeit, wie sie Horaz in gleicher Weise zeigt: Hor. c. 1, 6; 4, 2.

[31] Call. fr. 1, 26–28 Pf.

[32] Lucr. 1, 117–119; Verg. ecl. 6, 1; g. 3, 10f.; Hor. c. 3, 30, 13; epi. 1, 19, 21–25; Prop. 3, 1, 3.

[33] Natürlich steht das griechische Beiwort des Dichters im Hintergrund: Theocr. 17, 6; aber die Vorliebe für das Wort in der von dem neoterischen Dichtungsideal beeinflußten Literatur ist doch sehr bezeichnend: Cat. c. 35, 17; 65, 2; [Verg.] catal. 9, 2; Tib. 1, 4, 61; [Tib.] 3, 4, 45; 4, 6, 2; Prop. 1, 7, 11; 2, 13, 11; 2, 30, 16. Der geradezu schlagwortartige Gebrauch wird in Hor. s. 1, 9, 7 deutlich. Catull selbst galt den späteren Dichtern als *poeta doctus* par excellence: [Tib.] 3, 6, 41; Ov.

men, daß das Werk viel Mühe machen darf, ja machen muß, wenn es gut sein soll.[34]

Zuletzt steht auch die Schlußwendung des Gedichtes mit ihrer Hoffnung auf ein Weiterleben der Dichtung durchaus in der kallimacheischen Tradition. So bescheidene Gegenstände die Kallimacheer oft zu wählen scheinen, sie vertrauten fest darauf, daß das lautere Gold ihrer Kunst die Probe durch das Scheidewasser der Zeit bestehen werde und daß das Unverständnis und der Neid einer banausischen Umwelt durch das Urteil künftiger Geschlechter revidiert werde. Auch im einzelnen schließt sich hier Catull an sein Vorbild an: sehr vergleichbar hatte Kallimachos im Aitienprolog die Hoffnung auf Unsterblichkeit der eigenen Dichtung in der Form eines Wunsches an die begnadenden Göttinnen – bei Kallimachos sind es die Charitinnen – ausgesprochen.[35]

Die Aufnahme dieser zentralen kallimacheischen Begriffe und Wertungen zeigt, daß Catull – wenn auch in sehr unaufdringlicher Weise – in dem Einleitungsgedicht eine literarische Position absteckt. Er gibt nicht irgendwelche versifizierten Belanglosigkeiten gesammelt heraus, sondern neuartige Gedichte in der Art des Kallimachos. Und der Adressat ist kein zufälliger Bekannter oder gar ein 'Gönner': Catull schätzt Nepos' Werk als eine Arbeit im Geiste alexandrinischer gelehrter Tätigkeit.[36] Catull spricht den Freund als Gesinnungsgenossen an und konnte dies um so leichter tun, als auch Nepos 'leichte Verse', also offenbar Gedichte im alexandrinischen Geschmack, schrieb.[37]

Der programmatische Charakter des Widmungsgedichtes wurde vielfach nicht bemerkt, weil es sich so ganz locker und anspruchslos, so ganz als spontane Augenblickseingebung gibt.[38] Aber gerade das ist ja realisiertes kallimacheisches Programm, gerade das gehört zum Charakter der gewähl-

am. 3, 9, 62; Mart. 1, 61, 1. Quinn, Int. 19 betont zu Recht, daß *doctus* ein für Nepos und Catull in gleicher Weise passendes Attribut sei; cf. Nep. Cat. 3.

[34] S. oben n. 25.

[35] Call. fr. 7, 13 f. Pf. Die Verbreitung des Unsterblichkeitstopos in der Wunschform zeigen: Ap. Rhod. 4, 1773–75; Qu. Scaevola fr. 1 Morel; Cinna fr. 14 Morel; Ov. f. 5, 377 f. Der Topos in Behauptungsform findet sich: A. P. 7, 715 (Leonidas v. T.); Cat. c. 95, 5 f.; Hor. c. 2, 20, 5–8; 3, 30; Ov. am. 1, 15, 41 f.; 3, 15, 20; met. 15, 871 ff.

[36] Das Werk, das Catull v. 5–7 im Auge hatte, dürften die bei Auson. ep. 16, 1 erwähnten drei Bücher Chronica sein, in denen dem Titel nach chronologische Fragen behandelt wurden; cf. Ellis introd.

[37] Plin. ep. 5, 3, 6.

[38] Gut sieht Williams 41, daß das Gedicht trotz des Eindrucks der Unmittelbarkeit künstlerisch geformt ist.

ten Form, und diese Leichtigkeit sollte wohl bewußt den Abstand von gravitätischer Schwerfälligkeit, wie sie in Rom üblich war, aufzeigen.

Der Gedichtbeginn mit der Frage, wem das Buch wohl gewidmet werden könne, und der dann unmittelbar darauf folgenden Antwort nimmt eine griechische Einleitungsform auf.[39] Aber während in dem vergleichbaren Proömium des Meleagroskranzes durch die hinzugefügte Frage nach dem Sammler des Kranzes und die dann kunstvoll chiastisch angeordneten Antworten alles auf ein zierliches Spiel und eine reizende Symmetrie ankommt, erweckt Catull den Eindruck eines wirklichen Überlegens und einer dann spontan erfolgenden Antwort.[40] Dabei vollzieht der Satzrhythmus mit den wie zögernd überlegend gesetzten drei Attributen im Fragesatz und der dann in äußerster Knappheit erfolgenden Antwort die Gedankenbewegung aufs reizendste mit. Der Kontrast wird auch durch die Lautgebung, zuerst die langen, meist dunklen Vokale und dann das Staccato der drei i unterstrichen. Viel lebhafter als Meleagros wirkt Catull auch dadurch, daß die Antwort in einer persönlichen Anrede an den Freund geschieht.

Auch wenn Catull dann in Vers 3 ff. den scheinbaren Augenblickseinfall zu begründen versucht und dabei den Dank für die einstige freundliche Ermunterung mit der Anerkennung für Nepos' literarische Leistung verbindet, bleibt alles in dem zu Beginn angeschlagenen leichten, lockeren Gesprächston. Während Catull das eigene Werk ganz im lässigen Tonfall eines gesellschaftlichen understatement[41] als Bagatelle behandelt, drückt sich der Respekt vor Nepos' wissenschaftlicher Leistung in betont gewichtigen Worten aus.[42] Die Worte *ausus es, unus Italorum* und *omne aevum* sollen den Eindruck von etwas ganz Ungewöhnlichem erwecken. Und der bewundernde Ausruf *„Juppiter"* und das Nachschieben eines weiteren rühmenden Attributs steigern noch den Ausdruck des Staunens.

Aber Catull gerät durch diese Entfaltung der Verdienste des Freundes nicht in die Gefahr, das Gedicht zu zerdehnen. Vers 8 scheint nun energisch zum Abschluß zu drängen. Noch einmal wird in kurzen, herzlichen Worten die Widmung wiederholt. Und zu der Lebhaftigkeit des Sprechens paßt gut die erneute Bagatellisierung der eigenen Leistung. Schon das *habe tibi* hat etwas Abschwächendes, als ob das Geschenk nicht der Rede wert

[39] A. P. 4, 1, 1–4 (Meleagros); cf. Kroll ad 1; Wheeler 223.

[40] Den lebhaften Gesprächston zeigt auch ein Vergleich mit der ganz ähnlich formulierten Frage und Antwort in c. 100, 5; cf. Bardon, Propositions 36.

[41] Den Tonfall gesellschaftlicher Höflichkeit zeigt gut der Vergleich mit Cicero Att. 4, 2, 2 *si umquam in dicendo fuimus aliquid;* cf. Kroll ad 4.

[42] Cf. Schnelle 2f.

sei,[43] und dann wird zu einem bescheidenen *quidquid hoc libelli* ein überbescheidenes *qualecumque* gefügt.[44]

Um so überraschender ist dann in den beiden letzten Versen die Wendung an die Muse mit der Bitte um die Unsterblichkeit des Werkes, mit der Kallimachos' Aitienprolog zitiert wird.[45] Aber wenn auch die Wendung vom Freundschaftsgespräch zum Musenanruf eine ungemeine Steigerung bedeutet, die sich auch in dem sehr sonoren Vokalklang bemerkbar macht, verlieren doch auch die beiden Schlußverse nicht ganz den bisherigen Tonfall. Schon der Anschluß ist sehr locker, und das Pathos des Topos wird dadurch gedämpft, daß statt der Feierlichkeit geprägter Formeln des Götteranrufs die aus dem römischen Alltag entnommene Vorstellung des Klientenverhältnisses auf die Beziehung des Dichters zu der ihn begnadenden Gottheit übertragen ist.[46]

Wenn man das Gedicht als Ganzes überblickt, herrscht im Hintergrund des raschen Wechsels des Gesprächstons eine ausgewogene Ponderierung: Anfang und Ende entsprechen einander in ihrem ruhigen sonoren Tonfall. Davon heben sich die Verse 3 und 8f., in denen die Widmung erfolgt, durch Kurzgliedrigkeit und einen viel lebhafteren Ton ab. Ruhig und ausgewogen ist wieder der dazwischenstehende zentrale Teil des Gedichtes, in dem die erinnernden Gedanken in längeren Kola ausgebreitet werden.

2. *Gedicht*

Zunächst eine Überlegung zum Text: Ist Vers 7f. wiederherzustellen? Überliefert ist: *et solaciolum sui doloris/credo ut cum gravis acquiescet ardor.* Bereits ein Anschluß mit *et* ist nicht möglich; *et solaciolum* paßt grammatisch nicht zum Vorhergehenden[1] und inhaltlich nicht zum Folgenden; der Trostversuch würde hier ja als tatsächlich genommen, während ihn das folgende *credo* als Vermutung oder besser als Wunschvorstellung er-

[43] Fordyce ad 8 führt Parallelen dazu an.

[44] *Qualecumque* ist ein üblicher Ausdruck der Bescheidenheit; cf. Hor. s. 1,10,88; Ov. tr. 1,1,46 etc.; vid. Coppel 171.

[45] Call. fr. 7,13f. Pf. Das Vorbild des Kallimachos, der seinen Wunsch nach Unsterblichkeit ähnlich unerwartet und locker anfügt, schützt den von Bergk und wieder von Fordyce angezweifelten Text in v. 9f.

[46] Auch Kallimachos nimmt dem Topos seine Feierlichkeit, wenn er die Chariten bittet, zum Zeichen der Gnade ihre öltriefenden Hände an seinen Gedichten „abzuwischen".

[1] Cf. Fordyce ad 7ff.

scheinen läßt.[2] Mit der Humanistenkonjektur *ut* dagegen wird der Text sinnvoll[3]: Catull deutete das Scherzen der Geliebten subjektiv als Versuch, sich zu trösten. Vers 8 wird vielfach der Vorschlag von Bährens *et tum . . . acquiescet* in den Text gesetzt. Aber auch hier paßt die Sicherheit der Erwartung wenig zu dem nur vermutenden *credo*. Wie kann sich Catull des Erfolgs des Tröstungsversuches so sicher sein, wenn er nicht einmal weiß, ob Lesbia einen Trost sucht. Glatter und passender scheint Quarinus' Vermutung *ut tum . . . acquiescat*: So entfaltete sich das Lesbias Verhalten deutende Denken in sinnvoller Weise. Kein Gegenargument gegen diese Textwiederherstellung scheint mir, daß dann zwei *ut* in kurzem Abstand aufeinanderfolgten;[4] die Wiederaufnahme des gleichen Wortes paßte (auch bei veränderter grammatischer Funktion) zu der Entfaltung des nämlichen Gedankens über zwei Kola hin.[5]

Geliebt hat man das Gedicht immer als ein Stück lebendigsten Lebens, und man glaubte vielfach, hier ein Erlebnisgedicht vom reinsten Schlag vor sich zu haben. Aber ganz außerhalb einer Tradition steht auch dieses Gedicht nicht. Das Motiv, daß man bei einem freundlichen Tierchen Trost im Liebeskummer sucht, findet sich schon in hellenistischen Epigrammen.[6] Und vergleichbar ist nicht nur das Motiv, sondern auch die Form. Auch ein motivähnliches Epigramm des Meleagros an einen Heuschreck beginnt mit der Anrede an das Tierchen und schließt daran eine Reihe von Appositionen, in denen das Wesen und Treiben des freundlichen Tieres entfaltet wird, und auch hier endet die Reihe mit einem Ausdruck der Hoffnung, das Tierchen könne den Dichter vom Kummer befreien.[7] Dieses Epigramm

[2] Dieser inhaltliche Anstoß bleibt auch bei der Konjektur *in solaciolum* bestehen, die grammatisch unanstößig wäre.

[3] Cf. Schnelle 50; Williams 140.

[4] Williams' Einwand, cf. dagegen Thomsons Text.

[5] Ein Finalsatz wird auch durch eines der griechischen Epigramme nahegelegt, in deren Tradition Catull hier steht. A. P. 7, 196, 7 (Meleagros) wird die Hoffnung auf Trost im Liebeskummer so ausgedrückt.

[6] A. P. 7, 195; 196 (Meleagros); cf. Hezel 3. Die beiden Epigramme sind in der Anthologie unter die Grabepigramme auf Lieblingstiere geraten, mit denen sie an sich nichts zu tun haben; cf. aber Wheeler 224.

[7] Cf. mit Vers 7 und 9f. A. P. 7, 195, 1 und 5. Der enge Anschluß an diese griechische Form zeigt, daß unser Gedicht keine Hymnenparodie ist, wie es Williams 141 f. annimmt. Wenn Catull eine Parodie beabsichtigt hätte, hätte er die formalen Hymnenelemente, die er bei Meleagros vorfand, verstärken müssen. Das Gegenteil ist der Fall: Meleagros ist einem Hymnus näher als Catull. In den Appositionen des griechischen Epigramms werden wie in einem Hymnus rühmliche Eigenschaften und hilfreiche Tätigkeiten des angesprochenen Tierchens genannt, Catulls Relativsätze

oder vergleichbare kannte also Catull, als er sein Gedicht an Lesbias Vögelchen schrieb, und es ist durchaus denkbar, daß hellenistische Dichter solche Verse nicht nur an einen Heuschreck oder eine Zikade richteten, sondern daß auch sie schon von einem Vögelchen Trost erwarteten.[8]

In einem Punkt unterscheidet sich Catull wesentlich von der skizzierten Tradition. Meleagros' Gedicht ist an das Tierchen selbst gerichtet: Der Dichter steht vor ihm, von ihm erwartet er in diesem Augenblick die tröstende Musik und so die Lösung von seinem Kummer, und direkt an es gerichtet, verspricht er ihm ein willkommenes Futter an jedem Morgen.[9] Catull dagegen sehnt sich nach etwas Fernem. Wie erst die beiden letzten Verse zeigen, spricht er nur in Gedanken zu dem Vögelchen. Er sehnt sich zu ihm hin und hin zu der geliebten Frau, der er im Augenblick fern ist. Und anders als bei Meleagros ist auch das beobachtete Spiel kein gegenwärtiger Moment, sondern es vermischen sich in ihm, wie es bei einem Erinnerungsbild natürlich ist, eine Reihe von beobachteten Augenblicken: Lesbia spielt gern immer wieder mit dem hübschen Vogel *(solet!)*. Für uns heute ist das von der neuzeitlichen Lyriktradition her eine vertraute Gedichtsituation; wir kennen aus manchem Gedicht ein solches Sprechen in die Ferne, ein Schweben zwischen Erinnerung und Erwartung, die antike Lyrik ist sonst aber viel mehr Ansprache an ein konkretes Gegenüber und hat ihre Situation in einer konkreten Gegenwart.

Im einzelnen ist das Gedicht mit viel Kunst geformt. Die Anrede an das Vögelchen, mit der das Gedicht einsetzt, wirkt über alle Zwischenglieder hin im Hintergrund weiter, bis sich dann der Dichter in den beiden Schlußversen wieder an es wendet, so daß ein einziger großer Spannungsbogen von der ersten bis zur letzten Zeile reicht.

In den sich an die Anrede schließenden Relativsätzen wird das Spiel und Treiben des Vögelchens in konkreten Bildern sichtbar gemacht. Das ist im Stil hellenistischer Epigramme, die gern in einer Art Kleinmalerei drollige oder charakteristische Lebensregungen von Tieren beschrieben haben. Da wird etwa ein Heuschreck mit kleinen Lauchspitzen und Tautropfen gefüt-

schildern dagegen, was Lesbia mit dem Tierchen tut; und während sich bei Meleagros die Bitten wie in einem Hymnus an das Tierchen richten, ist auch in Catulls Wünschen das Vögelchen Objekt.

[8] Gedichte auf Vögel findet man auch in der Anthologie: A. P. 7, 199 (Tymnes); 203 (Simias), und das Spiel mit einem zahmen Vogel ist auch ein Motiv der Vasenmalerei; cf. E. Simon, Die griechischen Vasen, München ²1981, Abb. 216. Der Maler deutet hier durch das Spiel Liebeskummer an.

[9] Auch sonst werden von Meleagros Tiere in vergleichbaren Gedichten als gegenwärtig angesprochen: A. P. 5, 151; 152; 163.

tert,[10] oder ein Mädchen hegt ihr Häschen wie Lesbia ihr Vögelchen an der Brust.[11] Aber bei Catull ist die Tierschilderung nicht Selbstzweck, vielmehr soll in dem anmutigen Spiel vor allem das Bild der Geliebten deutlich werden.[12] Schon in der Anrede zeigt Catull, daß ihm das Vögelchen deshalb wichtig ist, weil es das Vögelchen der Geliebten ist: *deliciae meae puellae* nennt er es. Und in der folgenden Schilderung des anmutigen Spiels ist es immer auch ein Spiel Lesbias mit ihrem Liebling, und in dem zentralen *cum*-Satz der Verse 5f. ist eigentlich allein noch die geliebte Frau gegenwärtig: „Wenn mein strahlender Schatz[13] ich weiß nicht welch hübschen Scherz treiben will." Es ist das Bild eines heiteren Daseins in unbeschwerter Muße. Wesentlich ist dabei das Adjektiv, *nitenti,* das nicht nur die Schönheit der Geliebten aufleuchten lassen, sondern wie im 68. Gedicht eine Glücksvorstellung hervorrufen will.[14]

Aber Catulls Schilderung ist kein bloßes Wohlgefallen an einer reizenden Situation, die ihn immer wieder gefangennahm. Wenn er Lesbia *desiderium meum* nennt, verlangt ihn nach ihrer Nähe und nach ihrer Liebe. Und weil er sich ihrer Liebe offenbar noch nicht sicher ist, unterlegt er in Vers 7f. ihrem harmlosen Spiel eine stille Absicht: Er schreibt ihr das Motiv zu, das die genannten hellenistischen Dichter ihre Tiere anreden ließ; er vermutet im stillen *(credo),* Lesbia wolle dieselbe Sehnsucht und die gleichen Liebesgedanken, die er empfindet, durch das Spiel mit dem Vögelchen zur Ruhe kommen lassen.[15] Und in den beiden letzten Versen wird Catulls Wunsch

[10] A. P. 7,195,7f. (Meleagros). Ins einzelne gehende Beschreibungen von Vögeln finden sich A. P. 7,191,1–4; 202,1.

[11] A. P. 7,207,3f. (Meleagros). Hezel 4 bezweifelt wegen der parodistischen Elemente des Häschengedichts, daß es dergleichen auch im ernsten Ton gegeben habe. Aber warum nicht? Die Epigramme der sog. Peloponnesischen Schule lieben in ihrer Kleinmalerei durchaus solch niedliche Züge.

[12] Havelock 18: "the subject of the poem becomes the bird's mistress rather than the bird itself."

[13] R. G. M. Nisbet, Proc. Cambr. Ph. Soc. 24 (1978) 92f. zweifelt, ob bei *desiderium* ein persönlicher Gebrauch angenommen werden kann; und man könne wohl von einem großen, nicht aber von einem strahlenden *desiderium* sprechen. Aber bei einem persönlichen Gebrauch muß hier doch wohl *desiderium* in passiver Bedeutung, also „Gegenstand der Sehnsucht" angenommen werden. Wie das griechische πόθος (A. P. 7, 25; 12, 152) kann *meum desiderium* in dieser Bedeutung ein gefühlsbetontes Liebeswort sein: Cic. fam. 14,2,2 und 4; Petron 139,4; vid. Bährens ad 5. An unserer Stelle wäre der Ausdruck also gewissermaßen ein Synonym für *puella amata,* und dafür scheint das Attribut *nitens* sehr passend; auch Cicero, loc. cit., setzt unmittelbar neben *meum desiderium* ein *mea lux.*

[14] c. 68,70f.; 132; 160.

[15] Williams 142f. und Quinn, Int. 82f. glauben, in Vers 7f. liege der Vorwurf,

nach Nähe und Liebe noch deutlicher. Der Wunsch nach dem Spiel mit dem Vögelchen kann nur ein verdeckter Wunsch nach der Nähe der geliebten Frau sein.[16]

Wie sehr die unbewußte oder halbbewußte Sehnsucht nach der Geliebten die ganze Schilderung der hübschen Situation bestimmt, wird auch erst durch das Gedichtende völlig deutlich. Catull hatte Lesbias Spiel mit dem Vögelchen ja wohl deshalb mit solchem Wohlgefallen betrachtet, weil er darin insgeheim ein Abbild des Liebesspieles sah, nach dem er verlangte. Und sicher nicht ganz von ungefähr wird die Schilderung des Spieles mit dem Vögelchen für diesen Hintersinn immer offener. Das Hinhalten der Fingerspitzen paßt allein auf das Spiel mit dem Vogel, aber mit den Worten *ludere, in sinu tenere, acris morsus incitare* und *iocari* könnte auch eine erhoffte Liebesvereinigung geschildert werden.[17]

Wenn Catull in Vers 7f. nur vermutet, daß Lesbia Liebesgedanken hegen könnte, und wenn er den Wunsch nach Nähe und Liebe nur andeutet, gehört dieses erste Lesbiagedicht ganz an den Beginn der Begegnung; es ist in einer Zeit verfaßt, in der sich Catull Lesbias Liebe erhoffte, ihrer aber noch nicht teilhaftig war.[18] Für diese Situation sind die Worte *mea puella, desiderium meum* sehr kühn. Catulls Hoffen nimmt damit ja vorweg, was erst die Zukunft bringen kann. Aber dies paßt gut zu dem gesamten Charakter des Gedichtes, in dem in ihrer Stärke offenbar noch nicht voll bewußte Liebesgefühle gewaltsam an die Oberfläche drängen.

Kaum zu lösen, aber auch nicht sehr zentral, scheint mir die Frage, was für ein Vogel es denn war, den sich Lesbia so zutraulich gemacht hat. Daß es

Lesbia setze sich allzu leicht über ihre Liebesgefühle hinweg. Aber dann hätte Catull Lesbias Spiele kaum mit so sichtbarer Freude geschildert, und einen Vorwurf hätte er auch schwerlich mit *carum . . . iocari* eingeleitet. Übrigens weiß ja Catull von Lesbias Gefühlen bei diesem Spiel im Grunde nichts; ein nur erahntes, oder besser nur erwünschtes und erhofftes Gefühl aber zu tadeln, scheint wenig sinnvoll, zumal Catull im gleichen Atemzug den Wunsch äußert, selbst mit dem Vögelchen zu spielen.

[16] Ein griechisches Epigramm war hier direkter. A. P. 12, 142 wollte ein unbekannter Dichter allzugern das Vögelchen sein, das sein geliebter Knabe in den Händen barg. Der Wunsch, etwas zu sein, das der geliebte Mensch bei oder an sich hat, findet sich auch sonst: carm. conv. 17; 18 Page; A. P. 5, 83; 84 (vid. Beckby ad l.); 12, 52, 5f.

[17] c. 68, 125–127 wird für das innigste Liebesspiel der Vergleich mit einem schnäbelnden Taubenpaar gewählt. Auch bei dieser Schilderung werden Ausdrücke verwendet, mit denen man auch die Leidenschaft eines Liebespaares schildern könnte.

[18] Schwabe 74 faßte die Gedichte 2, 3, 5 und 7 – und zwar in dieser Reihenfolge – als die ersten Lesbiagedichte auf. Später sah man vielfach in c. 51 das erste Lesbiagedicht, zu Unrecht, wie ich glaube; vid. ad l.

ein ordinärer Spatz war, ist nicht recht zu glauben. Auch wenn Aphrodites Wagen von Sperlingen gezogen wurde und wenn Spätzlein ein Kosewort der Liebessprache war,[19] zweifelt man doch sehr an einem Spatz an Lesbias Busen. Mit *passer* muß eine zähmbarere, zutraulichere und wohl auch hübschere Vogelart gemeint sein.[20]

3. Gedicht

Poetische Totenklagen über Lieblingstiere gab es schon vor Catull. In der ›Anthologia Palatina‹ findet sich eine große Gruppe von solchen Klagegedichten, die ganz in der Art von Trauerepigrammen auf Menschen verfaßt sind.[1] Mit Catulls Klagegedicht auf Lesbias Lieblingsvögelchen ist besonders eine Gruppe von Epigrammen vergleichbar, in denen stets das entzükkende Einst, ein Bild reizenden Kleinlebens, dem trüben Gedanken gegenübergestellt wird, daß das liebe Tierchen nun im Schattenreich sein muß.[2] Die Gegenüberstellung wird auch hier vielfach schon in einer Betonung des Zeitgegensatzes Vergangenheit–Gegenwart unterstrichen, und natürlicherweise findet sich oft auch hier schon gleich zu Beginn in einem „nicht mehr“ oder dergleichen ein klagender Hinweis auf den Tod. Im einzelnen erinnert bei Catull der Ausdruck „finstere Straße“ an griechische Formulierungen,[3] und auch für die Schilderung des herzigen, traulichen Wesens des Vögelchens findet sich manches Vergleichbare, vor allem in einem Epi-

[19] Z. B. Plaut. As. 666; 694; Cas. 138; Bährens ad 1.

[20] O. Keller, Antike Tierwelt, Bd. 2 (1913) 80, vermutet eine Blaudrossel; cf. M. Schuster, RE s. v. Valerius Sp. 2368f.; Fordyce introd.

[1] Sie sind A. P. 7,189–213 gesammelt.

[2] A. P. 7,189 (Aristodikos v. Rh.); 190 (Anyte); 199 (Tymnes); 203 (Simias); 211 (Tymnes); 213 (Archias); cf. G. Herrlinger, Totenklage um Tiere in der antiken Dichtung, Tübinger Beiträge. Heft VIII, Stuttgart 1930, 59; 68. Der Ausgangspunkt dieses Gedichttyps sind natürlich Epigramme auf Menschen, wo der Gedanke an den Hades natürlicher ist; cf. A. P. 7,13; 221; 305.

[3] A. P. 7,199,4; 211,4; 203,4; cf. Hezel 6. Freilich ist „der Weg zum Hades“ ein sehr üblicher Ausdruck in der griechischen Dichtung, z. B. Anacr. fr. 50,10f. P; Philit. fr. 6 Powell; GG 148,3 Peek. Das Vers 12 überlieferte *illud* ist seltsam. Der natürliche Ausdruck wäre, daß eine Rückkehr aus der Unterwelt nicht möglich ist, nicht aber vom Weg dorthin. Die im Oxoniensis überlieferte Variante *illuc,* die denselben Versbeginn wie c. 14,22 ergäbe, beseitigt diese Schwierigkeit; cf. Friedrich ad 11. Gestützt wird *illuc* durch die Beobachtung von O. Skutsch, BICS 16 (1969) 39, daß es in keinem anderen Hendekasyllabusgedicht der Gedichte 2–26 eine trochäische Basis gibt. Auch Thomson und Goold ziehen *illuc* vor.

gramm des Meleagros, in dem in gutmütiger Ironie geschildert wird, wie ein Mädchen sein Häschen so lange herzte, bis es dies zu Tode gefüttert hatte.[4]

Aber trotz dieser deutlichen Anlehnung an den griechischen Epigrammtypus ist Catulls Gedicht kein Epigramm.[5] Aufgegeben ist diese Form bereits in der pathetischen Aufforderung zur Mittrauer, mit der das Gedicht beginnt. Das ist hoher Stil; ein solcher Aufruf zur lauten Klage war im Threnos, also in der lyrischen Totenklage, üblich.[6] Diesem Beginn entsprechend weist die sprachliche Gestaltung weitere Elemente des hohen Stils auf: Dazu sind vor allem die feierliche Entfaltung der Anrede an eine Vielzahl von Göttern und Menschen, die klagende anaphorische Aufnahme des Wortes *passer* zu Beginn von Vers 3 und 4, die personifizierende Anrede an den Orkus und seine leidenschaftliche Verfluchung zu rechnen. Aber allein schon die Häufung von Topoi der Trauerpoesie, die zwar auch in Epigrammen, aber nie so gehäuft zu finden sind, zeigt denselben Stilwillen. Solche Topoi sind die Gedanken, daß diesen Weg noch niemand zurückgegangen ist,[7] daß der Orkus unerbittlich und grausam ist,[8] und schließlich, daß er alles Schöne raubt.[9]

Bei der Beurteilung dieser hohen Stilisierung eines 'Tiergedichtes' war man rasch mit den Begriffen Ironie und Parodie bei der Hand;[10] das Vögelchen sei ein zu nichtiger Anlaß, als daß es im Ernst einen solchen Grad von Trauer habe erwecken können.[11] So vermutete man etwa, Catull habe die Größe von Lesbias Trauer für unangemessen gehalten und ihr das durch Übertreibungen nahelegen wollen, oder gar, Catull habe sich geärgert, daß Lesbia an das Vögelchen Gefühle verschwendet habe, die er sich selbst erhofft hatte.[12] Aber eine solche ironische Absicht nähme der reizenden Schilderung des Vögel-

[4] A. P. 7,207.

[5] E. Norden, Einleitung in die Altertumswissenschaft I Heft 4,30, glaubt, Catull habe wohl ein Epigramm wie A. P. 7,203 „lyrisch umstilisiert", falls ihm nicht auch eine lyrische Fassung des Motivs vorlag. Hezel 7 stellt fest, daß der Dichter das Ganze über den Normalumfang eines Epigramms erweitert und so das Normalschema des Tierepikedions gesprengt habe.

[6] Cf. Pind. fr. 128e, 2f. Sn ὄρθιον ἰάλεμον κελαδήσατε; [Mosch.] epith. B 1–7; Bion 1,4f.; M. Citroni, St. it. fil. cl. 50 (1978) 95 n. 1.

[7] Cf. Anacr. fr. 50,11 f. P; Philitas fr. 6 Powell; Theocr. 17,120. Die Verbreitung des Topos beleuchtet Gow ad Theocr. 12,19.

[8] Solche Beiworte des Hades sind üblich: A. P. 7,13,4; 221,5; 483,1f.; 643,3; 671,1.

[9] Bion 1,55.

[10] Z. B. Kroll ad 1; ad 11 „parodistisch"; Havelock 111 "an ironic outburst against death".

[11] Z. B. Heine 22 „an sich interessiert ihn der *passer* überhaupt nicht".

[12] Heine 20–22 diskutiert solche Deutungen.

chens ihren ganzen poetischen Zauber und stempelte zudem den Gefühlsausdruck Catulls, der den Schmerz ja auch im eigenen Namen äußert,[13] als pure Heuchelei ab.

Die Übersteigerung gegenüber den inhaltlich verwandten griechischen Epigrammen dürfte ganz andere Gründe haben: für die Liebenden aller Zeiten haben die kleinen Schmerzen und Freuden der Geliebten mehr Bedeutung als sonst alles in der Welt, und etwas von der Exaltation Catulls in der Liebe[14] drückt sich auch in dem Einstimmen in Lesbias Schmerz um ihren toten Liebling aus. Und dazu kommt noch etwas: Ein Mitjammern um ein totes Vögelchen hätte bis dahin jedermann in Rom für etwas ganz und gar Unmännliches und Lächerliches gehalten. Catull aber hat einen in Rom bis dahin noch ganz unbekannten Sinn für die privatesten und persönlichsten Gefühle entwickelt. Auch das ist eine Sensibilisierung durch die kallimacheische Kunst, wenn er im scheinbar Geringfügigen etwas menschlich Bewegendes und künstlerisch Reizendes sah. Die ausnehmende Berühmtheit der *passer*-Gedichte in der ganzen späteren Antike zeigt, daß man damals Catull sehr wohl verstanden hatte und die neue Welt privater Reize, die er entdeckt hatte, zu schätzen wußte.

Die Beziehung des Gedichtes auf die Liebeswelt als sein heimliches Zentrum geschieht gleich zu Beginn in der Anrede an alle Liebesgötter. *Veneres Cupidinesque* scheint eine Prägung Catulls zu sein.[15] Daß Eroten in der Mehrzahl auftreten, ist nicht unüblich,[16] aber die Wendung „Liebesgöttinnen" fällt auf. Im Hintergrund stehen schwerlich Vorstellungen spekulativer oder systematisierender Mythologen, die von einer Mehrzahl von Aphroditen sprechen.[17] Jene mythologischen Unterscheidungen zielten auf verschiedene Aspekte der Liebe oder verschiedene Arten und Orte der Verehrung, während Catulls Liebesgottheiten als eine zusammengehörige Schar ohne Wesensunterschiede gesehen werden. Verwandter mit Catulls Vorstellung ist die Vervielfältigung der Liebesgottheiten in den Wandkom-

[13] Den Gefühlswert von *mihi abstulistis* zeigt ein Vergleich mit c. 101, 5, wo Catull mit denselben Worten von dem schlimmsten persönlichen Verlust spricht, der ihn betroffen hat.

[14] Der "sense of proportion", den Havelock loc. cit. durch die ironische Behandlung gewahrt glaubt, ist keineswegs Catulls menschliches und künstlerisches Ideal.

[15] Es ist c. 13, 12 wiederholt. Martial 9, 11, 9 und 11, 13, 6 nimmt Catulls Prägung auf.

[16] Z. B. Herond. 7, 94; A. P. 10, 21, 2 (Philodemos); Hor. c. 1, 19, 1.

[17] Plat. symp. 180 d und Xen. symp. 8, 9 unterscheiden Urania und Pandemos, die hinter Lyd. de magistr. 4, 64 und Cic. n. d. 3, 59 stehende mythologische Quelle unterscheidet vier Aphroditen, Call. fr. 200 a Pf. spricht von einer unbestimmten Vielzahl; cf. Pease ad Cic. loc. cit.

positionen der campanischen Malerei, hinter denen auch keine neuen mythologischen Vorstellungen stehen, sondern der Wille, den Zauber der Liebe auf vielfältige Weise widerzuspiegeln. Man denkt etwa an die Erotenfriese des Vettierhauses,[18] auf denen Eroten in munterem Treiben auch mit weiblichen Liebesgottheiten, 'Psychen', verbunden sind.[19] Aber auch die in anderen Wandgemälden in mannigfacher Weise mit Faunen und Eroten verbundenen Mänaden[20] sind weitgehend aus dem ursprünglichen mythologischen Zusammenhang des Dionysoszuges gelöst und spiegeln in immer anderer Weise Formen erotischer Verzückung wider. An der mythologischen Benennung liegt im Grunde nicht mehr viel; die Darstellungsform ist kaum verändert, wenn es sich um eine Mänade, eine Nereide, eine Psyche oder um Aphrodite und Ariadne handelt.[21] Unter diesem oder jenem Namen sind sie alle Verkörperungen und Symbole der einen Liebeswelt, und nichts zeigt die Loslösung aus den ursprünglichen Sagenzusammenhängen besser als das Freiwerden dieser Gestalten von ihrer gewöhnlichen Umgebung: Von aller Schwere befreit, wirbeln sie oft im Liebestaumel durch den freien Raum. Gewiß hatte nun Catull bei seinen Worten nicht Gestaltungen der bildenden Kunst im Sinn, aber hier wie dort spricht das gleiche Lebensgefühl, wird der gleiche Reiz und Zauber der Welt der Liebe gefühlt und sucht sich Bilder zu seinem Ausdruck.[22]

Zu der Anrede an alle guten Geister der Liebe tritt in Vers 2 die an alle *homines venustiores.*[23] Das Wort *venustus,* das ursprünglich mehr reizend im Sinne physischer Schönheit bedeutete,[24] wurde in Catulls Zeit gern dann verwendet, wenn man einen Menschen oder ein Verhalten meinte, das dem kultivierten Geschmack entsprach.[25] Catull spricht also neben den Liebesgottheiten alle die Menschen an, die wie er einen Sinn für die reizenden Seiten des Lebens haben, für das, was in Rom bisher wenig in Geltung war,

[18] Abgebildet z. B. bei L. Curtius, Die Wandmalerei Pompejis, Köln 1929, Abb. 84. 85. 90. 91. 92. 93. Ähnliche Motive aus der Casa dei Bronzi: Abb. 215. 216.

[19] Cf. L. Curtius op. cit. Abb. 90. 91 mit der Beschreibung p. 402–404.

[20] L. Curtius op. cit. 408–415 beleuchtet die Bedeutung dieser Gestaltungen.

[21] Eine sehr ähnliche Bildauffassung findet sich bei den verschiedensten mythischen Gestalten; cf. L. Curtius op. cit. Abb. 94. 102. 218. 221. 223. 225. 226.

[22] Ansprechend erklärt Fordyce: "all the powers of Charme and Desire there are".

[23] Ganz ähnlich formuliert Catull die Anrede an alle Menschen, denen er sich in der Stimmung nahe weiß, in c. 9,10 *o quantum est hominum beatiorum.*

[24] Cf. Plaut. Rud. 320; Ter. And. 120. Auch Catull meint c. 31,12 mit dem Wort wohl die Schönheit seines Sirmio.

[25] Cf. Cic. pro dom. 92; Pis. 70; Caelius apud Cic. fam. 8,4,2; 8,11,2; Sen. suas. 2,12; Cat. c. 13,6; 22,2; 35,17.

hier insbesondere Menschen, die offen sind für die tieferen Reize der Welt der Liebe.[26]

Auf diese in den Anreden evozierte Liebeswelt ist nun das ganze Gedicht bezogen. Es ist ja nicht irgendein herziges Tierchen gestorben, sondern das Vögelchen, das ihm durch seine Herrin teuer geworden war. Wenn Vers 4 der Beginn des ersten *passer*-Gedichtes zitierend aufgenommen wird, ist das ein klarer Bezug des zweiten auf jenes frühere Gedicht und auf die dort geschilderte Szene mit ihrem intimen Reiz, in der Catull die ganze Anziehungskraft der geliebten Frau bewußt geworden ist. Wie sehr die Geliebte auch im zweiten *passer*-Gedicht im Zentrum steht, sieht man auch daran, daß dreimal ein Vers mit den Worten *meae puellae* ausklingt.

Der Bezug zur Liebeswelt wird auch dadurch deutlich, daß fortwährend Worte, die eigentlich der Liebessprache angehören, gebraucht werden. *Deliciae* gehört dazu; so wird der Liebling, der „Schatz" in einem Liebesverhältnis benannt.[27] Und „mehr als seine Augen" liebt man die Geliebte[28] und man nennt sie „Honig" oder „honigsüß".[29] Und überhaupt soll wie in c. 2 das reizende Spiel mit dem Vögelchen ahnen lassen, welche Reize Lesbia einem Liebhaber offenbaren würde, der so selbstvergessen glücklich mit ihr spielen könnte. Es ist, wie wenn der Liebeszauber, den Lesbia auf Catull ausübt, auf all ihr Tun ausstrahlte, auch auf das harmlose Spielen mit dem kleinen Vögelchen.[30]

Daß große Reize im Augenblick des Verlustes besonders bewußt werden, ist menschlich. Durch das äußere Schicksal ist ein schwerer Schatten auf diese heitere Welt gefallen. So erscheint in der Darstellung des Dichters der Tod und das Totenreich als dunkles Kontrastbild zu der lichten Liebeswelt. Das Dunkel und die Unbarmherzigkeit, ja die Bosheit der Schattenwelt werden in pathetischer Ausdruckshäufung hervorgehoben,[31] und der

[26] Weinreich übersetzt „die Aphrodite reich begnadet"; cf. Fordyce ad 2.

[27] Cf. Plaut. Poen. 365; Cat. c. 6,1; Verg. ecl. 2,2; 9,22.

[28] Mosch. 4,9; Plaut. Mil. 984; Cat. c. 82,3f.; 104,2. Der Vergleich wird aber auch zum Zeichen besonderer verwandtschaftlicher und freundschaftlicher Wertschätzung gebraucht.

[29] Cf. Plaut. Cas. 135; Curc. 164; Poen. 367; 383; Cat. c. 48,1; 99,1.

[30] Daß hier Worte der Liebessprache auftauchen, ist von Heine 21f. gesehen. Schwerlich empfand aber Catull etwas wie Eifersucht gegenüber dem „kleinen Nebenbuhler", weil er einen „ungebührlich großen Platz" in Lesbias Herzen eingenommen habe: Das Spiel mit dem Vögelchen ist allein als etwas Reizendes, Hübsches gesehen; vielleicht als etwas, das den Zauber von Lesbias Liebe ahnen läßt, aber doch nicht als etwas, auf das man neidisch sein könnte.

[31] 11 *tenebricosum.* 12 *tenebrae.* 13 *male; malae.* 16 *O factum male.* 14 *devoratis.* 15 *abstulistis.*

Ton des Verfluchens in Vers 13 und die klagenden Ausrufe in Vers 16 zeigen eine leidenschaftliche Bewegung. Doch der Jammer um die Vergänglichkeit des Schönen steigert im Grunde auch dessen Wert und läßt das Unwiederbringliche noch kostbarer erscheinen. Das Vögelchen kann niemand mehr zurückbringen, aber lieben kann der Mensch, bis „das kurze Lebenslicht verlöscht“, wie Catull im 5. Gedicht sagt. Und daß dieses Klagelied wie das erste *passer*-Gedicht auch ein Werben um Lesbias Liebe ist, ist schon oft gesagt worden. Die Liebespsychologie aller Zeiten weiß, daß die Übereinstimmung der Herzen[32] auch in Kummer und Leid die Liebe erhöht.

4. Gedicht

Die einzige Reise, die Catull, soweit wir wissen, über die Grenzen Italiens hinausgeführt hat, war eine nach Bithynien, die er im Jahre 57/56 vor Christus im Gefolge des Propraetors Memmius dorthin unternahm. Nach den vielfältigen Reflexen in seiner Dichtung zu schließen, machte das Ereignis Epoche in seinem Leben.

Chronologisch schließt sich unser Gedicht an das 46. an[1]: Wie jenes voll fiebernder Erwartung auf die Heimreise vorausschaut, blickt unser Gedicht, nachdem sie glücklich verlaufen ist, auf sie und ihre einzelnen Stationen zurück. Schwarzes Meer, Propontis, Rhodos, Kykladen und adriatische Küste sind ja die Punkte, die ein Heimkehrer von Bithynien auf seiner Seereise berühren mußte.[2] Und der klare See, in dem die Jacht[3] endlich von ihren Abenteuern ausruhen kann, ist der Schlußpunkt der Reise, also der heimatliche Gardasee, den Catull c. 31 ganz ähnlich als klares Gewässer feiert.[4] Ihn mußte die Jacht über Po und Mincio erreicht haben, der nach antiken Quellen für leichte Fahrzeuge durchaus schiffbar war, wie überhaupt durch die Technik des sog. Treidelns damals vielfach Flüsse befahrbar waren, von denen man das heute nicht mehr glauben würde.[5]

[32] Mit *mihi* in Vers 15 und mit den emphatischen Deminutiven *miselle* und *turgiduli* macht Catull sein Mitleid und seine Mittrauer deutlich.

[1] M. C. J. Putnam, Class. Phil. 57 (1962) 11 = Approaches 137, betont, daß c. 31 und 46 zum Verständnis von c. 4 beitragen.

[2] Die asiatischen Städte, die Catull c. 46 besuchen wollte, werden nun nicht mehr erwähnt. Das ist natürlich. Damals kam es auf die erwarteten Eindrücke an, nun auf die Stationen der Reise.

[3] Eine Reise nach Griechenland scheinen Privatleute üblicherweise mit einem *phaselus* gemacht zu haben; cf. Cic. Att. 1, 13, 1; Prop. 3, 21, 20; Fordyce introd.

[4] Cf. J. Svennung WdF 420 n. 75.

[5] Gegenüber verbreiteten Zweifeln bewies J. Svennung durch einen Hinweis auf

Die Redesituation des Gedichtes ist so gestaltet, daß der Dichter Gästen das auf einem Binnensee wohl romantisch genug erscheinende Schiff zeigt (Vers 1: *quem videtis, hospites*) und dessen Schicksale so wiedergibt, als ob sie das Schiff wie ein lebendiges Wesen selbst erzählte (2 *ait;* 6 *negat;* 15 *ait;* 16 *dicit*). Nur in wenigen Versen liefert der Dichter selbst noch nötige Erklärungen nach (Vers 10–12; 25–27).

Im Hintergrund von Catulls Gedichtkonzeption stehen zwei Formen des griechischen Epigramms. Die Weihung an die Dioskuren am Gedichtschluß erinnert an den weitverbreiteten Typ des Weiheepigramms, in dem ein Handwerker oder dgl. am Ende seiner Tätigkeit seine nun nicht mehr benötigten Gerätschaften einer Gottheit weiht;[6] Weihungen von Schiffen finden sich freilich erst in zwei späten Epigrammen,[7] aber es wird dergleichen auch schon früher gegeben haben.[8] Wichtig ist, daß bei diesen Epigrammen auch die Variante vorkommt, daß nicht der Weihende spricht, sondern daß das Epigramm dem geweihten Gegenstand in den Mund gelegt ist.[9]

Der Bericht des Seglers über seine Herkunft und Abenteuer (Vers 1–24) erinnert mehr an epideiktische Epigramme, in denen Schiffen die Erzählung ihres seltsamen Schicksals in den Mund gelegt wird.[10] Freilich, die Epigramme, die wir haben, sind inhaltlich Catull nicht sehr ähnlich, meist variieren sie irgendwelche paradoxen Situationen, etwa daß ein Schiff sein Ende nicht in den Wellen, sondern im Feuer am Strand gefunden hat.

Cassiodor, Variae 5, 17, 6 und 5, 20, 3 die Möglichkeit dieser Fahrt. Vorher versuchte man vielfach das Gedicht als Gemäldeaufschrift oder dgl. zu erklären. Aber abgesehen davon, daß das Gedicht so eine entscheidende poetische Dimension verlöre, da der Reiz der Ferne und der Hauch des Abenteuers sich nur mit einer wirklichen Jacht verbindet, wurden diese Theorien auch dem Wortlaut nicht gerecht: Eine Reisebeschreibung könnte gewiß an einem Votivbild angebracht sein; aber wenn Vers 25 f. in Form einer Tatsachenbehauptung gesagt wird, daß der Segler nun ausgedient im Heimatsee liege, kann das nur auf ein wirkliches Schiff gehen.

[6] Die Epigramme sind im 6. Buch der A. P. gesammelt.

[7] A. P. 6, 69; 70 (Konsul Makedonios). Das von Hezel 9 f. angeführte Epigramm des Kallimachos (epi. 47 = A. P. 6, 301) geht nicht auf ein Schiff, sondern auf ein Salzfaß.

[8] Schiffsweihungen gab es. Strabo 7, 325 berichtet von einer Schiffsweihung des Augustus nach der Schlacht von Aktium.

[9] A. P. 6, 49 (anonym); 124 (Hegesippos); 125 (Mnasalkes); 127 (Nikias); 264 (Mnasalkes) sind Beispiele. Der Epigrammtyp geht vermutlich auf Aufschriften auf Weihegaben zurück.

[10] A. P. 9, 32 (anonym); 33 (Kyllenios); 34; 35 (Antiphilos); 36 (Sekundos); 106 (Leonidas v. A.); 107 (Leonidas v. T.); cf. Hezel 10.

Aber wenn Catull auch von solchen Epigrammen Anregungen bekommen haben mag, er schreibt ein ganz anderes Gedicht. Den anderen Ausdruckswillen zeigt bereits die Wahl des seltenen Metrums, das vor ihm nicht belegt ist: Die reinen Jamben geben dem Ganzen einen ungemein vorwärtsdrängenden Charakter; es ist, als ob sie die schnelle Fahrt der Jacht vergegenwärtigen wollten.

Auch die Satzgestaltung hat etwas fast Atemloses an sich. Von wenigen Verben des Sagens, die den Schnellsegler berichten lassen (Vers 2, 6, 15, 16), sind eine Unmenge einander gewissermaßen weiterdrängender Kola abhängig, so daß sich außerordentlich weite Satzbögen ergeben: Der erste Satzbogen Vers 1 ff. wird durch die parallele Satzfügung Vers 6 ff., die sich fast ohne Pause anschließt, fortgesetzt und kommt erst Vers 10–12 in einer kommentierenden Bemerkung des Dichters zur Ruhe. Der Neueinsatz Vers 13 nimmt sofort wieder die ursprüngliche Bewegung auf, die dann erst Vers 23 f. mit dem Auftauchen des Zielpunktes der Reise ausläuft. Die letzten drei Verse sind dann wieder ein ruhiger Abschluß. Sehr vorwärtsdrängend wirkt dabei auch, daß die Satzkaskaden fortwährend in *enjambements* über die Versgrenzen weiterdrängen und so keine Sprechpausen erlauben.[11]

Auch in der Darstellungsform werden nicht epigrammatische Aussageweisen, sondern Formen hoher Poesie erstrebt. Nach einer bloßen Andeutung der Szene in Vers 1 – Gäste umstehen offenbar staunend die Jacht, und der Besitzer ergreift erklärend das Wort[12] – beginnt nicht etwa ein behaglicher Bericht, sondern ein bewegtes Spiel wechselnder Perspektiven und sich verändernder Standpunkte. Die Erzählung der Schicksale des Segelschiffes wird ihm selbst in den Mund gelegt, und die Vorstellung eines belebten, sprachbegabten Wesens wird auch durch die Wortwahl im einzelnen nahegelegt: 2 *ait;* 6 *negat;* 12 *loquente . . . coma; sibilum edidit;* 15 *ait;* 16 *dicit;* 17 *imbuisse palmulas;* 22 f. *vota . . . esse facta;* 26 *senet quiete; seque dedicat.* Aber auch die Zeugen der Reise, die fernen Orte, die das Schiff streifte, werden angeredet, erhalten Leben, ja ebenfalls die Gabe der Rede: Die berühmten Inseln und rauhen Küsten kennen noch das Schiff, und der ferne Berg, auf dem das spätere Schiff als Baum gestanden ist, kann sich

[11] Das Pnigosartige der Satzfügung ist in dem travestierenden Catalepton 10 gut herausgespürt und nachgeahmt.

[12] Vergleichbar ist der Einsatz von Prop. 4, 1, 1. Der Dichter spricht hier im Anblick Roms einen Fremden als *hospes* an, dem er berichtet, wie es einst war; cf. O. Weinreich, Studien zu Martial, 1928, 154 f. Wilamowitz H. D. 2, 295 legt die Erklärung einem als Person belanglosen Cicerone in den Mund, der die Worte „herunterschnattere". Aber spricht aus den Worten nicht eher der Stolz auf die Jacht und ihr Schicksal und könnte jemand, der nicht dabeigewesen ist, die Zeugen der Geschichte so persönlich anreden, wie es Catull Vers 13 tut?

noch wohl an sein berühmtes Kind erinnern, und die Winde begleiteten die Fahrt als freundliche Helfer.

Diese konsequenten Personifizierungen rücken das Geschehen aus der Welt des Alltags in das Reich der Poesie. Vor allem die Geschichte der Jugend des Schiffes in Vers 10–16 hat mythischen Glanz. Ganz ähnlich hatte Catull in dem hochstilisierten 64. Gedicht die Argo, das halbgöttliche erste Schiff, mit einer 'Geburtsgeschichte' ausgezeichnet und davon berichtet, wie es von allen Wesen des Meeres angestaunt wurde.[13]

Alles an diesem Märchending von Schiff ist glückhaft, ausgezeichnet: kein anderes Schiff konnte seiner wunderbaren Schnelligkeit gleichkommen; mit Rudern oder Segeln konnte es gleich vortrefflich fahren;[14] nie brauchte es wie andere Schiffe ein Gelübde um Rettung in Gefahr zu tun,[15] ihm gelang alles! Dabei werden die Gefahren, die das Schiff umdrohten, über jedes Maß hinaus gesteigert. Bedrohliche Attribute werden gehäuft: *minax, horridus, trux, impotens;* und besonders die Meere werden genannt, die sprichwörtlich für ihre Gefährlichkeit sind[16]: Adria, Kykladen und der Pontus.

Auch die Wortwahl zeigt das Streben nach poetischen Wirkungen. Anders als sonst in den kleinen Gedichten des Catull werden zu den Substantiven schmückende Adjektive gesetzt; Namensketten vergegenwärtigen eine fremde, lockende Welt;[17] breit wird Vers 4f. und 19f. durch *sive – sive* die ganze Fülle der Möglichkeiten dargestellt, und wieder im Gegensatz zu den sonstigen kleinen Gedichten greift hier Catull vielfach auf den von Ennius und seinen Nachfolgern geprägten poetischen Wortschatz mit seinen zahlreichen metaphorischen Ausdrücken zurück. Zu nennen sind besonders die metaphorisch gebrauchten Wörter *trabs, palmula, linteum, comatus, loqui, coma, aura,* die Bezeichnungen *aequor* und *fretum* für das Meer, das typisch poetische Adjektiv *buxifer* und das metonymisch gebrauchte *Juppiter.*[18] Schließlich klingen die Apostrophen an die kleinasiatischen Ur-

[13] c. 64, 1; 14ff.

[14] Die Stilhöhe zeigt Ap. Rhod. 3, 345f., wo dasselbe von der von Athene erbauten Argo gesagt wird.

[15] Ein solches Seemannsgelübde erweckt die Vorstellung verzweifelter Gefahr; cf. Cat. c. 68, 65; Hor. c. 3, 29, 58f.

[16] Cf. Eur. Iph. T. 218; Hor. c. 1, 3, 15f.; 1, 14, 20; 3, 3, 5.

[17] Den Zauber der kleinasiatischen Kulturlandschaft für einen gebildeten Römer zeigen c. 46, 6; Hor. 1, 7, 1ff.; Ov. Pont. 2, 10, 21.

[18] Cf. Fordyce, introd. et passim. Svennung WdF 420 n. 77 sieht diese Mittel des hohen Stils, sieht in ihnen aber die Absicht, damit die rhetorische Suada des Cicerone, den er für den Sprecher des Gedichtes hält, zu charakterisieren. Aber was an dieser Wortwahl ist rhetorisch?

sprungsorte des Schnellseglers in den Versen 13f. und 16f. ungemein gewählt.[19]

Wie in der hohen lateinischen Poesie werden auch die Klangmittel der Sprache bewußt eingesetzt. Gehäufte Liquida scheinen in Vers 3–5 das Dahingleiten des Schiffes vergegenwärtigen zu wollen; das Grollen der Stürme in Vers 6–9 unterstreicht dagegen eine betont harte Lautung, besonders gehäufte *r* und *c;* und die liebliche Vorstellung des rauschenden Bergwaldes in Vers 11f. wird durch die anlautenden *s* untermalt.

Das Ungewöhnlichste an dem Gedicht ist aber der Aufbau. Zunächst führen die Verse 1–12 von dem gegenwärtigen Ruheplatz des Schiffes in immer fernere Weiten, von der Adria über das Ägäische Meer, die Propontis bis zum Schwarzen Meer und dem Berg Cytorus, dem 'Geburtsort' des Schiffes. Dann aber leiten die Verse 13–24 den Weg des Gedichtes ganz spiegelbildlich zurück, von der 'Geburtsstätte' über die Gefahren der verschiedensten Meere an den spiegelnden See, in dem das Boot jetzt liegt. Catull kennt eine solche Art des Gedichtaufbaus, gewissermaßen ein Zurücksinken in eine ferne Welt und dann ein langsames Wiederauftauchen, das schließlich an den Ausgangspunkt zurückführt, auch sonst.[20] Zu dem gegenwärtigen Thema paßt dieser Aufbau aber besonders gut: Die Alltagsszene des Gedichtbeginns wird mit einem Male durchsichtig, weite Perspektiven in Raum und Zeit tun sich auf, poetischer Zauber umspielt das Schiff, und dann führt der Weg des Gedichtes wieder in die Gegenwart zurück; aber ein Zauber bleibt zurück, und es ist ein richtiges Empfinden, daß man ein solches Märchending eigentlich nur noch den Göttern weihen kann – für irdischen Gebrauch ist es zu schade.

5. Gedicht

Mit dem Jubel und der Seligkeit erfüllter Liebe setzt das Gedicht ein. Die ersten Verse bekennen sich zu dieser Liebe und fordern Lesbia auf, zusammen das Leben und die Liebe auszukosten[1] und nicht auf das Pochen der grämlichen Sittenwächter zu achten. Die zu diesen Versen gehörende Lebenssituation kann man sich leicht denken:[2] Seine und Lesbias Liebe war

[19] Ursprünglich richten sich Apostrophen an Gestalten der epischen Dichtung, Apostrophen an Orte kennen auch Call. hy. 4,27ff.; Prop. 3,11; 33f.; 36; 49; 68; Ov. tr. 1,10,26; cf. E. Norden ad Verg. A. 6,18f.

[20] c. 68 ist so aufgebaut; das Gedicht ist vor c. 4 geschrieben.

[1] *Vivere* in der Bedeutung „sich am Leben freuen", „mit Genuß leben" ist üblich: Varro, sat. fr. 87 B; Cic. Qu. fr. 3,1,12; [Verg.] Copa 37f.

[2] Cf. Quinn. Int. 87.

bekanntgeworden, aber Catull will sich nicht um das laut werdende Gerede scheren. Das Recht auf Liebe und Glück ist ihm unendlich wichtiger als alles, was man ringsum davon hält. Und in seiner übermütigen Seligkeit erscheinen ihm die Nörgler und Tadler, die sich auf die Sitte berufen haben werden, als greisenhaft, und ihre Maßstäbe als nichtig und abgestanden.[3] Das Wort der Alten, das einmal in Rom viel gegolten hatte,[4] ist ihm nur noch leeres Gerede; sie erscheinen ihm von der Art des Komödientypus des ewig nörgelnden Alten, dem nichts recht zu machen ist und der für nichts ein Verständnis hat – um den sich aber auch kein Mensch mehr kümmert.[5] Den Grad der Verachtung soll *unius . . . assis* zeigen: Etwas für kein As wert halten, ist ein Ausdruck äußerster Mißachtung. Und die Selbstsicherheit, mit der diese Mißachtung erfolgt, zeigt nichts deutlicher als die provozierende Zusammenstellung von *omnes* und *unius:* mehr als ein ungeduldiges Beiseitewischen hat er für all dieses Gerede nicht übrig[5a].

Der Grund für das Unwirsche, ja fast Wilde des Wegwischens jeglichen Bedenkens wird in den Versen 3–6 deutlich; denn in diesen scheinbar völlig unverbunden anschließenden Worten leuchtet ein tieferer Grund für das fast Hektische seines Glücksverlangens auf: gewiß ist seine Beglückung grenzenlos, aber gerade in der Tiefe des Glücks wird ihm bewußt, wie kurz und vergänglich jedes menschliches Glück ist. In dem Kommen und Vergehen der Tage vergegenwärtigt er das unablässige Dahinströmen der Zeit, und hart und klar tritt dann der Gedanke an den Tod ins Bewußtsein, der allem menschlichen Glück ein Ende setzen wird. Aber gerade das Bewußtsein der Vergänglichkeit erhöht noch die Kostbarkeit des glücklichen Augenblicks und steigert den Willen, dieses Glück an sich zu reißen, solange das möglich ist.

Ein solches Bewußtwerden der Vergänglichkeit gerade im Augenblick des Glücks und der Versuch, in diesem Bewußtsein und durch dieses Bewußtsein die Empfindung des Glückes zu vertiefen, ist eines der Grundmotive nicht nur der antiken Lyrik. Catull steht hier auch im einzelnen in einer alten Tradition; schon Mimnermos klagt über die Kürze des Lebensglücks, und die alte Lyrik fordert immer wieder mit dem Gedanken an den

[3] Auch griechische Dichter forderten schon dazu auf, sich nicht um das Gerede der Leute zu kümmern: Archil. 14 West; Theogn. 795f. Aber Catull tritt hier dem entgegen, was in Rom bisher der allgemein anerkannte Maßstab war. Er stellt bewußt sein persönliches Lebensglück über die anerkannte Norm.

[4] Cf. Liv. 2,30,4; 3,41,5; Flor. 2,6,26.

[5] Den Typ charakterisiert Hor. a. p. 169–174. Dieser Charakterisierung liegen Gestalten wie der Demea der Adelphen zugrunde.

[5a] Das Übliche der verächtlichen Redewendung zeigen c. 42, 13; Priap. 8, 3; Sen. ep. 123, 11; cf. Otto 39.

Tod zu einem Ergreifen des Glücks auf, solange es uns gegeben ist.[6] Traditionsgeprägt ist auch im einzelnen, wenn Catull in dem am Schluß der Periode lang nachhallenden *dormienda* das harte Muß des Todesschicksals betont;[7] und auch die Gegenüberstellung der immer wiederholbaren Kreisläufe der Natur und der Unwiederholbarkeit eines menschlichen Lebens war schon ausgesprochen worden.[8]

Was Catulls Versen ihren eigenen Zauber gibt, ist die Licht- und Dunkelmetaphorik, in die alle Einzelmotive und -gedanken eingeschmolzen sind. Dem Licht, der Bewegung, dem Leben stehen Dunkel, Starre und Tod gegenüber. Die Naturvorstellungen des 4. Verses sind geprägt von den Vorstellungen des Lichtes und der unaufhörlichen, sich stets wiederholenden Bewegung.[9] Bei der Wendung von der Natur zum Menschen in Vers 5 wird die Lichtmetapher beibehalten: *lux* wird unser Lebenslicht genannt; aber von den Bewegungsverben oben wird nur *occidit* übernommen, das wie das Attribut *brevis* und das scharf markierende *cum semel* nachdrücklich bewußt macht, daß das Licht und Glück unseres Daseins nur einen Augenblick währen, auf den die ewige Starre der Todesnacht folgt. Die an der Versgrenze 5/6 hart aufeinanderprallende Antithese *brevis lux/nox . . . perpetua*[10] arbeitet die schmerzliche Wahrheit heraus; und dem *brevis* werden nun zwei, die ewige Dauer betonende Worte *perpetua* und *una* gegenübergestellt, und in einem langen Klageton klingt der Vers mit dem das bittere Muß und die Dauer der Nacht zugleich betonenden *dormienda* aus.

Die Metaphern Nacht und Schlaf für den Tod sind alt;[11] aber so bedrängend übermächtig wie hier wirkt die Schattenwelt selten, weil selten so die zunächst dominierenden Lichtvorstellungen von der Nacht geradezu ver-

[6] Der Todesgedanke begründet die Aufforderung zum Lebensgenuß auch Alc. fr. 38,1–4 LP; A. P. 5,85; 12,50,7 (Asklepiades); Hor. c. 1,4,13 ff; 2,3,15 ff. etc.; Prop. 1,19,23 f.; 2,15,49 f.; Tib. 1,1,69 f.

[7] Mimn. fr. 2 West; Theogn. 973–76; fr. lyr. adesp. 91 P; A. P. 5,85,3 f.; Hor. c. 1,4,13 ff.; 1,28,15 f.; 2,3,25 ff. etc.

[8] [Mosch.] 3,99–104; cf. Hor. c. 4,7,13–16. Hezel 15 hält die Gegenüberstellung der kurzen Lebenszeit mit den nach ewigen Gesetzen ablaufenden Naturerscheinungen für nicht vor der hellenistischen Zeit möglich.

[9] Der Plural *soles* ist als Gegensatz zu dem folgenden *brevis lux* sehr bewußt gewählt; cf. Bardon, Propositions 44.

[10] Die ungewöhnliche Stellung des einsilbigen Wortes am Versende wirkt betont hart; cf. Fordyce ad 5.

[11] Die Nacht ist seit Homer eine Metapher für den Tod: Hom. Il. 5,47; 5,310 etc.; Verg. A 10,746; Hor. c. 1,4,16; 1,28,15; Prop. 2,15,23. Ebenso der Schlaf: Hom Il. 11,241; A. P. 7,91; 173; 451 etc. Das Licht ist ein übliches Lebenssymbol: Hom. Il. 18,61; Hes. op. 155; Ter. Hec. 852; Verg. g. 4,255. Cf. Kroll ad 6.

schluckt werden. Aber in der Kürze werden auch die Kostbarkeit und der Zauber des „Lichtaugenblicks" fühlbar, und der leidenschaftliche Drang zum Leben und Glück wird ebenso verständlich[12] wie die schroffe Abwendung von den Lebensverächtern, die im Grunde bereits im Leben tot sind. Allein heißes, leidenschaftliches Auskosten des Augenblicks scheint also dem so kurz vergönnten Gut des Lebens gerecht zu werden, und so allein scheint sich sein Glanz und seine Schönheit offenbaren zu können.

Auch im Vokalklang der Verse werden die hier aufeinanderstoßenden Gegensätze deutlich. In der Aufforderung zur Liebe in Vers 1 dominieren die hellen Laute *a, e, i,* die dann auch in den erneuten Aufforderungen in Vers 7ff. das Klangbild bestimmen. Dagegen wird die Kälte der krittelnden Alten in Vers 2 und die Nacht des Todes in Vers 6 durch eine Folge dunkler Laute charakterisiert.

Wenn Vers 7 die Aufforderung des Gedichtbeginns wiederaufnimmt, ist die Bewegung durch das Bewußtwerden der Kostbarkeit des Gutes leidenschaftlicher geworden, und die Aufforderung ist konkreter: Lesbia solle ihn küssen,[13] ja kein Ende ihrer Küsse mehr finden. Das Zeichen des Liebestaumels,[14] in den sich Catull stürzen möchte, sind Zahlenreihen, die er aufeinanderhäuft. Und wenn schon die Zahl Tausend für eine unzählbare Menge gesetzt werden kann, zielt diese Häufung von vielen Hundertern und Tausendern, diese Kette von nicht abreißenden *deinde, dein* ins Unendliche: Catull will kein Ende, ja nicht die kleinste Unterbrechung seines Glücks.[15] Für einen Augenblick denkt man an das Bild des wilden Strudels, mit dem er c. 68,107f. eine maßlose Liebe vergleicht. Aber in dieser Aufzählungskette drückt sich nicht nur grenzenloses Begehren aus; in dem unwahrscheinlichen Häufen der Zahlen spielt der Dichter auch,[16] das ist auch Übermut, auch Lust am Übertreiben und Schockieren. Vollends deutlich wird dies, wenn der Dichter gewissermaßen aus dem Strudel der Leidenschaft wieder auftaucht. Es ist purer Übermut, wie Vers 10ff. das vorher kunstvoll aufgebaute Zahlenwerk wieder umgeworfen wird, damit ja niemand die wirkliche Zahl erfährt. Catull lacht hier laut über alle, die es allzu

[12] Cf. J. P. Elder WdF 119; Ch. Segal WdF 267.

[13] Die Wendung *basium dare* wird wie Eur. I. A. 679; 1238 φίλημα διδόναι und Ov. Her. 15,130; ex P. 2,3,72 *osculum dare* ein gebräuchlicher Ausdruck gewesen sein.

[14] Rasender Liebestaumel drückt sich A. P. 5,132 (Philodemos) in einer ähnlich atemberaubenden Aufzählungskette aus; vergleichbare Zahlenketten kennen wir sonst nicht.

[15] Cf. Bardon, Propositions 19.

[16] Das ausgewogene Verhältnis von Wiederholung und Variation in der Kolagestaltung wird von Ch. Segal WdF 266 beleuchtet.

genau wissen wollen, und spielt denen, die ihm seine Liebe neiden und ihm schaden wollen,[17] einen Schabernack. So nimmt der Dichter zum Schluß noch einmal leichthin das Motiv der Abgrenzung von den ihm und seiner Liebe Übelgesinnten auf;[18] aber die Weise, wie er nun darüber lacht, zeigt, wie unendlich sicher er sich in seinem Glück vor den Neidern draußen fühlt.[19]

6. Gedicht

In der ersten Gedichtsequenz in Catulls Gedichtband sind die Lesbiagedichte 2, 3, 5, 7, 8 und 11 gewissermaßen die Träger der Hauptmelodie. Dazwischen wird aber in den Gedichten 6, 9 und 10 ein bedeutendes Nebenthema angeschlagen, das dann vom Gedicht 12 an für eine Strecke die Führung übernimmt. Das sind Gedichte, die von dem oft lockeren und spöttischen, oft auch sehr herzlichen Tonfall, in dem Catulls Freundeskreis miteinander verkehrte, geprägt sind. Das 6. Gedicht, das diesen Reigen eröffnet, gibt sich als heiteres Konversationsstück. Das Thema, das neugierige Forschen nach einer von einem Freund verheimlichten Liebschaft, ist in der erotischen Dichtung der Antike verbreitet,[1] und auch der lebendig bedrängende Ton unseres Gedichtes findet sich an solchen Stellen. Aber Catull versteht es, den überlieferten Motiven seinen persönlichen Stempel aufzudrücken, den Stempel seines Temperaments und den Stempel seiner poetischen Gestaltungskraft.

Gleich die ersten Worte des Gedichtes führen uns mitten in die Redesituation eines neugierig bedrängenden Fragens. Catull provoziert einen Freund Flavius: Seine Liebste[2] könne unmöglich ein charmantes Mädchen sein; denn sonst hielte er sie nicht so ängstlich versteckt; und provozierend fügt er hinzu, es werde schon irgendeine feurige[3] Dirne sein, deren er sich

[17] Dem *invidere* entspricht in c. 7,12 *fascinare;* wie in c. 7 ein Zauberspruch abgewehrt wird, so hier der „böse Blick"; cf. Plaut. Most. 307.

[18] Cf. Schäfer 50; Ch. Segal WdF 268.

[19] Die Wahl des Fachausdrucks *conturbare* für ein absichtliches Verdunkeln der finanziellen Verhältnisse oder ein Verfälschen der Bilanz gehört zum Spiel mit den Zahlen. Ch. Segal WdF 270 empfindet diese technische Sprechweise als ironisch.

[1] Cf. c. 55; A. P. 12,71 (Kallimachos = epi. 30); 5,87 (Rufinos); Hor. c. 1,27; Prop. 1,9,33f. Thematisch verwandt sind auch A. P. 12,134 (Kallimachos = epi. 43); A. P. 12,135 (Asklepiades); in diesen Epigrammen schließt der Dichter aus deutlichen Symptomen, daß jemand verliebt ist. Cf. F. Leo, Plautinische Forschungen, Berlin ²1912, 145; Schnelle 3f.; Hezel 49; Quinn, Cat. Rev. 62; 110 n. 33.

[2] *Deliciae* bezeichnet wie c. 10,1; 15,1; 21,4; 40,7; 45,1 die Geliebte.

[3] *Febriculosus* wird an sich ein Mensch genannt, der vom Fieber befallen ist. Hier

schäme. Die Unterstellungen sind natürlich ein Mittel, den Widerspruch des Freundes herauszufordern und so hinter sein Geheimnis zu kommen.[4]

Der lebhafte Einsatz mit der Anrede, das Voranstellen des entscheidenden Wortes *delicias tuas* und das Aufsparen des *hoc pudet fateri* für einen wirkungsvollen Schluß zeigen den natürlichen Tonfall eines lebhaften Gesprächs. Aber so selbstverständlich und kunstlos die Sprache zu fließen scheint, durch den Vers erzielt Catull doch Wirkungen, die in Prosa nicht möglich wären: Die wirkungsvolle Gegenüberstellung der beiden den Vers rahmenden Namen zu Beginn, die parallel geformten Dikola der Verse 2 und 3 und die Betonung des inhaltlich wesentlichen *febriculosi scorti* durch das über das Versende drängende Enjambement sind nur durch die Verssprache mögliche Steigerungsmittel.

In der Gedichtmitte breitet Catull in den beiden Partien Vers 6–11 und Vers 12–14 in scherzhafter Behaglichkeit seine Beweise aus, die ihn zu seiner Vermutung geführt hatten. Der lockere Gesprächston wird beibehalten. Hübsch nehmen in der Formulierung, die Bettstatt des Freundes sei nicht stumm, sondern verkünde laut die Wahrheit, das *nequiquam tacitum* und *clamat* die entscheidenden Worte von oben auf: *dicere, nec tacere, pudet fateri.* Was der Freund nicht verlauten ließ, verrät das Bett. Catull spielt hier wohl mit dem Sprichwort, daß Schweigen sehr beredt sein kann;[5] aber ein so seltsames *clamare* muß er natürlich erklären, und das geschieht in den folgenden Versen, die genüßlich breit den Zustand des unverkennbaren Liebeslagers schildern. Leichthin wird dabei nochmal auf das Schlüsselwort „reden", „ausplaudern" angespielt. Konkret meint *argutatio* zwar wohl das Geknarre der überstrapazierten Bettstatt, aber man hört auch das Grundwort *argutari* heraus und versteht so dieses Knarren als ein verräterisches Ausplaudern.

Der zweite Beweis setzt mit einem erneuten *nam* dem Freund sofort weiter zu: Das Verschweigen nütze gar nichts[6] – erneut wird dabei das Schlüsselwort *tacere* aufgenommen –, auch das Aussehen des Freundes spreche

muß das Wort im übertragenen Sinn verwendet sein und leidenschaftlich, heftig meinen, so wie Hor. c. 1,30,5 und 4,13,26 *fervidus* im übertragenen Sinn gebraucht.

[4] Cf. Friedrich ad 4; Kroll ad 1.

[5] Eur. I. T. 763; Cic. Cat. 1,18; 1,21; Cf. Otto 339.

[6] Vers 12 ist die von Bardon aufgenommene Konjektur Lachmanns *nam nil ista valet, nihil tacere* erwägenswert; ein zu einem ersten *nil* verstärkend hinzugefügtes *nihil* paßt gut zu dem lebhaften Gesprächston des Gedichtes. Scaligers *nil stupra valet* brächte einen unpassend moralisierenden Ton in das heitere Gedicht und paßte nicht zur Situation: Nach römischer Auffassung konnte man mit einem *scortum* kein *stuprum* begehen. Goold schreibt mit Skutsch: *nil perstare valet.*

Bände. Der Tonfall bleibt dabei ungemein lebhaft, die Verstärkung des *nil* durch ein beteuernd nachgeschobenes *nihil,* das die erwartete Gegenfrage vorwegnehmende *cur* und das legere *ni quid facias ineptiarum* bleiben im Ton eines heiteren Parlando.

In den 'Beweisen' der Gedichtmitte, die natürlich auch die Aufgabe haben, das Milieu zu skizzieren, nimmt Catull übliche Motive der erotischen Dichtung auf.[7] Daß man Verliebtheit so wenig verborgen halten könne, wie wenn man Wein getrunken hat, weiß schon die Komödie.[8] Und auch für alles einzelne finden sich Parallelen: Auch sonst erscheinen Parfümduft,[9] der verräterische Zustand des Bettes,[10] eine auffallende Mattigkeit und schlechtes Aussehen[11] als deutliche Zeichen für einen lockeren Lebenswandel. Catull verdichtet aber ungemein, er bezieht all die verschiedenen Motive auf das Liebeslager und schafft so eine sehr einheitliche Bildvorstellung. Während sonst Parfümduft natürlicherweise an den Haaren haftet, umschwebt hier der Duft von den Kränzen und dem Parfüm des Mädchens noch das Bett. Und auf eben diesem Bett scheint, wie *latera . . . pandas*[12] nahelegt, der abgemattete Freund Catull zu empfangen, und eben dadurch erhält der Besucher die Gelegenheit, die verdächtigen Geräusche der Bettstatt zu hören und sie auf eine naheliegende Weise zu deuten.

Gegenüber der üblichen Motivbehandlung überzeichnet Catull bewußt und wählt einen betont drastischen Ausdruck: *cubile clamat* ist ebenso überraschend wie treffend; und wenn die Polster nicht nur derangiert,[13] sondern völlig abgewetzt sind, ist das eine drastische Übersteigerung. Am hübschesten ist das Knarren und Schwanken der Bettstatt in Szene gesetzt. Die an sich schon für diesen Vorgang sehr ungewöhnlich gewählten Worte

[7] Das gilt auch für manchen Ausdruck. Die *viduae noctes* in v. 6 sind eine übliche Metapher: Ov. am. 2, 10, 17; Her. 19, 69; ein ähnlicher Ausdruck ist *lectus caelebs* c. 68, 6; Ov. Her. 13, 105.

[8] Antiphanes fr. 235 K. Lukian, de Syr. dea 17; Apul. met. 5, 25 bringen eine Aufzählung einzelner Symptome.

[9] Cf. A. P. 5, 175, 2 (Meleagros); Hor. c. 1,5,2; Mart. 6, 55; Suet. Vesp. 8.

[10] Ov. am. 3, 14, 26 und 32.

[11] Mattigkeit: A. P. 12, 71, 3 (Kallimachos = epi. 30); 5, 84, 1–3 (Rufinos); Hor. epo. 11, 9; Prop. 1, 5, 22. Eine bleiche Gesichtsfarbe: A. P. 5, 87, 4 (Rufinos); Hor. c. 3, 10, 14; Tib. 1, 8, 52; Prop. 1, 1, 22; 1, 5, 21; 1, 13, 7; Ov. a. a. 1, 729 f.

[12] Krolls Erklärung, *pandere* bezeichne wie ἐκλελύμενος den erschlafften Körper, entspricht nicht dem üblichen Wortgebrauch. An allen vergleichbaren Stellen meint *pandere* ein Hinstrecken oder Ausbreiten.

[13] So Ov. am. 3, 14, 32. Drastisch ist nicht nur *attritus,* sondern auch die lachhafte Genauigkeit des *peraeque et hic et ille*, mit der der Zustand des Doppellagers (cf. Ov. am. 3, 14, 32; Prop. 2, 17, 4) beschrieben wird.

argutatio und *inambulatio* – von einer *inambulatio* sprach man etwa, wenn ein Redner auf der Rednerbühne hin- und herspazierte[14] – untermalen durch das Suffix eine ununterbrochene, fortwährende Bewegung.[15] Auch *latera ecfututa* ist reichlich derb[16] – die 'poetischere' Liebeselegie sprach etwa von der Blässe des Liebhabers.[17]

Das *quare* in Vers 15 zieht das Fazit. Noch einmal erscheint das Schlüsselwort *dicere* in der Aufforderung, nun endlich zu sprechen *(dic nobis)*. Rückverweisungen auf den Gedichtbeginn[18] runden ab. Das *tuos amores* entspricht dem *delicias tuas* oben, das *quidquid habes boni malique* weist auf die Unterstellung zurück, der Freund habe offenbar eine schlimme Eroberung gemacht, und das *lepido* im letzten Vers erinnert an das *ni illepidae* vom Beginn. Mit *lepido . . . versu* tritt aber auch ein neues Motiv in das Gedicht. Catull verspricht für die Worte des Freundes Worte von ganz anderer Art; er wolle seine Liebste mit einem hübschen Gedicht in den Himmel heben,[19] wenn er nur wisse, wer sie sei. Im Gegensatz zu seiner schelmischen Unterstellung zu Gedichtbeginn erwartet er also durchaus keine reizlose Freundin. Dabei weisen die Worte *ni . . . illepidae* und *lepido* auf Kriterien, die im Freundeskreis Catulls zentral waren: geistreich, charmant will diese Gesellschaft sein, geistreich und charmant sollen die Mädchen sein, aber auch die Verse, mit denen dieses Leben dargestellt wird. So passen am Gedichtschluß charmante Verse für ein charmantes Mädchen aufs beste zusammen.

7. Gedicht

Das Gedicht ist ein Zwillingsstück zu c. 5: mit neuen Bildern und in einem anderen Ton verfolgt es das dort angeschlagene Motiv weiter. Der Einsatz mit einem „du fragst" könnte ein leichthin aufgenommenes literarisches Mittel scheinen, das lediglich eine gewisse Spannung auf die folgende

[14] Cf. auct. ad Her. 3,27; Cic. Brut. 158.

[15] Ähnliche Wortbildungen in ähnlicher Absicht zeigen c. 32,8 und 48,6.

[16] Den Tonfall zeigen die Suet. D. Jul. 51 überlieferten Spottverse der Soldaten auf Caesar.

[17] S. oben n. 11.

[18] Cf. Salvatore 16.

[19] R. G. M. Nisbet, Proc. Cambr. Phil. Soc. 24 (1978), 93, schlägt v. 17 *levare* für das überlieferte *vocare* vor: *vocare* könne man nur von einem Ort aus, an dem man bereits ist, passe hier also nicht; *levare*, griechisch ἀείρειν sei dagegen das Wort, das der Unsterblichkeitstopos erwarten lasse. Nisbet verweist dafür u. a. auf Pind. N. 8,41 f.; I. 1,64 f.; Prop. 3,1,9. Bereits Bährens ad 16 zweifelte an dem überlieferten *ad caelum vocare*.

Aussage wecken will.[1] Aber die Wahl dieses Beginns ist in unserem Gedicht bedeutungsvoller. Catull weiß, daß die in c. 5 zum Ausdruck gekommene Unersättlichkeit seines Begehrens in Rom weithin Erstaunen und Ablehnung hervorrufen mußte.[2] Er legt nun diese Reaktion der Geliebten selbst in den Mund, läßt sie selbst etwas kopfschüttelnd auf die Maßlosigkeit seiner Leidenschaft blicken, die keine Grenzen zu kennen scheint.[3]

Nachdem der fragende Ton des Beginns zu Bewußtsein gebracht hat, wie ungewöhnlich Catulls offenbares Übermaß ist, erzielt die Antwort, die sich ganz ungeschminkt zu eben dieser Unersättlichkeit bekennt, einen viel tieferen Eindruck. Der Liebhaber scheint die Geliebte durch das in diesem Bekenntnis hervorbrechende Übermaß der Leidenschaft mitreißen zu wollen, sie in die gleiche leidenschaftliche Bewegung ziehen zu wollen.[4]

Ebenso wie in c. 5 ist der Dichter davon überzeugt, daß sein unendliches Verlangen durch keine noch so große Zahl von Küssen gestillt werden könne. Aber die Unsäglichkeit des Begehrens wird nun nicht mehr durch Zahlenreihen vergegenwärtigt, sondern durch zwei Vergleiche, die beide eine unüberschaubare Menge bezeichnen. Von der Satzfügung her ist die Gestaltung der Vergleiche sehr schlicht: Auf die Vers 3 und 7 gleichförmig mit *quam magnus* und *quam . . . multa* eingeleiteten Vergleiche folgt Vers 9 mit einem darauf antwortenden *tam . . . multa* die Lösung.[5]

Der Vergleich einer unzählbaren Menge mit Sandkörnern oder mit den Gestirnen des nächtlichen Himmels ist schon homerisch, und er wurde dann immer wieder von den verschiedensten Dichtern aufgenommen.[6] Dabei wurden wie hier auch von anderen Dichtern zur Verstärkung des Aus-

[1] Das Mittel ist sehr geläufig: c. 72,7; 85,1; Prop. 2,1,1; 3,13,1; Hor. c. 1,31,1–3; Mart. 2,38; 7,3; 10,22; 11,19 etc.

[2] c. 16,12f.

[3] *Satis superque* wird auch sonst in dem Sinn gebraucht, daß etwas voll genug ist, also nicht in dem an sich in *super* liegenden Sinn, daß das Maß schon überschritten sei: Cic. Rosc. Com. 11; Sall. Jug. 75,7; Hor. epo. 1,31; Liv. 25,32. Die Wahl des Wortes *basiationes* für *basia* charakterisiert wie die ähnliche Bildung *osculatio* in c. 48,6 und Cic. Cael. 49 das Unablässige des Küssens, also ebenfalls das Übermaß.

[4] Das Dramatische dieses Gedichtbeginns beleuchtet Lyne 44f. Ob freilich dem Gedicht eine wirkliche Frage Lesbias zugrunde lag, mag dahingestellt sein. In c. 85,1 zeigt das *fortasse* sehr deutlich, daß in diesem Fall die Frage eine fiktive Redesituation ist.

[5] Catull nimmt so die schlichteste Form eines Vergleiches auf, wie man ihn oft bei Homer findet, z. B. Il. 2,87–93; 455–459; 469–473.

[6] Vergleiche mit dem Sand, besonders der Meeresküste: Hom. Il. 2,800; 9,385; Pind. O. 2,98; fr. lyr. adesp. 89 P; Call. hy. 3,253; Ov. met. 11,615; a. a. 1,253f.; tr. 4,1,55. Vergleiche mit den Sternen: Hom. Il. 8, 554–556; Call. hy. 4,175; Herond. 1,32f.; Plaut. Poen. 434; Ov. tr. 1,47. Cf. Otto 159; 321f.

drucks gleichzeitig mehrere Vergleichspunkte herangezogen, neben den Sandkörnern wurden etwa die Blätter des Waldes oder die Federn der Vögel genannt.[7] Auch die beiden Vergleichspunkte Catulls wurden schon sonst verbunden.[8] Catull greift also ein bekanntes Motiv auf, gestaltet es aber in eigentümlicher Weise neu.

Vor Catull begnügte man sich beim Vergleich mit den Sandkörnern meist mit dem bloßen Wort, höchstens erinnerte man ganz kurz, um die Vorstellung sinnlich greifbarer zu machen, an den Meeresstrand, das Flußufer, einmal an die afrikanische Wüste.[9] Catull dagegen umschreibt den Begriff libysche Wüste im Grunde dreimal: Erst durch das Attribut *Libyssae,* dann durch die ursprüngliche geographische Bezeichnung der Kyrenaika[10] und schließlich durch zwei markante Punkte im Osten und Westen, die das Land eingrenzen. Was will Catull durch eine solche Ausgestaltung des Vergleichs? Ein sinnlich faßbares Gesamtbild entsteht ja so schwerlich, auch wenn einzelne Vorstellungsbilder auftauchen. Aber auf eine Vergegenwärtigung eines realen Landstrichs kam es Catull wohl auch nicht sehr an; wenn er das poetische Beiwort von Kyrene,[11] das Orakel des Zeus Ammon und das Grabmal des Stadtgründers Battos in sein Gedicht einführte, waren das Erinnerungsbilder aus der griechischen Dichtung; durch ihr Medium hatte er die Wüste, die er niemals gesehen hatte, vor dem inneren Auge, und er sprach zu Lesern, bei denen es ebenso war. In ihnen wollte er nicht so sehr allgemeine Vorstellungsbilder, sondern Assoziationen an poetisch gestaltete Bilder hervorrufen. So allein versteht man die Nennung von Battos' Grabmal: Das weist auf Kallimachos, der die Gründung seiner Vaterstadt Kyrene durch Battos feierte und seine Mitbürger, aber auch sich selbst als Battiaden bezeichnete.[12] Catull will also in diesem Vergleich bewußt an

[7] Beispiele sind fr. lyr. adesp. 89 P; Plaut. Poen. 431–434; Ov. met. 11,614f.; tr. 1,5,47f.

[8] Plat. Euthyd. 294b; Diogen. 1,15 (Paroem. Gr. tom. 2p. 4 Leutsch); Cat. c. 61,206f.; cf. Kroll ad 7.

[9] A. P. 12,145,3f. (anonym, vielleicht Meleagros).

[10] Mela 1,22 *provinciam, quam Cyrenas vocant,* die Stadt dagegen hieß ursprünglich Cyrene, z. B. Sall. Jug. 19,3.

[11] Das zugrundeliegende griechische Wort σιλφιοφόρος wird von Strabo 2,5,37 auch von Kyrene gebraucht. Die Bedeutung der Pflanze wird durch Herod. 4,169 und die Arkesilasschale in Paris deutlich; Abb. z. B. bei E. Buschor, Griechische Vasen, München 1940, Abb. 85.

[12] Call. hy. 2,65–68; 2,96; epi. 35. Catull nahm das auf: c. 65,16; 116,2. Auch das Grabmal des Battos auf dem Marktplatz von Kyrene, das Pindar P. 5,94 kennt, wird Catull vermutlich nicht durch den alten Lyriker, sondern durch eine nicht mehr erhaltene Kallimachosstelle gekannt haben. Nach Th. Birt, Philol. 63 (1904) 435 und

Vorstellungen der griechischen,[13] vor allem der kallimacheischen Dichtung erinnern.

In welchem Sinn geschieht nun die Aufnahme solcher literarischer Assoziationen in einem persönlichen Gedicht? St. Commager[14] glaubte, Catull habe dadurch Gefühle von Antiquiertheit, Kühle und Distanziertheit hervorrufen wollen, um seine starken Gefühle zügeln und kontrollieren zu können, weil der Dichter zur Gestaltung seines Werkes diese Distanz brauchte. Daß Catull auch seine Gedichte der Leidenschaft aus einer gewissen, zur künstlerischen Gestaltung notwendigen Distanz heraus geschaffen hat, sei gerne zugegeben. Daß aber Catull deshalb durch diese Assoziationen Kühle und Distanziertheit als wesentliche Elemente in das Gedicht eingeführt habe, bezweifle ich sehr. Hinter dem meist unreflektiert übernommenen Urteil, daß 'Gelehrsamkeit' in der Dichtung erkältend wirke, steht die alte Unterscheidung von Bildungsdichtung und Erlebnisdichtung, wobei das Erlebnis als die eigentliche Quelle wahrer Poesie herausgestellt wurde. Dieser Maßstab, der letzten Endes auf Herders Vorliebe für das Ursprüngliche zurückgeht, ist zur Beurteilung der römischen Literatur denkbar ungeeignet. In Rom hat ja erst das griechische 'Bildungserlebnis' die schwere Zunge gelöst, dem Römer die Welt des menschlichen Innern eröffnet und ihm literarische Ausdrucksmöglichkeiten dafür gegeben.

Vermutlich wollte Catull kein Gefühl von Antiquiertheit hervorrufen, sondern seiner Liebe den Reiz des Fremdartigen verleihen; auch auf Distanziertheit scheint es ihm nicht angekommen zu sein, sondern auf die Verlockungen des Unbekannten, und nicht Kühle war sein Ziel, sondern das Ungewöhnliche und Überraschende.[15] Seine Leidenschaft war kein dumpfes Getriebenwerden, sie war mit hellwacher Reflexion vereinbar, mit nervöser Empfindungsfähigkeit und der Neugierde auf noch nie gekannte Sensationen; sie war ihm ein Durchstoßen der Mauern des Alltäglichen, eine Flucht aus der ihm zu eng erscheinenden Lebensform, die die römische Sitte festgelegt hatte. Den Ausdruck für das Ungewohnte seiner Gefühlswelt bot ihm immer wieder die griechische Dichtung; sie bot ihm Symbole

J. P. Elder WdF 97 betont vor allem St. Commager WdF 204 den kallimacheischen Charakter der Partie.

[13] Auf ein griechisches Vorbild weist auch die griechische Form Libyssae, die auch A. P. 12, 154, 3 (anonym) als Attribut von Sand verwendet wird; cf. Kroll und Fordyce ad 3.

[14] St. Commager WdF 205–207.

[15] Havelock 124f. zeigt durch die Analogie von geographischen und historischen Anspielungen in neuzeitlichen Dichtungen, daß Catull hier Assoziationen an etwas Wertvolles und romantisch Fernes hervorrufen wollte.

für das mit römischen Begriffen nicht Beschreibbare, für die unbekannte Welt, in die ihn sein Seelenabenteuer geführt hatte.[16] Darum verkennt man Catull wohl sehr, wenn man glaubt, ihm sei es nur auf eine ungewöhnlich große Zahl von Küssen angekommen, und er habe das auf eine etwas befremdliche Weise ausgedrückt. Ihm erschien gewiß das ferne, exotische Land, der seltsame Duft der Silphionpflanze,[17] die Glut und der Durst der Wüste ebenso oder noch mehr Symbol für seine Liebeserfahrung zu sein als die unendlich große Zahl, die der Vergleich eigentlich meint.

Auch der zweite Vergleich mit den unzähligen Lichtern des nächtlichen Himmels variiert nicht bloß die Vorstellung einer sehr großen Zahl, sondern deckt einen neuen Aspekt seiner Liebe auf. Auch für das Empfinden solcher Reize hatte Kallimachos die Empfindung geschärft. Sein Sternenvergleich in Hymnus 4, 175f. ist ganz anders geformt, aber derselbe lyrische Grundton ist in ihm vernehmbar. Wenn Catull das Schweigen der Nacht betont,[18] so trennt ihre Stille und Dunkelheit ebenso wie das ferne Land des ersten Vergleichs die Liebenden vom lauten römischen Alltag. Auch das Wort *furtivus*[19] weist in diese Richtung: Die Liebeswelt ist von der Welt draußen abgesondert, niemand soll von ihr etwas wissen. Und wenn nur die Sterne die stillen Zeugen heimlicher Liebe sind, so ist diese Erweiterung in die gewissermaßen mitjubelnde Natur ein erotisch reizvoller Zug, den Catull wohl auch der hellenistischen Dichtung abgelauscht hatte.[20] Wenn dabei die Sterne nicht nur auf seine Liebe herabblicken, sondern ganz allgemein auf die „heimlichen Liebschaften der Menschen“, ist auch diese Erweiterung sehr wohl gewollt: Die Widerspiegelung des eigenen Erlebens in dem vieler anderer erscheint als raffinierter Zug, den auch die erotische Poesie anderer Zeiten kennt;[21] die Allmacht der Liebe kommt so besser

[16] Am deutlichsten wird das wohl in den ganz und gar ungewöhnlichen Bildern von c. 68, die man im Banne Herderscher Kriterien auch als abstruse Gelehrsamkeit kritisiert hat.

[17] Die seltsamen Pflanzen ferner Länder empfand man in Rom als exotischen Reiz, wie Verg. g. 2, 114 ff. lehren kann.

[18] Cf. Tib. 1, 6, 5 f.

[19] Ein *amor furtivus* bezeichnet gewöhnlich den Gegensatz einer Liebe, von der auch andere wissen dürfen; aber Tib. 1, 5, 7 kommt es nicht so sehr auf diesen Gegensatz an, sondern das Wort vergegenwärtigt wie hier die Innigkeit einer einträchtigen Liebe.

[20] Cf. A. P. 5, 191, 1 f. (Meleagros); fr. Grenf. 11 ἄστρα φίλα καὶ πότνια νύξ συνερῶσά μοι; A. P. 5, 123, 3 f. (Philodemos); vid. Hezel 14. Bährens vergleicht den sehr verwandten Ausdruck Stat. Ach. 1, 643 f., wo davor die Dunkelheit und das Schweigen der Nacht als der passende Ort für die heimliche Liebe *(furta)* geschildert war.

[21] Eine solche Steigerung durch Widerspiegelung kennt auch die erotische Litera-

zum Ausdruck, als wenn sich der Dichter nur auf die eigene Liebe beschränkte.

Die Lösung der in den beiden Vergleichen aufgestauten Spannung in *tam te basia multa basiare* wirkt nach diesen Vorbereitungen wie ein Triumph. Das entscheidende Wort *vesanus* aber, das die ganze leidenschaftliche Übersteigerung krönt, zeigt auch klarer als vorher die Abkehr von der in Rom gültigen Wertewelt. Wie später die Elegiker[22] bekennt sich Catull durch die Wahl dieses an sich negativen Begriffs zu dem Anderssein seiner Welt und unterscheidet sie grundsätzlich von dem, was bisher in Rom der Maßstab für das Leben war.

Wie häufig bei Catull runden die letzten Verse das Gedicht durch Wiederaufnahmen ab. Das *satis et super* in Vers 10 weist auf das *satis superque* des Beginns zurück, und der Gegenüberstellung des Anfangs *mihi/tuae* entspricht nun *te/Catullo*. Wie öfter, wenn Catull seinen Namen anstelle des Personalpronomens in das Gedicht einführt, hat die Stelle einen emotionalen Klang.[23] Die Abwehr des Unberufenen in den beiden letzten Versen aber schließt, wie es schon der Nachtvergleich gefühlsmäßig vorweggenommen hatte, das sich liebende Paar von Neid und Bosheit seiner Umwelt ab: Niemand soll ihre Liebe stören dürfen.

8. Gedicht

Der Mensch in seinem Widerstreit, der innere Kampf zwischen dem als richtig Erkannten und widerstrebenden Gefühlen war schon lange vor Catull ein zentrales Thema der Menschendarstellung in der antiken Literatur. Während die älteren Texte nur der Stimme des Willens und der Vernunft Worte verliehen, wenn sie den Widerstand im eigenen Innern brechen wollten,[1] führt Euripides besonders im Entscheidungsmonolog der Medea zwei Stimmen im Menschen vor, eine zur Tat drängende und eine widerstrebende, die miteinander ringen und abwechselnd die Oberhand haben.[2] Bei Eu-

tur des 18. Jahrhunderts; man kann etwa die Pavillonszene in Vivant Denons ›Point de lendemain‹ vergleichen.

[22] Prop. 1,1,5–7; 1,4,1; 1,5,3; 2,15,29f. u. o.

[23] Ebenso c. 14,13; 38,1; 72,1; 82,1. Weniger emotional sind die Stellen, in denen Catull seinen Namen nicht als Ziel der Verbalhandlung einführt, etwa c. 13,7 ist stark ironisch.

[1] Cf. Hom. Od. 20,18–21; Archil. fr. 128 West; Theogn. 695f.; 1029.

[2] Die Stimme des Mitleids spricht Med. 1040–48; 1056–58; der Entschluß zur Tat erneuert sich Med. 1049–55; 1059ff. Cf. W. Schadewaldt, Monolog und Selbstgespräch, Berlin etc. ²1966, 193–198.

ripides finden sich im Grunde auch schon alle Ausdrucksmittel, mit denen dann nach ihm solch innere Kämpfe dargestellt wurden: pathetische Selbstanreden,[3] Imperative, Ausrufe und leidenschaftliche Fragen, abgerissene, kurze Kola, ein fortgesetzter Wechsel des Tonfalls und ein wiederholtes schroffes Abbrechen.

Seit der hellenistischen Zeit ist der mit sich selbst uneinige Mensch auch ein Motiv der Liebesdichtung. Bekannt ist im 3. Buch von Apollonios' Argonautika Medeas Schwanken zwischen der Treue zu ihrer Vaterwelt und der aufflammenden Liebe zu dem griechischen Fremdling, und in der komischen Dichtung führt uns Terenz einmal einen Liebhaber im Zwiespalt zwischen Liebe und Empörung vor.[4] Auch Catulls besonderes Thema, daß die zunächst entschlossene Haltung des enttäuschten Liebhabers, sein Wille, einer unerträglichen Situation ein Ende zu setzen, sehr schnell dahinschwinden, sobald die Liebe in ihrem verführerischen Reiz wieder ins Bewußtsein tritt, findet sich in der Komödie[5] ebenso wie in der persönlichen Dichtung.[6] Besonders die Elegie 2,5 des Properz ist in der Seelendarstellung sehr ähnlich:[7] Auch hier bricht der Entschluß zur Trennung, zu dem sich der enttäuschte Liebhaber durchgerungen hat, sehr schnell zusammen, weil sich die zunächst verdrängte Bindung an die Geliebte als stärker erweist als alle Vernünftigkeit und Anstrengung des Willens; auch hier verrät die krampfhafte Art der Selbstbestärkung die Schwäche der eigenen Haltung, und auch hier zeigt ein ähnliches Mitfühlen mit dem imaginierten Schmerz der Geliebten, daß der übel behandelte Liebhaber immer noch mit allen Fasern an ihr hängt.

Die lange Geschichte des literarischen Themas zeigt hinreichend, daß in unserem Gedicht keineswegs eine unverbildete Naturstimme in naiver Unmittelbarkeit spricht, wie man, in der Lyrikauffassung des 19. Jahrhunderts befangen, vielfach geglaubt hat und noch glaubt.[8] Catulls Stimme ist in den mannigfaltigsten Ausdrucksmöglichkeiten der Literatur geschult.

[3] Cf. Eur. Med. 402; Hec. 737; dann Men. Dysc. 214; Sicyon. 397f.; Plaut. Pseud. 394; Verg. A. 4,596; vid. Williams 461f.

[4] Ap. Rhod. 3,466–470; 636–664; Ter. Eun. 46–49; 70–73.

[5] Wheeler 229 führt als das beste Beispiel Plaut. Truc. 759–69 an.

[6] Cf. A. P. 5,24 (Jacobs und Stadtmüllers Zuschreibung an Meleagros ist wahrscheinlicher als die der Überlieferung an Philodemos).

[7] Da Prop. 2,5 thematisch ganz anders als Catulls Gedicht angelegt ist, kann die Seelendarstellung der Elegie kaum daraus abgeleitet werden; die Darstellungsform scheint verbreiteter gewesen zu sein. Dagegen ist Ovid am. 3,11 wohl ganz aus unserem Gedicht entwickelt. Cf. Wheeler 230.

[8] Sehr bezeichnend vertritt diese Auffassung noch H. F. Rebert in W. Eisenhut (Hrsg.), Die antike Lyrik, Darmstadt 1970, 91; cf. auch St. Commager WdF 217f.

Das besagt nun freilich nicht, daß das Gedicht wegen der hinter ihm stehenden Tradition ein ironisch-unernstes Spielen mit literarischen Formen wäre.[9] Gewiß kann man überlieferte Formen aufgreifen, um mit ihnen ein ironisches Spiel zu treiben; man kann aber auch eine geprägte Form wählen, weil man in ihr die beste Ausdrucksmöglichkeit für ein eigenes Problem und auch einen Zustand des eigenen Ich gefunden hat. In einem solchen Fall kann dann die überlieferte Form mit einem sehr persönlichen Leben erfüllt werden. Und gerade in der römischen Literatur geschah es nicht selten, daß erst in übernommenen griechischen Formen innere Vorgänge aussprechbar wurden.

Bereits mit der Selbstanrede des 1. Verses ist das Gedicht als einsamer Monolog des verzweifelten Dichters charakterisiert. Äußere Umstände, Zeit und Raum spielen keine Rolle; der Dichter versetzt uns in die Bewegungen seines Innern. Auch wenn ab Vers. 12 die Geliebte angesprochen wird, verändert das die Sprechsituation nicht: Die Geliebte wird seelisch vergegenwärtigt, persönlich ist sie nicht anwesend.[10]

So sehr nun Catull sich in der Art seines einsamen Selbstgesprächs an die überlieferten Formen eines dramatischen Monologs anschließt, so sehr unterscheidet er sich davon in der sprachlichen Gestaltung: Seine Sprache ist von äußerster Schlichtheit.[11] Vor allem die Worte, mit denen er sich aufrüttelt und zur Festigkeit mahnt, haben ganz den Tonfall gesprochener Rede. Eine Reihe von Wendungen haben ihre Entsprechungen in Komödiendialogen und ähnlichen Widerspiegelungen der Alltagssprache: Der resignierte 2. Vers,[12] das *illa non vult, nec miser vive,*[13] das ungemein nüchterne *vale puella*[14] und auch das so wirkungsvolle *perfer, obdura.*[15] Schmückende Epitheta fehlen außer dem *candidi (soles),* das freilich durch

[9] Nach E. P. Morris, Trans. of the Connecticut Academy of Arts and Sciences 15 (1909) 139–151 vertraten diese Auffassung vor allem Wheeler 228ff.; R. A. Swanson, Cl. Journ. 58 (1963) 193; T. E. Kinsey, Latomus 24 (1965) 539. Gegen diese Interpretation nimmt klar E. Burck, Altspr. Unterr. XXVI 3 (1983) 15f. Stellung. Für den unironischen Charakter von Catulls Darstellung spricht vor allem, daß sich bei ihm von dem im Topos üblichen übersteigerten Pathos keine Spur findet. Bei irgendwelchen ironischen Absichten hätte Catull das Pathos eher noch steigern müssen; cf. Fordyce introd.

[10] Diese Gedichtsituation charakterisiert Williams 461.

[11] Cf. Fordyce passim.

[12] Plaut. Cist. 703; Trin. 1026; Otto 273.

[13] *vivere* als empathischer Ersatz von *esse* ist umgangsprachlich; cf. Plaut. Men. 908; Cat. c. 10,33; Cic. Att. 3,5; Fordyce ad l.

[14] Cf. Plaut. Amph. 928; Ov. am. 1,6,71f.

[15] Cf. Plaut. Asin. 322; Hor. s. 2,5,39.

eben diese Sonderstellung eine besondere Betonung erhält. Auch das schlichten Gegenständen vorbehaltene Metrum paßt zum Ton des Gedichtes; besonders durch das regelmäßige Zusammenfallen von Vers- und Kolonende wirken die Verse ausgesprochen kunstlos, wenn sie natürlich auch durchaus mit Kunstverstand gefügt sind: Die durch den Umschlag des Rhythmus am Versschluß besonders ins Ohr fallenden Worte sind inhaltlich die entscheidenden Sinnträger.[16]

Durch die Selbstanrede[17] in Vers 1 und die folgenden Worte ist Catulls innere Situation bereits deutlich. Der Dichter hat Lesbias Liebe[18] verloren und verzweifelt daran, sie je wiedergewinnen zu können. Aber trotz des fühlbaren Schmerzes um das Verlorene scheint sich der Verlassene zu Gedichtbeginn wieder so weit gefangen zu haben, daß er die Hoffnungslosigkeit seiner Leidenschaft einsieht und mit allen Kräften von ihr loskommen will. Diese Entschlossenheit macht die recht unsentimentale Wortwahl deutlich: Ein Noch-immer-Lieben scheint ihm purer Wahnsinn;[19] er weiß, daß alles verloren ist und daß er nun dieses Faktum zu akzeptieren hat.

Das Gedicht nimmt nun im 3. Vers eine seltsame Wendung: Anstatt daß der bisherige Hauptgedanke weitergeführt würde, daß sich also der Dichter in seiner festen Haltung weiter bestärkte, wird die Vers 2 in *quod vides perisse* ins Bewußtsein getretene Vergangenheit übermächtig, und der Gedanke gleitet wehmütig in ihre Verzauberung zurück.[20] Alle Härte, alle eben noch mühsam gesammelte Kraft schmilzt in der Vergegenwärtigung des Einst dahin. Die nüchternen Befehle des Gedichtbeginns werden von Präteritalformen abgelöst, die die schöne Vergangenheit beschwören, und an die Stelle der harten Worte des Beginns tritt der Wortschatz der Liebessprache.[21] Die Imperfektformen der Verse 4–7 und das Frequentativum *venti-*

[16] Cf. H. F. Rebert loc. cit. 92f.; E. Burck loc. cit. 15.

[17] Die Selbstanrede *Catulle* ist an einigen Stellen sehr emphatisch (c. 51,13; 52,1 und 4; 76,5; 79,2), aber in c. 46,4 ist sie durchaus heiter. Den entscheidenden Klang gibt der Selbstanrede hier das Attribut *miser*. *Miser* und *miseria* sind an sich übliche Bezeichnungen eines unglücklichen Liebhabers und seines Zustandes, z. B. Plaut. Merc. 5; 8; Ter. Eun. 71. Es entspricht einem griechischen τάλας oder σχέτλιος, z. B. A. P. 12,71,1f. (Kallimachos). Hier ist aber das Wort weit über das gewöhnliche Maß hinaus verzweifelt. Cf. Quinn. Int. 88f.; E. Burck loc. cit. 10.

[18] Der Name fällt nicht, aber Vers 5 kann wie der gleichlautende Vers c. 37,12 nur von ihr gesagt sein. So spricht er sonst nur von Lesbia: c. 58,2f.; 87,1f.

[19] In der Sprache der Komödie ist *ineptire* ein recht kräftiges Wort, Synonyme sind *delirare* und *insanire:* Ter. Ad. 934; Phorm. 420. Das dazugehörige Substantiv *ineptia* bedeutet Ter. Ad. 749 Schwachsinn, das Synonym dafür ist Ad. 758 *dementia;* Plaut. Merc. 26 steht es neben *stultitia.*

[20] Cf. besonders Schnelle 29.

[21] *Puella* ist die Geliebte, z. B. Ov. am. 2,2,34; *iocosa fiebant* meint das Liebes-

tare machen die Dauer des Glückszustandes fühlbar, und die auf die Geliebte und den Geliebten verteilten Verben *ventitabas/ducebat* und *volebas/nec... nolebat* zeigen die damals herrschende völlige Eintracht der beiden.[22] Die Verzauberung erhöhen noch die Lichtmetaphern[23] in Vers 3 und 8: *fulsere... candidi tibi soles,* bei denen jedes einzelne Wort für sich schon den Glanz der Erinnerung widerzustrahlen scheint, so daß die Vorstellung eines überwältigenden Glücks entsteht, an das der Dichter traumvergessen hingegeben ist. In diesem Zusammenhang erscheint auch die Versicherung in Vers 5, daß kein Mädchen jemals mehr so geliebt werden wird, nicht mehr als schwärmerische Verstiegenheit, sondern als der Ausdruck eines übermächtigen Gefühls. Schön ist aber nun, wie trotz der sichtlichen Verzauberung durch die Erinnerung der Ausdruck nichts pathetisch Schweres bekommt: Die Liebe erscheint auch in der Rückerinnerung als graziöses Spiel *(multa tum iocosa fiebant),* und das Einstimmen der Geliebten könnte nicht hübscher gesagt werden als in Catulls *nec nolebat.*

Durch die Wiederaufnahme von Vers 3 in dem nur durch das bekräftigende *vere* leicht variierten Vers 8 hat die in die Vergangenheit zurückgewandte Gedankenfolge einen natürlichen Abschluß gefunden. Durch die so entstehende Sprechpause erscheinen in Vers 9 das Erwachen aus dem schönen Traum und die Besinnung auf die gänzlich veränderte Wirklichkeit sehr natürlich. An die Worte *volebas* und *nec nolebat* von Vers 7 anknüpfend, zerreißt nun ein gegensätzliches *nunc iam illa non vult* die weiche Stimmung. Die schöne Eintracht des Einst ist vorbei.[24] Kaum ist die bittere Wirklichkeit wieder ins Bewußtsein getreten, nimmt Catull in einer Kette von Imperativen die Sprechhaltung der beiden ersten Verse wieder auf. Die Sprache ist wieder dürr, nüchtern, ihr poetisches Blühen ist wie weggewischt. In einem harten Staccato folgen kurze Worte, abgehackte Kola mit schneidenden Befehlen aufeinander. Und auch wenn in Vers 10 eine Wendung der Liebesdichtung anklingt,[25] ist das keine Aufhellung mehr: Catull will von einer so unvernünftigen Liebe, die der Geliebten, auch wenn sie

spiel; cf. Hor. epi. 1, 6, 65 f.; Ov. a. a. 3, 580; 796; met. 3, 320; tr. 2, 354; Friedrich ad 6; auch *velle* zur Bezeichnung der Einwilligung in die Liebe ist üblich: A. P. 12, 29 (Alkaios v. M.); Plaut. mil. 972; Ter. Eun. 813.

[22] Förderlich ist besonders die Analyse dieser Verse von Schnelle loc. cit.

[23] Solche Lichtmetaphern sind ein verbreitetes poetisches Ausdrucksmittel: Aesch. Pers. 300 f.; Soph. Aias 708; Enn. sc. fr. 326 N^2; Tib. 1, 3, 93 f. Catull selbst nennt die Geliebte c. 68, 132 an zentraler Stelle *lux mea,* worauf er Vers 133 f. die Epiphanie des Liebesgottes in einer ähnlichen Lichtsymbolik schildert; cf. St. Commager WdF 216 n. 44.

[24] Cf. E. Burck loc. cit. 12.

[25] Theocr. 6, 17; 11, 75; Nonn. D. 16, 297. Wie bei Catull im abweisenden Sinn

abweisend ist, noch sehnend nachfolgt, nichts mehr wissen; er scheint ganz zu kühler Vernünftigkeit entschlossen. Und in Vers 11 scheint die Vernunft in den hart und nüchtern formulierten Aufforderungen an sich selbst[26] endgültig die Oberhand gewonnen zu haben. Aber all diese Vernünftigkeit hat nichts Anziehendes, nichts wirklich Tröstliches an sich. Die grimmige Entschlossenheit wirkt beinahe krampfhaft, und gerade im Übermaß der Anstrengung, in dem scheltenden Zuruf „Schwächling" (Vers 9) wird die verzweifelte Hilflosigkeit eines Menschen offenbar, der im tiefsten Innern sehr genau weiß, daß er die Fesseln, die ihn halten, noch lange nicht zerrissen hat, ja, der fürchtet, daß er aus dieser Verstrickung nicht mehr loskommt.[27]

In Vers 12f. sieht es einen Augenblick so aus, als sei die Befreiung doch gelungen. Das *vale puella* hat etwas Endgültiges;[28] dem Imperativ *obdura* antwortet nun ein *iam obdurat* und auf die beiden mit *nec* verbundenen Imperative in Vers 10 folgen in Vers 13 zwei mit *nec* verbundene Kola, die eine unerschütterlich feste Haltung in der Zukunft voraussagen.[29] Auch der unvermittelte Übergang zu einem Sprechen von sich in der 3. Person verleiht der Aussage dieser Verse etwas Objektivierendes[30]: Es ist, als ob der Dichter die eigene Person auf einmal von außen sehen könne und so den nötigen Abstand gewonnen habe.

Aber gerade an diesem Punkt scheinbarer Festigkeit beginnt ein erneutes Abgleiten in die so deutlich gewordene Schwäche: Vers 14 setzen sich noch die Future von Vers 13 fort und auch die Aufnahme des Wortes *rogare* zeigt den engen Anschluß. Catull hält der Geliebten drohend vor Augen, welchen Schmerz sie empfinden werde, wenn sie nicht mehr begehrt wird. Ein solch unverhohlenes Interesse für das Befinden der Geliebten will

findet sich der Topos Ter. Hec. 343 und Hor. s. 1, 2, 108 ff. Cf. F. Leo, Plautinische Forschungen, Leipzig ²1912, 156; Gow ad Theocr. 6, 17.

[26] H. Tränkle, Philol. 111 (1967) 205 n. 1, weist darauf hin, daß solche asynthetischen Fügungen bei Catull selten sind. Vergleichbar ist Men. Sam. 327.

[27] Cf. F. Klingner, Römische Geisteswelt, München ⁵1965, 223; E. Burck loc. cit. 12.

[28] *Vale* als Ausdruck der Preisgabe und Aufgabe von etwas ist üblicher Sprachgebrauch. Nach Plaut. Amph. 928 scheint es geradezu formelhaft bei der Scheidung gewesen zu sein; cf. c. 11, 17; Bährens ad 12.

[29] *Rogare* im Sinne erotischen Begehrens findet sich auch sonst: Hor. s. 2, 5, 75; Ov. am. 2, 7, 25; a. a. 1, 711; met. 14, 30 f.; Friedrich ad 13.

[30] An sich ist diese Redeform bei Catull häufig, und sie wird bei den verschiedensten Tonlagen verwendet, aber ein so auffälliger Übergang von einer Selbstanrede in der 2. Person zu einem Sprechen von sich in der 3. Person findet sich nur noch einmal in c. 79; cf. Williams 463.

wenig zu der entschiedenen Abkehr von vorhin passen. Ein Drohen mit den Folgen eines Bruchs ist in der Liebesdichtung nicht selten,[31] im Grunde bedeutet es eine Aufforderung zur Umkehr: Der spröde Partner solle sich den eigenen Schaden vergegenwärtigen, wenn er den Geliebten verlöre; eine solche Drohung zeigt also ein neues Werben. Bei Catull geschieht mehr als das, die immer noch bestehende Gefühlsbindung spielt ihm erneut einen Streich: Insgeheim überträgt er den eigenen Schmerz, den er durch die Abkehr der Geliebten empfindet, auf sie.[32] Mit dieser mitleidigen Gefühlsregung ist es im Grunde mit seiner Festigkeit schon wieder vorbei. Schon in *scelesta, vae te* spricht Mitleid, nicht Zorn; denn *scelesta* bedeutet in diesem Satzzusammenhang gewiß „Elende", „Unglückselige" und nicht „Verdorbene", „Verfluchte".[33] Und dann bricht in der Kette sich überstürzender Fragen, die in leidenschaftlicher Erregung[34] wissen wollen, wie die Geliebte denn ohne seine Liebe leben könne, Catulls Haltung zusammen; mit der Vernünftigkeit ist es vorbei, die Leidenschaft hat ihn wieder.

Man hat nun gemeint, Catull hätte seine Freundin soweit kennen müssen, um zu wissen, daß sie sehr schnell wieder einen Liebhaber finden werde, der sie begehren, ihre Schönheit vergöttern, sie lieben und küssen werde, wie er es getan. Aber Catull sieht in Lesbia unbewußt die eigene Liebe hinein, für die er nirgends in der Welt einen Ersatz finden könnte; und wie er durch den Verlust maßlos unglücklich ist, meint er, müsse es auch bei der Geliebten sein.[35]

Bewegend und für Catulls Gefühlsbindung ungemein bezeichnend ist, wie hinter der Kette von Fragen, die ein unglückliches Zukunftsbild malen,

[31] A. P. 5,23,5f. (ps. Kallimachos); 12,193,5f. (Straton); Hor. epo. 15,11 und 23; c. 1,25,9ff.; Tib. 1,8,77f.; Prop. 2,5,8.

[32] Cf. Kroll ad 15; Havelock 52; F. Klingner op. cit. 224.

[33] Beides ist Sprachgebrauch der Komödie. Beschimpfend gebrauchen es etwa Plaut. As. 149; Most. 183; Ter. Eun. 817; 832. Aber bei Plautus wird eine Person auch oft bemitleidend und ohne irgendeinen moralischen Vorwurf *scelestus/a* genannt: As. 476; 856; Cas. 667; Cist. 685; Most. 170; 563; Rud. 801; 1167. An unserer Stelle wird die Bedeutung durch die Stellung zwischen den auf den Schmerz hinweisenden Worten *dolebis* und *quae manet vita* auf den bemitleidenden Sinn festgelegt. Cf. Ellis ad 15; E. Burck loc. cit. 13 n. 31.

[34] Bardon, Propositions 19, betont, daß solche Aufzählungen eine Erregung des Sprechers zeigen wollen.

[35] Wenig passend ist Krolls Erklärung von Vers 17, dem Dichter sei es selbstverständlich, daß Lesbia einen neuen Liebhaber finden werde. Aber ein neugieriges Fragen, wer denn der nächste in der Reihe der Liebhaber sein werde, zerstörte den Gefühlston dieser Stelle gründlich. Wie die parallelen Kola kann die Frage in Vers 17 nur meinen, daß in Lesbias Leben eine unerträgliche Leere eintreten werde und daß sie einer Liebe wie der seinen nicht mehr begegnen werde. Cf. E. Burck loc. cit. 14.

durch die zahlreichen Einzelzüge Assoziationen an einstige liebesselige Stunden hervorgerufen werden,[36] so daß sich die Erinnerung an die Zeit des Glücks wieder ganz in den Vordergrund drängt. Alle vernünftigen Gedanken an das, was nun eigentlich zu tun sei, sind wie verflogen. Gewiß sucht der letzte, die Liebesgedanken jäh unterbrechende Vers die Haltung des Sich-Aufraffens noch einmal aufzunehmen: Aber viel Zutrauen hat man nicht, daß die nötige Festigkeit noch gewonnen werden könne; die Macht der Leidenschaft war zu deutlich geworden.

Aus dem traditionellen Widerstreit zweier Haltungen im Menschen ist bei Catull eine noch kompliziertere, verwirrendere Gefühlsmischung geworden. Auch in den Augenblicken, in denen die vernünftige Haltung die Oberhand zu haben scheint, ist der leidenschaftliche Unterton noch immer vernehmbar. Das Gefühl ist selbst zwiespältig, und die Rückkehr der Leidenschaft nimmt gerade von den Vorstellungen ihren Ausgang, die vorher als Waffen gegen sie ins Feld geführt worden waren: Die harte Äußerung in Vers 2, daß die Affäre endgültig als Vergangenheit zu betrachten ist, führt diese Vergangenheit ins Gedicht zurück, die dann ihre unverminderte Macht über das Gefühl zeigen kann. Und die Versicherung einer festen, vernünftigen Haltung in Vers 13 und die Drohung im folgenden rufen die Empfindung hervor, daß eine solche Zukunft etwas Trostloses ist, und eben das lenkt zum einstigen Glück zurück. Etwas von der Unauflösbarkeit der Wirklichkeiten unserer Seele, wie es in dem berühmten *odi et amo* zutage tritt, lebt auch schon in den Gefühlsverschränkungen unseres Gedichtes.

9. Gedicht

Seit Alkaios seinen Bruder bei der Rückkehr vom babylonischen Söldnerdienst poetisch begrüßt hatte,[1] haben wohl manche Dichter ähnliche Begrüßungsgedichte verfaßt. Jedenfalls gibt es in der römischen Literatur eine festgeprägte Form für solche Gedichte.[2] Abgesehen von den Motiven, die sich schon bei Alkaios finden – Konstatieren der Ankunft, Nennen des fernen Landes, seiner Gefahren und der dort vollbrachten Taten – wird das

[36] Bezeichnenderweise taucht hier wieder das Vokabular der Liebessprache auf: *adire* im erotischen Sinn: Ter. Eun. 578; *bellus,* das sonst in der Liebessprache leicht hingesagt wird (Plaut. As. 674; Ov. am. 1, 9, 6; auch Catull c. 69, 8), ist bei Catull gelegentlich sehr bedeutungsvoll: c. 43, 6 wird das Wort einer geringeren Schönheit verweigert und Lesbia vorbehalten.

[1] Alc. fr. 350 LP.

[2] Neben unserem Gedicht sind vor allem Hor. c. 1, 36; 2, 7; 3, 14; Ov. am. 2, 11, 45–54 zu nennen.

Wiedersehen durch ein Dankopfer und ein Begrüßungsmahl gefeiert, wie das im Leben der Brauch war.[3]

Catull übernimmt zwar die üblichen Motive eines Begrüßungsgedichtes, verwandelt sie aber von Grund auf. Während sonst mehr das Faktische im Mittelpunkt steht, überwundene Gefahren und Seltsamkeiten ferner Länder oder die konkreten Einzelheiten eines Begrüßungsmahls, kommt es Catull allein auf den Ausdruck eines überquellenden persönlichen Gefühls an. Alles Faktische tritt zurück: Das sonst übliche Dankopfer erwähnt er nicht, und an die Stelle eines konkret dargestellten Willkommenmahles tritt die unbestimmte Erwartung,[4] daß er bei einem Gelage dem Freund wieder nahe sein werde. Am erstaunlichsten ist, wie alles, was überhaupt an Konkretem gebracht wird, in den Gefühlsstrom des Gedichtes eingeschmolzen wird: In den Attributen, die den begrüßenden Brüdern und der Mutter gegeben werden – einträchtig, alt –, ist vor allem der Gefühlswert wichtig; man soll die Innigkeit der Wiedersehensfreude spüren. Auch das Motiv der Geschehnisse in der Fremde[5] hat kein Eigengewicht; während sonst die Fakten vom Dichter selbst herausgestellt werden, lebt hier das Motiv nur noch als eine beim Begrüßungsmahl erwartete Erzählung des Freundes fort, hat also mehr die Aufgabe, die erwartete Erneuerung einer innigen Vertrautheit zu schildern, als daß die tatsächlichen Begebnisse ein Eigeninteresse hätten.

Der Wille zum unverstellten Gefühlsausdruck bestimmt auch die Sprachform des Gedichtes. Die Kola sind ganz ungleich in ihrer Länge und

[3] Das Opfer: A. P. 12,24–27; Hor. epi. 1,3,36. Das Mahl: Suet. Vit. 13. Ob diese Motive auch schon bei Alkaios auftauchten, wissen wir nicht, weil sein Gedicht nur fragmentarisch überliefert ist.

[4] Motivlich mit Catull verwandt ist das projektierte Gelage, Theocr. 7,63 ff., mit dem die glückliche Ankunft des Geliebten am Reiseziel gefeiert werden soll. Bezeichnend ist, daß sogar dieses nur ausgedachte Fest im Gegensatz zu Catull mit vielen konkreten Einzelheiten vorgestellt wird.

[5] Die spanische Reise des Veranius ist schwerlich dieselbe Reise, die er im Jahre 57/56 gleichzeitig mit Catulls bithynischer Reise unter einem Piso und zusammen mit dem Freund Fabullus unternommen hat; c. 28; 47: 1. spricht hier Catull nicht wie jemand, der auch eben von einem langen Auslandsaufenthalt zurückgekehrt ist, sondern wie ein Daheimgebliebener, der den weitgereisten Freund bestaunt. 2. leitete der einzige Piso, der unseres Wissens im Jahre 57/56 eine Statthalterschaft innehatte, nicht Spanien, sondern Makedonien. Es sind also zwei verschiedene Provinzaufenthalte des Freundespaares Veranius und Fabullus anzunehmen, ein früherer in Spanien und ein zweiter in Makedonien. Die Annahme mehrerer Reisen ist durchaus nichts Unwahrscheinliches: ein junger Römer, der seine Karriere fördern wollte, übernahm natürlicherweise mehrmals eine Tätigkeit in der Provinz. Cf. auch oben im 1. Kapitel der Einleitung die Anm. 34.

drängen vielfach in Enjambements über die Versgrenze hinweg; Anreden, Ausrufe, Fragen wechseln fortwährend; bald ist der Ausdruck breit, als ob das Gefühl nicht Worte genug finden könne, um seine Freude kundzutun, bald drängt der Dichter die Aussage in knappstem Ausdruck zusammen. Schon die überschwengliche Anrede, die Veranius weit über alle Freunde stellt, nimmt viel vom Tonfall des Gedichtes vorweg.[6] In Vers 3f. wird dann das Ereignis der Heimkehr in Frageform vorgebracht, als ob der Dichter das unverhoffte Glück noch nicht recht zu fassen vermöchte.[7] Der in dieser Frage mitschwingende Gefühlsausdruck wird durch das triumphierend bestätigende *venisti*[8] und die darauf folgende Glücklichpreisung *o mihi nuntii beati*[9] noch gesteigert. Schön ist dabei, wie Catull über dem eigenen Glück das des Freundes keineswegs vergißt:[10] Er erlebt mit ihm die Freude beim Betreten seines Hauses, bei der Begrüßung seiner geliebten Brüder und seiner alten Mutter.

Nachdem Catull in den ersten fünf Versen das Glück der Heimkehr hinreichend gefeiert hat, stellt er sich in Vers 6ff. in lebendigen Einzelzügen das noch höhere Glück vor, das ihn beim ersten Zusammensein mit dem Freund erwarten wird. Er entwirft in Gedanken eine intime Gelageszene, in

[6] Wenn man *milibus trecentis* als einen Ausdruck für eine unzählbare Menge von Freunden auffaßt, also ähnlich wie Cic. Att. 2, 5, 1 *qui mihi unus est pro centum milibus,* stünde dieser Ausdruck neben *omnibus e meis amicis* reichlich überflüssig da: Wenn man sagt, einer rage aus allen hervor, so ist eigentlich schon alles gesagt. Die Unvergleichlichkeit des einen, ein Motiv, das der Topos erwarten läßt (cf. Hor. c. 2, 7, 5; Ov. tr. 1, 5, 1), würde eher deutlich, wenn man mit Muretus und Kroll *milibus* als Meilen auffaßt. Ein solcher übersteigerter Ausdruck scheint redensartlich gewesen zu sein (Ar. nub. 430; ran. 91) und paßte zu dem überschwenglichen Ton des Gedichtes sehr gut. Cf. aber Fordyce ad 1f.

[7] Bei einer unerwarteten Ankunft ist eine solche Frage ein Ausdruck staunender Freude; cf. Soph. O. C. 527f.; Ar. pax 824; ran. 503; Ter. Heaut. 407f. Die hierfür auch zitierte Stelle Theocr. 12,1 scheint keine Frage zu sein; cf. Gow ad l.

[8] Eine solche bestätigende Aufnahme des Verbums eines Fragesatzes findet sich bei Catull mehrfach. Sehr gefühlsbetont sind auch c. 77,4f.; 88,4f.

[9] *O mihi nuntii beati* faßt man seit Lachmann ad Lucr. 5,1006 vielfach als gräzisierenden Genitiv des Ausrufs auf. Dagegen spricht die extreme Seltenheit dieses Gräzismus im Lateinischen, während sich für einen Ausruf im Nominativ manches Vergleichbare findet: z. B. Prop. 2,15,1 *o nox mihi candida;* Mart. 11,26,1 *o mihi grata quies.* Der Plural wäre dann so zu erklären, daß Catull die eine Nachricht von verschiedenen Seiten erhalten hat. Cf. Friedrich ad 5; M. Schuster, Phil. Wochenschrift (1926) 1214; Fordyce ad 5.

[10] Ein anderes Beispiel für das Hineinversetzen in den Seelenzustand eines Freundes ist c. 96.

der der weitgereiste Freund nach seiner Gewohnheit [11] von seinen Erlebnissen im fremden Land berichten wird. Und Catull will dann den Freund vor Glück und Seligkeit umarmen und küssen. Gewiß küßt man auch sonst in der Antike zur Begrüßung und beim Abschied; [12] aber darum handelt es sich hier eigentlich nicht. Wenn Catull während des Gelages und der Erzählungen des Freundes diesen an sich ziehen [13] und auf Mund und Augen küssen will, sind das schon recht ungewöhnliche und überschwengliche Freundschaftsbezeigungen, und ungewöhnlich ist auch das Attribut *iucundum* für den Mund des Freundes, den Catull küssen will. Catull spricht hier wie auch in anderen Freundschaftsgedichten [14] in so enthusiastischer Weise vom Freund, wie man in anderen Zeiten eigentlich nur von der Geliebten sprach. [15]

Wie schon die erste Versgruppe in einem Preis des Glücks ausklang, das dem Dichter durch die frohe Nachricht zuteil geworden ist, endet auch die Schilderung erwarteter enthusiastischer Freundschaftsstunden Vers 10f. mit einem erneuten und in der Gestaltung gesteigerten Preis des eigenen Glücks: Catull fühlt sich als der glücklichste Mensch auf Erden. In dieser doppelten Glücklichpreisung wird das Wort *beatus* so etwas wie das Schlüsselwort des Gedichtes (Vers 5, 10, 11). Daneben ist die Betonung der eigenen Person für den sehr subjektiven Charakter des Gedichtes bezeichnend. Immer wieder tauchen Pronomina der 1. Person auf: Vers 1 *meis,* 2 *mihi,* 5 *mihi,* 11 *me;* dazu treten Verbalformen in der 1. Person: Vers 6: *visam . . . audiamque,* 9 *suaviabor.* Alles ist auf das eigene Fühlen zurückbezogen; das Gedicht will eine ganz und gar subjektive Gefühlsbewegung darstellen. So ist es das völlige Gegenteil von Horazens Willkommenge-

[11] Das auf frühere Reisen zurückweisende *ut mos est tuus* unterstützt die Auffassung, daß Veranius des öfteren in Provinzen tätig war.

[12] Die zu Catulls Versen gern angeführten Stellen Hom. Od. 16,15; Cic. rep. 6,14; Att. 16,5,2; fam. 16,27,2 sind eindeutig Begrüßungs- oder Abschiedsszenen. Hor. c. 1,36,5–7 zeigt eine Catull vergleichbare Gefühlsteigerung, aber auch das sind Begrüßungsküsse.

[13] So wird man mit Ellis *applicansque collum* erklären müssen; denn wenn Catull von der eigenen Annäherung hätte sprechen wollen, hätte er schwerlich gerade seinen Hals genannt: Der Hals ist im allgemeinen das, was umarmt wird; z. B. Verg. A. 6,700; [Tib.] 3,6,45; Ov. a. a. 2,457. Für *applicare* in diesem Sinn sprechen neben Petr. 24,6 *ad se in osculum applicuit* auch die von Ellis herangezogenen griechischen Stellen, vor allem Aristaenet. 1,16 „ἀνέκλασε πρὸς ἑαυτὴν τὸν αὐχένα καὶ κατεφίλησε."

[14] Besonders c. 50,7ff. Hier raubt die leidenschaftliche Sehnsucht nach dem Freund Catull sogar Appetit und Schlaf.

[15] Cf. Schnelle 43.

dicht 1, 36, in dem die eigene Person so sehr zurücktritt, daß sie kein einziges Mal genannt wird.

10. Gedicht

Szenen aus dem römischen Alltag brachte bereits Lucilius; so erzählte er in einer Satire,[1] wie Scipio einmal in Begleitung des Dichters und anderer Freunde nach Hause ging und dabei von einem lästigen Menschen aufgehalten wurde, von dem er sich offenbar ebenso schwer befreien konnte wie Horaz in der Satire 1, 9 von einem ähnlichen Zeitgenossen. Die Fragmente zeigen einen ausgebildeten Erzählstil mit berichtenden Elementen, wörtlichen Reden und kommentierenden Bemerkungen des Autors. Catull betritt also in unserem Gedicht durchaus bereits gebahnte Wege,[2] aber er wird konzentrierter geschrieben haben als Lucilius.

Die Situation, wie sie die ersten Verse umreißen, führt in Catulls römischen Alltag. Ein Freund Varus[3] hatte ihn, als er einmal müßig auf dem Forum verweilte, zu seiner Freundin, einer hübschen Hetäre, mitgenommen.[4] Wie nun diese Begegnung in Szene gesetzt wird, ist alles andere als

[1] Nach G. C. Fiske, Lucilius and Horace, Madison 1920, 330ff. sind die betreffenden Fragmente von E. H. Warmington, Remains of old Latin, vol. 3, als Fragmentnummern 252–268 unter diesem Gesichtspunkt zusammengestellt. Ein anderes zeitgenössisches Thema leiteten die Luciliusverse fr. 149–152 Marx = 172–175 W. ein.

[2] Die Darstellung von Alltagsszenen in der griechischen Literatur, etwa bei Herondas oder Theokrit, ist nicht ganz vergleichbar. Hier steht nicht wie in der römischen Literatur von Lucilius bis Horaz der Bericht des Dichters im Mittelpunkt, in dem einige wörtliche Reden referiert werden, sondern hier dominiert der Dialog; in eigener Person ergreift der Dichter meist nur zu einer kurzen Szenenangabe das Wort.

[3] Vermutlich ist es der c. 22 angesprochene Varus. In diesem Fall ist es ein literarisch interessierter Freund, mit dem man auch diffizile künstlerisch-gesellschaftliche Erörterungen anstellen konnte. Aus diesem Grunde vermuteten Muretus und Schwabe 289–294, Varus sei jener Quintilius Varus aus Cremona gewesen (cf. Hieronymus ad Eus. chron. ad ann. 1992 = 24/23 v. Chr.), den Horaz a. p. 438–444 als unbestechlichen Literaturkenner charakterisierte und den er c. 1, 24 zusammen mit Virgil betrauerte. Dieser Varus hätte also 55/54 v. Chr. als vermutlich noch recht junger Mann im Kreise der Freunde Catulls ähnliche Interessen gehabt wie unser Dichter. Cf. Neudling 151–153.

[4] *Visere* wird gern gebraucht, wenn einem Kranken ein Besuch abgestattet wird; cf. Bährens ad 2; Fordyce ad 1f. Aber hier handelt es sich schwerlich um einen Krankenbesuch, zu dem man kaum einen dem Mädchen noch ganz unbekannten Freund mitnahm. Tatsächlich ist das Wort keineswegs auf Krankenbesuche beschränkt; cf. Plaut. Cist. 227f.; Epid. 212; Ter. And. 708 etc.

eine banale Wiedergabe eines im Grunde belanglosen Vorfalls. Catull versteht es, eine Gesprächssituation dramatisch zuzuspitzen und mit viel Ironie und Menschenkenntnis auszuführen.[5]

Eine klare Bewegung zieht sich durch das ganze Gedicht; so entsteht ein Spannungsbogen von dem günstigen Urteil über das Mädchen in Vers 3f. bis zu dem entgegengesetzten in Vers 33. Bei der ersten Begegnung, mit der die Szene beginnt, äußert sich Catull zunächst voll Anerkennung. *lepidus* und *venustus* nennt er ja im allgemeinen das, was den rechten gesellschaftlichen Schick besitzt und was so vor dem anspruchsvollen Geschmacksurteil seines Kreises bestehen kann.[6] Aber gegen Gedichtende zu ist bereits *cinaedior* recht verächtlich,[7] und *insulsus* ist das pure Gegenteil des Lobes am Gedichtbeginn; *insulsus* ist das Geschmacklose, es bezeichnet einen völligen Mangel an rechter Lebensart.[8] Neben der gründlichen Revision des ersten Urteils über Varus' Freundin kommt es im dramatischen Spiel des Gedichtes aber auch sehr wesentlich auf Catulls Selbstdarstellung an: Er vermag es, in heiterster Laune seine eigene Schwäche und ihre peinlichen Folgen darzustellen.

Zu Gedichtbeginn schildert sich Catull als müßigen Bonvivant, den sein Freund Varus offenbar als einen guten Kenner in Mädchen- und Liebessachen zu seiner Freundin geführt hat. Natürlich durchschaut er ihren sozialen Status sofort, aber die verniedlichende Verkleinerungsform *scortillum,* also etwa Dirnchen, nimmt dem Urteil alle Schärfe. Er scheint das hübsche Persönchen nicht ohne Wohlgefallen zu betrachten und lobt mit einem lässigen *non sane illepidum . . .* bereitwillig ihren Charme.

Auch die beginnende Unterhaltung bestätigt den ersten heiteren Eindruck. Wie es in einer weltläufigen Gesellschaft üblich ist, werden leichthin die verschiedensten Themen berührt, und es ist nur zu natürlich, daß der eben von Bithynien heimgekehrte Catull nach den Umständen in dieser Provinz befragt wird. Und es ist auch keineswegs unpassend, wenn man sich dabei nach dem geschäftlichen Erfolg der Reise erkundigt – er selbst macht es c. 28 seinen Freunden Fabullus und Veranius gegenüber nicht anders.[9]

[5] Die treffendste Analyse des dramatischen Aufbaus dürfte die von E. Fraenkel, Horace, Oxford 1957, 114f., sein.

[6] Die Worte sind an dieser Stelle gewiß unironisch und zielen auf das gesellschaftlich Schicke (cf. c. 22,2) oder das hübsche Aussehen. Cf. Fordyce ad v. 4; ad c. 43, 8.

[7] Den schmähenden Ton des Wortes zeigen c. 16,2 oder 25,1. Das Wort steht also im Gegensatz zu den freundlichen Worten vorher.

[8] Besonders deutlich sind c. 12,4; 17,12; 37,6; 86,4.

[9] Die Parallele c. 28,6 *ecquidnam . . . lucelli* legt v. 8 Statius' Textvorschlag *ecquonam . . . aere* nahe, den Thomson und Goold übernehmen.

Der Tonfall heiterer Konversation wird auch in der sprachlichen Gestaltung lebendig. In den lässigen Plauderton fließen bewußt Wendungen ein, wie man sie wohl jeden Tag auf den Straßen Roms hören konnte: *incidere nobis sermones varii, quid esset Bithynia, quomodo se haberet, quonam profuisset aere, caput unctius referret, nec faceret pili.*[10]

Die Frage nach den Umständen in Bithynien beantwortet Catull zunächst durchaus wahrheitsgemäß. Das nüchterne *id quod erat*[11] unterstreicht das ebenso wie die auffallende Häufung der Negationen. Catull gibt ohne Umschweife zu, daß das Unternehmen für ihn eine Fehlkalkulation war. Ein gewisser Ärger grollt noch nach, wenn er an den leitenden Beamten dort denkt, der sich um den geschäftlichen Erfolg seiner Leute offenbar sehr wenig gekümmert hat.[12] Aber sehr tief sitzt der Groll wohl nicht mehr, wenn Catull bereits wieder mit einer scherzhaften Redensart[13] über das Ausbleiben der erwarteten Beute lachen kann.

Catulls Praetor ist uns durch c. 28, 9 bekannt: Es war C. Memmius. Eigentlich hätte es ein Mann nach Catulls Herzen sein müssen: Als typischer Vertreter der Nobilität hatte er sich im Jahre 58 Caesar heftig widersetzt.[14] Auch hatte er ähnliche literarische Neigungen wie Catull: Als Redner war er wie Calvus Attizist[15], und er schrieb laszive Gedichte im moder-

[10] Neben den Kommentaren von Bährens, Kroll und Fordyce beleuchtet vor allem Schnelle 49 f. den Sprachcharakter.

[11] Die betonte Nüchternheit zeigen Stellen wie Cic. fam. 4, 6, 2; Hor. s. 1, 6, 60.

[12] Vers 9 f. *nihil neque ipsis . . .* ist schwierig. Die Satzfügung scheint auf drei parallele negierte Kola zu deuten, aber wer soll mit *ipsis* gemeint sein? Lenchantin ad 9 glaubt, es beziehe sich auf Catull selbst, entspreche also einem *nobis ipsis*. Aber wo spräche Catull so gekünstelt von sich? Und könnte er sich so aus der *cohors* herausnehmen, zu der er sich sonst und gleich darauf in Vers 12 f. rechnet? Cf. Friedrich ad l. Fordyce denkt wie Gronov und Ellis wieder an die Bithyner. Aber die können doch schwerlich ihr eigenes Gut erbeuten und fortschaffen, was *caput unctius referre* letzthin bedeutet. Stellen wie Tib. 1, 3, 2 *ipse cohorsque* oder Tac. ann. 14, 24, 1 *ipse exercitusque* deuten eher auf eine Gegenüberstellung von Befehlshaber und Begleitung, die ja auch von der Sache her die beiden möglichen Beutemacher sind. Friedrich ad l., der diese Deutung vorschlug, glaubt, der Plural *praetoribus* für den einen Gouverneur sei so gesetzt wie Verg. A. 7, 270 *generos* für den einen Schwiegersohn oder A. 8, 503 *duces* für den einen Anführer. *Nec* nach *neque* wäre dann ein bei Verneinungen nicht ganz seltener Pleonasmus, wie es Löfstedt, Syntactica II, Lund 1933, 38, erklärt.

[13] Der redensartliche Gebrauch im übertragenen Sinn wird bei Lucil. fr. 534–536 M = 549–551 W und Cic. Verr. 2, 54 besonders deutlich.

[14] Cf. Suet. D. Jul. 23, 1; 49, 2; 73.

[15] Cf. Cic. Brut. 247.

nen Geschmack.[16] Das sind Gründe, die es verständlich machen, daß sich Catull und sein Dichterfreund C. Cinna gerade diesem Provinzgouverneur anschlossen. Um so größer muß dann die Enttäuschung gewesen sein, als die Hoffnungen, die sich die jungen Leute machten, zerronnen sind.

Mit der Schilderung seines Mißerfolges in Bithynien hat Catull Vers 13 gewissermaßen die Exposition seines kleinen Dramas abgeschlossen. Wir kennen die Szene, die Personen und das Thema ihres Gesprächs. Nun schürzt er den dramatischen Knoten. Die Steigerung merkt man schon rein äußerlich daran, daß von der bisherigen indirekten Wiedergabe des Gesprächs zu wörtlich angeführten Reden übergegangen wird. Auch ist das Plaudern nicht mehr so allgemein, die Reden werden persönlicher. Catull hat sichtlich Eindruck gemacht, vermutlich nicht nur wegen seiner weiten Reise, sondern auch durch die überlegene und lässige Art, in der er von einem Mann der großen Politik wie Memmius sprach. Und wie nun der Freund und vor allem natürlich die neue Bekannte es als etwas Selbstverständliches annehmen, daß ein so vornehmer junger Herr bei der guten Gelegenheit wenigstens ein paar bithynische Sklaven als Sänftenträger angeschafft habe, kann er der Versuchung, mit einem so exotischen Besitz zu glänzen und noch mehr Bewunderung zu erregen, nicht widerstehen und verkündet mit lässiger Gebärde, als ob es das Selbstverständlichste von der Welt sei, daß er natürlich acht stämmige Kerle[17] mitgebracht habe.

Die Selbstverständlichkeit, mit der von Catull ein solcher Besitz erwartet wird und mit der er ihn behauptet, darf nicht vergessen machen, daß der Gebrauch von Sänften damals einen ausgesprochenen Luxus bedeutete. So kreidete es Cicero Verres als Zeichen von asiatischem Luxus und unrömischer Verweichlichung an, daß er sich in seiner Provinz wie einst die bithynischen Könige von acht Sklaven in einer Sänfte habe tragen lassen.[18] Und Caesar verbot später den Gebrauch von Sänften wie andere Übersteigerungen des Luxus; Sänften sollten nur noch bestimmten Personen vor allem von höherem Alter vorbehalten sein.[19] Catull hätte also, ohne sich zu genieren, ruhig die Wahrheit sagen können, daß er keinen solchen Kauf getätigt habe. Er stellt sich also ganz bewußt als einen etwas törichten jungen Mann dar, der der Versuchung, vor einem hübschen Mädchen als großer

[16] Ov. tr. 2,433f.; Plin. epi. 5,3,5; Gell. 19,9,7. Auch Lukrezens Widmung seines Werkes an Memmius setzt literarische Interessen bei ihm voraus. Cf. Friedrich ad l.; Neudling 126–129.

[17] Den Ton von *rectos* zeigt Suet. D. Jul. 47, wo *servitia rectiora* neben anderen Zeichen eines exquisiten Luxus genannt werden.

[18] Cic. Verr. 5,27.

[19] Suet. D. Jul. 43,1; cf. J. Marquardt, Das Privatleben der Römer, Leipzig ²1886, 149; 736f.

Herr dazustehen, einfach nicht widerstehen konnte und darum unüberlegt drauflosflunkerte. Die ironische Distanz zu seiner Torheit schafft er dadurch, daß er in Seitenbemerkungen, in einer Art von a-parte-Sprechen, dem Leser zuerst sein Motiv verrät und dann zugibt, daß von einem solchen Kauf natürlich keine Rede sein konnte: Er habe weder in der Provinz noch in Rom einen einzigen Träger gehabt, der sich ein altes, wackliges Feldbett auf die Schultern hätte laden können, was vermutlich seinen damaligen Lebensstandard genauso untertreibt, wie er ihn vorher übertrieben hatte.[20]

Der dramatische Knoten ist so geschürzt. Und durch die kommentierenden Nebenbemerkungen des Dichters ist der Leser darauf vorbereitet, daß das für Catull nicht gut ausgehen kann. Ein weiterer Wink ist zur Einführung der nächsten Worte des Mädchens der krasse Umschlag des Urteils: *ut decuit cinaediorem.* Das hübsche Dirnchen ist nun auf einmal eine schamlose Person geworden! Dieser Wechsel im Tonfall zeigt bereits den vollkommenen Stimmungsumschlag, den Ärger Catulls über die Verlegenheit, in die ihn sein unbesonnenes Flunkern gebracht hat. Catull stellt sich hierbei in hübscher Selbstironie so dar, wie die Menschen eben sind: Der Ärger über sich wird als Mißstimmung auf einen anderen, hier auf das Mädchen, abgeladen.

So vorbereitet, kommt der Schlag. Das Mädchen äußert ganz ungeniert den Wunsch, sie möchte doch bitte mit der stattlichen Sänfte zum Serapistempel getragen werden, wo sie durch diesen Auftritt vermutlich Bewunderung hervorrufen wollte; orientalische Kultstätten scheinen ja von Damen ihrer Gesellschaftsschicht gern aufgesucht worden zu sein.[21] Hübsch ist, wie Catull sie den Wunsch vorbringen läßt: In girrenden Tönen umschmeichelt sie den neuen Bekannten, bevor sie den Wunsch aufs höflichste ausspricht.[22] Ein vertrauliches *mi Catulle* sagt sie dabei zu einem Mann, den sie noch keine halbe Stunde kennt; sie scheint sich auf ihr Metier verstanden zu haben.

[20] Ein altersschwaches Feldbett scheint auch sonst erwähnt worden zu sein, wenn man eine besondere Armut schildern wollte; cf. Lucil. fr. 251 M = 284 W; [Verg.] Moretum 5; Mart. 6,39,4; 12,32,11.

[21] Die Elegiker sprechen mehr von der Beliebtheit des Isiskults bei den Damen der Halbwelt, aber der Serapiskult steht auf einer Ebene mit ihm; cf. K. Latte, Römische Religionsgeschichte, München 1960, 283.

[22] Den freundlichen und höflichen Ton, den das Wort *commodare* oft im Sinn einer Gefälligkeit hat, zeigen Ter. Hec. 760; Cic. fam. 13,48. R. G. M. Nisbet, Proc. Camb. Ph. Soc. 24 (1978) 93f. erneuert allerdings Bährens' Zweifel, ob hier *commoda* als Imperativform möglich sei, da eine Jambenkürzung bei Catull auf wenige geläufige Wörter beschränkt sei. Er schlägt v. 25f. *quaero . . . istaec commoda* vor. Catull hätte also das Mädchen nicht so girrend verführerisch beschrieben, sondern

Das luftige Gespinst, das Catull der Dame selbstgefällig vorgegaukelt hatte, ist mit einem Schlag zerrissen. Er kann sich nicht länger als den Besitzer einer luxuriösen Sänfte ausgeben, weil das Abschlagen einer so freundlich geäußerten Bitte eine grobe Unhöflichkeit gewesen wäre. So tritt er notgedrungen den Rückzug an. In seiner Selbstironie verhehlt er dabei nicht, wie mühsam das für ihn war. Im vollen Gegensatz zu der Suada vorher fallen nun die Worte stockend, gequält. Nach der vor allem auch durch den Hiat harten Unterbrechung des *mane* setzt der Widerruf Vers 28 mit *istud quod dixeram* ... außerordentlich gedehnt ein. Und mit leichtem Bruch der ursprünglichen Satzintention[23] sagt Catull Vers 29 keineswegs die schlichte Wahrheit, sondern verhüllt sie mit der wenig glaubhaften Ausrede der Gedankenlosigkeit: *fugit me ratio.* Und dann kommt zwar die erlösende Idee: Ein Kamerad wird vorgeschoben, der eine solche Sänfte gekauft habe, die aber Catull benutzen könne wie eine eigene. Aber diese Erklärung geschieht so tröpfchenweise – vor allem das Nachschieben des Namens Cinna ist verräterisch[24] –, daß man fast den Eindruck bekommt, Catull erfinde hier im Moment einen Kauf, um sich aus der Verlegenheit, die er sich mit seiner Erfindung bereitet hatte, herauszuwinden. Und wenn er dann Vers. 31 f. sehr wortreich versichert, der Besitz seines Freundes sei so gut wie ein eigener, macht das die Entschuldigung auch nicht überzeugender: In der Gesprächssituation oben war es ja nicht darum gegangen, ob Catull eine Sänfte mitbenutzen dürfe, sondern um die prahlerische Behauptung, daß ein so anspruchsvoller Kauf für ihn eine Bagatelle sei, die der Erwähnung nicht lohne. Und auch mit dem Mitbenützen scheint es nicht weit her zu sein; im Augenblick steht ihm jedenfalls die Sänfte nicht zu Gebote. Mit einem Wort: Catull wird mit seinen hergeholten Ausreden nicht glaubwürdiger, er erhöht eher noch die Peinlichkeit seiner Situation.

Wenn man den überaus ironischen Ton dieser Selbstdarstellung fühlt, erscheinen auch die harten Urteile über das Mädchen in den Versen 24 und 33, in denen ihm jegliche Lebensart abgesprochen wird, in einem anderen Licht. Wenn Catull dem Mädchen praktisch vorwirft, daß es ihn in eine

recht derb direkt, eben *ut decuit cinaediorem.* Aber ist hier eine Schlußkürzung so ganz undenkbar? Wäre sie etwas so ganz anderes als die dreimalige Kürzung des *cave* in c. 50, 18; 19 und 61, 145?

[23] Der leichte Bruch in der Konstruktion wird von Kroll ad 28 gesehen; man erwartet eigentlich eine Fortsetzung wie: „Das ist nicht richtig."

[24] Cf. zur Satzfügung Bährens und Fordyce ad 29 f. Der Dichterfreund Cinna, dem Catull das 95. Gedicht widmete, war also offensichtlich auch mit nach Bithynien gereist; übrigens gedachte er dieses Aufenthalts ebenfalls in Versen: fr. 11 Morel.

solche Lage gebracht hat, fragt man verblüfft, ob es denn hätte annehmen sollen, daß die Worte des jungen Herrn pure Aufschneiderei waren. Seine ärgerlichen Worte an die Adresse des Mädchens sollen wohl auch den Ärger über sich selbst charakterisieren, den er auf das Mädchen ableitet, das die unschuldige Ursache seiner Blamage war. Catull führt uns also hier ohne Beschönigungen sich in einer selbstverschuldeten peinlichen Situation vor; er tut dies aber in einem so überlegenen Abstand von der damaligen eigenen Stimmung, daß ihm ein Kabinettstückchen voll spielerischer Grazie gelungen ist.

11. Gedicht

Bereits im 8. Gedicht war sich Catull bewußt gewesen, daß sein Liebesglück verloren und durch nichts wiederzugewinnen war; aber so klar ihm dies war, sein innerer Kampf war noch nicht zu Ende. Jedes Wort in dem Gedicht zeigt, daß er noch mit allen Fasern seines Herzens an dieser Liebe hing und daß so alle Vernunftgründe dieser Tatsache gegenüber wirkungslos bleiben mußten. Nun spürt man von einem solchen Kampf nichts mehr.[1] Schon die Gedichtsituation könnte nicht distanzierter sein: An die Stelle der Selbstanreden und der Anreden an die Geliebte sind kühle, harte Worte getreten, in denen Dritte den Auftrag erhalten, der einst so geliebten Frau eine schneidende Absage zu überbringen. Und auch das letzte Bild des Gedichtes, der Vergleich seiner Liebe mit einer am Ackerrain von einem Pflug geknickten Wiesenblume, ist bei aller dichterischen Schönheit ein eindeutiges Symbol dafür, daß hier nichts mehr lebendig zu machen ist. Ja, durch die ungemeine Förmlichkeit der Anrede und die Wahl von Mittelsmännern, die die Botschaft überbringen sollen, erhält das Gedicht etwas wie einen Öffentlichkeitscharakter; es klingt fast, als ob hier in aller Öffentlichkeit bekanntgemacht werden solle, daß etwas, was bis dahin jedermann mit Catull und seiner Dichtung verband, ein Ende gefunden habe. Aus diesem Gedichtcharakter erklärt sich wohl auch in Vers 15 die Wahl der in diesem Zusammenhang seltsam freundlich klingenden Worte *meae puellae;* das ist kein Nachhall liebender Zuneigung, sondern nennt die Rolle,[2] die Lesbia in Catulls Leben und Werk spielte: Sie war nicht *eine* Geliebte, sondern *die* Geliebte. Da das Gedicht aus äußeren Gründen nicht vor Ende des Jahres 55 v. Chr. geschrieben sein kann,[3] liegt die Annahme nahe, daß es

[1] Cf. Quinn, Int. 93.

[2] Ohne den Gefühlston, den das Wort einmal für Catull hatte, wird es z. B. auch c. 36, 2 gebraucht.

[3] Der *terminus post quem* ist Caesars Britannenexpedition im Jahre 55.

erst bei der beabsichtigten Herausgabe des Buches als bewußter Abschluß der ersten Gruppe von Lesbiagedichten, die Catulls Liebe von der ersten bewundernden Annäherung über ihren leidenschaftlichen Höhepunkt bis zum bitteren Ende verfolgen, verfaßt wurde.[4]

Für das Thema und seine Behandlungsart könnte die Wahl lyrischer Strophen nicht recht passend erscheinen, aber Catull wählt das Hauptversmaß Sapphos absichtlich. Wenn Catull die Geliebte einst Lesbia genannt hatte, bedeutete das „Frau vom Geist der Sappho".[5] Und Lesbia zu Ehren hatte er auch in c. 51 wohl zum ersten Mal in der römischen Literatur sapphische Strophen gedichtet, indem er seine leidenschaftliche Liebe in der Form und sogar in den Worten der lesbischen Dichterin aussprach. An dieses Einst soll hier die Wahl des gleichen Metrums erinnern. Durch die Rückbeziehung auf diesen so ganz anderen Beginn der Liebe erhält die kalte Absage einen schmerzlichen Unterton, der in dem lyrischen Bild der Schlußstrophe auch inhaltlich an die Oberfläche kommt.

Seltsam ist nun, wie der entscheidende Inhalt des Gedichtes, die Absage an Lesbia, hinausgezögert wird, wie sich dreieinhalb Strophen lang in pathetischer Breite eine Anrede an zwei Bekannte entfaltet, die einem aus anderen Gedichten als recht zweideutige Zeitgenossen bekannt sind und die Catull trotzdem (oder gerade deshalb?) zum Überbringen der Botschaft an Lesbia ausersehen hatte. Catull macht in dieser Partie von einem poetischen Topos Gebrauch, mit dem man die Unverbrüchlichkeit und Treue seiner Freundschaft ausdrücken konnte. Auf den einfachsten Nenner gebracht, lautet er etwa: „Ich will nicht von dir lassen, auch wenn du bis an die Grenzen der Erde gehst."[6] Üblich ist dabei eine Aufzählung verschiedener geographischer Möglichkeiten, wobei möglichst ferne, gefahrerfüllte Länder gewählt werden, weil so die treue Freundschaft, die auch hier ausharren will, noch klarer hervortreten kann.

Catull formt nun diesen Topos, der Gedichtsituation entsprechend, um: Er legt die pathetischen Freundschaftsbeteuerungen den beiden Angespro-

[4] Quinn, Int. 178f., überlegt diese Möglichkeit.

[5] Ein ähnliches Kompliment, nur freilich gewichtloser, spricht Catull c. 35, 16 der von der Literatur eingenommenen Freundin eines Kollegen aus. Wie nahe der Name der Sappho zur Charakterisierung der Bildung einer Frau lag, kann auch Philodemos A. P. 5, 132 zeigen: Als er einmal ein ungebildetes Mädchen liebte, umschrieb er das damit, daß sie keine Lieder der Sappho singe.

[6] In der ursprünglichen Form findet sich der Topos Hor. epo. 1, 11–14; Prop. 1, 6, 3f.; Ov. am. 2, 16, 19–26; Stat. s. 5, 1, 127–131. Auch wenn kein Beleg des Topos in dieser Form vor Catull nachweisbar ist, muß er ihn so gekannt haben; es ist nur der Weg von dieser Form zu der Brechung bei Catull und in Hor. c. 2, 6, 1–4 möglich, nicht umgekehrt. Cf. Heinze introd. ad Hor. c. 2, 6.

chenen in den Mund und läßt sie versichern, daß sie mit ihm bis an die Grenzen der Welt gehen wollten. Dabei steigert Catull das dem Topos sowieso schon innewohnende Pathos in auffallender Weise.[7] Eine so lange, nicht enden wollende Reihe von fernen und fernsten Ländern und Völkern findet sich an keiner vergleichbaren Stelle. Und auch im einzelnen ist alles aufs höchste gesteigert: Den „äußersten" Indern im Osten entsprechen die „äußersten" Britannier im Westen, dem dort anbrandenden östlichen Ozean entspricht hier das furchtbare Weltmeer im Westen;[8] und dazwischen taucht die Vorstellung von der weiten, siebenarmigen Mündung des Nils auf, der das Meer weithin mit seinem Wasser färbt.[9] Auch sprachlich greift Catull hoch: Anders als gewöhnlich in den kleinen Gedichten verwendet er den typisch poetischen Wortschatz der episch-tragischen Tradition,[10] häuft schmückende Adjektive und steigert den Ausdruck durch Alliterationen. Zu der pathetischen Stilisierung paßt auch, daß Catull hier nichts von seinen üblichen Vorbehalten gegenüber Caesars Unternehmungen spüren läßt; die ihnen geltenden Verse erwecken nur große, bedeutende Vorstellungen von weiten Räumen und gewaltigen Entfernungen und von großen Taten, die hier vollbracht werden.[11]

[7] Die gewollte Pathetik kann ein Vergleich mit der ähnlich hochstilisierten Aufzählung in Horazens Beteuerungen an die Musen zeigen: Hor. c. 3,4,29–36.

[8] In Vers 11 würde ich Haupts Lesung (opusc. t. I 98ff.) *horribile aequor* vorziehen. Die Überlieferung *horribilesque ulti-mosque,* die Bardon wieder in den Text setzt, kann nicht richtig sein. Abgesehen von dem ungemein harten Hiat nach dem kurzen, unbetonten *-que* hat Catull schwerlich zwei in der Sinnrichtung so verschiedene Attribute zu einem Substantiv gesetzt. Das Adjektiv *horribilis* paßt gut zum westlichen Ozean, Tac. Germ. 2,1 kennzeichnet ihn durch *horridi . . . maris* ähnlich; und *aequor* meint durchaus nicht immer die unbewegte See: c. 64,179; 205f.; Lucr. 1,718; Verg. A. 4,313; vid. Fordyce ad l.

[9] Aequora v. 8 dürfte kaum die Ebenen des Nildeltas meinen, auf die durch die Überschwemmung schwarzer Schlamm abgelagert wird, wie Ellis, Fordyce und Della Corte erklären. Nach Bährens, Kroll und Lenchantin ist das Meer gemeint, das durch die schmutzigen Fluten des Nils weithin gefärbt wird. Das ruft eine weiträumigere, großartigere Vorstellung hervor, die zu dem pathetischen Tonfall des Ganzen paßt und sich gut an die Erwähnung anderer Meere anschließt.

[10] Parallelen vor allem im römischen Epos deuten auf eine bewußte Anlehnung an die Stilebene der großen Dichtung und insbesondere der von Ennius herrührenden Tradition. Cf. zu *litus tunditur unda:* Verg. A. 5,125f.; Hor. epo. 17,54f.; zu *longe resonante:* Hom. Il. 1,34; Verg. g. 1,358f.; Sil. 11,491; zu *sagittiferosque Parthos:* Verg. A. 8,725; zu *septemgeminus*: Aesch. fr. 300 N^2; Verg. A. 6,800; Stat. s. 3,4,21; zu *voluntas caelitum:* Enn. sc. fr. 196; 316 V^2.

[11] Den Eindruck, den die Ereignisse des Jahres 55 in Rom hervorriefen, beleuchtet Quinn, Int. 167–169. Williams 42 hält überhaupt eine Wendung Catulls zu einer

Mitten in die 4. Strophe fällt der entscheidende Umschlag des Gedichtes. Die Verse 13 f. fassen noch einmal die Freundschaftsbeteuerungen der beiden zusammen, wobei *quacumque*[12] *feret voluntas caelitum* sprachlich noch einmal sehr hoch greift. Um so fühlbarer ist der Umschlag, wenn Catull Vers. 15 ff. auf alle diese Beteuerungen mit keinem Wort eingeht,[13] sondern statt dessen den beiden in knappen, nüchternen Worten den Auftrag gibt, der einst geliebten Frau eine harte, verletzende Absage zu überbringen. Der Umschlag ist auch sprachlich in der Antithese *omnia haec/ pauca nuntiate* herausgearbeitet,[14] und nach dem wortreichen Beginn ist die wortkarge Sachlichkeit von *pauca . . . non bona dicta* um so fühlbarer.

Die lange, pathetische Anrede und der dürre Auftrag scheinen nicht zusammenzupassen. Catull läßt offensichtlich alle lauten Worte der beiden ins Leere laufen, wenn er statt einer freundschaftlichen Erwiderung, ja statt überhaupt irgendeiner Antwort ihnen einen wenig dankbaren Auftrag gibt. Wie hängen nun die beiden so ungleichen Teile des Gedichtes zusammen?[15] Einen Hinweis zum Verständnis dieses Zusammenhangs scheint Vers 21 zu

positiveren Einstellung Caesar gegenüber für möglich. Aber die andere Beleuchtung in diesem Gedicht kann auch allein stilistische Gründe haben.

[12] Nach Bedenken von Ellis und Friedrich zweifelt R. G. M. Nisbet, Proc. Camb. Ph. Soc. 24 (1978) 94 f. an dem überlieferten *quaecumque:* zunächst scheint sich das Wort an den Plural Neutrum *omnia haec* glatt anzuschließen, aber das unbestimmte *quaecumque* paßt schlecht zu einem bestimmt zusammenfassenden *omnia haec*, und auch inhaltlich ergäbe es einen Bruch; *omnia haec* faßt die genannten Länder zusammen, *quaecumque* könnte aber nur die Gefahren meinen, die von den Göttern verhängt werden. Nisbet schlägt darum *quacumque* vor. Bereits Weinreich übersetzte übrigens (freilich ohne den Text zu ändern): „wie göttlicher Ratschluß auch es fügt."

[13] Auch Horaz c. 2, 6, 5 ff. erwidert auf vergleichbare Beteuerungen nicht direkt, sondern setzt den lauten Worten einen leisen persönlichen Wunsch entgegen. Aber die Fortsetzung ist dann sehr versöhnlich: Er zieht den seine Bereitschaft so leidenschaftlich betonenden Freund sacht und liebevoll in seine stillere Welt hinüber.

[14] Cf. Quinn ad l.

[15] Ausschalten kann man wohl die These Quinns, Int. 174–177, Catull habe tatsächlich eine Reise vorgehabt und habe sich entweder Crassus im Osten oder Caesar im Westen anschließen wollen und den Gefährten, die mit ihm ziehen wollten, erst noch einen unaufschiebbaren Auftrag gegeben. Wenn das so gewesen wäre, hätte Catull erst einmal freudig bejahend auf das Angebot eingehen müssen und hätte dann erst seine Bitte vorbringen können. Die fehlende Antwort auf die Beteuerungen der beiden kann nur provozierend gemeint sein. Auch wenn die Zeitlage auf die Ausgestaltung des poetischen Topos eingewirkt hat, berechtigt das schwerlich dazu, aus einer üblichen bildlichen Form dichterischen Sprechens einen realen Reiseplan herauszulesen. Etwas vorsichtiger in der Beschreibung der Gedichtsituation ist Th. Mommsen, Römische Geschichte, Bd. 3, Berlin [9]1903, 334 f. (Anm.). Er glaubt,

geben: *nec meum respectet, ut ante amorem.* Das klingt wie das Abweisen einer Anfrage, ob Lesbia noch mit Catulls Liebe rechnen könne.[16] Dies führt auf die Gedichtsituation, daß Furius und Aurelius als Boten Lesbias[17] mit dieser Anfrage erschienen sind, dabei Catull sehr wortreich ihrer Freundschaft versicherten und nun auf Antwort warten. So allein wird das Mißverhältnis zwischen Anrede und Auftrag verständlich: Das Pathos ist also nicht echt, die Übersteigerung der Freundschaftsbeteuerungen soll ihre Hohlheit entlarven; und darauf paßt dann die unmittelbar folgende barsche Absage sehr wohl: Wenn Catull auf wortreiche Beteuerungen so reagiert, zeigt er, daß ihn von dieser Seite her nichts mehr rühren und beeindrucken kann.

Ein solch ironischer Charakter der ersten Strophen,[18] daß also Catull diesen überpathetischen Freundschaftsbeteuerungen fremd und abweisend gegenübersteht, paßte auch besser zu der Rolle, die Furius und Aurelius sonst in seinem Gedichtbuch spielen.[19] Immer wieder fällt er über die beiden her, höhnt und beschimpft sie, nennt den einen einen Hungerleider und Schuldenmacher und droht dem anderen, wenn er seinen Knaben anrühre, mit gröbster Mißhandlung.[20] Man hat das als etwas derbe Scherze unter Freunden erklären wollen. Ich weiß nicht, Scherze unter Freunden klangen auch damals anders.[21] Eine andere Erklärung ist, daß sich die Beziehungen mit der Zeit gewandelt hätten;[22] aber hätte dann Catull in seinem Gedichtbuch die beiden unvereinbaren Sichtweisen ohne Erklärung in benachbarten Gedichten vorführen können?

Die *pauca . . . non bona dicta* bringt die 5. Strophe. Das formelhafte *vivat valeat* hat auch sonst die Bedeutung einer harten Distanzierung, eines betonten Schlußstrichs.[23] Und dann ist jedes Wort eine grausame Schmä-

Catull persifliere hier die Rolle eines aus seiner Spelunke in ein Feldlager eilenden Glücksritters, wie sie damals die Hauptquartiere der neuen Machthaber bevölkerten.

[16] Es ist also eine veränderte Situation gegenüber c. 8. Damals, als Lesbia Catull mied und nichts mehr von ihm wissen wollte, wäre ein Satz wie hier der in Vers 21 sinnlos gewesen; cf. Kroll introd.

[17] Wilamowitz, Hell. D. 2, 307, faßt die Rolle der beiden so auf, daß sie „in die Sphäre" gehören, „in die jetzt Lesbia gesunken ist".

[18] Cf. Bährens introd.; Weinreich, Distichen 21 „der ganze parodistisch-pathetische Eingang der Ode"; Commager WdF 231; Salvatore 80f.; Ronconi, Studi 174f.

[19] Wilamowitz loc. cit. betont dieses Argument.

[20] c. 15. 16. 21. 23. 24. 26.

[21] Cf. c. 14; Hor. epo. 3.

[22] Das ist die Meinung von Kroll introd. und M. Schuster RE s. v. ›Valerius‹ Sp. 2371.

[23] Sehr resigniert ist *vivat valeat* Ter. And. 889. Eine entschlossene Trennung

hung: Das *cum moechis,* die Unzahl der Liebhaber, das *simul complexa tenet.* Und am schlimmsten ist das Strophenende; Lesbias Liebesleben wird auf primitive, nimmersatte Ausschweifungen reduziert *(identidem, ilia rumpens);* sie scheint sich in nichts mehr von einer Straßendirne zu unterscheiden.[24] Die Sprache bleibt nüchtern und hart, kein Adjektiv bildet mehr einen Ruhepunkt, knappe Verbalaussagen in kurzen Kola bestimmen den Eindruck. Alliterationen finden sich noch *(vivat valeat; tenet trecentos),* aber auch dieses Sprachmittel wirkt hier hart und entschlossen.

Aufhorchen läßt in der Strophe allein *nullum amans vere;*[25] in diesen Worten steht unvermutet wieder das Ideal vor uns, an dem Catull Lesbia gemessen und für zu leicht befunden hatte. Das bereitet auf Catulls Worte über seine Liebe in der nächsten Strophe vor, auf die Lesbia nicht mehr rechnen könne; sie sei ja durch ihre Schuld zerstört worden. Aber bei diesen Worten *qui illius culpa cecidit* tritt gerade durch den harten Wortklang unvermutet wieder der Schmerz zutage, den Catull bisher in diesem Gedicht so vollkommen unterdrückt hatte. Und noch klarer tritt er in dem dichterischen Vergleich hervor, mit dem das Gedicht ausklingt. Der Vergleich der grausam zerstörten Liebe mit einer Wiesenblume, die der vorbeiziehende Pflug geknickt hat, ist ein lyrischer Klang, den Catull wahrscheinlich Sappho verdankt.[26] Durch dieses Bild wird nichts zurückgenommen, eine geknickte Blume ist nicht mehr zum Blühen zu bringen; aber die ganze Schönheit der Liebe, ihr Glanz und ihre Verlockung, ist durch das Bild doch unvermerkt wieder in Catulls Gedicht getreten. Und das ist wohl die poetische Mitte des Gedichts: Hinter dem falschen Pathos falscher Freunde, hinter der Willensanstrengung kalter Verachtung erscheint auf einmal der wahre Catull, für den die Liebe alles war und in dem noch immer ein bohrender Schmerz um ihren Verlust brennt.

oder eine gleichgültige Distanzierung bedeutet *valeat* Plaut. Amph. 928; Ter. Ad. 622; Cic. n. d. 1,124; Hor. epi. 2,1,180. In c. 8,12 war das *vale, puella* noch ein gutes Stück persönlicher.

[24] Sehr ähnlich ist c. 58,4f.

[25] Auch in c. 58 steht neben der Schmähung als Dirne die Erinnerung, wie sehr er einst diese Frau geliebt hat.

[26] Motivähnlich ist in einem Hochzeitsgedicht der Sappho der Vergleich mit einer dunklen wilden Iris, die Hirten zu Boden getreten haben (fr. 105 c LP). Auf Sappho weisen auch Catulls Vergleiche in einem seiner Hochzeitsgedichte, in dem eine sorgsam gehütete, von keinem Tier und keinem Pflug berührte Blume einer geknickten gegenübergestellt wird (c. 62,39–44). Cf. D. Page, Sappho and Alcaeus, Oxford [2]1959, 121; Quinn ad l.; E. Fraenkel, Journ. of Rom. Stud. 45 (1955) 5f.

12. Gedicht

Catull wirft hier Asinius Marrucinus,[1] dem Bruder des später als Politiker und Schriftsteller weithin bekannten Asinius Pollio, den Diebstahl eines feinen spanischen Tafeltüchleins vor und fordert dringend die Rückgabe. Das ist ein seltsames Sujet. Gewiß gibt es auch sonst vor allem Epigramme, die Diebe bei Gastmählern brandmarken,[2] aber seltsam ist doch, daß dieser Vorwurf gegenüber einem namentlich genannten Mitglied der römischen Oberschicht erhoben wird.[3] Was soll die Publizierung eines derart nichtigen, aber nichtsdestoweniger beschämenden Vorfalls? Man fragt sich vergeblich, worin der Witz einer solchen Bloßstellung liegen könne.

Das Verständnis des Gedichtes wird durch Marrucinus' persönliche Beurteilung des Vorfalls in den Versen 4–6 ermöglicht: Er selbst hält sein Unternehmen für ausgesprochen witzig[4] und kann gar nicht glauben, daß man es auch anders beurteilen könne. Der gewiß nicht unvermögende junge Mann hat also keinen unverständlichen Diebstahl begangen, sondern Catull durch das Verschwinden des Tüchleins, auf das sich sein Besitzer vielleicht etwas zugute tat,[5] foppen wollen. Catull rügt also keinen Verstoß gegen die guten Sitten, sondern einen gegen den guten Geschmack.

[1] Zu der Möglichkeit, das Herkunftsland als Cognomen zu wählen cf. Fordyce introd. Daß Marrucinus Cognomen ist, wird durch das gegenüberstehende Cognomen des Bruders nahegelegt.

[2] In der A. P. findet sich erst unter dem Namen des Lukillios, der zahlreiche Epigramme auf Diebe verfaßt hat, ein in etwa vergleichbares Gedicht: A. P. 11,315. Bei Catull selbst: c. 25, bei Martial: 8,59 und 12,28.

[3] Der Großvater der beiden Brüder war Anführer der Marruciner im Bundesgenossenkrieg, in dem er 90 v. Chr. fiel; cf. Liv. per. 73; R. Syme, The Roman Revolution, Oxford ³1956, 91. Asinius Pollio war bei Ausbruch des caesarischen Bürgerkriegs so in die Streitigkeiten der römischen Nobilität verwickelt, daß er nicht neutral bleiben konnte; cf. seinen Brief in Cic. fam. 10,31,2f.; R. Syme op. cit. 6; 92. Dies zeigt, daß er, den Familientraditionen entsprechend, früh im politischen Leben stand und nicht erst durch Caesar hochgekommen ist. Eine Beziehung zu dem neoterischen Kreis wird auch durch das Propemptikon, das Cinna für ihn geschrieben hat (fr. 1–5 Morel), deutlich.

[4] Marrucinus hielt sein Tun offenbar für einen derben, kräftigen Scherz, den man mit *sal* oder *sales* bezeichnen konnte: Hor. s. 1,7,28; 1,10,3f.; a. p. 271; Phaedr. 5, 5, 8. Ähnlich nennt Horaz s. 1, 9, 65 einen Freund, der ihn mit einem unangebrachten Scherz ärgerte, *male salsus.* Und Catull charakterisiert ein Mädchen, dem er Mangel an Takt vorwirft, c. 10, 33 als *insulsa.* Cf. Lenchantin p. 29.

[5] Daß das Tüchlein auch kostbar war, zeigt v. 12 *me non movet aestimatione.* Noch in der Kaiserzeit zog man die Leinen von Saetaba allen anderen vor: cf. Plin. n. h. 19,9; Fordyce ad 14.

Diese Absicht erkennt man auch an den Worten, mit denen Catull Marrucinus sein Verhalten verweist. Mit *non belle, ineptus* und *invenustus* wird der angebliche Scherz als unpassend und unfein abgestempelt,[6] und auch *sordidus* muß kein moralischer Vorwurf sein,[7] sondern kann ebenfalls einen Mangel an Lebensart bezeichnen. Schließlich wird das Gegenbeispiel, der junge Pollio,[8] nicht als Beispiel für bessere Moral eingeführt, sondern als junger Mann mit einem feineren Sinn für das, was sich schickt und was wirklich urbanes Scherzen ist: *leporum differtus*[9] *ac facetiarum.*[10] Ein solches Abwägen in Fragen des rechten Verhaltens, das wohl gewagt, aber nie geschmacklos sein durfte, findet sich bei Catull auch sonst und spiegelt wohl Interessen seines Kreises wider; einmal rechtet er sogar mit Lesbia über die rechte Einschätzung in einer solchen Frage, und bezeichnenderweise verwendet er dabei einen ganz ähnlichen Wortschatz: *iocose, lepide, illepidus, invenustus.*[11]

Catull bringt nun diese Unterscheidungen in Fragen des rechten Geschmacks keineswegs trocken-pedantisch vor, sondern er schafft eine lebendige Redesituation. Wie in hellster Empörung redet er auf Marrucinus ein. Eine ganze Flut von Hohn und Spott ergießt sich über ihn. Sobald der Anlaß genannt ist, überstürzen sich in den Versen 4 ff. die Worte und Sätze

[6] Mit der Bemerkung *belle* lobte man etwas, was man hübsch oder passend fand; mit einem *non belle* tadelt z. B. Cic. Att. 5, 17, 6 oder Hor. s. 1, 4, 136 etwas Unfeines oder Unpassendes. *Ineptus* wird ein Mensch besonders dann genannt, wenn er keinen Sinn für das hat, was sich gehört: c. 39, 16; Cic. red. sen. 13; Hor. s. 1, 6, 16. *Invenustus* ist schon Plaut. Poen. 246 ein Synonym von *insulsus.*

[7] *Sordidus* muß keine moralische Wertung sein; es bezeichnet oft nur einen niederen sozialen Stand und das davon zeugende Benehmen, z. B. Cic. de inv. 2, 115; Qu. fr. 3, 4, 1; off. 1, 150.

[8] C. Asinius Pollio wurde im Jahre 76 geboren, war also wesentlich jünger als Catull. Als Sohn aus bekanntem Haus war er aber offenbar schon in sehr jungen Jahren in der Gesellschaft bekannt und begann dann auch früh eine öffentliche Tätigkeit: Tac. dial. 34, 7; cf. Schwabe 301.

[9] Bardon setzt wieder *disertus* (G und R) in den Text. Aber *disertus* ergibt weder einen befriedigenden Sinn – man erwartet hier Worte, die Pollios sicheren Geschmack charakterisieren –, noch scheint es mit den beiden Genitiven verbunden werden zu können; cf. Fordyce ad 8. Zudem könnte Passerats gut passendes *differtus* angesichts der häufigen Verwechslungen von *s* und *f* auch der Lesart des Oxoniensis dissertus zugrunde liegen; cf. Bährens ad 8.9. Auch die spondeische Basis spricht für *differtus.*

[10] Die das gegensätzliche Wesen des Bruders Pollio charakterisierenden Worte *lepos* und *facetiae* stehen als Bezeichnung eines charmanten, gefälligen Wesens auch sonst gern nebeneinander: c. 50, 7 f.; Sall. Cat. 25, 5; Cic. Cluent. 141; Vell. 1, 17, 1.

[11] c. 30, 10 und 17.

geradezu. Erst am Schluß des Abschnittes, in den Versen 6–9, in denen auf das Beispiel des Bruders Pollio verwiesen wird, wird der Satzrhythmus ruhiger. Ein längeres Satzgebilde tritt an die Stelle der bisherigen Kurzkola; auch inhaltlich bildet die kontrastierende Gestalt Pollios einen Halt; die erste heftige Bewegung des Gedichtes kommt hier zur Ruhe.

Quare zu Beginn von Vers 10 signalisiert einen Neueinsatz. Catull droht nun: Wenn der wenig witzige Tischgenosse das Tüchlein nicht herausgebe, werde er zur Zielscheibe seiner Spottgedichte werden.[12] Dieser Neueinsatz beginnt, der drohenden Haltung entsprechend, wieder entschlossen und erregt: Sehr resolut wird durch das *aut-aut* Marrucinus vor die Wahl gestellt, seine Beute herauszugeben oder die schreckliche Vergeltung des Jambendichters herauszufordern.

Dann aber, wenn Catull in den letzten Versen des Gedichtes den Grund für seine starke Erregung nennt, wird die Sprache merklich ruhiger. Es ist, wie wenn er die Gefahr gespürt hätte, daß auch er selbst den Ton urbanen Scherzens verfehle, wenn er mit dem Schelten und Drohen in der gleichen Lautstärke fortführe. So kehrt er nun hervor, daß ihn keineswegs der Geldwert des Tüchleins in eine solche Aufregung versetzt habe, sondern nur der persönliche Wert: Es sei ein Geschenk lieber Freunde. Und wie oben an das Ende der ersten Verspartie in der Gestalt des weltmännischen Pollio ein Kontrastbild des rechten Benehmens gesetzt war, so bildet auch am Ende der zweiten Versreihe die Vorstellung lieber, ja schwärmerischer Freundschaft ein Gegenbild zu den verletzenden und unfeinen Scherzen des Marrucinus.

Hübsch ist, wie auch in der Sprache das Freundschaftsgefühl und die Wertschätzung ihres Geschenkes zum Ausdruck kommen: Die Namen der Freunde werden liebevoll wiederholt, der eine in einer Koseform; und der griechische Ausdruck[13] *mnemosynum* ist sonst im Lateinischen nicht überliefert, hatte also vermutlich einen ungewöhnlichen Klang. Auch Alliterationen erhöhen den Klang der Schlußverse: *mnemosynum mei, sudaria Saetaba, miserunt mihi munera.*

[12] Vergleichbar ist die Drohung mit einem jambischen Angriff in c. 40. Catull stellt sich hierdurch deutlich in die Nachfolge des Archilochos; cf. Hor. epo. 6, 11 ff.

[13] In der griechischen Liebessprache ist es das Wort für ein Liebeszeichen, das an den fernen Geliebten erinnert: A. P. 12, 68, 7 (Meleagros).

13. Gedicht

Von Fabullus hatte das 12. Gedicht berichtet, daß er zusammen mit dem Freund Veranius in der fernen Provinz Catulls gedachte und ihn mit einem hübschen Geschenk erfreute. Inzwischen ist er in Rom, so daß ihn Catull in sein Haus einladen kann. Die Stellung des Gedichtes in der Nähe der Gedichte 9 und 12 kann dem Wunsch entspringen, daß sie sich gegenseitig etwas beleuchten sollen;[1] unser Gedicht wäre dann eine Art Gegenstück[2] zu c. 9: In c. 9 begrüßte Catull den einen Freund bei der Rückkehr, nun lädt er den anderen ein.

Im Hintergrund der eigentümlichen Art der Einladung steht ein literarischer Topos, den Catull auf seine Weise umgestaltet. Seit einem Fragment des Bakchylides findet sich in einer Reihe von Einladungsgedichten[3] immer wieder folgende Gegenüberstellung: Ein schlichter Gastgeber, der an äußeren Genüssen nicht viel zu bieten hat, verspricht etwas viel Besseres: Herzliche Freundschaft, ein anregendes Gespräch und vielleicht auch geistige Genüsse, die den Gast erwarten. Eventuell fordert der bescheidene Gastgeber den reicheren Gast auch auf, wenn ihm das Gebotene nicht genüge, selbst Besseres mitzubringen.[4]

Catull nimmt nun wesentliche Motive dieses Topos auf,[5] aber er spielt mit ihnen sehr frei, so daß sein Gedicht einen sehr veränderten Charakter bekommt. Schon die äußere Situation erhält wenig Ernsthaftigkeit: Anstatt daß, wie es bei einer wirklichen Einladung nötig ist, Zeit und Stunde genannt würde,[6] lädt Catull denkbar vage „für die nächsten Tage“ ein.[7] Un-

[1] Die beiden sind auch in c. 28 und 47 verbunden. Dort wird berichtet, daß sie gleichzeitig mit Catulls bithynischer Reise eine Provinztätigkeit unter einem Statthalter Piso ausgeübt haben. Wie in der Einleitung dargelegt wurde, fallen diese Ereignisse vermutlich in eine Zeit nach unserem Gedicht.

[2] Cf. Fordyce introd.

[3] Bacch. fr. 21 Sn; daß es sich um ein Einladungsgedicht handelt, zeigt der Kontext, in dem das Fragment überliefert ist: Ath. 500 B. Ferner: A. P. 11,44 (Philodemos); Hor. epi. 1,5. Auch in Hor. c. 1,20 ist der Topos noch erkennbar. Eine Widerspiegelung der Situation in einer mythischen Szenerie zeigen Call. fr. 54; 240–252 Pf; cf. Williams 127.

[4] A. P. 11,44,7f.

[5] Williams 127 betont, daß Catulls Parodie eines Einladungsgedichtes den ernsthaften Typ eines motivähnlichen Einladungsgedichtes voraussetzt.

[6] Wie in A. P. 11,44 und Hor. epi. 1,5.

[7] Das vorwegnehmende Futur ist bei Einladungen geläufig, z. B. Plaut. Curc. 728; Mart. 11,52; Hor. epi. 1,7,71. Diese Sprechgewohnheit gibt den Futuren hier fast den Charakter einer Einladung, auch wenn sie strenggenommen von

gewöhnlich ist auch für eine alltägliche Einladung die Wendung: *si tibi di favent,* als ob nur einem besonderen Götterliebling ein Glück wie das in Aussicht stehende zuteil werden könne.[8] Und dann fällt man von einem Erstaunen ins andere. Daß ein schlichter Gastgeber nur weniges anzubieten vermag, entspricht dem Topos; daß er aber rein gar nichts hat, daß der Gast vom reichlichen Essen bis zum Wein und der Mädchenunterhaltung alles beibringen muß, ist doch seltsam. Aber Catull geht noch darüber hinaus; während sonst der Mangel an leiblichen Genüssen durch die Aussicht auf anregende Gespräche und musische Unterhaltung kompensiert wurde, soll hier der Gast auch noch für Geistesblitze und Scherze[9] sorgen. Und Catull hat es nun keineswegs eilig, unserem wachsenden Erstaunen über eine so seltsame Einladung zu Hilfe zu kommen und eine Erklärung zu liefern. Statt dessen rekapituliert er[10] in Vers 6–8 wie das Selbstverständlichste von der Welt, daß der Gast alles mitbringen müsse, wenn er einen vergnügten Abend mit ihm verbringen wolle. Und Catulls Entschuldigung, sein Geldbeutel sei leer,[11] wäre vielleicht eine Begründung für ein schlichtes Mahl; daß der Freund aber alles allein bestreiten soll, wird so kaum triftig erklärt.

Nachdem unsere Erwartung so lange hingehalten wurde, führt Catull Vers 9ff. mit einem stark entgegensetzenden, den Neueinsatz betont markierenden *sed contra*[12] das vor, was er dem Freund bieten will. Das ist einmal seine warme Zuneigung,[13] wie sie ja auch sonst gerne in diesem Zusammenhang versichert wurde. Aber damit ist hier unsere gespannte

einer Bedingung abhängig gemacht wird. Cf. E. Fraenkel, Horace, Oxford 1957, 214 n. 2.

[8] Die Redewendung ist an sich bei einem Gastmahl zu hochgegriffen. Passend sind solche Wendungen dann, wenn etwas Riskantes unternommen wird, bei dem der Ausgang nicht sicher ist: Plaut. Capt. 454; Poen. 910; Ov. met. 4,702.

[9] Mit ähnlichen Worten beschreibt Lukrez 5,1397f. eine heitere Geselligkeit: *tum ioca, tum sermo, tum dulces esse cachinni / consuerant.*

[10] Ein solches rekapitulierendes *inquam* hat den Tonfall des gesprochenen Wortes, einmal gebraucht es Horaz um einer ähnlich übermütigen Wirkung willen in den Oden: c. 2,8,13.

[11] Der anschauliche Ausdruck, in dem Geldbeutel seien nur Spinnweben, ist redensartlich; cf. Cratinus fr. 190 K; Plaut. Aul. 84; Afranius fr. 410 Ribbeck; Otto 34.

[12] Ein solcher starker Gegensatz ist im Topos vorgeprägt: Bacch. fr. 21,3; A. P. 11,44,5.

[13] Als Bezeichnung für die subjektive Zuneigung scheint *amores* am natürlichsten zu deuten zu sein; cf. M. Schuster, Wien. St. 44 (1924/5) 232; Fordyce ad 9. Der Plural bedeutet eine emotionale Steigerung des Ausdrucks, etwa wie Verg. ecl. 9,56; A. 1,350; 4,28 (cf. A. S. Pease ad l.); Tib. 1,2,59; 2,2,11 (cf. K. F. Smith ad l.).

Erwartung wohl nicht erfüllt. Daß die beiden einander zugetan waren, zeigten oben Vers 1 und 7 ja schon die vertrauten Worte *mi Fabulle* und *tui Catulli;* aber ein so herzliches Gefühl, so möchte man meinen, hätte sich doch auch etwas in einer kleinen Anstrengung zur Gestaltung des gemeinsamen Abends äußern dürfen. Und es kommt tatsächlich noch ein zweiter Beitrag: Mit einem noch allgemeinen, die Aufmerksamkeit weckenden *seu quid suavius elegantiusve est* vorbereitet, verspricht Catull für das Fest ein Parfüm beizusteuern, das er aus Lesbias eigener Hand hat und in dem der Zauber aller Liebesgottheiten eingeschlossen sei. Und er fügt verheißungsvoll hinzu, wenn der Freund diesen Duft einatme, werde er die Götter bitten, ihn ganz und gar in eine Nase zu verwandeln.[14]

Bei dieser Auflösung der Gedichtspannung fragt man sich heute vielleicht, ob sich Catull hier über seinen Freund lustig machen wollte; denn ein Parfüm erscheint uns wohl als ein etwas dürftiger Ausgleich für all die vom Freund erwarteten Bemühungen, auch wenn man weiß, daß in der Symposionsdichtung neben den anderen Vorbereitungen regelmäßig auch für Parfüms gesorgt wurde[15] und daß Parfüms auch im Leben eine Rolle spielten.[16]

Einen Schlüssel zum Verständnis liefert die Tatsache, daß ein kostbares Parfüm außerordentlich teuer sein konnte.[17] So galt ein Gebrauch exotischer Parfüms und Salben als Zeichen von Luxus und Verschwendung,[18] und für den Kaufpreis eines teueren Parfüms hätte man ohne weiteres die Kosten eines üppigen Gelages bestreiten können. Catull gibt sich hier als Bohemien, dem das Geld recht gleichgültig ist, der wohl einmal kein Geld mehr im Beutel haben mag, der aber im gleichen Augenblick etwas ungemein Wertvolles lachend verschleudert. Dabei ist der Geldwert des Parfüms nicht einmal das Entscheidende: Einen unberechenbaren zusätzlichen Wert hat es für ihn dadurch, daß er es aus der Hand der Geliebten hat; seine

[14] Eine völlig vergleichbare Wendung gibt es nicht. Herond. 6,16 sagt einmal von Sklaven, sie seien nur Ohr und Zunge. Cf. Wheeler 233.

[15] Die zahlreichen Erwähnungen bei Horaz sammelt J. Marquardt, Das Privatleben der Römer, Leipzig ²1886, 785 n. 3.

[16] J. Marquardt, op. cit. 782–786, beleuchtet die Bedeutung von Parfüms und Salben im damaligen Rom.

[17] J. Marquardt, op. cit. 784, sammelt die von Plin. nat. h. angegebenen, teilweise ganz erstaunlichen Preise für die diversen Grundstoffe.

[18] Die Zensoren des Jahres 89 v. Chr. verboten in Rom die *unguenta exotica;* cf. Plin. nat. h. 13,24. Für Cic. Cat. 2,5 sind solche Salben ein besonders typisches Erkennungszeichen der *delicata iuventus,* die sich um Catilina gesammelt hatte. Für Horaz ist c. 2,7 der verschwenderische Umgang mit einer teueren syrischen Salbe ein Zeichen einstiger jugendlicher Ausgelassenheit, auf die er staunend zurückblickt.

Reize müssen darum unaussprechlich sein.[19] In der übermütigen Gegenüberstellung dieses Gedichtes zeigt Catull so einige für ihn sehr bezeichnende Positionen auf: In einer Gesellschaft, in der man alles nach seinem Nutzen und seiner Zweckmäßigkeit berechnete, setzt er ganz persönliche Wertungen; ein ausgefallener Reiz, eine persönliche Assoziation können ihm viel wichtiger sein als das, was man im allgemeinen in einer bestimmten Situation für wichtig hielt.

Daß es in dem scheinbar nur launigen und übermütigen Spiel des Gedichtes auch auf persönliche Wertsetzungen ankommt, wird durch die Wahl bestimmter Worte unterstrichen, mit denen Catull auch sonst seine gesellschaftlichen Urteile formuliert. *sal* und *cachinni,* die zum Gastmahl gewünscht werden, bezeichnen für Catull auch sonst den gelösten und heiteren Ton der Gesellschaft, die er liebt.[20] Und in der Anrede *venuste* ist der reizende, charmante Mensch gemeint, der sich in dieser Gesellschaft bewegen kann.[21] Das Attribut *elegans* aber, mit dem das Parfüm bedacht wird, erhalten die Personen und Dinge, die von dieser Gesellschaft anerkannt werden.[22]

So ist das ganze Gedicht fast etwas wie eine spöttisch geistreiche Umkehrung der üblichen Wertungen, die in Catulls Umwelt die Maßstäbe bestimmten. Man meint fast, Catull habe in diesem Gedicht den 'gesunden Menschenverstand' seiner Umgebung, der ihm oft genug auf die Nerven gegangen sein mochte, bewußt provozieren wollen. Aus der schlichten Gegenüberstellung des literarischen Topos ist etwas wesentlich Diffizileres geworden.

14. Gedicht

Witzig, geistreich, spielerisch sollte Dichtung nach der Überzeugung Catulls und seines Kreises sein. Wer diesem Maßstab nicht entsprach und in der alten schwerfälligen Weise verharrte, wurde unbarmherzig als misera-

[19] Etwas verwundert bin ich über die Auffassung von Quinn ad 11–12, mit dem Parfüm sei im Grunde der verzaubernde Hauch Lesbias selbst – offenbar im Sinne von Hor. c. 2, 8, 23 f. oder von dem ausdrücklich zitierten Prop. 2, 19, 15–18 – gemeint. Catull war doch nicht Lesbias Zuhälter! *(accipies!)*

[20] Besonders c. 50, 8 f. Hier ist sogar das Wort *scurra* im Gegensatz zu der üblichen negativen Bedeutung (Plaut. Most. 14; Hor. epi. 1, 15, 28) positiv im Sinn rechten gesellschaftlichen Tones gebraucht.

[21] Die *homines venustiores* umschrieben in c. 3, 2 die Menschengruppe, die mit Catull den Sinn für Feineres teilt.

[22] Cf. Fordyce ad c. 43, 8.

bler Literat bloßgestellt.[1] Beides, spielerische Leichtigkeit in der Gestaltung und verächtliches Verwerfen von Unkunst, ist in diesem Gedicht an den Dichterfreund Calvus vereint, das in einem Feuerwerk von Witz und Laune einige literarische Neuerscheinungen verhöhnt.

Die ersten Verse scheinen gegenüber Calvus, dem Catull herzlich verbunden war,[2] einen sehr ernsthaften Vorwurf zu erheben: Er habe ihm ein empörendes Geschenk geschickt, das den ärgsten Haß verdiente, wenn er nicht ein so lieber Freund wäre. Die beiden Seiten dieser Antithese, die Liebe und die Empörung, werden dabei stark betont. Einerseits liebt ihn Catull wie seinen Augapfel[3] und nennt ihn den allerliebsten Freund,[4] andererseits verdiente er eigentlich den Haß, mit dem ihn Vatinius, sein grimmigster politischer Feind, haßt.[5] Vers 4f. steigert den Ton des Vorwurfs noch, wenn Catull fragt, was er denn getan oder gesagt habe, daß ihm der Freund das antue. Auch in der sprachlichen Formulierung klingen die Vorwürfe sehr empört.[6]

Die Heftigkeit des Vorwurfs, mit dem das Gedicht einsetzt, hat die Aufmerksamkeit des Lesers geweckt; man fragt sich, was das denn für ein Geschenk war, das eine so liebe Freundschaft so sehr in Gefahr gebracht hat, und man ist dann Vers 5 ungemein verblüfft, wenn man erfährt, daß es Gedichte verschiedener Autoren waren,[7] die Calvus Catull schickte und die bei ihm eine so heftige Reaktion auslösten. Ein so pathetischer Ausbruch über einen so geringfügigen Anlaß scheint grotesk. Aber so soll die Situation auch erscheinen. Natürlich ist Catull nicht ernsthaft über den Freund erbost, er mimt vielmehr ein so fürchterliches Entsetzen über eine literarische Neuerscheinung, um so den Charakter dieser in seinen Augen schauerlichen Verse auf höchst drastische Weise dartun zu können.

Vermutlich war sich Calvus in der Beurteilung dieser Verse mit Catull

[1] Cf. c. 22; 36; 95.

[2] Cf. c. 50; 53; 96.

[3] Auch c. 50, 19 nennt er ihn *ocelle,* Augapfel. Der Vergleich ist als Liebesbeteuerung üblich: A. P. 5, 122, 1f. (Diodoros); [Mosch.] 4, 9; Cat. c. 104, 2; cf. Cic. Tusc. 3, 72. Sie ist also eine sehr herzliche Freundschaftsversicherung. Cf. Call. hy. 3, 210f.; Ter. Ad. 903; Cic. Brut. 295.

[4] Auch c. 50, 16 spricht er Calvus so an; cf. Hor. s. 1, 3, 93 und 1, 5, 44.

[5] Diese Auffassung der Stelle ist wohl am natürlichsten, es ist ja von einem sich gegen Calvus richtenden Haß die Rede; cf. Bährens ad l.

[6] Den beabsichtigten pathetischen Ton zeigen Vergleiche: cf. mit *odio odisse* Liv. 2, 58, 5, mit dem Doppelausdruck v. 4 c. 76, 7f., mit dem Vorwurf v. 4f. Plaut. Men. 490.

[7] *libellus* v. 12 deutet auf eine Buchrolle, also wohl auf eine Anthologie verschiedener Autoren.

völlig einig. Wenn er ihm wirklich diese Verse zu einem Saturnalientag geschickt haben sollte,[8] war es eben ein Saturnalienscherz in der sicheren Annahme, der Freund werde ihn durchschauen. Catull nähme dann in seiner Antwort das Geschenk scheinbar ernst, verriete aber gerade durch die Übertriebenheit seiner Reaktion, daß er den Freund sehr wohl verstand. Viel wahrscheinlicher ist, daß Catull die ganze Situation erfunden hat, um eine lebendige Gesprächssituation zu schaffen. Zwei ähnlich übertreibend das Entsetzen über zugesandte schlechte Verse äußernde Epigramme des Lukillios[9] legen es nahe, daß Catull hierbei leichthin einen literarischen Topos aufgriff. Das entscheidende Thema des Gedichtes ist jedenfalls die Kritik literarischer Neuerscheinungen;[10] der Vorwurf an den Freund ist ein Darstellungsmittel, um die Kritik wirkungsvoll vorbringen zu können.

Daß eine lautstarke Empörung in eine Verwünschung übergeht, ist natürlich.[11] Wenn also Vers 6 mit einer geprägten Verwünschungsformel[12] neu einsetzt, erwartet man, daß über Calvus' Haupt ein neues Donnerwetter niedergehe. Aber Catull lenkt die Verwünschung mit leichter Hand in eine andere Richtung. Die Götter sollen nicht Calvus Böses schicken – einen solch üblen Wunsch kann er gegenüber seinem lieben Freund offenbar auch nicht im Scherz vorbringen –, sondern einem Klienten, einem 'Schulmeister'[13] Sulla,[14] von dem Calvus das Buch wohl erhalten habe. Dieses Vorschieben eines Blitzableiters bleibt durchaus im Bereich literarischer Auseinandersetzung. Catull will hier einem Kritiker, der zeitgenössische Lite-

[8] In der Kaiserzeit sind Bücher als Saturnaliengeschenk gang und gäbe: Stat. s. 4,9; Mart. 5,18,4; 5,30,5f.; 14,183–196. Catulls Verse deuten darauf hin, daß es den Brauch wenigstens in Literatenkreisen schon in Catulls Zeit gab; cf. Schwabe 255.

[9] A. P. 11,135 und 136; das Motiv wird schon vor Lukillios in griechischen Epigrammen vorgekommen sein.

[10] Daß der wesentliche Inhalt des Gedichtes die Abrechnung mit miserablen Dichtern ist, wird von E. Fraenkel, Wien. St. 69 (1956) 278ff. und V. Buchheit, Herm. 87 (1959) 309ff. = WdF bes. 40f. betont.

[11] Cf. c. 28,14f.

[12] Das Formelhafte zeigt ein Vergleich mit c. 28,14f., Plaut. Most. 655 und Ter. Phorm. 976.

[13] Das Wort *litterator* bezeichnet eigentlich mehr den Elementarlehrer, wird dann aber auch verächtlich für einen *grammaticus* gebraucht. So bezeichnete Messalla den berühmten Valerius Cato mit diesem verächtlichen Wort: Suet. gramm. 4; cf. Gell. 16,6 und 18,9,2.

[14] Wie nach Muretus Ellis introd. und Neudling 165 vermuten, könnte es Sullas Freigelassener Cornelius Epicadus gewesen sein, über den Suet. gramm. 12 schreibt. Bei seinen engen Beziehungen zu Sulla Vater und Sohn könnte man ihm deren Cognomen gewissermaßen als Erkennungszeichen angehängt haben.

ratur förderte und verbreitete, die unserem Dichter wenig gefiel, einen Seitenhieb versetzen; nach Sueton, gramm. 2, war es in Rom ja eine typische Aufgabe der 'Grammatiker', auf noch wenig bekannte Literatur durch Lesungen und Erklärungen hinzuweisen. Nebenbei erfuhr der zeitgenössische Leser durch die Nennung Sullas natürlich auch, welche Autoren bei Catull ein solches Entsetzen ausgelöst haben; denn Sulla wird eine ganz bestimmte Richtung gefördert haben.

Sehr spielerisch ist dann die Weiterverfolgung dieses Seitenmotivs in den Versen 8–11. Catull will offenbar keinen zu ernsthaften oder gar grimmigen Ton aufkommen lassen. Er wolle gerne von seinem Ärger lassen, versichert er, und nur noch froh und glücklich sein, wenn Calvus' Anwaltskünste ihm solche Erfolge bescherten wie Sullas Geschenk. Auch im Ausdruck ist dabei die Ironie offenkundig, ebenso im übertriebenen Ton des wortreichen *non [. . .] male, sed bene ac beate* wie in der Bezeichnung des Geschenkes als *novum ac repertum munus;* diese Attribute haben an sich in dem literarischen Kreis um Catull einen hohen Klang, müssen also nach dem Entsetzensausbruch vorher höchst komisch wirken.[15]

Catull läßt aber schnell wieder den ironischen Preis des derart reich Beschenkten fallen und kehrt Vers 12 zu dem Tonfall des Gedichtbeginns zurück. Er äußert wieder laut sein Entsetzen über das schlimme Buch. Die Verse klingen wieder sehr emotional, der indignierte Ausruf *di magni,*[16] die Attribute *horribilis* und *sacer,* mit denen sonst ganz und gar gräßliche und verwerfliche Erscheinungen charakterisiert werden,[17] und der erneute[18] Vorwurf, daß ihn Calvus mit diesem Geschenk offenbar habe umbringen wollen. Freilich leuchtet auch hier wieder deutliche Ironie zwischen den Zeilen hervor: Schon in der Übertriebenheit der Vorwürfe, vor allem aber im Hinweis auf das Saturnalienfest.[19] Wenn der Hinweis auch so klingt,

[15] Ein substantivisches *repertum* hat Lucr. 1, 732 einen hohen Klang. Cf. Fordyce ad 8; auch Neudling 165f. faßt den Ausdruck als direkte Ironie auf.

[16] Der Ausruf ist mit diesem oder einem ähnlichen Attribut in der Komödie und bei Cicero zum Ausdruck der verschiedensten Gefühlsregungen vom Staunen bis zum äußersten Schrecken recht gebräuchlich; cf. c. 53, 5.

[17] Den üblichen Tonwert von *horribilis* zeigen etwa Sall. Jug. 101, 11; Cic. rep. 2, 11; Cat. 1, 11. Auch *sacer* ist an sich ein sehr gewichtiges Wort; cf. Hor. epo. 7, 20; Verg. A. 3, 57.

[18] *Periret* weist auf *perderet* in v. 5 zurück.

[19] Für die Zeitangabe in Vers 14f. bieten sich als Parallelen Plaut. Poen. 497 *die bono, Aphrodisiis;* 758 *die festo celebri nobilique, Aphrodisiis* an. Aber *continuo* ist schwierig. Ellis, Friedrich und Fordyce ad 14 deuten es als Adverb im Sinn von sogleich. Aber dann stünde *die* ohne Attribut ganz und gar bedeutungslos da, eine Beziehung aber auf *optimo dierum* im nächsten Vers mutete Catull einen seltsam ver-

daß der Freund doch wenigstens die Laune dieses Tages nicht hätte stören sollen, wird jeder Leser daran gedacht haben, daß man am Saturnalientag keinen Scherz übelnehmen durfte.

Die Verse 16ff. bringen dann den komischen Höhepunkt des Gedichtes. Catull will sich revanchieren.[20] Wieder werden pathetische Sprachmittel komisch gehäuft: Die Verneinung, mit der der Neueinsatz beginnt, wird durch die Verdopplung verstärkt, und der vorwurfsvolle Ton gegenüber dem Freund gipfelt in der Anrede „Du Falscher".[21] Schließlich droht das *non hoc tibi [. . .] sic abibit* in seinem grimmigen Tonfall fürchterliche Rache an. Übertrieben wirkt dann auch die Eile, mit der das Unternehmen ins Werk gesetzt werden soll: Sobald es Tag wird,[22] soll es geschehen, und eilends will er dann ans Werk gehen. Was soll nun die Rache sein? Catull will in den Buchläden alle Schundpoeten, von denen es seiner Ansicht nach offenbar eine ungeheure Menge gibt, zusammenkaufen und den ganzen Packen bei seinem Freund abladen. Die Vorstellung ist grotesk, und so schlagen die Übersteigerungen des Gedichts endgültig in lautes Lachen um. Aber die eigentliche Absicht ist auch hier, ein vernichtendes Urteil über zeitgenössische Dichter abzugeben, von denen nun in verächtlichstem Ton einige Namen fallen.[23] Wenn ihre Gedichte dann zusammenfassend Giftzeug genannt werden, erinnert das an die gleiche Metapher, mit der Catull c. 44, 12 die Reden des Sestius charakterisiert, vor denen er einen ähnlichen ästhetischen Schauder empfand.

Wenn nun die komische Situation genug ausgekostet ist, wendet sich Catull in den drei letzten Versen den schlechten Gedichten selbst zu, als ob die

künstelten, schleppenden Satzbau zu. So scheint Krolls Deutung von *continuo* als Attribut von „die" die einzig mögliche Lösung zu sein. Nach Stellen wie *continuas has tris noctes* Plaut. Amph. 314 oder *continuus annus* Tac. A. 4, 36, 1 meinte es dann etwa „den ganzen langen Tag". Die Betonung der Dauer würde dann auch gut zu der dann mit *si luxerit* erfolgenden Befreiung passen; cf. Quinn ad l.

[20] Daß man sich am Saturnalienfest für ein Buchgeschenk mit einem anderen Buch bedankte, scheint üblich gewesen zu sein: Stat. s. 4, 9.

[21] Die Lesart *false* paßt zum fingierten Zorn und den Übertreibungen unseres Gedichts besser als das vielleicht überhaupt nur auf Humanistenkonjektur beruhende *salse:* aus c. 12, 4 und aus Hor. s. 1, 9, 65 geht klar hervor, daß *salsus* damals keine negative Wertung war.

[22] So lange muß er natürlich notgedrungen warten, weil am Saturnalientag vermutlich kein Buchhändler seinen Laden geöffnet hatte; cf. Bährens ad 17.

[23] Das Wegwerfende des Urteils kommt gut in den Pluralen *Caesios Aquinos* zum Ausdruck. Suffenus wird auch c. 22 als miserabler Dichter angegriffen. Die drei Namen tauchen sonst nirgends auf, es sei denn, der von Cicero Tusc. 5, 63 erwähnte Aquinius ist mit unserem Aquinus identisch; cf. Neudling 6.

ungebetenen Gäste hören und reagieren könnten. Sie sollen indessen[24] so schnell wie möglich verschwinden.[25] Die Häufung der Imperative, der ungeduldige Ausdruck, sie sollten sich dorthin scheren, woher sie gekommen sind, und die kräftigen Schmähworte, die das ganze Mißvergnügen an diesen Dichterlingen in der letzten Zeile noch einmal zusammenfassen, bilden einen lustigen Wirbel, mit dem das Gedicht voll Übermut schließt. Ganz ähnlich ist der Schluß von c. 36 geformt, wo auch ein ironisches Spiel in den letzten Zeilen fallengelassen wird und die hier angegriffenen miserablen Verse direkt angefahren und ins Feuer geschickt werden.

Fragment 14a

Die drei in der Überlieferung auf das 14. Gedicht folgenden Verse scheinen die Reste eines mechanisch verstümmelten Gedichtes zu sein. Auf den allein überlieferten Konditionalsatz, in dem Catull etwaige künftige Leser seiner 'Dummheiten'[1] anspricht und den Fall setzt, daß sie nicht davor zurückschrecken, seine Gedichte in die Hand zu nehmen, muß ein Hauptsatz mit irgendeiner Erklärung gefolgt sein. Das Fragment wurde verschieden gedeutet. Ellis und Wheeler[2] sahen in dieser Anrede an die Leser den Rest eines Widmungsgedichtes oder eines Epilogs einer ursprünglich selbständigen Gedichtsammlung, den der Herausgeber der gesammelten Gedichte aus nicht mehr erkennbaren Gründen hier eingereiht habe. Wiseman[3] wandte mit Recht ein, daß in einem allgemeinen Einleitungs- oder Schlußgedicht die Unterstellung, der Leser könnte vor Catulls Versen Schauder oder Entsetzen empfinden, ein unverständlich starker Ausdruck sei. Er vermutete deshalb, das ursprüngliche Gedicht habe einen bis c. 26 reichenden Gedichtzyklus einleiten und auf dessen vorwiegend homoerotische Thematik vorbereiten sollen. Das Gedicht wäre demnach inhaltlich parallel zu c. 16,5ff. gewesen, wo Catull eine obszöne Thematik verteidigt. Wenn ich auch nicht wie Wiseman die Homosexualität als das zentrale Thema der Gedichte 14a–26 ansprechen würde, so heben sich doch die derben Worte und Themen besonders der beiden unmittelbar auf c. 14a folgenden Ge-

[24] *Interea* ist wie c. 36,18 unwirsch abbrechend.

[25] Zu *valeant* im negativen Sinn eines Verwünschens cf. Fordyce ad 21.

[1] Das Wort *ineptiae* steht der den Wert der eigenen Gedichte achtlos verkleinernden Bezeichnung *nugae* in c. 1,4 nahe, steigert aber noch den wegwerfenden Charakter des Ausdrucks. Mart. 11,1,13 nimmt das Wort in diesem Sinne auf.

[2] Ellis p. IV; Wheeler 221.

[3] Wiseman 7.

dichte beträchtlich von Ton und Inhalt der Gedichte des Buchbeginns ab, so daß Catull sehr wohl das Empfinden haben konnte, er müsse vor den ersten Gedichten von dieser Art etwas entschuldigen bzw. erklären. Wenn das so war, hätten wir auch ein verständliches Motiv für die Verstümmelung des Textes: Eine ausgesprochene Verteidigung einer unanständigen Thematik hätte ein prüder Abschreiber im Mittelalter absichtlich weglassen können, wie das ja auch sonst bisweilen geschah, auch in der Catull-Überlieferung.[4]

15. Gedicht

Das Gedicht ist das erste einer ganzen Gruppe, in der entweder ein Aurelius oder ein Furius oder beide zusammen angegriffen werden. Daß diese Gedichtgruppe in Abwehr eines Angriffs geschrieben wurde, legt c. 16 nahe, in dem sich Catull gegen den Vorwurf der beiden verteidigt, seine Gedichte seien zu lasziv. Catulls Antwort ist dort, daß sie nach dem Gesetz der literarischen Gattung so sein müßten; nur dann besäßen solche Gedichte den rechten Witz. Dabei verwahrt er sich energisch dagegen, daß man von solchen Gedichten aus Schlüsse auf seine Lebensführung zieht. Wenn Catull hier wie auch in den Gedichten 21 und 24 zum Gegenangriff übergeht, greift er umgekehrt die Unmoral der beiden an, aber nun nicht eine mangelnde Moral in Gedichten, sondern eine im Leben. Ein weiteres Thema in dieser Gruppe von Spottgedichten ist die schäbigste Armut, die Furius oder Aurelius in den Gedichten 21, 23, 24 und 26 höhnend vorgehalten wird.[1] Nicht ganz bruchlos paßt zu diesen Spottgedichten die Rolle, in der die beiden in dem späten c. 11 auftreten; dort wollen sie Catulls Freunde sein und versichern dies sogar in höchst pathetischer Weise. Und wenn auch Catull diese angemaßte Rolle im Gedicht ironisiert und seinerseits nicht aufnimmt, so müssen doch irgendwelche gesellschaftliche Beziehungen bestanden haben, und vermutlich gehörten die beiden durchaus einer vergleichbaren Gesellschaftsschicht an[2] und nicht zum ärmlichsten

[4] c. 61 könnte aus ähnlichen Gründen mechanisch verstümmelt sein.

[1] Mit c. 21 ist motivlich c. 81 verwandt; auch dort gibt sich Catull den Anschein, er sei weniger über die Verführung des Knaben als über die schäbige Art des Liebhabers empört. Ob aber der bleiche Gast aus Pisaurus etwas mit Aurelius zu tun hat, wissen wir nicht.

[2] Jedenfalls die Namen deuten darauf hin. Die Aurelii waren eine respektable plebejische *gens;* cf. W. Schulze, Zur Geschichte lateinischer Eigennamen, Berlin 1933, 445f. Und auch der in der römischen Geschichte vielfach hervorgetretene Name Furius (Liv. 5,19ff.; 31,48f. etc.) deutet auf eine gesellschaftliche Stellung, wenn man auch bei der Verbreitung des Namens nichts Genaueres ausmachen kann.

Volk, wie man aus den Armutsschilderungen der Spottgedichte schließen könnte; das sind Karikaturen.[3]

Das Gedicht will in seinem Verlauf überraschen; seinem Beginn sieht man sein Ende noch nicht an. Zunächst kann man noch nicht ahnen, daß der überaus höfliche Ton, in dem Aurelius in den ersten Versen angesprochen wird, etwas Wesentliches verdeckt. Auch wenn der Umschlag in der Gedichtmitte insgeheim vorbereitet wird, ist man in Vers 9f. nicht wenig überrascht, daß der zunächst so umworbene Bekannte ein rechter Wüstling ist, von dem alles zu befürchten ist, und den Catull – nun keineswegs mehr höflich – mit schlimmster Behandlung bedroht, falls er es wagen sollte, sich auch an seinem Knaben zu vergreifen.

Der Beginn des Gedichtes ist der Form eines Empfehlungsschreibens,[4] einer in der Antike sehr geläufigen Briefform,[5] angenähert. Catull empfiehlt sich und seinen Liebling dem Aurelius; er solle ein Auge auf ihn haben, um ihn, wie man zunächst meint, vor Gefahren, wie sie damals einem schönen Knaben drohten, zu bewahren. Auch im einzelnen erinnert Catull an die Form eines Empfehlungsschreibens. In ihm ist es natürlich zu betonen, wie sehr einem an der Förderung des Empfohlenen liegt,[6] und diese Förderung dem Angesprochenen dringend ans Herz zu legen. Auch in einem Empfehlungsbrief konnte eine solche Bitte mit einem beschwörenden *si*-Satz unterstrichen werden.[7] Ferner scheinen der umständliche Satzbau in der langen Periode von Vers 2–10 und seine teilweise recht geschraubte Ausdrucksweise[8] für Catull ein Zeichen des Briefstils gewesen zu sein; das als Brief stilisierte 65. Gedicht hat durch eine nicht enden wollende Periode einen ähnlichen Stilcharakter.

Man fragte nach den äußeren Umständen, die Catull zu der Empfehlung veranlaßten, und hielt es für wahrscheinlich, Catull bitte hier einen Bekannten, den Jungen im eigenen Haus aufzunehmen, wie etwa Caelius' Va-

[3] Höchst unwahrscheinlich ist, daß es sich hier um den Dichter Furius Bibaculus handelt. Nichts deutet darauf hin, daß der hier angegriffene Furius überhaupt Literat war, und der Ton dieser Hohngedichte steht im schrillen Gegensatz zu den Versen, in denen Catull die Poeten anspricht, die seinen literarischen Anschauungen nahestanden. Wenn auch Bibaculus, nach den Fragmenten zu urteilen, nicht die 'reine Lehre' der neuen Dichter vertrat, nahe stand er ihnen, wie seine Verse an Valerius Cato zeigen. Auch Messalla stellt ihn in einem Suet. gramm. 4 überlieferten Ausspruch mit Cato und Ticidas zusammen.

[4] Cf. Kroll introd.

[5] Zahlreiche Beispiele finden sich im 13. Buch von Cic. ad fam.

[6] Cf. Cic. fam. 13, 15 *unice;* 13, 48 *vehementer;* 13, 53 *penitus.*

[7] Cic. fam. 13, 50, 2 bringt drei solche si-Sätze vor, bevor er seine Bitte ausspricht.

[8] Cf. Kroll ad 3.

ter seinen Sohn dem befreundeten Cicero empfohlen und übergeben hatte.[9] Aber von solchen Verhältnissen ist hier nichts gesagt, und sie sind auch nicht anzunehmen; denn Catull hätte in Kenntnis von Aurelius' Charakter, wie er im Laufe des Gedichtes offenbar wird, ja wahnsinnig sein müssen, wenn er sich einen solchen Hüter ausgesucht hätte. Auch das Wort *conservare* ist kein Hinweis auf einen solchen Vorgang; es muß nicht mehr heißen als unbeschädigt, unversehrt lassen.[10] Als Hintergrund des Gedichtes wird man sich nur das übliche Gesellschaftsleben zu denken haben, das mannigfaltige Gelegenheiten bot, in denen Aurelius und der Junge sich begegnen konnten. Auch das 21. Gedicht, das Aurelius' Verführungsversuche schildert, deutet auf die Öffentlichkeit mit ihren geselligen Gelegenheiten als Hintergrund.[11]

Sehr bald schon läßt uns Catull ahnen, daß es sich bei der Empfehlung nicht um die harmlose Bitte an einen Bekannten handelt, etwas auf einen Jungen aufzupassen. In auffälliger Weise wird die Anständigkeit des Aurelius zum Thema gemacht. So ist Vers 2 *veniam peto pudentem* sehr ungewöhnlich gesagt. Im allgemeinen gibt sich ja ein Bittsteller *pudens*, bescheiden;[12] so muß es Erstaunen hervorrufen, wenn Catull den erbetenen Gefallen als *pudentem*, also etwa dezent, ehrbar bezeichnet.[13] Auch der pathetische Ton der folgenden Nebensätze: „Wenn du jemals etwas schätztest, was du keusch und rein erhalten wolltest", betont denselben Aspekt. Und als ob das noch nicht genüge, bittet Catull in Vers 5, den Knaben *pudice* auf anständige Weise[14] vor Schaden zu bewahren.

Bevor aber nun gesagt wird, worauf diese Andeutungen hinzielen und warum Aurelius so sehr an den Anstand erinnert wird, erhöht erst einmal Catull in den Versen 6–8 die Spannung. Bei der dringenden Art und dem beschwörenden Tonfall der bisherigen Bitten muß man annehmen, den

[9] Cic. Cael. 39; cf. Ellis introd.

[10] Caes. b. G. 2,12,5; 2,15,1; 2,28,5 gebraucht es, wenn er besiegte Feinde ohne weitere Schädigung leben läßt. In Vers 12 muß *foris* nicht eine Liebschaft außer Haus im Gegensatz zu dem Jungen im Haus meinen; *foris* kann recht allgemein in der Bedeutung „im Volk", „bei anderen Leuten" gebraucht sein: Ter. Heaut. 923; Phorm. 745; Cic. Qu. fr. 2,7,1.

[11] 21,5: *nam simul es* deutet auf ein gesuchtes Zusammentreffen, nicht auf ein ständiges Zusammensein.

[12] Cic. fam. 5,12,2; 2,6,1; 13,2; cf. C. W. Macleod, Cl. Qu. n. s. 23 (1973) 298.

[13] Mähly konjezierte wegen dieser seltsamen Wendung *pudenter*, das auch Bährens akzeptierte. Aber diese Textglättung trifft kaum das Richtige; denn das Thema ist hier wie in den beiden folgenden Kola Aurelius' Anstand.

[14] Auch hier versuchte Bährens zu glätten und schrieb *pudicum*. Aber auch hier kommt es auf Aurelius an.

Knaben umdrohten in Rom ganz ungewöhnliche Gefahren. Um so erstaunter ist man dann Vers 6, wenn der Dichter mit einem prosaisch nüchternen *non dico* feststellt, daß er von der Männerwelt im allgemeinen keinerlei Gefahren fürchte: Die Leute, die durch die Straßen Roms strömten, hätten ja sichtlich nur ihre Geschäfte im Auge. Wenn man so gehörig darauf gespannt geworden ist, was Catull denn dann fürchte, kann er in wenigen Worten seinen Überraschungseffekt erzielen: „Vor dir fürchte ich mich"; und setzt dann grob verdeutlichend hinzu: „und vor deinem Penis." Daß diese Befürchtungen nicht grundlos sind, zeigt die Fortsetzung in Vers 10: „der über jederlei Art Knaben herfällt". Der polare Ausdruck *bonis malisque* macht deutlich, daß es für Aurelius dabei keinerlei Schranken gibt.

Von hier aus gesehen, erscheint die Empfehlung des Gedichtbeginns nicht mehr als ein echtes Anempfehlen, sondern eher als ein Beschwichtigungsversuch, ein Appell an das Fünkchen Anstand, das vielleicht in Aurelius noch da ist. Und bei diesem beschwichtigenden Ton bleibt Catull auch noch nach dieser Eröffnung einen Augenblick (Vers 11–13). Catull will Aurelius im allgemeinen nicht im Wege stehen. In vier kurzen parallelen Nebensätzen[15] sagt er ihm, er könne seinethalben sonst seinen Begierden freien Lauf lassen, wie und wo immer er wolle. Freilich wird bei diesem Konzedieren auch klar, daß es sich bei Aurelius um einen ganz ungewöhnlichen Wüstling handeln müsse. Wenn darum Catull in Vers 13 die Bitte von Vers 2, sogar mit einem wörtlichen Anklang, wiederaufnimmt, traut man ihr bei einem solchen Menschen keine Wirkung mehr zu. Welche Schonung oder Rücksicht kann man denn von so jemand erwarten? Die bei dieser Lage der Dinge naheliegenden Befürchtungen für seinen Knaben kommen in dem *quodsi*-Satz zu Beginn der letzten Periode (Vers 14–16) deutlich genug zum Ausdruck. Als das Catull aber klargeworden ist, läßt er den bisherigen Versuch des Begütigens und Beschwichtigens fallen. Er hat offenbar eingesehen, daß hier mit Freundlichkeit nichts zu erreichen ist. So nimmt er seine Zuflucht zu einer groben Drohung, die den geilen Lüstling von seinem Knaben zurückschrecken soll. In realistischer Deutlichkeit droht er ihm an, daß er die derbe Züchtigung, mit der man in Athen ertappte Ehebrecher malträtierte, für ihn vorgesehen habe.[16]

[15] Im vierten Kolon ist ein unbestimmtes Subjekt mit der ganz gewöhnlichen Ellipse eines *quid* anzunehmen. Den Gedanken bietet Hor. s. 1,2,117 *(si) est praesto puer,* im Ausdruck steht dann v. 119 *parabilem Venerem* nahe; cf. Ellis; Kroll ad 12.

[16] Cf. Ar. nub. 1083 und K. J. Dover ad l.; A. P. 9,520. Bei Catull ist die Absicht, eine groteske Wirkung zu erzielen, dadurch deutlich, daß er zum Rettich den Fisch fügt – offenbar eine Variation der Strafe (Juv. 10,317) –, diese Marterwerkzeuge in den Plural setzt und die peinliche Stellung des Delinquenten mit grimmigem Hohn realistisch beschreibt.

Das Gedicht ist mit klugen Verzögerungen und in wohlüberlegter Steigerung, also durchaus mit Kunstverstand geschrieben; keineswegs ist es also das Augenblicksergebnis einer wütenden Laune. Überhaupt ist es schwerlich unverstellte Widerspiegelung einer Lebenssituation.[17] Welcher vernünftige Mensch wird denn an den Großmut, den Anstand und den guten Willen einer Person von der Art, wie Aurelius hier gezeichnet ist, appellieren wollen und nicht statt dessen sich und die Seinen von ihm fernhalten? Es sieht eher danach aus, daß die höfliche Ansprache des Gedichtbeginns ein rein literarisches Mittel ist, mit dessen Hilfe eine Steigerungsmöglichkeit gewonnen wird und der Überraschungseffekt der Gedichtmitte erzielt werden kann. Das Charakterbild des Aurelius ist bereits in diesem Gedicht klar festgelegt. Wenn sein Name in den nächsten Gedichten wieder auftaucht, weiß man, was man von ihm zu erwarten hat bzw. wie ihn Catull gesehen haben will.

16. Gedicht

Während sich Catull im vorherigen Gedicht gegen persönliche Übergriffe eines Aurelius verwahrte, wehrt er sich nun gegen Angriffe ebendieses Aurelius und eines öfters mit ihm zusammen genannten Furius auf literarischem Gebiet. Die beiden hatten ihm aufgrund seiner Dichtung moralische Bedenklichkeit vorgehalten.[1] Vers 12 zitiert die monierte Stelle: Seine „abertausend Küsse“ hatten Anstoß erregt. Das kann auf c. 5 und 7, die Kußgedichte an Lesbia, zielen oder auf c. 48, in dem Catull schwärmt, auch mit 300 000 Küssen wäre seine Leidenschaft für den schönen Juventius nicht gestillt. Im zweiten Fall wäre der Vorwurf unmißverständlich: Die Knabenliebe hatte in Rom nie die in Griechenland übliche Duldung erfahren. Aber auch über die Lesbiagedichte wäre eine Verwunderung denkbar; Catull selbst hatte in c. 5,2f. ein Stirnrunzeln darüber einkalkuliert.[2] Ein solch leidenschaftlicher Überschwang war in Rom etwas Unerhörtes, so maßlos verliebt hatte man bis dahin nur die nicht sehr ernst genommenen jungen griechischen Herren auf der Komödienbühne sprechen hören. Es ist

[17] So faßt es Kroll auf; L. Richardson, Class. Phil. 58 (1963) 93–106 sieht in den gegen Aurelius und Furius gerichteten Gedichten Dokumente einer tiefgreifenden Feindschaft. Ein literarisches Spiel dagegen vermutet C. W. Macleod loc. cit.

[1] Ein *parum pudicus* umschreibt *impudicus*. Wie das vom Standpunkte altrömischer Moral aus klang, zeigt Cic. Cat. 2,23; Phil. 2,70; 3,12; 3,28.

[2] Seit Bährens ad 12f. glaubt man vielfach, daß der Angriff nur Catulls päderastischen Gedichten gegolten habe. Aber wäre dann die Einordnung des Gedichtes nicht lange nach den Kußgedichten an Lesbia nicht seltsam, um nicht zu sagen, irreführend?

also sehr wohl denkbar, daß solche Leidenschaftsäußerungen als unrömische Weichlichkeit *(molliculi)* kritisiert wurden.

Catulls Antwort auf den Angriff setzt ausgesprochen grob ein, das *parum pudicum* gibt er gedoppelt zurück: Sie selbst seien unmännliche Päderasten;[3] und er droht ihnen, er werde mit ihnen wie mit kraftlosen Buhlknaben umspringen und werde ihnen seine männliche Überlegenheit drastisch beweisen. Derlei Kraftausdrücke aus dem obszönen Vokabular waren damals reichlich abgegriffen und bedeuteten im Grunde nicht viel mehr als einen derben Ausdruck der Verachtung.[4] Catull aber steigert hier über das Übliche hinaus: Die Lust am derben Wort, die Häufung der Ausdrücke, ihre wirkungsvolle Plazierung in den Versen und der harte Konsonantismus[5] rufen die Vorstellung eines Ausbruches überschüssiger Kraft hervor, dem keiner der Gegner standhalten kann.

Aber die Schmähung des Beginns ist nicht Selbstzweck, sondern eher ein Ausgangspunkt, von dem aus sich dann gegenüber der vorgebrachten Kritik eine Reflexion über wesentliche Positionen der eigenen Dichtung entwickeln kann. Wenn Catull gegen den Vorwurf, er sei aufgrund seiner lasziven Dichtungen gewiß ein moralisch haltloser Mensch, Stellung nimmt, benützt er zu seiner Gegenwehr in höchst wirkungsvoller Weise eben die Worte, die im Zentrum des Angriffs stehen: *versiculi, molliculi, parum pudicus.*

Was die üblichen Bedeutungen dieser drei hier entscheidenden Wörter anlangt, so ist *parum pudicus* ein eindeutig negativer Begriff; es unterscheidet sich im Grunde nicht von einem *impudicus.*[6] Keineswegs negativ festgelegt sind aber die beiden anderen Begriffe. Gewiß kann die Deminutivform *versiculi* recht wegwerfend verwendet werden,[7] aber sie ist auch der Ausdruck sogar einer gewissen Zärtlichkeit den eigenen Versen gegenüber.[8]

[3] In c. 57 werden Caesar und Mamurra im Einklang mit der üblichen politischen Schmähung (Suet. D. Jul. 50) mit den gleichen Ausdrücken belegt. Wie üblich dergleichen freilich war, zeigt Cic. Cael. 6; 8.

[4] *Irrumare* und abgeleitete Wörter gebraucht Catull teilweise ganz abgeschwächt im Sinn von verhöhnen, einen Narren aus einem machen: c. 10,12; 28,10. Als eine höhnende Beschimpfung wie hier verwendet er es c. 37,8, ähnlich c. 21,8 und 13, hier allerdings mit klarem Bezug auf die wörtliche Bedeutung. In der konkreten sexuellen Bedeutung ist *irrumare* c. 74,5, *pedicare* c. 21,4 gebraucht; cf. A. E. Housman, Herm. 66 (1931) 408; Quinn ad 1.

[5] Das Lautbild bestimmen *p-*, *c-* und *r-*Laute. Besonders deutlich wird der beabsichtigte Lautcharakter in den Alliterationen *parum pudicum* (4; 8), *pium poetam* (5), *pruriat . . . possunt* (9), *pueris . . . pilosis* (10); cf. F. Stoessl, C. Valerius Catullus, 44.

[6] c. 29 bedeutet *impudicus* etwa Wüstling, ähnlich Sall. Cat. 14,2.

[7] Cf. Hor. s. 1,2,109; 1,10,32.

[8] c. 50,4; Hor. epo. 11,2.

Und *mollis* kann wohl im Mund eines altrömisch Gesinnten eine schlaffe, verzärtelte und dem Genuß hingegebene Lebensform meinen; Synonyme sind dann etwa *voluptuarius* und *delicatus.*[9] Aber im literarischen Bereich hat *mollis* einen ganz anderen Klang: Bei den Elegikern ist es in der Tradition alexandrinischer Unterscheidungen das Beiwort des elegischen Verses im Gegensatz zu dem 'harten' heroischen Vers.[10] Mit Hilfe dieser differenzierter gesehenen Worte baut nun Catull seine Gegenposition gegen das moralische Mißverständnis seiner Dichtung auf.

In Vers 5f. weist er in einer wirkungsvollen Antithese sehr knapp den Schluß von der Dichtung auf das Leben zurück: Der Dichter selbst solle anständig sein, nicht seine Verse; dabei prallen die entscheidenden Worte *ipsum/versiculos* in der Fuge der Kola sehr betont aufeinander. Und weit davon entfernt, sich nun ängstlich zu verteidigen, stellt Catull diese seine Position im folgenden sehr selbstbewußt dar. Das zeigt die fast überlegen-nachlässige Art, in der durch das *nihil necesse est*[11] jeder mögliche Widerspruch weggewischt wird; das zeigt aber noch mehr das Beiwort für den Dichter *pius,* das an die altehrwürdige Vorstellung, daß die Dichter ein götternahes und gottbegünstigtes Geschlecht seien, erinnert.[12]

Man sollte meinen, die angesichts der vorangegangenen Angriffe provozierende Feststellung, Verse brauchten keineswegs sittsam zu sein, bedürfe nun einer Begründung. Catull denkt gar nicht daran, sondern übersteigert seine Position geradezu übermütig: Die Verse dürfen nicht nur lasziv sein, sie müssen es sein, wenn sie witzig und reizvoll sein sollen, d. h., wenn sie den ästhetischen Ansprüchen genügen wollen, die an solche kleinen Gedichte zu stellen sind. Und herausfordernd fügt er hinzu, solche Verse müssen nicht nur *molliculi* sein, sondern auch *parum pudici*[13] – also ausge-

[9] Cic. fin. 1,37 wird die epikureische Lehre von ihren Feinden mit diesen drei Attributen belegt; nicht ganz so negativ Cic. fin. 5,12; Ov. tr. 5,3,9f.

[10] Prop. 1,7,19; 2,1,2 (der Gegensatz: *durus,* Prop. 2,1,41). Hermesianax sagt von dem Elegiker Mimnermos, er habe μαλακοῦ πνεῦμα τὸ πενταμέτρου gefunden (fr. 7, 36 Powell).

[11] Die Emphase zeigen Stellen wie Cic. Rosc. Am. 107; de sen. 30.

[12] Die Behauptung der Reinheit und Frömmigkeit des Dichters rührte ursprünglich von der Vorstellung der Götternähe des Μουσῶν προφήτης. In Nachfolge solcher Gedanken sagt Horaz c. 1,17,13f., daß die Götter seine *pietas* lieben und Tacitus dial. 12,3 spricht von *casta et nullis contacta vitiis pectora.* Wie üblich der Topos war, zeigen Prop. 2,9,47 und Ov. am. 3,8,23f., wo diese Attribute in erstaunlichem Zusammenhang erscheinen. Cf. W. Kroll, Studien zum Verständnis der lateinischen Literatur, Stuttgart 1924, 30ff.

[13] Mart. 1,35 wiederholt dieses 'Gesetz' und Plin. 4,14,4f. beruft sich dafür ausdrücklich auf unser Catullgedicht; cf. Ellis introd.

sprochen unanständig! –, und von ihnen müsse eine erotisch stimulierende Wirkung sogar noch auf lendenlahme Alte ausgehen.

Nach dieser ungemein selbstsicheren Darlegung seiner Position kommt Catull in den Versen 12–15 schnell zum Abschluß. Das Ende mit dem Gedichtbeginn verknüpfend,[14] wendet er sich erneut an die beiden Kritiker und wendet sich noch einmal gegen ihre unzulässige Vermischung von Dichtung und Leben, von Ästhetik und Moral. Bis in den Wortlaut erinnert das an den Gedichtbeginn; dem *putatis* entspricht oben *putastis;* das begründende *quod* findet sich hier wie dort und *male marem* variiert das *parum pudicum* nur wenig; lediglich die *molliculi versus* werden nun durch die genauere Beschreibung des Inhalts, die vielen tausend Küsse, konkreter beleuchtet. Aber nun bricht Catull barsch und unwirsch ab. Auf die Frage: „Glaubt ihr, ich sei kein Mann?“ wiederholt Catull die Drohung des ersten Verses und zeigt so dem Paar noch einmal seine grenzenlose Verachtung.

Hinter der in Rom gewiß herausfordernd wirkenden These, daß kleine Gedichte lasziv sein und daß sie einen erotischen Charakter haben sollen, steht natürlich die hellenistische Dichtung mit ihren 'modernen' Sujets, also eine Dichtung, die nicht nur die Sage 'erotisierte', sondern in den Kleinformen wie dem Epigramm auch ein ausgesprochenes Interesse für die Erotik des Alltags hatte. Verblüffend für viele Freunde Catulls mag die strenge Scheidung zwischen Dichtung und Lebenswirklichkeit sein. Gemeinhin hat man ja geglaubt, Catulls kleine Gedichte seien eine treue Widerspiegelung seines gelebten Lebens, sie seien Gelegenheitsgedichte voller Unmittelbarkeit.[15] Catull selbst sieht es in unserem Gedicht anders; er glaubt, daß vom Gesetz der Kunst nicht nur eine bestimmte Form, sondern auch ein bestimmter Inhalt gefordert werde. Man wird also nicht immer ein unwiderstehliches persönliches Aussprachebedürfnis anzunehmen haben, sondern oft auch den Willen, einen Gegenstand zu wählen, bei dem ein ästhetisches Gebilde in künstlerischer Freiheit zu gestalten ist. Gewiß ist eine Dichtung von der Art Catulls nicht ohne vielfältigste Erfahrungen der Sinne und des Herzens zu schreiben; aber man hat den Kunstcharakter von Catulls kleinen Gedichten doch wohl sehr unterschätzt, wenn man sich in ihnen nur um das Erlebnis und nicht um die Kunst bekümmerte.[16]

[14] Cf. H. Bardon, L' art de la composition chez Catulle, Paris 1943, 11–13.

[15] Wilamowitz, Hell. D. 2, 305 schreibt: „Catulls Gedichte sind zum größten Teil Kinder des Moments. Ein Erlebnis, eine Stimmung hat sie erzeugt.“ Kroll p. VII: „Er hatte ein in Haß und Liebe leidenschaftliches Herz, das ihn in allen heftigen Stimmungen zur Schreibtafel trieb: Ohne Schonung gegen sich und andere gab er allen seinen Stimmungen sofort Ausdruck.“

[16] Dieser die Erlebniswelt transzendierende Charakter von Catulls Kunst wurde sehr klar von U. Knoche, WdF 144f., dargelegt. Auch nach Catull unterscheiden

17. Gedicht

Wie in c. 67 versetzt Catull hier die Gedichtsituation in seine oberitalienische Heimat: Eine *colonia*[1] angesprochene Stadt will ein Fest veranstalten, das sie in herkömmlicher Weise mit Tänzen auf einer langen Brücke begehen will.[2] Wegen des nicht übermäßig stabilen Zustandes der primitiv gebauten Brücke[3] hat man aber Bedenken, ob das Bauwerk einer solchen Belastung standhalten werde, und man fürchtet, sie werde vielleicht mit allem, was sich auf ihr befindet, in den tiefen Sumpf stürzen, über den sie führt.

römische Dichter sehr deutlich Lebenswirklichkeit und Dichtung: Ov. tr. 2, 353–356; Mart. 1,4,8; 11,15,11–13; Plin. ep. 5,3; Apul. Apol. 11; cf. A. W. Allen in J. P. Sullivan, Critical Essays on Roman Literature, London 1962, 119f.

[1] Welche Stadt hier *colonia* genannt wird, wissen wir nicht. Verona, an das Fordyce, Quinn und Della Corte denken, kann nicht gemeint sein; „mein Mitbürger" und „deine Brücke" sind in Vers 8 klare Gegensätze. Außerdem ist die Etsch, die durch Verona fließt, ein klarer Gebirgsfluß und kein Morast. Sonst aber gibt es viele Möglichkeiten: Seit der Verleihung des latinischen Rechts an die Gemeinden der Transpadana im Jahre 89 v. Chr. gab es dort viele *coloniae;* cf. Ascon. 2 *quemadmodum Cn. Pompeius Strabo . . . colonias deduxerit.* Von Quarini und Muretus wurde wegen des von *colonia* abgeleiteten heutigen Ortsnamens das östlich von Verona gelegene Cologna Veneta als wahrscheinlicher Schauplatz vorgeschlagen. Aber bei diesem Ort gibt es so wenig einen Sumpf wie bei Verona; es müßte die Brücke gemeint sein, mit der die Straße Verona–Cologna eine früher sumpfige Flußniederung überquerte; cf. Friedrich ad 1.

[2] *Salissubsali sacra* werden sonst nirgends erwähnt. Wegen der Namensähnlichkeit denkt man gewöhnlich an etwas dem Saliertanz in Rom Vergleichbares. Strabo 9,1,24 berichtet von einem Fest, das auf der Kephisosbrücke bei Athen gefeiert wurde. L. Deubner, Attische Feste, Berlin 1932, 73, nimmt hier allerdings keinen religiösen Hintergrund an.

[3] Die Brückenbeschreibung in Vers 2f. bereitet dem Verständnis Schwierigkeiten, weil Catull sichtlich das technische Vokabular vermeidet, wie es Caesar b. G. 4,17 für eine Holzbrücke verwendet. Während Caesar die in den Boden gerammten Pfähle, auf deren Standfestigkeit die Tragfähigkeit einer Holzbrücke beruhte, *tigna* bzw. *sublicae* nennt (cf. *pons sublicius*), wählt Catull mit *crura* einen metaphorischen Ausdruck, der sonst nur in der Landwirtschaftssprache für den Hauptstamm eines Fruchtbaumes u. dgl. überliefert ist. Aber auch die *axuli* (*axulis* coni. Hand) müssen nach dem Zusammenhang *(stantis in!)* auf die tragenden Elemente der Brücke gehen, sie können hier also nicht die Deckbohlen meinen, wie *axes* Caes. b. c. 2,9,2; Vitr. 4,2,1. Die Schwierigkeit ist, daß die Deminutivform *axulus* überhaupt nicht überliefert ist – es kommt nur *axiculus* vor – und daß *axis* als stabiles Rundholz nur für Wagenachsen, bewegliche Maschinenteile und dgl. verwendet wird. Auch *ineptus* und *redivivus* sind ungewöhnlich gebraucht. *Ineptus* ist in der hier notwendigen

Diesen Hintergrund schildert Catull in breiten Nebensätzen, die er der Anrede *colonia* folgen läßt. Eine solche Beschwerung der Anrede ist an sich nur im hohen Stil üblich; aber die im Gegensatz zu der gewählten Form stehende banale Gegenständlichkeit zeigt, daß die gravitätisch ausholende Sprachgeste eine komische Wirkung beabsichtigt. So erwartet man von Beginn an kein sehr ernsthaftes Gedicht, und auch das in Priapgedichten übliche Versmaß lenkt die Erwartung in diese Richtung.

Aber die eigentlich komische Situation baut Catull erst im folgenden auf, indem er sich aktiv in das Geschehen mischt. Er verknüpft seine guten Wünsche, die Brücke möge sich entsprechend der Hoffnung der Bürgerschaft als genügend tragfähig erweisen,[4] daß auf ihr der übliche Fest- oder Kulttanz stattfinden könne, mit einem seltsamen persönlichen Wunsch, der fast als die Voraussetzung der Erfüllung seines Wunsches für die Brücke erscheint.[5] Er erbittet sich eine Gunst von der *colonia:* Er möchte einen Landsmann aus Verona kopfüber von der Brücke in den Sumpf geschleudert sehen, und zwar an der Stelle, wo der Sumpf am tiefsten ist. Die Erfüllung dieses seltsamen Wunsches erscheine ihm als etwas außerordentlich Spaßhaftes (Vers 7: *maximi risus*), fügt er noch hinzu.

Das ist fürwahr ein seltsamer Gedichtbeginn! Man versteht zunächst weder den Zusammenhang des Sturzes des Veronesers von der Brücke mit den guten Wünschen für diese Brücke, noch errät man, wieso der Sturz des Landsmanns in den Sumpf etwas so ausgesprochen Witziges sein soll. Dabei zeigt eine strenge Parallelität, daß ein Zusammenhang beabsichtigt ist:

Grundbedeutung „schlecht gefügt" sonst nicht belegt; sie lag aber einigermaßen nahe, wie Ciceros Darlegung der Etymologie de or. 2, 17 zeigt; *redivivus* wird in der früheren Zeit nur in Architekturbeschreibungen für wiederverwendetes Estrich- oder Steinmaterial verwendet: Vitr. 7, 1, 3; Cic. Verr. 2, 1, 147f. Bei solchen Unsicherheiten ist dem überlieferten Wortlaut gegenüber eine gewisse Skepsis angebracht, und man wird über ein allgemeines Verständnis der Stelle, etwa „die schlechtgefügten Stützen der Brücke, die auf altersschwachen Hölzern steht", nicht hinauskommen können. Cf. Bährens ad 2.3; Fordyce ad 2.3; R. G. M. Nisbet, Proc. Cambr. Ph. Soc. 24 (1978) 96; Goold 228.

[4] Die Kommentare fassen Vers 5 oft als Wunsch eines Neubaus auf. Sprachlich könnte das naheliegend erscheinen, paßt aber nicht zu der Gedichtsituation eines unmittelbar bevorstehenden Festes und zu dem Vorschlag, das Gelingen des Festes durch einen altertümlichen Brauch zu sichern; cf. K. Quinn, Greece and Rome 16 (1969) 24 = Approaches 118.

[5] Der Satz „so wie dir die Brücke haltbar sein möge, gib mir" hat fast den Sinn einer Bedingung „wenn sie dir haltbar sein soll . . .". Dieselbe Satzkonstruktion findet sich z. B. Verg. ecl. 9, 30f.; Ov. met. 8, 857–861; Tib. 2, 5, 121; cf. Bährens; Fordyce ad 5.

Wie Vers 4 für die ganze Bürgerschaft ein Sturz kopfüber in den tiefen Sumpf befürchtet worden war, wird Vers 9–11 gewünscht, der ungenannte Landsmann solle kopfüber dort in den Sumpf stürzen, wo er am tiefsten ist.[6] Wie K. Quinn erkannte, kann diese so klar betonte Parallelität nur bedeuten, daß das vorgeschlagene Opfer stellvertretend für alle anderen in den Morast geworfen werden solle. Der Gedanke, daß man einen Sündenbock für alle anderen von der Brücke stürzen müsse, findet sich im damaligen Italien auch sonst. So wurde beim römischen Argeerfest, bei dem in geschichtlicher Zeit Strohpuppen von der Pfahlbrücke in den Tiber geworfen wurden, nach einer in Ovids Fasten und bei Festus vorliegenden Tradition ursprünglich ein Menschenopfer für *Dis pater* in den Fluß geworfen.[7]

Aber wieso soll nun ein so urtümlich barbarischer Brauch etwas so ausgesprochen Witziges sein? Und das Bild des Sturzes von der Brücke, das Catull in den Versen 9–11 entwirft, scheint doch auch eher derb und drastisch als witzig zu sein: das 'kopfüber' wird zweifach ausgedrückt, und ein kaltes Bad genügt keineswegs; der Veroneser soll im stinkenden Schlamm dort landen, wo der Morast am schwärzesten und grundlosesten ist. Für einen Augenblick meint man, hier diktiere grimmiger Zorn die Worte, Catull wolle mit einem Gegner abrechnen wie der alte griechische Jambendichter, der einen verräterischen Freund als hilflosen Schiffbrüchigen an der Küste Thrakiens liegen sehen wollte.[8] Aber in der breiten Erklärung des Wunsches in den Versen 12–22 erfährt man, daß Catull keineswegs im Zorn spricht und daß er keinen persönlichen Anlaß für seinen Wunsch hat: Der Veroneser ist kein Feind, sondern ein Trottel, der sich in lächerlicher Weise Hörner aufsetzen läßt und welchem Catull ein schnelles Erwachen aus seiner Lethargie wünscht.

In der Schilderung des Veronesers in den Versen 12–22 kehrt Catull genüßlich die Naivität[9] des Hahnreis hervor und malt das komische Bild des

[6] Auch im Ausdruck erinnert *praecipitem ire* an *supinus eat* und *paludis ... profunda vorago* an *cava ... in palude*.

[7] Cf. Festus 334 M = 450 L; Ov. f. 5, 621–634 (vid. J. G. Frazer, ed. mai. excurs. ad l.; ed. min. [Loeb] p. 428f.); Otto 320f.; K. Latte, Römische Religionsgeschichte, München 1960, 414. Für unseren Zusammenhang hat diesen Brauch K. Quinn, Greece and Rome 16 (1969) 24–27 herangezogen.

[8] Es besteht keine Einigkeit, ob es Archilochos oder Hipponax war: cf. Hipponax fr. 115 West = Arch. fr. 79 D.

[9] Neben dem Attribut *insulsissimus* leistet das vor allem das Bild des zweijährigen, also noch unmündigen, in den Armen seines Vaters in den Schlaf gewiegten Kindes. Daß der Vater des Vergleichs eben der verlachte Veroneser sein soll, wie Quinn ad 13 meint, ist eine wenig empfehlenswerte Annahme: In der eben verheirateten Frau von v. 14f. erwartet man nicht die Mutter eines zweijährigen Knaben.

wie ein Klotz in seinem Bette liegenden Schläfers, der nicht merkt, wie sich seine liebeshungrige Frau von seiner Seite stiehlt,[10] und der offenbar nicht weiß, in welcher Welt er lebt. Catull greift in dieser Schilderung ein verbreitetes Motiv der Liebesdichtung auf,[11] das wir vor allem aus der Elegie kennen: Etwa Tibull klagt 1,6,9–36, daß die Unachtsamkeit des *'vir'* es leider nicht nur ihm leicht mache, die Geliebte zu gewinnen, und Ovid am. 1,4,51ff. und 1,9,25f. berichtet von solchem Überlisten, ja am. 2,19,37–48 wünscht er sich sogar weniger Schläfrigkeit des allzu Sicheren, weil er sonst den Spaß an seiner Eroberung verliere. Auch im Ausdruck bleibt Catull, wie Komödienstellen zeigen,[12] durchaus im Rahmen des Üblichen. Eigentümlich ist allerdings, wie die Schilderung im Bereich der bäuerlichen Welt bleibt, die von Anfang an das Gedicht bestimmte: Das Weibchen ist feiner als ein zartes Zicklein,[13] und sie sollte sorgfältiger gehütet werden als dunkle, reife Trauben; er aber liegt so unbeweglich da wie ein gefällter Erlenstamm in einem Wassergraben.[14] Catull versucht sichtlich den Lokalton, den er mit dem Bild des Provinzstädtchens und seines urtümlichen Festes angeschlagen hat, durch Bilder aus der ländlichen Welt weiterzuführen.[15]

Vers 22 hat die Schilderung des törichten Veronesers und seiner anziehenden Frau einen natürlichen Abschluß gefunden: Nach den sprechenden Bildern hatte der Dichter in Vers 21f. das Allgemeinurteil von Vers 12f. aufgenommen. Dem *insulsissimus homo* entspricht nun *iste merus*[16] *stupor,* dem *nec sapit* entspricht *nil videt, nihil audit . . .* Aber man weiß eigentlich immer noch nicht recht, warum Catull gerade diesen lächerlichen Ehemann als Ersatzopfer von der Brücke geworfen haben will.

[10] Quinn ad 18 faßt *ex sua parte* nicht als *ex sua parte lectus,* sondern als ein allgemeines seinerseits auf. Aber die Vorstellung der beiden Hälften des Bettes ist Catull c. 6,9 durchaus geläufig und paßt viel besser zu der konkreten Bildlichkeit des Gedichtes. Das Motiv einer heimlichen Liebe während eines allzu guten Schlafes des Gatten kennt auch Ov. am. 1,9,25f. Das Wort *ludere* hat hier eine eindeutig erotische Bedeutung; cf. c. 61,211; Hor. epi. 2,2,214; Ov. a. a. 2,389; Mart. 11,104,5.

[11] Cf. A. P. 11,278 (Lukillios).

[12] Cf. v. 21f. und Plaut. Aul. 714f.; Capt. 560.

[13] So schwärmt Theocr. 11,20 der bäuerische Kyklop Galatea an.

[14] Ein Vergleich, jemand liege wie ein Baumstamm da, wäre das übliche; cf. Ov. am. 3,7,15. Die Ausgestaltung ergibt eine rustikale Lokalfärbung, die an die feuchte Flachlandschaft Oberitaliens erinnert.

[15] Cf. K. Quinn, Greece and Rome 16 (1969) 29.

[16] In Vers 21 ist das gemütliche *meus* neben einem *iste* nicht sehr passend. Der von Fordyce wiederaufgenommene Vorschlag Passerats *merus stupor* paßte besser zum Ton des Ganzen. In c. 13,9 bietet der Oxoniensis in vergleichbarer Weise ein *meos* für ein notwendiges *meros.*

Das wird erst in den letzten Versen klar, in denen der Dichter den Wunsch der Verse 9–11, den Landsmann von der Brücke zu werfen, wiederaufnimmt. Dabei ist wieder die Anknüpfung deutlich: dem *de tuo volo ponte ire praecipitem* entspricht nun *eum volo de tuo ponte mittere pronum;* auch der Sumpf wird ganz ähnlich vergegenwärtigt, und besonders fällt die Aufnahme des ja keineswegs selbstverständlichen Wortes *vorago* ins Ohr, so daß eine Art Ringkomposition entsteht.[17] Aber neben der Wiederaufnahme steht der Wunsch nach Steigerung. Der Dichter will nun selbst Hand mitanlegen, und wir erfahren das Motiv seines Vorschlags: Der Veroneser hat ein kaltes Bad dringend nötig, die kühle Überraschung solle seine blöde Schläfrigkeit austreiben! Vielleicht gewinnt er so Besinnung und Vernunft zurück. Mit dem Rat wäre also nicht nur dem Städtchen geholfen, sondern auch dem stumpfen Kerl. Übrigens war eine solche Schocktherapie durchaus im Sinn der antiken Medizin, die kalte Duschen und dgl. für eine gute Heilmethode einer Lethargie hielt.[18] Der Witz des Gedichtes ist also offenbar, anstelle des von der Bevölkerung befürchteten allgemeinen Sturzes von der Brücke einen Sturz anzubieten, der die Lust und die Freude des Festes sichert, der aber auch für das ausersehene Opfer äußerst heilsam wäre.

Aber auch wenn der Sturz heilsam sein soll, so ganz reines Wohlwollen zeigt Catull für seinen Landsmann nicht. Die in den letzten Versen ausgedrückte Hoffnung, er werde vielleicht seine Blödigkeit im Sumpf zurücklassen,[19] wie ein Maultier die Schutzhüllen seiner Hufe im Morast stecken läßt, zeigt in der Drastik des Vergleiches, der noch einmal die rustikale Bildwelt des Gedichtes aufnimmt, keinen übermäßigen Respekt; Catulls Feder führt nicht so sehr ein Mitgefühl mit dem Armen, sondern Sinn für Komik und das Lachen über einen in seinen Augen allzu stumpfen Menschen.

21. Gedicht

Das Gedicht nimmt den Angriff des 15. Gedichtes auf Aurelius in variierter Weise auf. Es vereinigt in einer zunächst nicht sehr verständlichen

[17] Die Eigenart der Komposition beleuchtet, nachdem schon N. Rudd, Tr. Am. Phil. Ass. 90 (1959) 238 = Approaches 166, die wesentlichen Wiederholungen herausgestellt hatte, Wiseman, Cinna, 63f.

[18] Ellis ad 25 führt dafür Celsus 3,20 an.

[19] Das Bild zeigt deutlich, daß Catull den Mitbürger nicht im Sumpf umkommen lassen will, wie F. Stoessl, C. Valerius Catullus 37, glaubt. Auch ist Catull schwerlich an der jungen Frau selbst interessiert; in diesem Fall müßte ihm ja die geringe Aufmerksamkeit und die Verschlafenheit des Gatten durchaus willkommen sein.

Weise zwei Motive, die auch in anderen Gedichten dieser Gruppe eine Rolle spielen: Einmal wiederholt es die Drohung des 15. Gedichtes, Catull werde es Aurelius aufs übelste heimzahlen, wenn er seinem Knaben etwas antue; das zweite Motiv entspricht dem gegen Furius gerichteten c. 23: Der Dichter verhöhnt seine Armut als ein elendes Hungerleben.

Das Motiv der Hungerleiderei entfaltet sich sofort in der pseudopathetischen Anrede der ersten drei Verse. In der Anrede „Vater aller Hungerleiderei" ist Vater eigentlich ein hoher Klang; das Wort ist hier ein Synonym für Gebieter oder Herr.[1] Aber die Trabanten, von denen dieser Herr umgeben ist,[2] sind von der allerschäbigsten Art: Nur Nöte und Hungern sind um ihn geschart. Durch diese Art von Gefolgschaft wird auch die an sich ebenfalls pathetische Hyperbel der Verse 2f. „aller, die waren, die sind und die in Zukunft sein werden"[3] zu einem Ausdruck höhnenden Spottes: Aurelius erscheint als der Gipfel aller nur vorstellbaren Hungerleiderei.

Diese breite Motiventfaltung in der Anrede führt aber zunächst ins Leere; das Motiv der Armut wird vorläufig nicht weiterverfolgt, vielmehr greift Catull Aurelius in Vers 4 aus einem ganz anderen Grund an: Aurelius wolle seinen Liebling[4] sexuell mißbrauchen, sagt er in ungeschminkten Worten. Und daß das kein vager Verdacht ist, wird in der folgenden Begründung deutlich: In vier rasch aufeinander folgenden Verben[5] schildert Catull Aurelius' Bemühungen und steigert dabei geschickt von harmlosen Annäherungsversuchen zu solchen, die die Absicht, die Beziehungen intim zu gestalten, überdeutlich machen. In diesem offensichtlich schon fortgeschrittenen Stadium der Verführung greift Catull Vers 7 schroff ein:[6] Er

[1] Nicht selten wird *pater* wie ein Ehrenname gebraucht, der Göttern und Menschen in Ehrfurcht und Respekt gegeben werden kann: Enn. ann. 117 V²; 192 V²; sc. 123 V²; Verg. A. 9,449; Hor. epi. 1,19,7.

[2] Die an sich ernsthafte Vorstellung zeigen Hor. c. 1,3,3; Prop. 2,32,38; Mart. 10,7,1. Im Hohn verwendet der Römer bei einer solchen Vorstellung gern *caput:* Plaut. Curc. 234; Rud. 1098; Prop. 2,24,6; cf. Friedrich ad 1.

[3] Den ursprünglich ernsthaften, ja pathetischen Klang der Formel zeigen Stellen wie Hom. Od. 16,437; Xen. symp. 2,10; Plaut. Bacch. 1087; Pers. 777f.; Cic. p. red. ad Qu. 16; fam. 11,21,1f.; Cat. c. 24,2f.; cf. Bährens; Ellis ad 1.

[4] Die Bezeichnung *amores* kann ohne Unterschied die Geliebte oder den Geliebten bezeichnen: c. 10,1; Plaut. Poen. 207; Lucil. fr. 612 M; Ov. am. 3,8,59; met. 1,617; 4,137.

[5] In Vers 6 spricht viel für Muretus' Konjektur *haeres*, die auch Kroll erwägt; denn *ad latus haerere* ist ein mit den übrigen Verben gleichwertiger Verdachtgrund, kein untergeordneter Begleitumstand. Eine inhaltlich vergleichbare Schilderung in einer ähnlichen Reihe unverbundener paralleler Verben findet sich Ter. Eun. 373; cf. Ellis ad 6.

[6] Ähnlich schroff unterbrechend ist c. 14,16; cf. Quinn ad 7.

unterbricht die Schilderung eines scheinbar unaufhaltsam seinem Ziel zustrebenden Vorgangs mit einem schroffen *frustra* und droht bei einer Fortsetzung des Verführungsversuches, den er als einen persönlichen Angriff auffaßt, wie in c. 15 schreckliche Strafe an: Er werde Aurelius zuvorkommen und ihn mit überlegener Kraft zu einem willenlosen Lustobjekt degradieren.[7] Die Drohung entspricht der von c. 16,1 oder c. 37,7f.; freilich sind, wie c. 28, 9f. zeigt, dergleichen Kraftausdrücke nicht allzu wörtlich zu nehmen: Viel mehr, als Schimpf und Schande antun, bedeutet es nicht.[8]

In gedrängtester Form sind so in den Versen 4–8 die Drohmotive des c. 15 wiederholt. Freilich weiß man immer noch nicht recht, warum Catull Aurelius zu Gedichtbeginn als einen Erzhungerleider apostrophiert hatte und in welchem Zusammenhang die beiden Motive stehen. Dieser Zusammenhang wird nun in überraschender Weise aufgedeckt: Ganz im Gegensatz zu den eben noch wütenden Drohungen sagt Catull in Vers 9 in lässiger weltmännischer Gleichgültigkeit, über die Annäherung an seinen Knaben würde er an sich kein Wort verlieren; was ihn ärgert, ist, daß Aurelius ein Hungerleider ist, und offenbar mehr als die sexuelle Verführung verdrießt ihn, daß der Knabe durch den dürftigen Aurelius selber ein Hungerleider werden könne.[9]

Diese Wertung der beiden Gefahren erscheint nach den üblichen menschlichen Maßstäben absurd. Warum wiegt für Catull das Hungern so schwer? Warum ist ihm das der Gipfel des Widerwärtigen? Hungern ist hier wie in c. 23 ein drastisches Darstellungsmittel für äußerste Armut. Und damit wird einiges klar: Wer so arm ist, ist in Rom deklassiert; er gehört nicht zur Gesellschaft, die zählt. Catull charakterisiert also Aurelius' Annäherung an seinen Knaben durch die Hervorhebung des Hungermotivs als einen unverschämten Übergriff, den sich jener einem Mitglied der Gesellschaft gegenüber herausnimmt. Der Hohn unseres Gedichtes beruht also darauf, daß der im Leben gewiß zu der Oberschicht gehörende Aurelius als nicht ihr zugehörig abgestempelt wird. Catull übernimmt hier den Stand-

[7] *Tangere* ist als Bezeichnung für den sexuellen Verkehr geläufig: Plaut. Aul. 744; Ter. Eun. 797; Cat. c. 89,5; Hor s. 1,2,28 und 54.

[8] Cf. Quinn ad 8; C.W. Macleod, Cl. Qu. n. s. 23 (1973) 299 n. 5.

[9] Von den Konjekturen zu dem korrumpierten Versbeginn von Vers 11 scheint die von Munro *a te mi* am empfehlenswertesten zu sein: das *a te* paßt vorzüglich zu dem anklägerischen Ton des Ganzen, der sich immer erneut an das Du wendet. Ein eingeschobener Wehelaut zerrisse sehr störend den Zusammenhang der beiden Verben, und ein *iam* (Quinn nimmt Puteolanus' *meus iam* auf) paßte wenig zu dem Futur *discet*.

punkt der hochmütigen Aristokraten, daß nur mitzählt, wer besitzt,[10] und daß Armut lächerlich macht,[11] wie etwas ganz und gar Selbstverständliches.

Die beiden abbrechenden Schlußverse nehmen bekräftigend noch einmal die Warnung und Drohung von Vers 7f. auf und binden so das zweite Motiv an das erste. Das begründende *quare* wird man sich dabei so zurechtlegen dürfen: Je größer Aurelius' gesellschaftliche Anmaßung ist, um so mehr Grund hat Catull zu strafen. Die Derbheit der Strafe wird dabei durch die betont ans Versende gesetzten Worte *dum licet pudico* und *irrumatus*, das den Vers 8 durch den wörtlichen Anklang aufnimmt, noch einmal kraß herausgestellt: Jetzt kann Aurelius noch in Ehren von seinem Vorhaben lassen; sehr bald muß er davon ablassen, aber aufs schimpflichste gedemütigt.

22. Gedicht

Das Nachdenken über literarische Fragen und Äußerungen literarischer Kritik waren schon in Alexandria das Zeichen eines reflektierteren Verhältnisses zu der eigenen poetischen Produktion. Catull und seine Freunde treten auf diesem Gebiet ganz in die Fußstapfen der bewunderten Vorgänger. In dem vorliegenden Gedicht geschieht die literarische Auseinandersetzung nur scheinbar mit leichter Hand; auch hier zielt Catull auf die entscheidende Mitte hellenistisch-neoterischer Literaturauffassung.

Schon die ersten Worte des Gedichtes schlagen den Ton eines legeren freundschaftlichen Gesprächs über einen weitläufig bekannten Dritten an. Das zu dem Namen *Suffenus* gefügte *iste* macht ganz den Eindruck, als sei dieser Name eben zufällig im Gespräch gefallen und Catull hole nun zu einer Erklärung aus. Auch das ganz abgeschwächt gebrauchte *probe* deutet auf den Ton einer alltäglichen Unterhaltung.[1] Der angesprochene Varus gehörte zu Catulls engerem Freundeskreis;[2] und wenn er gerade in einem

[10] Schon Lucil. fr. 1119 M; Hor. s. 1, 1, 62 beschreibt der Satz die übliche Ansicht in Rom, die die beiden Satirendichter anprangern.

[11] In der breitangelegten 3. Satire des Juvenal verkündet ein anständiger Armer, daß seinesgleichen in Rom nur noch Gegenstand der Verachtung und Zielscheibe des Spottes sei; bes. Vers 147–155.

[1] Cic. de or. 3, 194; Brut. 151; fam. 2, 12, 2; Fordyce ad 1.

[2] Es ist wohl der c. 10, 1 angesprochene Freund. Wie dort n. 3 dargelegt wird, vermutete man in ihm den später mit Virgil und Horaz befreundeten Quintilius Varus aus Cremona. Dieser Varus wird auch Philodem, Pap. Herc. 253, 12 und 1082, 11 zusammen mit Virgil, Varius und einem weiteren Freund genannt; cf. A. Körte, Rhein. M. 49 (1890) 172 ff. Als Freund Catulls wäre Varus freilich bedeutend älter

Literaturgedicht angesprochen wurde, deutet das darauf hin,[3] daß er Catulls literarischen Ansichten und Neigungen nahestand.

Den Dichter Suffenus kennen wir nur durch Catull; aber wenn sein Name c. 14,19 unter anderen Poeten genannt wird, deren Werke man bei einem Buchhändler kaufen könne, muß es sich um eine reale und wohl nicht ganz unbekannte Person gehandelt haben. Unser Gedicht ist also wie c. 14 und c. 95 ein Dokument einer öffentlichen Distanzierung von zeitgenössischen Literaten, an denen die neuen künstlerischen Maßstäbe und Forderungen spurlos vorübergegangen sind.

Zunächst charakterisiert Catull die Person *(homo!)*. Die Worte, in denen das geschieht, sind voll Anerkennung.[4] So lobte man in Catulls Kreisen jemand, dessen Lebensstil dem modernen, verfeinerten Geschmack entsprach und der alles Schwerfällig-Gravitätische der altrömischen Umgangsformen gänzlich abgestreift hatte. Alle Attribute, die Catull für Suffenus findet, deuten auf einen Weltmann, der sich sicher und locker in der Gesellschaft bewegt: *venustus* meint hier weniger wie in c. 3 den für ästhetische Reize offenen Menschen, sondern etwa charmant, reizend;[5] *dicax,* an das sich dann *scurra*[6] in Vers 12 anschließt, weist auf den leichten Witz, das Spielen-Können mit Menschen und Dingen, was der römischen *gravitas* so schwerfiel; schließlich waren *urbanus,* das Vers 9 noch einmal aufgenommen wird, und *bellus* geradezu Modewörter für die neue, geschmeidigere Lebensart.[7]

gewesen als die mit ihm befreundeten augusteischen Dichter. Dazu paßte aber der überaus respektvolle Ton, in dem Horaz a. p. 438–444 von ihm spricht, als er erzählt, wie er ihm seine Verse zur Beurteilung vorgelegt habe. Kroll introd. denkt an den Juristen Alfenus Varus. Dazu würde passen, daß c. 30 ein Alfenus als Freund angesprochen wird. Ob freilich Alfenus Varus der Literatur nahestand, wissen wir nicht.

[3] Wie bei hellenistischen Dichtern ist eine solche Anrede auch eine Art Zueignung; cf. W. Kroll, Studien zum Verständnis der lateinischen Literatur, Stuttgart 1924, 231.

[4] Cf. Fordyce ad 2.9.14; ad c. 43,8.

[5] In c. 13,6 entspricht die Anrede *venuste noster* etwa der *iucundissime* oder *iucunde* in c. 14,2 bzw. 50,16. Den modischen Gebrauch des Wortes in Catulls Zeit zeigt neben c. 97,9 bes. Caelius in Cic. fam. 8,4,2; 8,11,2.

[6] Das Wort bedeutet ursprünglich einen typischen Großstädter mit dem Nebensinn einer gewissen Leichtfertigkeit. Cf. Plaut. Most. 15; Trin. 202; Cic. n. d. 1,93; Sen. const. s. 17,3; Phaedr. 5,5,8. Von dem Standpunkt der römischen *gravitas* aus war ein *scurra* natürlich eine negative Erscheinung. Vid. Fordyce ad 12.

[7] Für *urbanus* in diesem Sinn besonders typische Stellen sind c. 39,8; Cic. fam. 3,8,3; Cael. 33; 36; Hor. s. 1,4,90. Diese Bedeutung von *bellus* zeigen auch Cic. Att. 1,1,4; fam. 7,16,2; 14,7,3; fin. 2,102; Cat. c. 24,7f.; 81,2.

Aber im gleichen Atemzug erwähnt Catull eine Gewohnheit, die gar nicht zu diesem Bild eines kultivierten Menschen auf der Höhe des Zeitgeschmacks passen will: Der gleiche Suffenus schreibt eine Unmasse von Versen. Der Umfang eines literarischen Werkes ist in Catulls Augen keineswegs eine bloße Quantitätsfrage. Nach dem Maßstab des Kallimachos, mit dem in Catulls Kreisen literarisch alles gemessen wurde, zeugt eine solch wahllose Massenproduktion von der krassesten Unbildung *in litteris.* Kallimachos hatte das 'lange Gedicht' wegen seiner schwerfälligen, unkünstlerischen Formlosigkeit verworfen und dafür das kleine, geistreiche, bis ins letzte durchgestaltete Gedicht als die einzige in der Gegenwart noch zu verantwortende Literaturform auf den Schild gehoben.[8]

Das implizierte ästhetische Verdammungsurteil, das allein schon in der Erwähnung der Vielschreiberei liegt, verzichtet vorläufig auf einen direkten Ausdruck der Mißbilligung. Aber für einen kundigen Zeitgenossen war in der scheinbar nachlässig hingesagten Meinung *puto esse ego illi . . .* fast jedes Wort ein Hieb: wenn man die Zahl der Verse nicht mehr überblicken kann, wenn es auf ein Tausend mehr oder weniger nicht ankommt,[9] ja wenn Catull überhaupt nur noch eine Schätzung möglich scheint *(puto!)*, zeigt das zur Genüge, daß man an dergleichen keinen künstlerischen Maßstab anlegen kann. Auch das prosaische *perscribere* ist für eine literarische Produktion ein sehr wegwerfender Ausdruck.[10]

Neben der unübersehbaren Verszahl erscheint Catull die äußere Aufmachung, mit der Suffenus seinen Poesien offenbar Glanz und Bedeutung verleihen will, erwähnenswert. Bereits die Manuskripte sind keine billigen Schreibblätter,[11] sondern mit aller Pracht ausgestattet, deren die antike

[8] Kallimachos' Wendung gegen das lange Gedicht zeigt vor allem der Aitienprolog. Die Schlagworte der späteren Diskussion finden sich hier: 3 ἄεισμα διηνεκές, 4 πολλαῖς... χιλιάσιν, 5 ἐπὶ τυτθόν, 9 ὀλιγόστιχος, 12 ἡ μεγάλη, 18 μὴ σχοίνῳ Πεϱσίδι, 19 μέγα ψοφέουσαν ἀοιδήν, 24 τὴν Μοῦσαν ... λεπταλέην. Ferner: Call. fr. 398 Pf.; epi. 27. Catull übernimmt den Maßstab: c. 95, 9f. nimmt er sogar Kallimachos' Gegenbeispiel von fr. 398 Pf. auf. Die leichtfertige Vielschreiberei ist neben Catull vor allem Horaz ein Greuel: Hor. s. 1, 4, 9f. und 14–21; 1, 9, 23f.; 1, 10, 60–64. Cf. F. Wehrli, Mus. Helv. 1 (1944) 69–76 = Theoria und Humanitas, Zürich 1972, 270–278.

[9] Wie gleichgültig hier tausend Verse mehr oder weniger sind, unterstreicht Catull auch im Ausdruck; das *aut – aut* hat den Sinn von meinetwegen; cf. Plaut. Merc. 781; Kroll ad 4.

[10] Eine ähnliche Wirkung will Horazens *dictabat* s. 1, 4, 10 erzielen.

[11] Cic. fam. 7, 18, 2 erscheint der Gebrauch eines Palimpsests für einen Brief als Zeichen besonderer Sparsamkeit. Vielleicht hält Catull den Gebrauch von Konzeptblättern für ein Manuskript deshalb für besonders angebracht, weil seiner Ansicht

Buchproduktion fähig war. In den Versen 5–8 wird in einer langen Aufzählungskette[12] die Pracht der Papyrusrollen auch mit sprachlichem Glanz entfaltet. Es sind Königspapyri, d. h. erste Qualität;[13] die Buchrollen[14] sind so neu wie die Stäbe,[15] um die sie aufgewickelt sind; und sie sind mit roten Lederriemen verschnürt[16] und stecken obendrein in Pergamenthüllen.[17] Schließlich ist alles fein liniert und sorgfältig mit Bimsstein geglättet.[18]

An sich ist in den Augen römischer Dichter eine hübsche Buchausstattung nichts Negatives. Für Catull selbst ist im Einleitungsgedicht an Nepos

nach für eine gute Dichtung ein vielfaches Verbessern des Geschriebenen nötig ist: Cf. Hor. s. 1,10,72f.; a. p. 388f.; Quint. i. o. 10,3,31. Für Martial ist es natürlich, daß ein noch unveröffentlichtes Buch keinen äußeren Schmuck hat: 1,66,10.

[12] Am natürlichsten faßt man Vers 6f. als eine Aufzählungsreihe kurzer, im Nominativ stehender Kola auf; ein Genitiv *membranae* wäre als solcher zuwenig kenntlich, verunklarte also die sonst ganz schlichte Sprechweise. Auch sonst sind vergleichbare Aufzählungen in den kleinen Gedichten Catulls in kurzen, parallelen Kola geformt, und höchstens der Ausklang ist wie hier Vers 8 etwas volltönender.

[13] Cf. Hero aut. 26,3; Plin. n. h. 13,74; Suet. apud Isid. or. 6,10,3; vid. Kroll; Fordyce ad 6.

[14] Das Kolon *novi libri* klingt in der Aufzählung der luxuriösen Ausstattungselemente seltsam matt; neue Bücher sind eben geschriebene Poesien ja auf jeden Fall! R. G. M. Nisbet, Proc. Camb. Ph. Soc. 24 (1978) 96, macht einen Verbesserungsvorschlag: *novae bibli.* Das griechische Fremdwort paßt gut zu dem Charakter der Aufzählungsreihe, drückt besser als *libri* aus, daß hier von Papyrusrollen die Rede ist und ergibt sprachlich und inhaltlich einen klaren Gegensatz zu *palimpseston*. Für die Konjektur spricht, daß sich im Veronensis bei dem Attribut die allein zu *bibli* passende Femininendung erhalten hatte. Dieses *novae bibli* würde ich als Nominativ Plural auffassen, allein schon, weil 10000 und mehr Verse nur in mehrere Rollen paßten.

[15] Verzierte *umbilici* sind auch Mart. 1,66,11 und 3,2,8f. ein Zeichen für ein vornehm ausgestattetes Buch; cf. Fordyce ad 7.

[16] Später in der Kaiserzeit ist mehrfach von rotgefärbten Buchhüllen die Rede, aber warum sollen nicht in einer anderen Fabrikation die Lederriemen, mit denen die Rollen zugebunden waren, rot gefärbt gewesen sein?

[17] Pergament als Buchhülle erwähnen auch [Tib.] 3,1,9; Mart. 1,66,11. Die Sache ohne das Wort kennen Ov. tr. 1,1,5; Mart. 3,2,10; 10,93,4. Daß *membranae* im Gegensatz zu den vorherigen Aufzählungsgliedern ohne schmückendes Attribut bleibt, ist natürlich und kein Argument gegen einen weiteren Nominativ: die meisten vorherigen Ausstattungsstücke waren so selbstverständliche Bestandteile einer Buchrolle, daß der Eindruck von etwas Besonderem nur durch ein Attribut erweckt werden konnte; Buchhüllen aus Pergament dagegen waren, wie die Martialstellen nahelegen, an sich etwas Auffallendes, ein Zeichen von Luxus; darum genügte ihre bloße Erwähnung, um denselben Eindruck hervorzurufen.

[18] Für beides bringt Fordyce ad 8 Parallelen.

das hübsche Äußere des Büchleins geradezu ein Symbol für den geschmackvollen Inhalt.[19] Aber wenn von Manuskripten die Rede ist, erweckt eine so ausführliche Schilderung der luxuriösen Ausstattung den Eindruck von etwas Übertriebenem, ja von Selbstgefälligkeit und Geltungssucht. Und wenn in einem Bericht über neue Literatur zunächst von überhaupt nichts anderem die Rede ist als vom Umfang der Produktion und von der äußeren Aufmachung der Bücher, ist das auch ein Urteil!

So vorbereitet, kann der bisher unausgesprochene Widerspruch in Suffenus' Wesen deutlich herausgestellt werden. *haec cum legas tu* zeigt die Wendung zum Entscheidenden, zu dem literarischen Werk selbst. Dann greift *bellus ille et urbanus* noch einmal auf das positive Urteil von Vers 2 zurück. Um so schneidender wirkt dann die Antithese, das vernichtende Urteil über den Dichter: die Sprache des Autors scheint Catull die eines Ziegenhirten und Ackerknechts zu sein. Das ist noch eine Übersteigerung des Vorwurfs bäuerischer Art,[20] mit dem die moderne hauptstädtische Literatur im Vollgefühl ihrer Überlegenheit gern auf all das herabsah, was in treuherziger Biederkeit immer noch in der pathetischen altväterlichen Weise eines vergangenen Jahrhunderts weiterdichtete.

Der so zutage gekommene Widerspruch zwischen Suffenus' kultivierter Art in der Gesellschaft und dem Mangel an jeglichem Geschmack in der literarischen Produktion wird von Catull im Grunde vom Gedichtbeginn an durch klare Akzente als der entscheidende Punkt in seiner Charakteristik herausgestellt. Das *idem* in Vers 3 lenkt bereits den Blick auf das seltsame Zusammenfallen von zwei so verschiedenen Seiten in einer Person. Und im folgenden wird dann immer wieder diese Gegensätzlichkeit betont: 11 *rursus*, 12 *modo*, 14 ein erneutes *idem*. Das Gegensätzliche wird auch dadurch besonders fühlbar, daß die beiden Seiten recht gleichgewichtig behandelt werden: Den drei Attributen für den Menschen in Vers 2 stehen Vers 3f. drei Zahlwörter für die Unzahl der Verse gegenüber; den beiden lobenden Wertungen der Person in Vers 9 folgen Vers 10 zwei Schmähungen des Schriftstellers; und den beiden rühmenden Worten in Vers 12f. folgt das verdoppelte *infaceto infacetior* in Vers 14. Und alle diese teils mehr unterschwellig wirkenden Mittel haben ihr Zentrum in dem klaren Konstatieren der inneren Widersprüchlichkeit der Person[21] in Vers 11, der also nicht nur äußerlich die Mitte des Gedichtes bildet.

[19] Cf. [Tib.] 3,1,9–14; Mart. 3,2,7–11; 10,93,4–6.

[20] Das Wort *rus* hierfür bringt dann Vers 14. Cf. c. 36,19f.; Hor. epi. 2,1,159f.; Ov. a. a. 3,127f.

[21] *abhorret* muß hier meinen, daß Suffenus von sich selbst abweicht, also in sich widersprüchlich ist.

In Vers 9–11 ist mit dem Herausstellen des inneren Widerspruchs in Suffenus die entscheidende Aussage der Charakteristik erreicht. Aber wie vorher in wohlbedachten Schritten auf diesen Höhepunkt hin gesteigert wurde, wirkt er nun in den folgenden Versen weiter. Nach einer das Erstaunen des Angesprochenen bzw. des Lesers gewissermaßen aufnehmenden Frage, was man denn von einem solchen Widerspruch denken solle, wiederholen die Verse 12–15 eigentlich nur in anderen Worten[22] die entscheidende Aussage der Gedichtmitte. Aber was, rein vom Inhalt her gesehen, überflüssig erscheinen könnte, ist in der lebendigen Sprechsituation des Gedichtes wesentlich: die Absonderlichkeit der Tatsache wird in der Wiederholung noch fühlbarer. In den die Charakteristik abschließenden Versen 15–17 wird als zusätzliches Motiv die selbstgefällige Begeisterung des Dichterlings über das von ihm Geschaffene geschildert.[23] In diesem naiven Glück wird noch einmal der volle Gegensatz zu dem die Mühe und die kritische Selbstprüfung betonenden Dichterideal des Kallimachos und der Kallimacheer deutlich.[24]

Das Urteil scheint gefällt, die Akten geschlossen; man könnte fragen, was es da noch lohnt, über einen Stümper, der keine Ahnung von den Grundgesetzen künstlerischen Schaffens hat, noch ein einziges Wort zu verlieren. Aber da scheinen die letzten vier Verse in erstaunlicher Weise einzulenken. In Anlehnung an eine bekannte Volksweisheit[25] stellt Catull resigniert fest, daß jeder Mensch seinen Sparren habe, jeder Mensch in irgendeiner Hinsicht ein so aufgeblasener Tor wie Suffenus sei und ebenso mit Blindheit für seine eigenen Fehler geschlagen.[26]

Aber nehmen diese scheinbar so versöhnlichen, auch sich selbst in die Schar der irrenden Menschheit einbeziehenden Schlußverse irgend etwas zurück? Das literarische Urteil jedenfalls bleibt in seiner ganzen Schärfe be-

[22] In Vers 13 schwanken die Ausgaben zwischen den Konjekturen *tritius* (Pontanus) und *scitius* (L. Müller). Der Sprachgebrauch scheint für *scitius* zu sprechen. *Scitus* wird nicht selten zur Bezeichnung eines schlauen, scharfsinnigen, witzigen Menschen verwendet. *Tritus* gibt es gewiß als Attribut von *manus* oder *aures* in der Bedeutung erfahren, kundig, aber meist überwiegt von der Grundbedeutung her der Aspekt des allzuoft und allzuviel Benützten, was dem von Catull gemeinten Sinn geradezu zuwiderliefe. Cf. aber M. C. J. Putnam, Herm. 96 (1968) 552–558.

[23] Sehr vergleichbar schildert Horaz epi. 2, 2, 106–108 das naive Glück und die Selbstgefälligkeit schlechter Dichter.

[24] Cf. Call. epi. 27, 4; Cat. c. 95, 1 f.; Hor. s. 1, 10, 68–74.

[25] Bei Hor. s. 1, 3, 67 *nam vitiis nemo sine nascitur.*

[26] Im Hintergrund steht die Fabel von den zwei Ranzen, worin in dem auf dem Rücken die eigenen Schwächen stecken, die man so viel weniger kennt als die Gebrechen der Mitwelt; cf. Babrios 66 Crusius; Phaedr. 4, 10; Otto 209; Bährens ad 21.

stehen.[27] Für einen Dichter, der wie offenbar Suffenus stolz auf seine Produkte ist, ist es ein schwacher Trost, wenn man ihm zu verstehen gibt, daß er auf irgendwelchen anderen Gebieten schon seine Qualitäten habe. Das scheinbare Einlenken ist mehr eine Sache der einmal gewählten Form eines urbanen Gesprächs; da möchte man nicht zu brüsk sein, nicht zu sehr in der Pose eines selbstgerechten Richters über andere erscheinen. Aber alle Urbanität kann nicht darüber hinwegtäuschen, daß Catull in den wesentlichen Fragen der Kunst keine Kompromisse kennt, daß für ihn ein Stümper ein Stümper bleibt, auch wenn er noch so freundliche menschliche Eigenschaften haben mag.

23. Gedicht

Formal entfaltet sich das Hohngedicht auf Furius in Aufzählungsketten teils positiv, teils negativ formulierter Kola, in denen Catull ironisch-höhnisch das 'Glück' des Furius schildert. Gliederungspunkte in diesen dahinströmenden Aufzählungen sind die Verse 5f., 15 und 24f., in denen der Dichter die Einzelsymptome in allgemeinen Glücklichpreisungen zusammenklingen läßt. Gegen das Gedichtende zu ist der Ton gesteigert: Die Kurzkola werden in den Versen 18–23 von einer breit ausgeführten Einzelheit abgelöst, die man als den lächerlichen Höhepunkt des Gedichtes bezeichnen könnte. Wenn Furius auf diese Weise lächerlich gemacht ist, kann der Angriff in den letzten Versen mit einem scharfen, gezielten Hieb enden, der Furius' Wesen gründlich entlarvt.

Inhaltlich gilt der Angriff nicht so sehr einer abstrakten Eigenschaft, der Armut,[1] sondern persifliert ein spezifisch römisches Ideal, das etwa bei dem Zeitgenossen Sallust uneingeschränkt Geltung hat,[2] das Ideal gesunder, urkräftiger altrömischer Einfachheit. Furius mag sich auf eine solche Haltung etwas zugute gehalten und die Segnungen eines solchen Zustandes gepriesen haben.[3] Daß solche Haltungen auch von dazu sehr wenig passenden Personen beansprucht werden konnten, zeigt Horazens Spott in der 2. Epode, in der er ausgerechnet einen Wucherer das unschuldige Glück eines urkräftigen Bauernlebens preisen läßt.

[27] Williams 584 sieht in diesen Versen sogar noch eine Betonung des Urteils über den Autor, dem jede Selbstkritik fehlt.

[1] So Hezel 45; C. W. Macleod, Cl. Qu. n. s. 23 (1973) 299.

[2] Cf. Sall. c. Cat. 9, 2; 11, 3; 12, 1; b. Jug. 41, 1; Liv. praef. 11 f.; Verg. g. 2, 167 ff.; 532–535; A. 9, 603–613; Hor. c. 3, 2, 1.

[3] Fordyce ad 1 glaubt geradezu, in Vers 1 ein Zitat von Furius' eigenen Worten greifen zu können.

Catulls Vorgehen besteht darin, daß er scheinbar in den Preis der Einfachheit einstimmt[4] und die zu ihrem Preis üblichen Argumente aufnimmt, daß er aber im Konkreten Furius' Lebensumstände in grotesk übertreibender Weise so schildert, daß ein Bild schäbigster Bettelhaftigkeit entsteht.[5] Die Glücklichpreisung erscheint so als purer Hohn.

Im Hintergrund von Catulls Gedichtbeginn steht wohl ein Luciliusvers, mit dem der alte Satirendichter das schäbige Auftreten eines Zeitgenossen verspottet hatte.[6] Catull übersteigert aber das Vorbild. Wenn bei Lucilius eine Amtsperson auf Reisen unbegleitet ist, wenn sie ihre Geldbörse selbst verwahrt und fortwährend ängstlich um sie besorgt ist, ist das gewiß schäbig genug; der Furius bei Catull besitzt aber rein gar nichts. Die Schilderung seiner Armut erhält von Anfang an groteske Züge: das Haus ist so ausgeleert, daß sich hier nicht einmal mehr Ungeziefer ernähren kann, und die ausgehungerten Verwandten machen sich über so ungenießbare Speisen her, daß Catull glaubt, sie könnten auch Steine kauen.[7] Zum übermütigen Charakter des Gedichtbeginns trägt die sprachliche Formung bei: wenn auf die ersten fünf negierten Kola Vers 3 positiv formulierte als scheinbarer Gegensatz folgen, ist das eine genauso negative Erscheinung; denn das hungrige Paar der beiden Alten ist keine Hilfe, sie vermehren die Not. Inhaltlich wird die weitere Fortsetzung schon vorbereitet. An den Mangel an Feuer in Vers 2 schließt sich Vers 14 die Kälte, und die „hölzerne" Alte[8] ist eine Vorbereitung des grotesken Familienbildes hornharter Gestalten in Vers 12f.

Auf die die erste Aufzählungskette abschließende ironische Glücklichpreisung in Vers 5f. folgt eine ebenso ironische Fortsetzung. In Vers 7 läßt *nec mirum... nam* eine Begründung des Preises erwarten, die dann in einem erneuten Schwall teils positiv, teils negativ formulierter Kola erfolgt. Der Charakter des Überströmenden wird dabei besonders wieder durch eine Aufeinanderfolge von fünf Verneinungen in den Versen 9–11 erreicht. Für das Glück der Armut werden nun Argumente angeführt, mit denen

[4] Zur Formel der Glücklichpreisung in Vers 5f. cf. Cic. n. d. 1, 114 und die dort von Pease angeführten Stellen.

[5] Im Hintergrund stehen Schilderungen äußerster Armut, wie das von Bährens ad 2 angeführte Komikerfragment Alexis fr. 174 K, das in einer ähnlichen Kette von Negationen die eigene Armut schildert. Eine auffällige Parallele ist οὐ πῦρ.

[6] Lucil. fr. 243 M; cf. Bährens ad 1; Hezel 45. Lucil. fr. 243–246 M dürfte aus einem Hor. s. 1, 6, 107–111 vergleichbaren Zusammenhang stammen.

[7] Das übertreibt Ausdrücke wie *panis lapidosus* für steinhartes Brot; cf. Hor. s. 1, 5, 91; Sen. de ben. 2, 7, 1.

[8] Den Sprachgebrauch zeigt Lucr. 4, 1161 *nervosa et lignea*; das Wort verlacht das Idealbild einer altrömischen Bäuerin: Hor. epo. 2, 41 f.; cf. C. W. Macleod loc. cit.

man tatsächlich den Segen einer schlichten Lebensführung pries. Die beiden Argumente, eine schlichte Lebensführung sei gesünder als ein Luxusleben und ohne die Last des Reichtums sei man frei von Furcht und Sorge, sind Kerngedanken von Epikurs Preis des einfachen Lebens.[9] Und in eben diesen beiden Punkten sehen auch der von Horaz geschätzte Bauer Ofellus[10] und Cicero in langen Ausführungen in den Tusculanen[11] den Segen eines schlichten Lebens. Aber man merkt sehr schnell, daß es Catull mit der Aufnahme dieser Argumente nicht sehr ernst ist. Der Hinweis auf die ausgezeichnete Verdauung bereitet bereits den komischen Haupteffekt vor; und wenn die Magerkeit ein völliges Eingetrocknetsein ist, das den Vergleich mit Horn nahelegt,[12] so ist das zuviel des Guten und läßt die Stählung durch Sonnenhitze, Kälte und Hungern denn doch als ein recht zweifelhaftes Glück erscheinen. Nach diesen ironischen Lichtern erscheint der erneute Preis dieses Glücks in Vers 15 nicht ernsthafter als der erste.

In der erneuten Aufzählung von Symptomen einer angeblich hervorragenden Gesundheit in den Versen 16ff. bleibt es nicht mehr bei ironischen Zwischentönen und Überzeichnungen; nun überschlägt sich die Laune fast. Mag man es immerhin in einem Preis des einfachen Lebens als etwas Positives gewertet haben, daß es bei einer solchen Lebensweise nicht die lästigen Begleiterscheinungen einer überreichen Ernährung wie Schwitzen u. dgl. gibt;[13] ein Ausbleiben sämtlicher feuchter Körperausscheidungen bis hin zum Speichel ist grotesk, und grotesk ist auch die Übergenauigkeit, mit der die verschiedensten Ausscheidungen durch ein in einem Gedicht überraschendes Vokabular aufgezählt werden. Das ist kein Bild kerniger Gesundheit mehr, sondern einer kärglichen Armseligkeit, die eine kraftstrotzende, lebenssprühende Jugend lachend verspottet.[14] Den Gipfel des

[9] Epic. ep. ad Men. bei Diog. L. 10,131 „... καὶ ὑγιείας ἐστὶν συμπληρωτικὸν... καὶ πρὸς τὴν τύχην ἀφόβους παρασκευάζει". cf. Bährens ad 7.

[10] Hor. s. 2,2,70f.; 107–111; 126f. Vers 8–11 werden Gefahren genannt, die den Reichen bedrohen; cf. Hor. s. 1,1,76–78; Prop. 2,27,9f.; Sen. tr. a. 11,7; Juv. 10,25f.

[11] Cic. Tusc. 5,89–102. Der Segen einer schlichten Lebensweise wird hier besonders 5,97ff. in einer Reihe von Anekdoten, die die epikureischen Grundgedanken dieser Partie umspielen, dargelegt. § 99 *adde siccitatem... adde integritatem valetudinis* erinnert geradezu an Formulierungen Catulls in Vers 7 und 12, zeigt also, wie üblich diese Gedankenverbindungen offensichtlich waren.

[12] Wie Plin. n. h. 31,102 zeigt, der die Körper von Fischern *cornua* nennt, war diese Ausdrucksweise der Umgangssprache nicht fremd.

[13] Varro, Cat. fr. 27 zeigt, daß dergleichen, ursprünglich positiv gewendet, als Kennzeichen einer einfachen Lebensweise aufgeführt wurde; cf. Bährens ad 16.

[14] Hor. c. 1,25,17–20 zeichnet eine ähnlich unbekümmert spottende Jugend.

Burlesken erreicht das Gedicht dann in den Versen 18–23 in der Schilderung von Furius' 'reinlichem' Verdauungsvorgang, deren Lächerlichkeit durch den vulgären Wortschatz, den herausfordernden Vergleich in Vers 19 und die unappetitlichen Einzelheiten erhöht wird.

Wenn die Verse 24f. zum dritten Mal und Vers 27 ein viertes Mal[15] den Preis von Furius' Glück wiederholen können, kann das natürlich nur noch Lachen hervorrufen; den wahren Charakter dieses Glücks hat man inzwischen kennengelernt. Und wie innerlich unwahr Furius' Großtun mit seiner schlichten altrömischen Lebensweise ist, zeigen die beiden letzten Verse, in denen Catull eine grobe Bettelei zurückweist: er hat bis jetzt die Überraschung aufgespart, daß dieser von seinem Lebensstil scheinbar so begeisterte Furius ihn unablässig um die nicht gerade kleinlich bemessene Summe von 100000 Sesterzen anbettelte.[16] Furius hätte also ganz gerne ein anderes Leben geführt, aber dazu fehlten die Mittel!

Aus den anderen Gedichten, in denen von Furius die Rede ist, weiß man, daß er zur Gesellschaft gehörte. In c. 24 wird nicht bestritten, daß er ein *homo bellus* ist, daß er sich also in vornehmen Kreisen zu bewegen wußte; nach c. 26 besaß er wie die Angehörigen der Oberschicht allgemein ein Landhaus vor Rom; und wenn es hoch verschuldet war, so teilte er dieses Los mit zahlreichen Angehörigen dieser Gesellschaftsschicht. Schließlich weist ihn auch die Zugehörigkeit zu Lesbias Kreis[17] als Angehörigen der Gesellschaft aus. Catulls Spottgedicht arbeitet also bewußt mit Übertreibungen, deren grotesker Charakter ausgekostet wird. Das ist der Stil dieser Dichtungsart. Von den Jamben des Hipponax bis zu den Spottepigrammen der Anthologie[18] oder des Martial finden sich solche Überzeichnungen und Übersteigerungen als komisches Mittel, das das Lachen über den so karikierend Verspotteten herausfordern soll.

[15] E. Fraenkel, Mus. Helv. 23 (1966) 114–117, verteidigt die Überlieferung *nam satis beatus* als Ellipse des Verbums; aber zu den fortwährenden höhnenden Anreden scheint Calphurnius' Konjektur *sat es beatus* besser zu passen.

[16] Fordyce ad 26 weist darauf hin, daß *precari* ein starker Ausdruck ist, daß Catull also die Bitte als sehr dringlich charakterisiert.

[17] Cat. c. 11 nimmt als Gedichtsituation an, daß er mit einem Auftrag von Lesbia gekommen ist.

[18] Thematisch am vergleichbarsten sind die A. P. 11, 88–111 gesammelten Spottepigramme auf Magere, meist von Lukillios, in denen man ebenso groteske Überzeichnungen findet. Diese Epigramme sind keine persönlichen Invektiven, sondern, wie die Spottepigramme des 1. nachchristlichen Jahrhunderts vielfach, gegen Typen gerichtet. Aber es ist anzunehmen, daß Catulls Gedicht nicht die einzige und nicht die erste persönliche Invektive war, die ärmliche Magerkeit verspottete.

24. Gedicht

Man ist nicht wenig verwundert, daß Catull hier und in anderen Gedichten[1] seinen Liebling mit seinem gutrömischen Namen nennt und den aristokratischen Charakter des Namens hier noch durch die Geschlechterreihe, auf die man stolz war, unterstreicht.[2] Diese Namensnennung bedeutet etwas ganz anderes, als wenn Catulus einen Theotinus, Horaz einen Lyciscus und Ligurinus, Tibull einen Marathus als Liebling apostrophieren.[3] Das sind Sklaven- oder Freigelassenennamen, die ein Milieu bezeichnen, in dem die Knabenliebe gesellschaftlich geduldet war.[4] Dagegen waren sexuelle Beziehungen zu freien Knaben in Rom stets verpönt.[5] Catull bekümmert sich also auch auf diesem Gebiet denkbar wenig um die üblichen gesellschaftlichen Normen. Catull spricht von seiner Liebe zu Knaben mit der gleichen Unbefangenheit wie von seiner Liebe zu der verheirateten Lesbia. Und vermutlich ist die Parallelität zwischen dem Kußgedicht an Juventius und den Kußgedichten an Lesbia bewußt gewollt;[6] und in einem Epigramm spricht er mit völliger Unbefangenheit von der Liebe zweier Freunde zu einem Geschwisterpaar, einem Mädchen und einem Jungen.[7]

Die Anrede an den Knaben Juventius, mit der das Gedicht einsetzt, ist stilistisch sehr erhöht. Zu diesem Eindruck wirken der feiernde Relativsatz *o qui...*, die huldigende Anrede „Blüte der Juventier"[8] und die Ausdehnung des Rühmens nicht nur auf die Vergangenheit, sondern auf alle Zeiten der Zukunft zusammen. Aber es fragt sich, in welchem Tonfall diese Huldigung vorgebracht wird. Vermutlich sollte das gleich von Anfang an nicht wie hingerissene Liebe, unverstellter Gefühlsüberschwang wirken. Die rhetorische Übersteigerung der Pathosformel läßt daran zweifeln. Wenn

[1] c. 48; 81; 99.

[2] Der Hinweis auf die Geschlechterreihe deutet auf Ahnenstolz in der Familie. Tatsächlich waren die Juventier eine *gens* von konsularischem Rang; cf. Cic. Planc. 19 und 58. Aber es ist natürlich nicht erkennbar, in welcher Beziehung Catulls Juventier zu dieser *gens* standen. In kaiserzeitlichen Inschriften tauchen Iuventii auch in Verona auf; cf. CIL 5,3316; Neudling 94. Wie andere ursprünglich römische Familien können diese Iuventii natürlich auch schon in Catulls Zeiten in der Transpadana ansässig gewesen sein, aber der Zusammenhang der Juventiusgedichte führt nach Rom, nicht nach Verona, wie schon Bährens ad 1 gesehen hat.

[3] Catulus fr. 1 Morel; Hor. epo. 11,24; c. 4,1,33; 4,10,5; Tib. 1,4,81.

[4] Cf. W. Kroll, Die Kultur der ciceronischen Zeit, Leipzig 1933, 177–179.

[5] Cf. W. Kroll op. cit. 179.

[6] c. 48 gegenüber c. 5 und 7.

[7] c. 100, auch hier deuten die römischen Namen auf reale Verhältnisse.

[8] Ähnlich ist c. 63,64; 100,2. Die ursprüngliche stilistische Höhe der Metapher zeigen Enn. ann. 308 V²; Verg. A. 8,500.

Catull sonst solche Formeln verwendet,[9] geschieht das im Hohn und jedenfalls nicht ohne Ironie, und schon bei Plautus sollte die Übertriebenheit der Formel den Zuschauer zum Lachen reizen.[10] In der hochtönenden Huldigung des Gedichtbeginns ist also der ernüchternde Umschlag des folgenden schon verborgen.

Den Umschlag im Tonfall zeigt bereits Vers 4. Schon das verweisende „ich wollte lieber" paßt nicht recht zu dem tönenden Beginn, der auf ein Preisgedicht, eine Liebeserklärung oder dgl. hinzuzielen schien. Die Desillusionierung wird dann vollständig, wenn Catull ernüchtert feststellt, er hätte es lieber gesehen, wenn der Knabe einem ärmlichen Kümmerling den Schatz des Midas gegeben hätte,[11] als daß er sich von ihm „so" lieben ließe. Juventius wird also offenkundige Untreue vorgeworfen, und der neue Liebhaber ist alles andere als respektabel.

An sich ist es ja eine absurde Vorstellung, daß der Knabe den Liebhaber hätte beschenken sollen; Geschenke gibt natürlicherweise der Werbende. Aber diese Vertauschung der Verhältnisse will boshaft auf die eigentlichen Bedürfnisse des verächtlichen Kerls *(isti)*[12] hinweisen, der Geld nötiger hätte als Liebesgunst. Das entscheidende *sic te sineres ab illo amari* ist bis an das Ende des Satzes hinausgezögert; um so härter trifft es. Das betont gesetzte[13] *sic* ist entlarvend; so weist man auf Beschämendes hin.[14] Offenbar war Juventius Furius gegenüber nicht so abweisend[15] wie gegenüber Catull in der c. 99 geschilderten Szene.

Der schmähende Vers 5, der den Liebhaber in den Augen des Knaben herabsetzen soll, ist fast wörtlich von c. 23, 1 übernommen; es ist lediglich an die Stelle des Vokativs Furi das verächtlich hinweisende *isti* getreten. Natürlich hat dieses Verszitat in erster Linie die Aufgabe der Identifizierung;

[9] c. 21, 2 f.; 49, 2 f. Das mit der Formel nicht notwendig verbundene *aliis erunt in annis* findet sich an allen drei Stellen.

[10] Plaut. Bacch. 1087; Pers. 777; Schnelle 14 sieht in dem Stil der Anfangsverse parodistische Pathetik. Bei Cic. post red. ad quir. 16 dagegen war die Formel ein ernsthaft gebrauchtes Pathosmittel.

[11] Das ist eine geläufige sprichwörtliche Wendung, die von Tyrt. 12, 6 West an bezeugt ist und auf die auch die spätere römische Dichtung mehrmals anspielt, z. B. Stat. s. 2, 1, 121; cf. Otto 222.

[12] Ganz ähnlich von einem wohl anderen Liebhaber des Juventius c. 81, 3 f. *iste tuus . . . hospes.*

[13] Betont ist es durch die auffällige Wortstellung und die ins Ohr gehende Alliteration *sic . . . sineres;* cf. Schnelle 16.

[14] Im Ton vergleichbar ist etwa Ter. Hec. 526.

[15] Daß Catull bei der Knabenliebe keine bloße Schwärmerei meint, zeigen Stellen wie c. 15, 9 ff. oder 21, 4 hinreichend, auch das Kußgedicht auf Juventius (c. 48) ist ja nicht gerade platonisch.

man weiß nun, Juventius' Liebhaber ist jener kümmerliche, geldgierige Furius, gegen den das vorhergehende Gedicht gerichtet war. Aber der Vers erhält darüber hinaus eine besondere Aufgabe im Rahmen unseres Gedichtes. Wie durch die nur leicht variierende Wiederholung in den Versen 8 und 10 deutlich wird, soll der Vers Furius in einem entscheidenden Punkt brandmarken. Eine solche einhämmernd wirkende Wiederholung eines Schmähverses ist eine übliche Technik in Catulls Spottgedichten, die am besten in c. 42 studiert werden kann. E. Fraenkel hat an diesem Gedicht gezeigt, daß Catull in dieser Technik volkstümliche italische Scheltformen aufgenommen hat.[16]

Worin allerdings die besonders schmähende Wirkung des Wiederholungsverses in unserem Gedicht liegt, tritt nicht so offen zutage wie an den vergleichbaren Stellen.[17] Ist für Catull Armut Schande, und zwar so sehr Schande, daß dagegen positive Eigenschaften wie ein Furius ohne weiteres zugestandener modischer Schick[18] überhaupt nicht aufgerechnet werden können? Catull meint es offenbar so. Klar wie selten wird hier sein aristokratischer Hochmut; ein Mensch ohne entsprechende Mittel zählt im Grunde nicht mit. So ist es ihm unbegreiflich, wie man einen solchen Menschen als Liebhaber akzeptieren kann.[19]

Die Redehaltung verändert sich in den Schlußversen merklich. Nach der langen Periode der Verse 1–6 mit dem pathetischen Einsatz und der Schlußklimax mit dem harttreffenden Vorwurf des *sic... amari* folgt eine sehr lebhafte Dialogpartie. Catull nimmt mögliche Einwände des Juventius vorweg, der gute Seiten an seinem neuen Liebhaber sehen könnte, und schneidet solche Einwände mit dem kaum variiert wiederholten Schmähvers ab, der in seinen Augen die Frage entscheidet. Bemerkenswert ist, daß Catull bei dem Jungen nicht die geringsten Gewissensbisse erwartet, wenn er ihm eine so nonchalante Antwort auf den Vorwurf des enttäuschten Liebhabers zutraut; das wirft ein recht bezeichnendes Licht auf die Bindungslosigkeit dieser Kreise, in denen offensichtlich jeder tat, was ihm gefiel. Formal wird der Gesprächston vor allem in der Aufsplitterung von Vers 7 in kleinste Kola deutlich, wobei das am Versende isolierte *est* besonders auffällig ist. Diese einen sehr natürlichen Gesprächston aufnehmende

[16] WdF 431–443.

[17] Abgesehen von c. 42 wiederholt Catull Schmähverse c. 29, 5 und 9; c. 29, 2 und 10; c. 36, 1 und 20; c. 57, 1 und 10.

[18] Der Bedeutung von *bellus* hier kommt am ehesten c. 22, 9 nahe; von einem Mitglied des Kreises um Lesbia erwartet man ja wenigstens dies; cf. c. 81, 2.

[19] Die Ungewöhnlichkeit wird deutlich, wenn man bedenkt, daß gewöhnlich der arme Poet über das größere Glück eines reichen Nebenbuhlers klagt: Hor. epo. 11, 11 f.; Tib. 1, 5, 59–68; Ov. a. a. 2, 274–276.

Antwort ist wesentlich: wenn jeder mögliche Einwand auf so geringschätzige Weise akzeptiert wird, wird auch dadurch deutlich, daß das entscheidende Faktum damit nicht verändert wird.

25. Gedicht

Die Wahl des jambischen Tetrameters ist nur ein äußeres Zeichen für den Anschluß an die Grundhaltung des alten Jambus, an den selbstsicheren und übermütigen Angriffsgeist des alten Archilochos.[1] Schmähende Anreden wechseln mit herrischen Befehlen, und schließlich endigt das Gedicht mit der Drohung, den Angegriffenen wie einen hilflosen Jämmerling mit der Knute auszupeitschen. Die zahlreichen parallelen Kurzkola drängen unaufhörlich weiter, kein Ruhepunkt wird gegönnt: die erste Periode reicht über acht Langverse, und dadurch, daß die zweite Periode sich Vers 9 unmittelbar in der gleichen Sprechhaltung anschließt und den Imperativ von vorher sofort entschieden aufnimmt, entsteht auch hier keine wirkliche Pause. Der Rhythmus wirkt auch dadurch vorwärtsdrängend, daß ähnlich wie in dem großen Hohngedicht auf Caesar (c. 29) fast nur reine Jamben verwendet werden.[2]

Thematisch ist das Gedicht mit c. 12 verwandt: Catull fordert persönliches Eigentum zurück, das ihm entwendet wurde, als er einmal nicht darauf achtete.[3] Die Behandlung des Themas ist aber hier um einiges gröber als in c. 12. Dort handelt es sich um einen unpassenden Scherz, den sich ein Mitglied der Gesellschaft erlaubte; hier deutet der Name schon auf ein niederes Milieu[4], und der Umfang der Beute – neben den Tüchlein aus Spanien und

[1] Cf. Archil. fr. 125; 126; 171; 172 West. Horaz hat epo. 6,5–14 und epi. 1,19,23–25 diesen Angriffsgeist für typisch archilocheisch gehalten.

[2] Zwei lange Silben finden sich nur in der Versbasis.

[3] Die Situation war in Vers 5 beschrieben, aber der Vers ist so zerstört, daß eine Wiederherstellung nicht möglich zu sein scheint. Am nächstliegenden ist, daß es sich um eine c. 12,2f. vergleichbare Situation gehandelt hat, vielleicht auch um ein Gastmahl, bei dem man auf herumliegende Sachen wenig achtet; cf. Mart. 8,59; 12,28. Das *oscitantes* entspräche dem *neglegentiorum* in c. 12,3 als Zeichen der Nachlässigkeit; cf. Bährens ad 5. Quinn nimmt nach Vorschlägen von Munro, M. C. J. Putnam, Class. Phil. 59 (1964) 268–270 und L. A. McKay, Class. Phil. 61 (1966) 110f. *cum diva Murcia arbitros ostendit oscitantes* in seinen Text auf – kein sehr verlockender Vorschlag!

[4] Das überlieferte Tallus ist als *cognomen* nicht überliefert. Wenn die Schreibung Thallus lautete, ist es ein typischer Freigelassenenname, der Apul. apol. 43,5f. etc. und auch mehrfach inschriftlich überliefert ist; cf. Bährens ad 1. Neudling 167 vermutet Tallei, also den Vokativ eines ebenfalls mehrfach bezeugten Namens Tallius.

Bithynien[5] vermißt Catull auch seinen Mantel – zeigt, daß der Dichter hier nicht einen dummen Streich, sondern einen groben Diebstahl verfolgt. Dementsprechend ist seine Reaktion schärfer und die angedrohte Strafe derber; er droht nun nicht mit Scheltgedichten, sondern mit einer körperlichen Züchtigung, wie sie gegenüber einem freien Bürger ganz unerhört wäre.

Für die Gestaltung des Gedichtes ist der Kontrast zwischen der Weichlichkeit und Kraftlosigkeit des frechen Diebes und der herausfordernden Demonstration überlegener Kraft auf seiten des Dichters bestimmend. Das Motiv der Schlappheit des anderen ist schon mit dem Schimpfwort *cinaede*, mit dem das Gedicht einsetzt, angeschlagen,[6] wird durch das für einen solchen Menschen bezeichnende Attribut *mollior*[7] unterstrichen und dann in nicht weniger als fünf Vergleichen ausgemalt. Catull führt dabei das Weichste und Schlappste aus Natur und Menschenleben vor, was man sich nur denken kann; die Menschenvergleiche hätten zur Vorstellung der Kraftlosigkeit[8] natürlich vollauf genügt; so dienen die Tiervergleiche, insbesondere der mit Gänseklein[9] und altem Spinnengewebe[10], dazu, die Lächerlichkeit zu erhöhen. Auch die Lautgebung stimmt ganz zu diesem Charakter: seltsame Deminutivformen und gehäufte Liquida ergeben einen ganz ungewöhnlich weichen Sprachklang, der vollkommen zu den inhaltlichen Vorstellungen paßt.[11]

Aber eine Aktivität entfaltet dieser Weichling doch; Vers 4f. führt, durch eine erneue Namensnennung betont, eine kontrastierende Eigenschaft ein: er ist ein flinker Dieb, wenn niemand auf ihn achtet. Diese zweite Aussage ist Vers 4 sprachlich ähnlich wie die erste geformt, nur knapper; wieder arbeitet der Dichter mit einem Komparativ, aber nur noch mit einem einzigen Vergleich, er vergleicht Thallus mit einem Wirbelwind, der alles mit sich

[5] Da das Adjektiv καταγραφος auch bunt oder buntbemalt bedeutet (Luc, Alex. 12; Athen. 9,387f.) und καταγράφειν bemalen, liegt die Vermutung nahe, daß es sich um bunte Tücher gehandelt hat, die zu dem modischen Herausputzen einer *delicata iuventus* gut passen.

[6] Wie die Vorstellung eines *cinaedus* mit weibischer Verzärtelung verbunden war, zeigt gut der Gell. 7,12,5 überlieferte Ausspruch des P. Scipio Afr. P. f.

[7] Cf. Plaut. Aul. 422.

[8] Der Vergleich mit einem Ohrläppchen scheint sprichwörtlich gewesen zu sein: Cic. Qu. fr. 2, 14, 4; Anm. M. 19, 5 *(quod aiunt)*; Otto 46f.

[9] *Medullula* ist wohl in einer solch allgemeinen Bedeutung und nicht in der Bedeutung Knochenmark gemeint; cf. Bährens ad 2.

[10] Verwandt im Ausdruck ist Prop. 3,6,33 *putris... aranea.*

[11] Bardon, Propositions 28, bezweifelt, daß in diesen und anderen Lauthäufungen Absicht walte. Für eine absichtliche Formung spricht aber, daß bei der Wiederkehr des Motivs in Vers 10f. sofort wieder die gehäuften l auftauchen.

reißt.[12] Auch in der Lautgebung ändert sich Vers 4 der Klang: *p, t, c* und *r* bestimmen ihn.

Diese unerwünschte Aktivität weckt nun gleichsam beim Dichter die ihr gebührende Antwort. Während er vorher nur zu spotten schien, zürnt er jetzt ernsthaft und tritt dem Dieb Vers 6ff. mit klaren Forderungen entgegen. In der Lautgebung bleiben die harten Töne vorherrschend, die Worte fallen kalt und schneidend. Vers 6 beginnt mit einem groben Befehl, macht durch *mihi meum* die Besitzverhältnisse deutlich und wirft ungeschminkt den Diebstahl vor; hierauf stellt Catull mit der dem Anlaß angemessenen Genauigkeit ein Inventar der Beute auf und beendet den Satz mit einem weiteren Scheltwort und einem Kopfschütteln über die Frechheit des Diebes, der mit dem Gestohlenen wie mit seinem Eigentum umgeht.

In der zweiten, kürzeren Periode der Verse 9–13 verbinden sich die bisherigen Motive und schließen das Gedicht mit einer schnellen Folge einander abwechselnder Vorstellungen in einem lustigen Wirbel ab. Zunächst führen Imperative den Imperativ *remitte* von Vers 6 weiter; dabei sind die komische Neubildung *reglutina,* der Dieb solle seine Beute gewissermaßen aus seinen Leimrutenhänden lösen,[13] und das Wort *unguibus* für Hände[14] herausfordernd grob. In der Androhung der Auspeitschung Vers 10f. wird dann das Motiv des Beginns, die unmännliche Weichlichkeit des Thallus, in den Attributen, die seine Lenden und Hände erhalten, aufgenommen, wobei wieder Deminutivformen und gehäufte Liquida karikierend wirken. Das in der Androhung einer derben[15] Strafe zum Ausdruck kommende Überlegenheitsgefühl steigert sich schließlich in den beiden letzten Versen zu einem höhnenden Schlußbild: wie ein kleiner Kahn im Sturm des Meeres[16] unter dem Wüten des Windes herumgetrieben wird, werde er unter den Geißelhieben hin und her hüpfen. Der Sturmwind greift die Bildvorstellung von Vers 4 auf, freilich mit verändertem Sinn: nun ist nicht mehr Thallus so schnell wie der Wind, sondern er wird von einem anderen Sturm aufs erbärmlichste herumgewirbelt werden, wenn er nicht schnell von seiner Beute läßt.

[12] Ov. a. a. 1,388 *rapax... ventus* deutet darauf, daß die Verbindung in der Dichtersprache üblich war.

[13] Den Ausdruck Leimhände kennt auch Lucil. 796f. M *viscatis manibus.*

[14] Eine vergleichbare Vorstellung ist, wenn man einen Habgierigen einen Habicht oder einen Geier nannte: Plaut. Pers. 409; Trin. 101; cf. Friedrich ad 9.

[15] Jedes Wort der Reihe *inusta, turpiter, flagella, conscribellent* bedeutet schon für sich Schmach und Schande; den Wortgebrauch beleuchtet Kroll ad 11.

[16] Die gegensätzlichen Worte *minuta* und *magno* sind wirkungsvoll aneinandergerückt. *Mare magnum* meint die hohe See; cf. Sall. Jug. 78,3; Lucan. 5,655f.; Friedrich ad 12.

26. *Gedicht*

In Vers 1 schwankt die Überlieferung zwischen *vestra* (Oxoniensis) und *nostra*. Akzeptiert man *nostra*, so macht sich Catull wie in c. 13,7f. über eine eigene Geldverlegenheit lustig, übernimmt man *vestra*, ist der angeredete Furius die Zielscheibe des Spottes. Das Verständnis des Gedichtes hängt also an diesem Wort.

An sich ist ein selbstironisches Bekenntnis einer eigenen Schwäche einem Freund gegenüber bei Catull sehr wohl möglich, und kein Topos ist geläufiger als eine mehr oder minder gespielte Poetenarmut. Aber ist denn Furius bei Catull ein guter Freund, dem man dergleichen anvertraut? Das einzige Mal (in c. 11), wo er Anspruch auf Catulls Freundschaft erhebt, wird er höchst ironisch abgefertigt. Sonst aber tritt er nur in der gewiß nicht ohne Absicht einander nahe gerückten Gruppe von Gedichten auf, in denen er und ein ihm offenbar wesensverwandter Aurelius verhöhnt oder angegriffen werden.[1] Wie in anderen Schmähgedichten, etwa in denen auf Caesar, Mamurra oder in denen auf einen Gellius, sind die angegriffenen Gestalten in den verschiedenen Gedichten im wesentlichen immer gleich gesehen; es wäre also höchst seltsam, wenn eine sonst stets abweisend behandelte Gestalt hier plötzlich zum Empfänger freundschaftlicher Mitteilungen gemacht würde.[2] Viel näherliegend ist es, das Gedicht wie die anderen der Gruppe als Angriff auf Furius aufzufassen, und motivlich paßt der Spott über die Verschuldung der Villa trefflich zu dem Lachen über Furius' kärgliches Hungerleidertum und seinen Pumpversuch in c. 23.

Auch aus inneren Gründen wird diese Auffassung nahegelegt. Wenn Catull hier über seine Schulden gelacht hätte, hätte er vermutlich nicht alles an dem Landgut schlechtgemacht, sondern eben die leichtsinnig aufgehäuften Hypotheken eines ansonsten nicht zu tadelnden Besitzes herausgestellt; so sieht er in c. 44, abgesehen von der ironisch in Frage gestellten guten Wohnlage, viele freundliche Seiten an seinem Landgut. Aber an der Villa unseres Gedichtes läßt er kein gutes Haar. Schon die Verkleinerungsform klingt hier recht abschätzig,[3] und die Aussage der drei ersten Verse, daß an das Landhaus aus keiner Himmelsrichtung ein Lüftchen rühre, ist zumal im heißen Süden ein zweifelhaftes Lob;[4] denn man kann wohl die geschützte

[1] Beide: c. 16; Aurelius: c. 15; 21; Furius: c. 23 und wegen der pointierten Verswiederholung auch c. 24.

[2] Cf. Bährens ad 1.

[3] Cf. Cic. Att. 8,13,2; 12,27,1; Hor. s. 1,5,45.

[4] Windstille im Hochsommer ist Hor. c. 3,29,23f. etwas Drückendes und Erschlaffendes. Plin. ep. 2,17,19 schätzt einen stetigen Windhauch im Kryptoportikus einer seiner Villen.

Lage eines Gutes hervorheben[5] oder rühmen, daß es nicht dem grimmigen Nordwind ausgesetzt sei;[6] aber wenn hier auch der sonst so geschätzte laue Favonius[7] nicht freundlich wehen darf, ist das kein ernsthaftes Loben. Das klingt eher wie die Persiflage eines Lobes, es klingt, als wolle Catull ein ungeschicktes Lob des Landgutes durch seinen Besitzer so lächerlich machen, wie er in c. 23 Furius' Ideal eines einfachen Lebens verlacht hatte. Wenig ernsthaft wirkt auch die Wahl eines im Lateinischen ganz ungewöhnlichen griechischen Windnamens in diesem negierenden Zusammenhang; verneint werden in ernsthaftem Sprechen ja im allgemeinen nur Dinge, die naheliegend sind, deren Eintreffen man üblicherweise erwartet.

So ist man nach diesen ironischen Lichtern in dem Lob des so außerordentlich windgeschützten Landgutes einigermaßen gespannt, warum Catull so geflissentlich betont, daß kein Lufthauch zu Furius' Villa dringt. Die Pointe ist überraschend: von Stürmen wird die Villa zwar nicht geschüttelt, aber von Schulden. Witzig bei dieser Gegenüberstellung ist vor allem, daß das Verbum *opposita* im neuen Zusammenhang eine unerwartete neue Bedeutung erhält; Vers 2 hieß es „den Winden ausgesetzt", nun aber ist es ein *terminus technicus* des Bankwesens und meint „verpfändet".[8] Lachend schließt dann das Gedicht mit dem Bild des Beginns: das sei der schauerliche und verderbliche Wind, der die Villa bedrohe.[9]

Erstaunt ist man, daß die Summe, mit der das Landgut belastet ist, auf Heller und Pfennig genannt wird. Dabei ist der Betrag in den Kreisen, in denen Catull verkehrte, offenbar eine Bagatelle gewesen; nicht viel weniger Geld will Catull einem keineswegs besonders geschätzten Bekannten geliehen haben, und ein Mädchen wollte einmal von ihm für ihre Gunst auch so viel haben; am meisten zu denken gibt aber, daß eben dieser Furius Catull im 23. Gedicht um ein Mehrfaches dieses Betrages angepumpt hatte.[10] Die niedrige Zahl bedeutet also offenbar eine neue Bosheit; sie ist nur ein konkreteres Mittel als die Schilderung der Hungerleiderei in c. 23, um die in

[5] Wie Hor. epi. 1, 16, 5 ff.

[6] Plin. ep. 2, 17, 7 lobt darum einen gut eingefriedeten Platz einer Villa, aber bezeichnenderweise ist hier nicht jede Windbewegung ausgeschlossen.

[7] Cf. Plaut. mil. 655; Hor. c. 1, 4, 1; 3, 7, 2; Plin. ep. 2, 17, 19.

[8] Ein üblicher Sprachgebrauch: Plaut. Ps. 87; Ter. Phorm. 661 f.; Juv. 11, 18; Bährens ad 1; Ellis ad 2.

[9] Die Metapher vom Sturm der Schulden konnte Catull aus einem Kallimachosepigramm kennen: Call. epi. 47 = A. P. 6, 301 f.; cf. Wilamowitz, Hell. D. 1, 176; Wheeler 277 n. 37.

[10] c. 103, 1: 10000 Sesterze; c. 41, 2: 10000 Sesterze; c. 23, 26 f.: 100000 Sesterze. Die ungeheuren Schulden, die damals in Rom von Politikern gemacht wurden, schildert W. Kroll, Die Kultur der ciceronischen Zeit, Leipzig 1933, 104 f.

Catulls Augen lächerlichen Vermögensverhältnisse des Verspotteten zu charakterisieren. Ein mit einer so geringen Summe schon überschuldetes Haus kann nichts irgendwie Erhebliches gewesen sein.[11]

27. Gedicht

In dem kleinen Gedicht nimmt Catull geprägte Formeln des antiken Trinkgedichtes auf, versteht es aber, dem vielmals Gesagten neues Leben einzuhauchen. Üblich war die Anrede an den Mundschenk[1] und die Aufforderung einzuschenken.[2] Und in übermütiger Symposionstimmung verlangte man seit Alkaios reichlichen und kräftigen Wein.[3] Auch sonst erfolgt die Forderung nach einem stärkeren Trunk oder nach größeren Bechern am Höhepunkt des Gelages,[4] das hier durch die Trunkenheit der Gelagekönigin angezeigt wird. Das geschah auch früher schon in der Form, daß man alles Wasser zum Mischen des Weins verbannte.[5]

Im Einzelausdruck nimmt Catull Umgangssprachliches auf, also vermutlich Prägungen, wie sie bei einem wirklichen Gelage vorkamen. Der sehr geschätzte alte Falerner erhielt auch sonst gern das liebevolle Attribut *vetulus.*[6] Und der Scherz „weindurchtränkter als eine weingetränkte Traube"[7] sieht nach einem üblichen Witzwort aus, wie auch das Wortspiel der letzten Zeile ein gewöhnlicher Zecherscherz gewesen sein dürfte: es macht

[11] Cf. Bährens ad 4; Friedrich ad 1.

[1] Vers 1: Anacr. 11 a 1 P; c. conv. 23 P; Diphilos fr. 58, 2 K; Hor. epo. 9, 33; [Tib.] 3, 6, 5; 57; 62.

[2] Vers 2: Alc. 346, 4 LP; c. conv. 23 P; Diphilos fr. 58, 1 K; Hor. c. 2, 7, 21 f.; [Tib.] 3, 6, 6.

[3] Vers 2: Alc. 338, 6 LP; 346, 4 f. LP; Hor. c. 1, 36, 11.

[4] Vers 2 ff.: Eur. Ion 1178–1180; Diphilos fr. 58, 2 K; Antiphanes fr. 139 K; Hor. epo. 9, 33–36; [Tib.] 3, 6, 62; Mart. 9, 93, 1 f.; cf. E. Fraenkel, Horace, Oxford 1957, 73.

[5] Vers 5 f.: Diphilos fr. 58, 2 f. K; Petron. 52, 7; cf. Wheeler 234 f.

[6] Mart. 1, 18, 1; 8, 77, 5; 11, 26, 3; Macrob. 7, 12, 9; cf. Bährens ad 1.2.

[7] Fordyce ad 4 bringt die wesentlichen Argumente für die aus der handschriftlichen Überlieferung herzustellende Lesart *ebrioso acino ebriosioris* und gegen die Gellius 6, 20, 6 mitgeteilte und aus Interesse für das seltsam Pittoreske bevorzugte Lesart *ebria acina.* Einmal ist wenig glaublich, daß der alexandrinisch gebildete Catull den harten Hiat für elegant und klangvoll hätte halten können, weil dergleichen Hiate bei Homer zu finden sind. Dann zerstörte Gellius' Lesart den bei Catull beliebten Typus der Steigerung mit der Wiederholung des Adjektivs von der Art *infaceto infacetior* (cf. c. 22, 14; 39, 16; 99, 2; 99, 14). Schließlich ist fraglich, ob damals die Femininform überhaupt schon gebräuchlich war. Das Schweigen von Nonius 284 L, der Ca-

aus einem Beiwort des Dionysos[8] und einem Suffix, mit dem gerne Weinsorten nach geographischen Namen gebildet wurden,[9] einen Thyonianus.

Aber alles Herkömmliche und Aufgenommene ist bei Catull in eine ungemein lebendige Sprechbewegung eingegangen; mutwillige Farbtupfer geben dabei dem Bild den rechten Glanz und sein übermütiges Leben. Die verkürzte Imperativform[10] *inger mi* zeigt so recht ein rasches, ungeduldiges Drängen. Weitere Imperative in den Versen 5 und 7 setzen diese Bewegung fort. Den Überschwang zeigt, daß er nicht einen Becher gefüllt haben will, sondern eine Vielzahl,[11] und daß es der kräftigste Wein sein muß.[12] Und überschwenglich wirkt auch das hübsch gemimte Entsetzen vor einem Tropfen Wasser, der den Wein verderben würde: daß ein tüchtiger Zecher eine zu wäßrige Weinmischung verschmäht, war herkömmlich,[13] puren Wein zu trinken galt aber als Unmaß.[14] Dabei sind die Worte, mit denen Catull das Wasser ablehnt, ausgesprochen kräftig gewählte Worte des Abscheus.

Einen besonderen Aspekt erhält Catulls Gelage dadurch, daß eine Frau die Rolle des Gelagekönigs innehat, die derben Trinkgesetze aufstellt und selbst trunkener als alle ist. Gewiß kennt man auch aus anderen

tull gut kennt, dem aber nur die Maskulin- und Neutrumform bekannt sind, spricht dagegen. Cf. aber Lenchantin ad 4.

[8] Das Beiwort ist nach einem der Namen seiner Mutter Thyone (hy. Hom. 1,21 etc.) gebildet. Es findet sich Θυωναῖος Opp. cyn. 1,27; Thyoneus: Hor. c. 1,17,23; Ov. met. 4,13.

[9] Beispiele für solche Bildungen zeigen Mart. 13,113; 119; 123; 124. Wheeler 235 denkt wegen der zu einem griechischen οἶνος passenden Maskulinform an eine griechische Prägung.

[10] Es findet sich kein weiterer Beleg; Catulls Kurzform erstrebt wie Horazens *exple* den Eindruck des im Griechischen geläufigen ἔγχει.

[11] Auch Hor. c. 2,7,21 f. findet man diesen sprechenden Plural.

[12] Man unterschied beim Falerner leichten jungen und schweren alten Wein: Athen. 1,26 c; Cic. Brut. 287; Macrob. 7,12,9. Falerner als besonders schweren Wein nennen auch Hor. s. 2,4,24; Pers. 3,3 f.; Petron. 34; Juv. 13,216; cf. Bährens ad 1.2. M. C. J. Putnam, Latomus 28 (1969) 850 ff. und Wiseman 7 f. verstehen *amariores* metaphorisch: das Gedicht sei als Einleitungsgedicht einer Gedichtgruppe geschaffen, in der die Schärfe und Bitterkeit der Invektive dominiere, und das Einschenken herberen Weines deute das an. Mir scheint ein solcher metaphorischer Hintersinn in einem Gedicht, in dem es allein auf ein hemmungsloses Fallenlassen in Trunkenheit und Rausch anzukommen scheint, wenig wahrscheinlich zu sein.

[13] Cf. Diphilos fr. 58,2 f. K.

[14] Cf. Eur. Alc. 756 ff.; Plaut. Curc. 126 f.; Hor. epi. 1,19,11 (ironisch); Petron. 52,7; Juv. 6,319; Quint. i. o. 8,4,16. Ähnlich übermütig wie Catull ist Hor. c. 1,36,13.

Gelagegedichten zechgewaltige Hetären, die es im Trinken allen Männern gleichtun,[15] und in einem burlesken Sklavenfest bei Plautus diktiert auch einmal eine Frau die Gelagegesetze.[16] Aber hier ist immer ein Sklaven- oder Hetärenmilieu geschildert. Für eine römische Dame schickte sich dergleichen natürlich nicht.[17] Bei Catull aber hat die ausgelassene Gelagekönigin einen gut römischen Namen, der auf eine höhere Gesellschaftsschicht deutet. Catull setzt sich also hier über die herkömmliche Sitte hinweg. Und daß das sehr bewußt geschieht, zeigt die Wendung in Vers 6, wo der mit Wasser verdorbene Wein den grämlichen Sittenwächtern ins Haus gewünscht wird. Catull lacht hier über die allem Übermaß abholde römische Sitte genauso wie in c. 5, 2 über die Alten, die sich über seine Liebe erregten.

28. Gedicht

Das Gedicht ist für die gesellschaftliche Stellung Catulls und seine Beziehungen zu den politischen Kreisen der Hauptstadt aufschlußreich. Die jungen Leute, die Statthalter in Provinzen begleiteten, taten das ja im allgemeinen, um so ihre politische Karriere zu fördern. Da es in den Provinzen keine fest installierte Administration gab, waren die Prokonsule und Propraetoren auf solche ihnen persönlich verbundene Begleiter angewiesen, die für sie die verschiedensten Aufgaben erfüllten.[1] Diese Begleiter waren meist junge vornehme Leute, die auf diese Weise das politische Geschäft kennenlernen und vor allem Beziehungen anbahnen und sich Geld verschaffen wollten.[2] Wenn nun Catulls engste Freunde eine solche Laufbahn suchten und wenn er selbst einmal einen Versuch in dieser Richtung unternahm,

[15] Phalaikos epi. 1 Gow-Page = Athen. 10, 440 D; Hedylos epi. 3 Gow-Page = Athen. 11, 486 A; A. P. 7, 239 (anonym); cf. Nisbet-Hubbard ad Hor. c. 1, 36, 13.

[16] Plaut. Pers. 770.

[17] Die übliche Beurteilung zeigen Tib. 1, 9, 59 f.; Prop. 2, 33, 25–34; Sen. epi. 95, 21.

[1] Die sog. *cohors amicorum;* cf. c. 10, 13; Cic. Verr. 2, 34; Caes. b. G. 1, 39, 2 f.; Hor. s. 1, 7, 23–25; epi. 1, 3, 6; 1, 8, 14; Tib. 1, 3, 2; Suet. Tib. 46; Quinn, Int. 291 n. 23.

[2] Cic. fam. 7, 5 erhofft sich von Caesar eine solche Förderung des jungen Trebatius, die er ihm ursprünglich gern selbst bei einer beabsichtigten Provinztätigkeit gewährt hätte. Cic. fam. 7, 7 setzt voraus, daß sich Trebatius selbst etwas von dem vermuteten Reichtum Britanniens versprochen hatte. Auch Ciceros *cohors* in Cilicien erwartete nach Cic. Att. 7, 1, 6 nicht anders als Catull und seine Freunde finanzielle Ergebnisse der Tätigkeit.

zeigt das gut, daß er politische Beziehungen pflegte und keineswegs ausschließlich in literarischen Kreisen verkehrte.

Wie in anderen Gedichten glaubt man hier einen gewissen Nachklang des legeren und respektlosen Tons zu vernehmen, wie er im Kreis junger römischer Adliger herrschen mochte. Bewußt im nachlässigen Gesprächston ist die umgangssprachliche Frage zu Beginn *quid rerum geritis?*[3], und auch die fast überschwengliche Herzlichkeit, in der hier die Begrüßung geschieht, scheint in diesem Kreis junger Leute üblich gewesen zu sein.[4] Überhaupt ist die ganze Gesprächssituation des Gedichtbeginns, ein sich für alle Einzelheiten interessierendes Fragen nach der Rückkehr von guten Freunden, äußerst natürlich gestaltet. Bald aber merkt man, daß Catull das Vorgefallene bereits recht gut bekannt ist; er will mit seinen Fragen weniger Neues erfahren als heiter plaudernd die Ähnlichkeit im Erlebten hervorkehren und sich der gleichen Beurteilung versichern. Der Tonfall ist mit viel Ironie gewürzt. Wenn in Vers 1f. der Begriff „leicht" in den Worten *inanis, aptis,* in der Deminutivform *sarcinulis* und schließlich durch *expeditis* mutwillig hin- und hergewendet wird,[5] merkt man sehr schnell, daß die zunächst fast gravitätisch angesprochenen *Pisonis comites* ihre Reisen allzusehr vom Gepäck entlastet unternehmen mußten, daß sie also nichts von ihrer Unternehmung mitbrachten. Und was sie bei dieser „Unbeschwertheit" der Reise noch auszustehen hatten, wird Vers 5 durch *frigoraque et famem* deutlich.[6]

Aber Catull will sich über seine so herzlich begrüßten Freunde und ihre Enttäuschungen nicht lustig machen. So rückt er ab Vers 6 neben die widerwärtigen Erfahrungen der Freunde die eigenen, die er in Bithynien unter dem Gouverneur Memmius machen mußte und die sich in nichts von denen der Freunde unter Piso unterschieden. In der ersten Gegenüberstellung des gleichen Schicksals in den Versen 6–8 formuliert Catull den beiderseitigen finanziellen Mißerfolg recht burschikos. Statt einer ernsthaften Frage wie in

[3] Den Ton der Wendung zeigt Plaut. Aul. 117.

[4] Cf. c. 9; 12, 16f.; 46, 9. Eine auffällige Parallele zu dem Tonfall dieser Catullstellen ist die Überschwenglichkeit, in die Horaz c. 2, 7 bei der Anrede an einen ehemaligen Kriegskameraden aus dem Feldzug mit Brutus fällt.

[5] Cf. Bährens ad 2; Lenchantin ad 1.2.

[6] Wenn die beiden Freunde dem L. Piso Caesonius nach Macedonien gefolgt sind, werden die näheren Umstände unter diesem Statthalter durch Cic. Pis. 40 beleuchtet, wo auch die beiden Worte *fame frigore* fallen. Natürlich werden Hunger und Kälte auch in manchen anderen Texten zusammengestellt. Aber da bestimmte Ereignisse von Zeitgenossen oft unter einem ganz bestimmten Aspekt gesehen werden, ist es bedeutungsvoll, wenn eine wörtlich gleiche Bewertung einer politischen Tätigkeit bei Zeitgenossen auftaucht. Hier ist es ein starkes Argument dafür, daß der Piso bei Cicero und Catull die gleiche Person ist.

c. 10, 8, ob die Provinztätigkeit einen Profit abgeworfen habe, fragt Catull ironisch, ob in der Bilanz der Freunde der Aufwand als Ertrag notiert ist.[7] Das kann nur eine sarkastische Umschreibung der Tatsache sein, daß es außer Ausgaben in den Rechnungsbüchern nichts zu verzeichnen gab.[8] Aber Catull tröstet: bei ihm stehe es nicht anders. Er gebraucht dabei das Wort *lucellum*, mit dem man sonst leichthin einen Profit, den man bei Provinzgeschäften machte, bezeichnete,[9] mit beißender Ironie: auch er hatte ein negatives Ergebnis einzutragen.[10]

Als zweite Parallele wird Vers 9–13 die in beiden Fällen gleich schlechte Fürsorge der Statthalter für ihren Stab vorgeführt. Auch hier geschieht das in offenbar umgangssprachlichen, höchst respektlosen Ausdrücken, die die schlechte Behandlung in einer derb-obszönen Metaphorik umschreiben[11] und so dem Ärger über die beiden eingebildeten Herren kräftig Luft machen.

Nach diesem lauten Ausbruch polternder Entrüstung schließt Catull desillusioniert: „Da suche einer noch hochgeborene Freunde." Er macht sich nichts vor; er weiß, daß sein Versuch eines Einstiegs in die Politik ebenso gescheitert war, wie die Unternehmungen der Freunde keinen Erfolg hatten. Der Groll über die hohen Herren, denen er die Schuld an dem erfolglosen Jahr gibt, kommt in den letzten Versen noch einmal zum Ausdruck: er qualifiziert sie als eine Schande für Rom und wünscht ihnen alles mögliche Schlechte.

29. Gedicht

Durch Vers 4 und 20 ist die Abfassungszeit des Gedichtes annähernd bestimmbar; es kann nicht vor Caesars erstem Britannenfeldzug im Jahre 55 v. Chr. geschrieben sein. In welcher politischen Situation Catull diese In-

[7] Text und Bedeutung waren hier mehrfach umstritten, aber die beiden Aussagen in den Versen 6f. und 7 stützen sich gegenseitig: jedesmal sind die an sich entgegengesetzten Begriffe *expensum* bzw. *datum* und *lucellum* gleichgesetzt. Man wird also gut daran tun, in diesen Zusammenstellungen den Kern der Aussage zu suchen.

[8] Auch Plautus jonglierte einmal mutwillig mit den Begriffen Soll und Haben: Plaut. Truc. 73; cf. Ellis ad 6–8. Etwas mit Catulls Formulierung ganz Vergleichbares findet sich sonst nicht. Vielleicht umschrieb man redensartlich die Tatsache, daß bei einem verfehlten Unternehmen obendrein Kosten entstanden, mit der sarkastischen Formulierung, daß die Ausgaben die einzigen Buchungen waren.

[9] Cf. Cic. Verr. 3, 71; 106; Ellis ad 6.

[10] Cf. Lenchantin ad 7. 8.

[11] Den Ausdruck verwendete Catull bereits c. 10, 12f. für Memmius. Gemeint hat er dabei nicht mehr als *nec faceret pili cohortem;* eben das wird es hier bedeuten.

vektive gegen Caesar und das Regiment der Triumvirn verfaßt hat, kann man den Reden und Briefen Ciceros aus dieser Zeit entnehmen: die ehemals staatstragende Schicht der senatorischen Politiker hatte eine tiefe Resignation befallen; die lauten Proteste waren verstummt, ja man kooperierte notgedrungen bis zu einem gewissen Grade mit denen, die die Macht hatten. Sehr klar zeigt den Stimmungsumschwung, der durch die erneute Verbindung der Triumvirn in Lucca hervorgerufen wurde, ein Vergleich der davor gehaltenen Ciceroreden ›pro Sestio‹ und ›in Vatinium‹ mit der danach gehaltenen ›de provinciis consularibus‹.[1] In dieser Situation scheinen wie einst in Caesars Konsulatsjahr[2] am ehesten noch junge unabhängige Aristokraten ihren Unmut haben äußern können. Außer Catulls Invektiven haben sich ähnlich zornige Spottepigramme von Catulls Freund Calvus erhalten, und auch Furius Bibaculus scheint an diesem Invektivenkrieg beteiligt gewesen zu sein.[3]

Inhaltlich macht Catull von eben den Motiven Gebrauch, mit denen man allgemein die Polemik gegen die Triumvirn bestritt. Mamurra scheint auch sonst als ein besonders berüchtigtes Beispiel für die schamlose Bereicherung von Caesars Kreaturen und die Ausbeutung der eroberten Provinzen gegolten zu haben.[4] Auch der Vorwurf sexueller Ausschweifungen und Perversionen ist keineswegs eine Eigentümlichkeit des Catullschen Angriffs: kein Thema wurde in der politischen Polemik[5] und speziell auch gegenüber Caesar breiter ausgewalzt. Sueton braucht in seiner Biographie vier Kapitel, nur um all das aufzuzählen, was auf diesem Gebiet gegen Caesar vorgebracht wurde.[6] Wenn Catull dazu noch den Vorwurf des Spielens und Prassens fügt, liegt das weniger daran, daß Caesar auf diesem Gebiet besondere Angriffsflächen geboten hätte, sondern weil dergleichen in der

[1] Cf. Th. Mommsen, Römische Geschichte, Bd. 3, Berlin [9]1904, 322ff.

[2] Cic. Att. 2,18,1f.

[3] Calvus fr. 17; 18 Morel. Von Invektiven des Bibaculus schreibt Tac. ann. 4,34.

[4] Cic. Att. 7, 7, 6 rechnet seine Bereicherung unter die empörenden Zeiterscheinungen. Plin. n. h. 36,48 schildert unter Berufung auf Cornelius Nepos den unglaublichen Luxus seines römischen Stadthauses, der noch mehr als Catulls Angriffe beweise, daß er besessen habe, was einst das freie Gallien zu eigen hatte.

[5] Solche Angriffe kennt bereits Lucilius bei der Darstellung eines politischen Prozesses: fr. 66; 72; 74 M; vor allem zeigen aber eine Reihe von Ciceroreden, wie üblich das Thema in der politischen Polemik war.

[6] Cf. Suet. D. Jul. 49–52. Suetons Quellen waren Reden Dolabellas und des älteren Curio, ein Edikt des Bibulus etc. Auch Calvus bestritt seine oben erwähnten literarischen Attacken auf die Triumvirn mit dem gleichen Vorwurf sexueller Perversitäten.

politischen Polemik eben üblich war.[7] So wird es kaum der Inhalt gewesen sein, der Caesar über Catulls Verse so zornig werden ließ[8] – alles einzelne war hier schon vielfach vorgebracht worden –, sondern eher die kalte Verachtung, mit der der Dichter den großen Politiker und Heerführer mit seinem Praefectus fabrum[9] auf eine Stufe stellte, und natürlich die Brillanz der einprägsamen Verse, die sehr schnell in jedermanns Mund gewesen zu sein scheinen.[10]

Mehrfach wurde die Meinung vertreten,[11] der Angriff gegen Caesar beginne erst Vers 11, vorher werde Pompeius angesprochen, der ja auch in den Schlußversen zusammen mit Caesar als ein Gönner Mamurras und Verderber der Welt erscheine. Pompeius, der damals mit Crassus zum zweiten Male Konsul war, sei zu dieser Zeit als das eigentliche Haupt der Triumvirn empfunden worden. Mir scheint diese Deutung nicht empfehlenswert zu sein. Während die Ausdehnung des Angriffs auf Pompeius in den Schlußversen sinnvoll ist – allgemein konnte man Pompeius durchaus als Förderer Mamurras bezeichnen, der unter ihm ja seine ersten Beutezüge gemacht hatte, und das wirkungsvoll abschließende *perdidistis omnia* erweitert den Blick über den unmittelbaren Anlaß auf das ganze verhängnisvolle Geschehen jener Jahre –, konnte Catull Pompeius anfangs nicht für das verantwortlich machen, was sich Mamurra in Gallien und Britannien erlaubte: dafür trug einzig und allein Caesar die Verantwortung. Ferner konnte Catull nicht erwarten, daß man bei der Anrede *cinaede Romule* eher an Pompeius als an Caesar dachte. *Romulus* wurden ehrend oder spottend die verschiedensten Politiker genannt, so daß jeder der Triumvirn so genannt werden konnte, wenn man andeuten wollte, daß er Alleinherrschaftsgelüste habe.[12] Und homosexuelle Neigungen sagte man auch bei-

[7] Sogar Cato mußte Caesars Bedürfnislosigkeit im Essen und Trinken bestätigen: Suet. D. Jul. 53. Wie geprägt dergleichen Polemik war, zeigt die Ähnlichkeit der Vorwürfe, die Sallust gegenüber den Catilinariern und Cicero gegenüber Antonius erhoben: Sall. Cat. 14,2 *inpudicus adulter ganeo*; Cic. Phil. 2,67; 3,35; 13,24; cf. Fordyce ad 10.

[8] c. 54,6; Suet. D. Jul. 73.

[9] Nach Plin. n. h. 36, 48 war er *praefectus fabrum*. Der Posten war nicht unbedeutend; cf. E. Volkmann, Gymn. 72 (1965) 328. Von 59 bis mindestens September 56 hatte diesen Rang Balbus inne: Cic. Balb. 63.

[10] Die Geläufigkeit des Schlußverses zeigt [Verg.] catal. 6,6. Quint. i. o. 9,4,141 hielt das Gedicht für ein exemplarisches Beispiel jambischer Schmähverse.

[11] Neudling 143; Quinn introd.; A. Cameron, Herm. 104 (1976) 158–163.

[12] Cf. Liv. 5,49,7; Sall. hist. fr. 1,4,45; [Sall.] Cic. 7; Flor. epit. 2,17,15; Bährens ad 5. Plut. Pomp. 25,4 ist kein Beweis dafür, daß speziell Pompeius Romulus genannt wurde. Hier droht ein politischer Gegner, wenn Pompeius Romulus nach-

den Politikern nach.[13] Schließlich ist in Vers 11 durch nichts angedeutet, daß sich die Rede nun an eine zweite Person richte. Das Gedicht scheint also wie c. 57 in erster Linie die als zusammengehöriges Paar charakterisierten Politiker Caesar und Mamurra angreifen zu wollen und diesen Angriff dann erst in den Schlußversen zu erweitern und zu verallgemeinern, damit das Verzweifelte des Zustandes noch fühlbarer wurde.

Mehreres wirkt zusammen, dem jambischen Angriff seine immer wieder bewunderte Wucht zu geben: das Staccato der reinen Jamben und die kurzen Kola drängen voran; vor allem versteht es aber Catull, seine Jamben als den impulsiven Ausdruck persönlicher Empörung erscheinen zu lassen. Dieser Eindruck entsteht besonders dadurch, daß fast allen Aussagen die Form empörter Fragen gegeben ist;[14] ein wirkungsvolles Mittel ist auch, daß die zentralen Vorwürfe in eindringlichen Kernsätzen zusammengefaßt sind, deren Wirkung durch Wiederholungen noch erhöht wird.[15]

Die empörte Frage des Beginns nimmt eine Formulierung früher griechischer politischer Dichtung auf. Mit der Frage, wer es mitansehen könne, hatte Theognis sein Entsetzen über das Überhandnehmen einer von ihm verachteten neuen Führungsschicht ausgedrückt.[16] Catull verstärkt den Ausdruck, indem er sofort eine zweite Frage folgen läßt: „Wer kann es ertragen?" Und dann bringt er bereits im ersten Satz alle wesentlichen Motive, mit denen er seinen Angriff durchführen wird: die Einschränkung „außer ein Wüstling, ein Schlemmer, ein Spieler" bereitet bereits den Angriff auf Caesar vor, von dem dann Vers 10 ebendies in den gleichen Worten behauptet wird. Und Vers 3 f. umreißt bereits das Bild des unersättlichen Beutemachers Mamurra und deutet mit den geographischen Namen klar auf das konkrete zeitgeschichtliche Geschehen in Gallien und Britannien.[17]

Vers 5 steigert den Ton. Mit *cinaede Romule,* also etwa schwuler Romu-

ahmen wolle, d. h. in dem Zusammenhang eindeutig, wenn er wie ein König herrschen wolle, dann werde er wie Romulus sterben, d. h., er werde von den Senatoren getötet werden.

[13] Caesar: Suet. D. Jul. 49; C. D. 43,20; Cat. c. 57; Calvus fr. 17 Morel. Pompeius: Plut. Pomp. 48,12; Calvus fr. 18 Morel.

[14] Cf. Schnelle 44; Bardon, Propositions 33 n. 1.

[15] Cf. Schnelle 44; Wiseman, Cinna 61 f.

[16] Theogn. 58; 1110. Fordyce vermutet, daß hinter dieser Gemeinsamkeit von Theognis und Catull eine Prägung des Archilochos gestanden habe, der ja auch in anderen Gedichten auf Catull eingewirkt hat.

[17] In Vers 4 scheint Statius' Konjektur *ante* besser zu dem direkten Stil des Gedichtes zu passen als Faernus' von Vers 22 inspiriertes *uncti.* Auch Plin. n. h. 36,48 scheint *habere quod Comata Gallia/habebat ante* gelesen zu haben, wenn er paraphrasiert: *habere quidquid habuisset Comata Gallia;* cf. Friedrich ad 3; Goold.

lus, wird Caesar direkt angesprochen und dabei als haltloser Mensch und doch Inhaber schrankenloser Macht charakterisiert. An die Stelle der noch unbestimmten Frage in Vers 1 tritt eine Caesar persönlich bedrängende Frage, die nun von ihm wissen will, ob er das mitansehen und ertragen wird.[18] Dann wird Vers 6–8 das Bild Mamurras weiter ausgeführt. Catull stellt sich vor, wie der aufgeblasene Kerl seinen neugewonnenen Reichtum in einem Lotterleben verjubeln wird.[19] Nach dieser Schilderung wirkt Vers 9 die wörtliche Wiederholung der Frage von Vers 5 noch drängender und empörter. So vorbereitet, ist Vers 10 der erste Höhepunkt des Gedichtes erreicht. Die bereits sehr naheliegende Vermutung bestätigend, nennt er Caesar ins Gesicht *(es!)* eben den Wüstling, Schlemmer und Spieler, der ein so empörendes Treiben seelenruhig ansehen könne. Der entlarvende Satz bringt den entscheidenden Vorwurf, daß Caesar auf einer Stufe mit Mamurra stehe und ihn deshalb gewähren lasse.

Beim Neueinsatz in Vers 11, der durch die Anrede „einzigartiger Feldherr" betont wird, die natürlich nach dem entlarvenden Abschluß der ersten Verspartie ungemein ironisch klingt, setzen sich die empörten Fragen bis Vers 16 fort. Caesar erscheint uns nicht nur als der aus Wesensverwandtschaft verständnisvolle Förderer eines Windbeutels und Verschwenders, sondern er wird in grotesker Übersteigerung sogar gefragt, ob er deshalb bis nach Britannien[20] ausgegriffen habe, um Personen wie Mamurra ihr ausschweifendes Schlemmerleben zu ermöglichen.[21] Auch in dieser Versgruppe wird die Charakterisierung Mamurras fortgeführt. Die in Vers 16 noch einmal aufgenommenen bisherigen Motive werden dadurch ausgeweitet, daß gewissermaßen die chronique scandaleuse seines Lebens vorgeführt wird, in dem er nach dem Vergeuden des väterlichen Erbes schon zweimal eine große Kriegsbeute verschwendet hatte. Wenn er jetzt Gallien und Britannien ausbeutet,[22] erwartet man also dasselbe.

[18] Die persönliche Frage ist in genauen Entsprechungen zur ersten gestaltet: *haec* entspricht oben *hoc, videbis* oben *videre, feres* oben *pati.*

[19] Der weiße Täuberich und Adonis sollen komisch wirken; es reizt zum Lachen, den auf manchem Schauplatz alt gewordenen Kriegsmann mit den zarten Vorstellungen der Liebesdichtung verbunden zu sehen; cf. Bährens ad 8.

[20] Vers 12 nimmt *ultima insula* das *ultima Britannia* in Vers 4 auf.

[21] In Vers 13 scheint das *nostra* der Überlieferung, das vielfach durch *vestra* ersetzt wird, durchaus einen Sinn zu ergeben. *ista nostra... mentula* scheint etwa zu bedeuten „den wir ja als Mentula kennen" oder „den wir Mentula nennen". In Vers 15 verteidigt C. Deroux, Latomus 28 (1969) 487–489 die Überlieferung in der Form *quid est? alit...?* Man ist weder mit dieser Textauffassung noch mit Statius' Konjektur *alid* ganz glücklich.

[22] Der verderbte Vers 20 wird nun meist in der von Fröhlich und Schwabe

Nachdem Catull in der Aufzählung von Mamurras Liederlichkeiten natürlicherweise zur Berichtform übergegangen war, nimmt er in den abschließenden Versen 21–24 noch einmal die erregten Fragen auf, die den Ton des Gedichtes so sehr bestimmen. Durch *eo nomine* wird dieser Gedichtschluß an den nämlichen Einsatz der 2. Versgruppe in Vers 11 angeschlossen, und auch inhaltlich taucht noch einmal dieses „um Mamurras willen" auf. Nun wird aber auch Mamurras früherer Gönner Pompeius in den Vorwurf einbezogen, und auch inhaltlich ist die Anklage erweitert. *Perdidistis omnia* zielt nun nicht mehr nur auf widerwärtige Begleiterscheinungen der Herrschaft der Triumvirn, sondern auf den Kern ihres Regiments: Diese Machthaber sind der Ruin von allem.[23] Entsprechend der thematischen Erweiterung sind nun auch die Anreden an die Machthaber[24] politischer geworden; *socer generque* scheint ein politisches Schlagwort[25] gewesen zu sein, das ihre halbdynastische Familienpolitik anprangern wollte.

30. Gedicht

Das in der griechischen Literatur verbreitete[1] Versmaß des *Asclepiadeus maior* hat Catull nur hier verwendet. Es ist bei ihm wesentlich anders behandelt als in den drei Horazgedichten, die in ihm geschrieben sind. Horaz läßt den Chorjambus in der Versmitte durch die Satzgliederung stark hervortreten und grenzt ihn durch Worttrennung streng vom übrigen Vers

vorgeschlagenen Form *nunc Galliae timetur et Britanniae* gedruckt. Vor Augen schwebt das unpersönliche *timetur* mit Dativ, das man von Lucan 7, 138 und Sen. Med. 887 kennt. Aber es bleiben Zweifel. Wie paßt diese Furcht um die zukünftige Entwicklung zu der Feststellung von Vers 3f., die Mamurra bereits im Besitz seiner Beute sieht? Und wo zittern Römer sonst um den Reichtum ihrer Kriegsfeinde? Auch ist die lange erste Silbe unter den reinen Jamben des Gedichtes wenig wahrscheinlich und ist kaum durch den unvermeidlichen Eigennamen Mamurra in Vers 3 zu verteidigen. Aber auch die anderen Heilungsvorschläge überzeugen nicht.

[23] *Omnia perdere* oder *omnia perire* scheint in politischen Auseinandersetzungen eine übliche Anklage gewesen zu sein; cf. Cic. Att. 2, 19, 5; 2, 21, 1; 14, 1, 1; 14, 14, 3; ad Brut. 1, 3, 1; Ellis ad 24; J.-D. Douglas, Class. Phil. 66 (1971) 177.

[24] Vers 23 ist der Vorschlag von L. Müller *urbis o potissimi* erwägenswert; cf. Plaut. Men. 359; Tac. ann. 13, 18, 1; 14, 65, 1; cf. Thomsons Text.

[25] Das übliche der Wendung zeigt Verg. A. 6, 830f.

[1] Das ganze 3. Buch der Sappho war in diesem Metrum abgefaßt, erhalten davon ist allerdings sehr wenig. Beispiele aus der hellenistischen Zeit sind Call. fr. 400 Pf.; Theocr. 28; 30.

ab.[2] Der so aufgegliederte Vers ermöglicht klare Gegenüberstellungen und wird dadurch das passende Gefäß für ruhige Gedankenentwicklung und den Versuch rationaler Einwirkung. Catull dagegen folgt noch der Versbehandlung der griechischen Dichter; er läßt die metrischen Einschnitte vor und nach dem zentralen Chorjambus ohne weiteres in die Wortmitte fallen[3] oder überspielt sie durch Synaloephen.[4] Anstelle der vielfachen Gliederung bei Horaz finden wir bei Catull wirkliche Langverse, die dem Gedicht einen ganz anderen Charakter geben. Catull entwickelt nicht Gedanken und arbeitet nicht mit Gegenüberstellungen, sondern gestaltet eine Gefühlsbewegung, die er in weiten Sprachgebärden ausschwingen läßt. Er ist hierin dem Klang griechischer Gedichte im *Asclepiadeus maior* nahe, etwa der melancholischen Liebesklage von Theokrits 30. Gedicht.

Catull wirft seinem Freund Alfenus[5] Treulosigkeit, ja den Bruch der Freundschaft vor. Der Tonfall ist dabei ungemein heftig. Mit bohrenden Fragen setzt das Gedicht ein;[6] anklagende Anreden bedrängen Alfenus: *immemor, false, dure, perfide, inique;* eine ganze Kette von Verben hält den Treubruch vor: *nil te miseret; non dubitas fallere, tu neglegis, me deseris, retrahis te, tu oblitus es;* herbe Antithesen, in denen Freundestreue der Untreue und Alfenus' einstiges Freundschaftswerben dem jetzigen Treubruch entgegengehalten werden, verraten die Empörung. Aber wirklich Faktisches wird in diesem lauten emphatischen Ausbruch wenig greifbar: Man erfährt nicht, in welch einer schlimmen Lage Catull ist *(in malis),* warum er unglücklich ist und Mitleid verdient; es wird auch nicht klar gesagt, worin der schwarze Verrat des Freundes eigentlich bestanden hatte. Nur so viel wird in der harten Wortwahl *(prodere, fallere, facta impia fallacum hominum, facti tui)* deutlich, daß Alfenus etwas Catull zutiefst Verletzendes getan haben muß. Und in der zentralen Gegenüberstellung der Verse 7–10, in der dem einstigen Freundschafts-, ja Liebeswerben ein hartes *nunc retrahis*

[2] Hor. c. 1,11; 1,18; 4,10. In c. 1,18,16 fällt die Dihärese in die Wortfuge *perlucidior,* in c. 4,10,5 findet sich die Synaloephe *Ligurine in,* die übrigen 30 Asklepiaden haben Worttrennungen vor und nach dem zentralen Chorjambus.

[3] In den zwölf Versen fünfmal, in Vers 4. 7. 8. 11. 12.

[4] In Vers 1. 8. 9. 10.

[5] Man fragte sich, ob Catulls Alfenus der unter dem jungen Octavian politisch tätige P. Alfenus Varus, cos. suff. im Jahre 39 v. Chr., war, der derjenige Varus gewesen sein könnte, von dem sich Virgil bei den Landkonfiskationen Schutz versprach, cf. Verg. ecl. 9,26–29. Angesichts der Unsicherheiten bei der jeweiligen Identifizierung und der Tatsache, daß es auch sonst Alfeni von ganz verschiedener sozialer Stellung gegeben hat (cf. Cic. Qinct. 62; Hor. s. 1,3,130), muß man die Frage wohl offen lassen. Cf. T. Frank, Cl. Qu. 14 (1920), 160ff.; Neudling 2.

[6] Schwabe vermutet auch Vers 4 eine Frage (*num . . .*); cf. Goold.

te und *irrita* entgegengestellt werden, scheint der Vorwurf darin zu gipfeln, daß Alfenus nicht nur seine Freundschaftspflichten vergessen hat, sondern die Freundschaft selbst preisgibt, und daß das Schlimmste, das er getan hat, eben dieser Bruch der Freundschaft ist.[7]

Daß die näheren Umstände in der Gedichtsituation so wenig greifbar werden, dürfte seinen Grund kaum darin haben, daß Catull das Gedicht nur für Alfenus geschrieben habe, der ja Bescheid wußte, und nicht für einen größeren Leserkreis.[8] Das Zurücktreten des Faktischen scheint bewußte Wahl zu sein. Es kommt Catull vor allem auf die Gefühlsäußerung an: der Ausdruck von Klage, Empörung und Enttäuschung erscheint so als der eigentliche Inhalt des Gedichtes.[9] Dieser Ausdruckswille wird sehr klar, wenn man Catulls Klage mit der des verschmähten Liebhabers in dem im Grundton durchaus verwandten 30. Gedicht Theokrits vergleicht. Theokrits in klaren Konturen gezeichnete konkrete Lebenszüge, in denen sich eine bestimmte Situation abzeichnet, von der die Klage ihren Ausgang nimmt, haben bei Catull keinerlei Entsprechung. Seine Klage ist, von konkreten Anlässen weitgehend gelöst, Selbstzweck geworden.

Den Ausdruckswillen des Gedichtes und seinen Charakter einer reinen Gefühlsäußerung zeigt auch die deutliche Nähe zu der Ariadneklage des 64. Gedichts, besonders zu ihrem leidenschaftlichen Beginn.[10] In Ariadnes einsamer Klage finden wir die gleichen anklagenden Anreden „Treuloser" etc., dieselbe Kette vorwurfsvoller Fragen, die gleiche Häufung bedrängender Verben. Auch inhaltlich ist die Verwandtschaft groß; auch Ariadne wirft dem Geliebten vor, er habe sie im Unglück verlassen, habe die Treue verletzt, die Götter mißachtet, kenne kein Erbarmen, ja habe keinen Gedanken mehr für die Geliebte.[11] Und auch hier findet sich der Vorwurf, daß der Freund früher ganz anderes in Aussicht gestellt habe, was aber wie vom Winde weggeblasen sei. Betrogene Liebe und verratene Freundschaft werden also von Catull in sehr verwandter Weise ausgedrückt. Hier wie dort

[7] Bährens p. 192 und Kroll introd. sehen als Hintergrund des Gedichtes weniger eine Schlechtigkeit des Freundes, sondern eine Unterlassung, das Ausbleiben eines erwarteten Freundschaftsdienstes, also eine Situation wie in c. 38. Friedrich ad 9 und Della Corte introd. charakterisieren die Gedichtsituation aber wohl richtiger, wenn sie das Gedicht als eine Klage über einen klaren Bruch der Freundschaft sehen.

[8] So deutet es Kroll introd.

[9] Schnelle 68 sieht den Ausdruckswillen auch in einer Freude an „der sprachlichen Buntheit an sich" begründet.

[10] c. 64,132–142; cf. Schäfer 43f.

[11] *Immemor* und *oblitus* bezeichnen hier wie auch c. 64,58; 123; 135; 208 weniger bloßes Vergessen, sondern absichtlichen Verrat; cf. Fordyce ad 1.

richtet sich der Wille darauf, die Gefühlsbewegungen des eigenen Innern Wort werden zu lassen.

Der Ausdruck ist auch im einzelnen stilistisch hoch. Pathetisch wirkt allein schon die Wortfülle, in der in den ersten Versen die Treulosigkeit und Grausamkeit zum Ausdruck gebracht werden. Pathetische Klänge sind dann das dreimal aufgenommene *iam* [12], die ausgreifenden Verallgemeinerungen *unanimis sodalibus* und *fallacum hominum* und typisch poetische Worte.[13] Auch die verzweifelte Verallgemeinerung in der Frage, auf wessen Treue man in der Welt überhaupt noch bauen könne, hat in dem leidenschaftlichen Höhepunkt der Ariadneklage eine Entsprechung.[14] Schließlich ist die Metapher, daß der Freund alles, was er gesagt und getan habe,[15] von den Winden davontragen lasse, hoher poetischer Stil.[16] In den beiden letzten Versen beschweren die Wortwiederholungen *meminerunt/meminit* und *facti faciet;* [17] und welchen Ausdruckswert die Anrufung der Fides hat, können Ennius und Horaz lehren.[18]

Trotz des im wesentlichen einheitlichen Tonfalls durchläuft das Gedicht eine gewisse Gefühlsbewegung. Bei aller Empörung scheint zu Gedichtbeginn in den Fragen: „erbarmt dich dein lieber, trauter Freund nicht,[19] trägst du keine Bedenken, ihn zu verraten?" noch ein Funken Hoffnung zu glimmen, daß der Freund doch noch umzustimmen sei.[20] Eine versteckte Mahnung zur Umkehr meint man auch noch in dem Hinweis auf die Götter, die

[12] Cf. H. Tränkle, Philol. 111 (1967) 204.

[13] *Unanimus* z. B. Plaut. Stich. 731; Verg. A. 4,8; 7,335; Cat. c. 9,4; 66,80. *Caelicoli* z. B. Enn. ann. 491 V²; Verg. A. 2,641; 3,21; 6,554; 6,787; Cat. c. 64,386; 68,138; cf. H. Tränkle loc. cit.

[14] c. 64,143; cf. c. 73,1–4. Bereits die Komödie kennt das pathetische Mittel: eine ähnlich von Verzweiflung diktierte Verallgemeinerung findet sich Ter. And. 425; cf. Ellis ad 6.

[15] *Dicta ... factaque* wie c. 76,7f. Kroll ad 9 bemerkt mit Recht, daß Winde eigentlich nur Worte davontragen können. Catull erstrebt mit der Erweiterung einen volleren Klang.

[16] Schon Hom. Od. 8,409; Ap. Rhod. 1,1334f.; Theocr. 22,167f.; 29,35 etc. Eine Übersteigerung ist die Hinzufügung der *nebulae aereae* zu den vom Bild geforderten Winden.

[17] H. Tränkle loc. cit. weist auf verwandte Stellen in der altlateinischen Bühnensprache hin.

[18] Enn. scen. 403 V²; Hor. c. 1,35,21.

[19] Wie schon in *unanimus* ist durch *dulcis* und die Deminutivform *amiculus* ein sehr vertrauter Ton angeschlagen, der als harter Gegensatz zu den Worten, die den Verrat kennzeichnen, empfunden werden muß und der dem Freund zu Herzen gehen soll.

[20] Cf. Kroll ad 2.

Untreue nicht lieben, zu spüren. Aber dann scheint diese Hoffnung dahinzuschwinden. Schon in dem harten Konstatieren der Untreue in Vers 5[21] erscheint der Verrat als ein unverrückbares Faktum. Und in der Verallgemeinerung von Vers 6 spricht nur noch Verzweiflung und Hoffnungslosigkeit. Durch die Untreue des treu geglaubten Freundes ist eine Welt zusammengebrochen: wenn diese Treue nichtig ist, scheint keine Treue mehr möglich zu sein. Der Weheruf *eheu* und das anklagende *dic* unterstreichen den Grad der Erregung. Sehr bitter bleibt dann der Ton, wenn der Dichter in Vers 7–10 auf das so andere Einst zurückblickt und ihm das veränderte Jetzt entgegenhält: Früher hatte Alfenus um Catulls Freundschaft, ja seine Liebe geworben[22] – und nun dieser Verrat! Das *idem*, mit dem die Gegenwart der so gegensätzlichen Vergangenheit gegenübergestellt wird, zeigt dabei das im Grunde Unfaßbare des Umschlags. Und die Metapher des Sturmwindes, der alle einstige Liebe und Treue fortträgt, zeigt die Hoffnungslosigkeit in aller Klarheit. Das *irrita* in Vers 10 wirkt als das bittere Fazit: alles ist zu Ende. Erst in den beiden letzten Versen, die der Götter und der Fides gedenken, denen die Treue am Herzen liegt und die ihren Bruch strafen, scheint der Dichter gefaßter. Die Treue ist also doch „kein leerer Wahn", wie es dem Verzweifelten in Vers 6 schien! Und in der Drohung, daß den treulosen Freund seine Treulosigkeit noch reuen werde, lebt vielleicht auch wieder etwas wie ein Hoffnungsschimmer auf, daß dem Freund das, was er tue, noch rechtzeitig zum Bewußtsein komme, und daß er vielleicht doch noch zurückkehren werde.

31. Gedicht

Der exemplarische Heimkehrer der antiken Literatur war Odysseus. Sein erster Gruß an die endlich wiedergeschenkte Heimat ist sehr schlicht.[1] Mit der Erkenntnis, wo er ist, durchdringt ihn Freude, und in seiner Freude küßt er die Heimaterde. Sein Gruß richtet sich dann an die Nymphen des Platzes: Er habe nicht mehr geglaubt, sie noch einmal zu sehen; dann grüßt er sie mit einem frohen Anruf und verspricht, ihnen wie einst Gaben darzu-

[21] In Vers 5 wird das überlieferte *quae* meist so aufgefaßt, daß es auf den ganzen vorhergehenden Satz zurückweise. Gegenüber einem so vagen Anschluß hätte die Konjektur von B. Guarinus *quos* entschiedene Vorzüge. Die Mißachtung der Götter, auf die so hingewiesen würde, entspräche der Antithese *tu oblitus es, at di meminerunt* in Vers 11.

[22] Friedrich ad 7 weist auf die Verwandtschaft der Ausdrücke mit ausgesprochenen Liebesbeteuerungen hin.

[1] Hom. Od. 13, 352–360.

bringen. Die Grundzüge dieser Begrüßung kehren in späteren Heimkehrerszenen wieder: der Ausdruck der Freude, auch in der Form, daß man die Erfüllung des Wunsches nicht mehr für möglich gehalten habe, und das schlichte Grußwort χαῖρε oder *salve,* das klingt, wie wenn man einen langentbehrten Freund wiedersähe. Aber nun wird neben den beschützenden Gottheiten auch bereits das Heimatland selbst angeredet.[2]

Catulls Heimkehrgedicht steht in dieser Tradition.[3] Ihr entsprechen die persönliche Anrede, der Ausdruck der Freude, das Gefühl des Unverhofften (allerdings nun in die Gegenwart transponiert, daß er es noch kaum fassen kann) und das schlichte Grußwort. Und wenn auch die Anrede an die Heimatgötter aufgegeben ist, etwas von der antiken Grundvorstellung, daß in den Dingen der Natur etwas Lebendiges, Göttliches west, lebt in Catulls Versen wenigstens gefühlsmäßig weiter.

Das Eigentümliche an Catulls Gedicht ist, daß alle Einzelmotive in einen Strom überquellenden Gefühls eingeschmolzen scheinen.[4] Wie sehr das gefühlsmäßige Element bei ihm überwiegt, kann ein Vergleich mit einem Naturgedicht des Horaz, etwa dem an die Bandusiaquelle (c. 3, 13), zeigen. Dieses Gedicht ist von praller Gegenständlichkeit erfüllt: Man fühlt den Schatten, der auch in der Hundstagshitze kühlt, man sieht mit dem inneren Auge den von einem Baum gekrönten Felsen, von dem die Quelle sprudelt, man sieht die zur Quelle drängende Herde und das muntere Böckchen. Nichts von solcher Anschaulichkeit ist bei Catull zu finden. Im Grunde sieht man nicht Catulls Heimat vor sich, sondern erlebt die Gefühle mit, die ihn beim Wiedersehen der Heimat[5] durchströmen.

Das Überwiegen des emotionalen Elements zeigt schon die Satzgestaltung.[6] Gefühlsbetonte preisende Anrufe, Ausrufe und eine einem solchen

[2] Cf. Aesch. Ag. 503–510; Eur. Herc. 523f.; Plaut. Bacch. 170–173; Stich. 649f.

[3] Cf. M. Citroni, St. it. fil. cl. 50 (1978) 104–106.

[4] Quinn, Cat. Rev. 95, beschreibt das Wesen einer solchen Dichtung als 'materializations of emotion'.

[5] In Vers 9 und 12 zeigen *larem ad nostrum* und *ero,* daß Catull die Villa am Gardasee als seine Heimat empfindet. Den Schluß von Quinn, Int. 159, daß Catull zu diesem Zeitpunkt also seinen Wohnsitz noch nicht oder nicht mehr in Rom gehabt haben könne, das er in c. 68, 34f. als seinen Wohnsitz bezeichnet, würde ich nicht ziehen. Ein Italiker kann gerade in gefühlsmäßigem Sprechen, auch wenn ihm Rom längst sein Lebensmittelpunkt geworden ist, den Platz seines Vaterhauses als die eigentliche Heimat empfinden. Etwa Cicero zitiert Att. 2, 15, 3 *Ego vero 'in montes patrios et ad incunabula nostra' pergam.* Catulls vornehme Familie wird die Villa in Sirmio so als Sommerhaus besessen haben, wie der aus Como stammende Plinius am Comer See seine Villen hatte; Plin. ep. 9, 7, 3.

[6] Cf. Schäfer 35–37.

Ausruf gleichwertige rhetorische Frage, die das eigene Gefühl schildern, und schließlich die Aufforderung zur Mitfeier und Mitfreude erfüllen das Gedicht. Bezeichnend ist auch, daß die Attribute und Adverbien meist Gefühlswerte ausdrücken oder eine ungewöhnliche Steigerung anzeigen *(libenter, laetus, solutis, beatius, desiderato, venusta – quod unum, tantis)*. Und auch die den Gegensatz von Fremde und Heimat bezeichnenden Worte haben in einem Heimkehrergedicht einen starken Gefühlswert *(Sirmio, Thyniam atque Bithynos, peregrino, larem ad nostrum, Lydiae* [7]*)*. Wirklich charakterisierende Adjektive sind eigentlich nur *liquentibus* und *vasto*, und auch sie bieten eigentlich keine sehr konkrete Anschauung und beziehen sich nicht auf die angesprochene Heimat.

Das Thema des Gedichtes ist also die Äußerung einer überwältigenden Glücksempfindung. Darauf ist alles konzentriert. Geradezu Zärtlichkeit drückt sich zu Beginn in dem Kosewort *ocelle* und am Ende in der Anrede *o venusta Sirmio* aus. Direkte Anreden zeigen Vertraulichkeit und Nähe: Vers 4 *te*, 6 *te*, 12 *vosque*. Sehr natürlich ist das Schauen der Heimat hervorgehoben; der Heimkehrer kann sich nach der langen Zeit nicht sattsehen (4 *te inviso*, [8] 6 *videre te*). Und gesteigert erscheint die freudige Erregung noch dadurch, daß Catull das Glück der Heimkunft noch gar nicht recht fassen kann (Vers 5f.).[9] Dieses ungläubige Staunen ist eine glückliche Umformung der im Topos herkömmlichen Rückerinnerung, daß man in der Fremde nicht mehr an eine Heimkehr geglaubt hatte; durch die Umformung wird das Motiv ganz ein Symptom der gegenwärtigen Empfindung.

Vers 7–11 hebt Catull die Glücksempfindung hervor, die das Ausruhen nach den Mühen in der Fremde gewährt. Das ist eine schlichtere Fassung des herkömmlichen Gedankens, daß vergangene Mühen süß sind.[10] Während sonst gerade die Erinnerung aufgesucht wird, geht Catull im gegenwärtigen Empfinden auf; das Vergangene wirkt nur noch als unsägliche Müdigkeit nach. Fast kindlich erscheint dabei, daß der Schlaf im eigenen Bett als etwas Herrliches empfunden wird. Aber auch das drückt köstlich aus, daß sich der Dichter nun wirklich zu Hause fühlt; man denkt vielleicht

[7] Das sollte schwerlich eine gelehrte Anspielung sein; der „Etruskersee" bezeichnet den Heimatsee wohl nicht anders, als Verg. A. 2, 781 f. den Tiber Etruskerstrom, *Lydius Tybris*, nennt; vermutlich klang das für einen Zeitgenossen nicht viel anders als *Etruscum litus* bzw. *mare* Hor. c. 1,2,14; 3,29,35; c. s. 38.

[8] *Invisere* bedeutet hier wie Cic. Arat. 151 sehen, erblicken.

[9] *Vix mihi credo* ist Plaut. Rud. 245f. zum Ausdruck eines fast ungläubigen Staunens gewählt, wenn ein Mensch noch kaum imstande ist, ein unverhofftes Glück zu begreifen.

[10] Hom. Od. 15,398–401; Soph. fr. 345 N^2; Eur. fr. 133 N^2; Cic. fin. 2,105. Cicero empfindet den Ausdruck bereits als sprichwörtlich. Cf. Otto 180f.

einen Augenblick an Ovid, der es in der Verbannung als Glück angesehen hätte, wenn es ihm gestattet worden wäre, in der Heimat in seinem eigenen Bett zu sterben.[11]

Die drei letzten Verse bringen noch eine weitere Steigerung im Ausdruck der Glücksempfindung; er möchte die eigene überströmende Freude erwidert, aufgenommen sehen von seinem geliebten Land; und so wird der eigene Jubel zur Aufforderung zum Mitjubeln. Ist das noch ein Weiterwirken mythischer Naturbelebung oder schon ein Vorklang romantisch-modernen Naturempfindens, eine Projektion des eigenen Gefühls in die Natur?[12] Catulls Ausgangspunkt seiner kühnen Naturbelebung dürfte wohl die alte Metapher vom Lachen und Kichern der Wellen gewesen sein,[13] und vielleicht hat er auch an Homers „Lachen der Natur" gedacht,[14] aber Catulls Verse bedeuten mehr als eine Übernahme herkömmlicher Metaphern; eine solche Verlebendigung der Natur ist ein neuer lyrischer Klang.[15]

Aber so überströmend auch der Gefühlsausdruck im ganzen Gedicht ist, der sprachliche Ausdruck ist sehr wohl sorgfältig ausgewogen.[16] Zu den Halbinseln, von denen man ja gemeinhin in der Poesie nicht viel hört, wird das poetischere und assoziationsreichere Wort Inseln gesetzt; zu den Seen tritt das unendliche Meer mit seinen zahllosen Inseln, so daß sich der Blick über die ganze Welt hin weitet, die ihm nicht solche Werte bietet wie sein Sirmio. Das Akkumulieren der Vorstellung wird auch in dem ungewöhnlichen *uterque Neptunus* deutlich.[17] Auch im Fortgang des Gedichts

[11] Ov. tr. 3,3,37–40; cf. tr. 1,11,38.

[12] So Friedrich ad 13; Hezel 26.

[13] Aesch. Prom. 90; fr. lyr. adesp. 32,4 Powell; Accius fr. 573 R; Lucr. 1,8; 2,559; 5,1005; Cat. c. 64,273; Fordyce ad 14.

[14] Cf. Hom. Il. 19,362; hy. Hom. Cer. 14; Hes. Theog. 40.

[15] Daß der Natur so menschliche Gefühle und gar Handlungen zugeschrieben werden, findet sich an wenigen Stellen im Drama. Eur. Ion 1077–1080 beginnen alle Sterne und der Mond zu tanzen, und Aesch. fr. 58 N^2; Eur. Bacch. 726f.; I. T. 1242–1244 schwingt die Natur mit der dionysischen Erregung mit. Aber Long. de subl. 15,6 zeigt, als wie seltsam dergleichen empfunden wurde. Nicht ganz selten ist, daß die eigene seelische Stimmung auf die Naturschilderung abfärbt. Beispiele sind Verg. ecl. 1,82f.; Prop. 1,17; 1,18; Hor. c. 3,6,41–44. Cf. Williams 679–681; Dodds ad Eur. Bacch. 726f.

[16] Das wird von Hezel 27 und Quinn introd. betont.

[17] *Uterque Neptunus* muß auf die vorher genannten verschiedenen Lagen der Inseln bezogen werden, also den Gott des Meeres und der Binnengewässer (cf. Ov. met. 1,276ff.) meinen. *Uterque* oder ἀμφότερος werden Götter auch sonst genannt, wenn auf zwei Wirkweisen oder zwei Wirkbereiche eines Gottes angespielt wird: A. P. 9,268,2 (Antipatros v. Th.); Ov. met. 1,338; Mart. spect. 13,5. Cf. Ellis ad 3; A. Delatte, A. C. 4 (1935) 45–47; Fordyce ad 3.

ist vielfach Zweigliedrigkeit im Ausdruck erstrebt: *quam te libenter quamque laetus, Thyniam atque Bithynos,*[18] *liquisse... et videre, onus reponit ac... fessi venimus, larem ad nostrum desideratoque... lecto, salve... atque... gaude, gaudete*[19]*... ridete.*

Auch die Verse sind sehr bewußt geformt, die inhaltlich entscheidenden Worte sind gern an die vom Versbau hervorgehobenen Stellen am Versbeginn und -ende gesetzt, und zwischen diesen so hervorgehobenen Worten bestehen immer wieder ein inhaltlicher Bezug und eine lebendige Spannung. Sehr bewußt werden auch über die Versenden fortwirkende Spannungen für inhaltliche Hervorhebungen benutzt. Auffällig in einem so 'lyrischen' Gedicht mag die Wahl des Choljambus mit seinem gebrochenen Versrhythmus erscheinen.[20] Aber der Vers, der ursprünglich Vehikel derber Invektiven war, war mindestens seit den Jamben des Kallimachos auch zum Träger viel gelassenerer Stimmungen und heiterer Inhalte geworden, so daß für Catull der ursprüngliche Charakter nicht mehr bestimmend war. Wie sich in seinen Hendekasyllaben Gedichte von 'lyrischem' und von jambischem Charakter finden, so gibt es auch in den Choljamben offenkundig 'lyrische' Gedichte.

32. Gedicht

Das hübsche, freche Gedicht scheint ganz der Laune eines Augenblicks entsprungen; aber dieser von Catull natürlich beabsichtigte Eindruck

[18] Die Wahl dieses Doppelausdrucks zeigt, wie wesentlich für Catull in unserem Gedicht diese Stilfigur war; denn sachliche Gründe, in der römischen Provinz auf die ursprünglich zwei thrakischen Stämme anzuspielen (cf. Herod. 1,28), gab es nicht.

[19] Vers 13 ist die Überlieferung *gaudete vos quoque* verderbt. In Humanistenhandschriften erscheint dafür die Konjektur *gaudete vosque,* wobei der gleiche Sinn „auch ihr" unterstellt wird. Für diese Bedeutung „auch" gibt es sehr wenige Belege: c. 102,3 (cf. aber Fordyce ad l.); Prop. 3,1,35 und vielleicht Prop. 2,33,31 (cf. Rothstein ad l.); 3,19,21; 3,21,16. Wohl aus diesem Grund nehmen Mynors und Quinn wieder Bergks *gaudente, vosque* auf. Aber Vers- und Satzrhythmus scheinen mehr für die Humanistenkonjektur zu sprechen. Vor allem stört bei einem nach scheinbar beendetem Satz nachgetragenen *gaudente* das völlig spannungslose Enjambement. Sonst drängt in Catulls jambischen Versen bei Enjambements ein noch nicht abgeschlossener Satzbeginn mit kräftiger Spannung über die Versgrenze weiter, in unserem Gedicht etwa über die Versgrenzen 1/2, 5/6, 8/9.

[20] Havelock 8 sucht Spuren eines jambischen Charakters zu entdecken, wenn er in dem doppelten Charakter von Sirmio und in der Verdopplung Neptuns ironische Elemente zu greifen meint, aber "ironical humor" ist kaum eine zutreffende Kategorie in der Beschreibung des Gedichttones.

täuscht; es ist durchaus mit Kunstverstand gemacht und steht in einer vielfältigen poetischen Tradition.

Die Gedichtsituation, die Anmeldung bei einer Hetäre, ist bereits ein Epigrammthema. Allerdings spricht hier der Galan die Hetäre auf der Straße an[1] oder steht Einlaß begehrend an ihrer Tür.[2] Da aber schon längst die verschiedensten Gedichtsituationen in Briefform transponiert worden waren,[3] wird es auch schon vor Catull Gedichte oder Epigramme gegeben haben, die ein Liebesbegehren in einem Brief an eine Hetäre vorbrachten.

Die Anrede an das Mädchen in Vers 1 f. scheint reichlich überschwenglich zu sein: auf die zärtliche Anrede „meine süße Ipsitilla" folgen zwei weitere Schmeichelworte, jedes mit einem vertraulichen „meine" einsetzend. Sowohl Fülle wie Art der Liebesworte sind typisch für die Liebessprache, wie Komödienstellen zeigen. Etwa als sich im ›Poenulus‹ des Plautus ein gerissener Sklave im Auftrag seines Herrn werbend einer Hetäre naht, überschüttet er sie geradezu mit Schmeichelworten, die alle mit dem vertrauten „meine" einsetzen.[4] In welche gesellschaftliche Ebene uns Catull versetzt, wird aus dem Namen des Mädchens deutlich, der der Bildung nach ein typischer Sklavenname gewesen zu sein scheint.[5] Auch das legere *amabo* im Sinn eines „bitte" ist typische Umgangssprache; etwa in einem Dirnengespräch bei Plautus kehrt die Wendung offenbar zur Charakterisierung der Sprachebene vielmals wieder.[6]

Auf diese schmeichelnd ausgedehnte Anrede folgt Vers 3 ebenso knapp wie unverblümt die Anmeldung zu einer Schäferstunde am hellen Mittag.[7] Das dem Supin *meridiatum* zugrundeliegende Verbum hat eigentlich die Bedeutung „einen Mittagsschlaf tun"[8]; die übertragene Bedeutung hier sollte wohl einen betont frivolen Klang haben. Nicht ganz zur Situation passend könnte das *iube... veniam* erscheinen; da die Aufforderung von

[1] Beispiele sind A. P. 5,46; 308 (Philodemos).

[2] Ein Beispiel ist A. P. 5,213 (Poseidippos). A. P. 12,90,3 f. zeigt das Typische der Situation.

[3] A. P. 6,227; 229; 261; Cat. c. 35. Liebesbriefe in Epigrammform finden sich in der Anthologie erst später: A. P. 5,9 (Rufinos); 5,40 (Nikarchos).

[4] Plaut. Poen. 365–367. Der Auftrag lautete v. 357, der Sklave solle schmeicheln. Cf. Plaut. Cas. 134–138. Daß einer solchen Situation Schmeichelworte angemessen erscheinen, zeigt auch A. P. 5,308,1 (wohl Philodemos).

[5] A. Gratwick, Glotta 44 (1966–67) 174–176; M. G. Morgan, Glotta 52 (1974) 233–236, erörtern verschiedene Möglichkeiten der Namensbildung.

[6] Plaut. Poen. 240. 250. 263. 336. 350. 365. 370. 380. 399.

[7] Das Motiv findet sich auch Ov. am. 1,5. Im Hochzeitscarmen 61,116 ist das Motiv ein bewußt übermütiger Zug. Cf. Plaut. Most. 692 f.

[8] Cels. 1,2,4; Suet. Cal. 38,3; Nero 6,4.

Catull ausgegangen war, erwartet man wohl eher ein Wort der Zustimmung als ein *iube*. Aber die Wiederholung des Wortes in den Versen 4 und 9 zeigt, daß es Catull gerade auf dieses Wort ankam. Es paßt zu den Konventionen und dem Rollenverhalten der erotischen Partner, wie sie damals üblich geworden waren. Die Geliebte wurde gern '*domina*' genannt![9] Die gespielte Unterwürfigkeit des auf den Wink seiner „Herrin" wartenden Liebhabers paßt so ausgezeichnet zu den Schmeicheleien des Beginns.

Vom griechischen Epigramm her kennt man die Situation, daß der Liebhaber ungeduldig drängt, um sein Ziel möglichst schnell zu erreichen, während dem Mädchen wenig an ihm gelegen zu sein scheint.[10] Von eben dieser drängenden Ungeduld sind die Verse 4–8 erfüllt. Die Zusage in dem *si iusseris* praktisch voraussetzend, überschüttet er das Mädchen geradezu mit einer Flut von Wünschen, damit das Zusammentreffen auch ja erfolgen kann. Die Hartnäckigkeit des Insistierens wird besonders Vers 6f. deutlich, wo der gleiche Wunsch, sie möge ja zu Hause bleiben, doppelt vorgebracht wird: Sie möge nicht weggehen, sondern bleiben.

Im komischen Gegensatz zu dieser zitternden Erwartung steht das vermutete Verhalten des Mädchens. Wenn auch nach einer Zusage noch damit gerechnet werden kann, daß bei ihr die Türe verriegelt ist oder daß sie das Haus verlassen hat, setzt Catull bei ihr kein überwältigendes Interesse an seinem Besuch voraus; vor allem ist auch zu bedenken, daß in dieser Art von Poesie die verschlossene Tür bzw. der Ausgang des Mädchens ein klarer Hinweis auf einen anderen, glücklicheren Liebhaber ist.[11] Aber in Catulls Darstellung seiner Rolle und der des Mädchens steckt ein gut Stück Schelmerei und Selbstironie. Wenn man die eigene Dringlichkeit und die offenbar nicht sehr großen Erfolgschancen so objektiv darstellen kann, lacht man innerlich bereits ein bißchen über sich selbst.

Im Schlußteil des Gedichtes überschlägt sich dann die Selbstverspottung fast. War schon im Liebeswunsch am hellen Mittag und in den sich überhastenden Wünschen der Verse 4ff. eine heftige Ungeduld deutlich geworden, wird sie nun Vers 9 in dem zur Eile drängenden *statim iubeto*[12] nochmals unterstrichen, und eine ausgesprochene Unersättlichkeit zeigt sich in dem Verlangen nach neun Liebesumarmungen,[13] die ihm das Mädchen

[9] Catull setzt c. 68,68; 156 den Sprachgebrauch bereits voraus; cf. Tib. 1,1,46; [Tib.] 3,4,74; Prop. 1,4,2.

[10] Unter den Hetärenepigrammen ist das oben erwähnte Epigramm A. P. 5,308 ein gutes Beispiel dafür.

[11] Cf. A. P. 5,164,3 (Asklepiades); 5,191,5 (Meleagros).

[12] Hezel 21 vergleicht A. P. 5,46,8 (Philodemos) εὐθὺ θέλω.

[13] Die Neunzahl ist eine literarische Zahl, wie A. P. 11,30 (Philodemos) und Ov. am. 3,7,26 zeigen.

nacheinander gewähren solle. Auch die Wortwahl ist wenig schonend. Der Ausdruck *continuas fututiones* reduziert die Liebesvereinigung barsch und unmißverständlich auf sexuelle Befriedigung.[14]

Diesem Ton setzt dann das Schlußtableau, in dem der Dichter seinen gegenwärtigen Zustand schildert, die Krone auf. Die beabsichtigte Derbheit zeigt ein Vergleich mit einer Stelle des euripideischen Kyklops, auf die (vielleicht über Mittelglieder) Catulls Bild zurückzuführen ist.[15] Der kannibalische Kyklop schildert da seinen Lebensgenuß: wenn's draußen stürmt und er sich den Wanst unmäßig vollgeschlagen hat, liegt er in seiner Höhle auf dem Rücken und zeigt sein animalisches Wohlbehagen auch in der bei Catull geschilderten Weise. Durch diese Reminiszenz ist die Situation endgültig ins Komische umgeschlagen. Wenn man sich so schildern kann, wie das Catull hier tut, nimmt man sein Verlangen nicht ernst – niemand charakterisiert sich ernsthaft als einen zweiten Kyklopen. Solche burleske Drastik ist Selbstbefreiung im Lachen.

33. Gedicht

Diebes- und Lumpenmilieu kennt man seit Hipponax als Thema jambischer Dichtung.[1] In unserem Gedicht verweist Catull einen Vater und Sohn Vibennius, die vermutlich ganz anderen Kreisen angehörten, in ein solches Milieu.

Das kurze Gedicht ist ein Schmähgedicht der einfachsten Form. Es will sein Ziel der Brandmarkung fast allein durch ein Benennen des schimpflichen Tuns und seine Verwünschung erreichen. Dreimal, in Vers 1f., 3f. und in Vers 6–8, werden Vater und Sohn einander gegenübergestellt und in ihrem anrüchigen Tun so charakterisiert, daß ihre Verwünschung am Hö-

[14] Das Wort hat Catull wie die Bildungen *argutatio, inambulatio, basiatio* und *osculatio* (c. 6,11; 7,1; 48,6) gewählt, um eine ungewöhnliche Dauer auszudrücken. Das zugrundeliegende Wort *futuere* hat einen vulgären Klang, wie sein Gebrauch in obszönen Inschriften und derben Spottgedichten zeigt. Hier ist es ähnlich wie Hor. s. 1,2,127 gewählt, um das einzig und allein Wichtige und Gewünschte unmißverständlich klarzumachen.

[15] Eur. Cycl. 323-328. Die Vergleichspunkte: *pransus... et satur:* ἢ μόσχον... δαινύμενος; *supinus:* ὑπτίαν; *pertundo tunicam:* πέπλον κρούω.

[1] Hipponax fr. 3. 3a. 12ff. etc. West. Epigramme auf Diebe sind erst aus späterer Zeit überliefert: A. P. 11,174–177; Mart. 8,59; 12,28. In diesen Epigrammen ist auch das Thema etwas anders, es kommt mehr auf das Aprosdoketon an. Es wird etwa die unglaubliche Fingerfertigkeit oder Frechheit eines Meisterdiebes herausgestellt, mit der er eine unwahrscheinliche Menge von Gegenständen zusammenrafft.

hepunkt des Gedichtes, in der empörten Frage Vers 5f., sehr verständlich erscheint.[2]

Die erste Gegenüberstellung geschieht Vers 1f. in einer höhnisch breiten Anrede, die den Vater als den „besten" aller Badediebe und den Sohn als Buhlknaben höhnt. Beide Vorwürfe bezeichnen schlimmste gesellschaftliche Deklassierung: Kleiderdiebe in öffentlichen Bädern wurden unter die verächtlichsten Kreaturen gerechnet,[3] und dem Sohn wird, wie das Gedicht im Verlauf zeigen wird, nicht gewöhnliche Päderastie, sondern gewerbsmäßige Prostitution vorgeworfen.

Die zweite Gegenüberstellung erfolgt in einer erklärenden, mit *nam* eingeleiteten Parenthese. Die Körperteile, mit denen beide sündigen, werden genannt, und durch die überraschend gesetzten Attribute entsteht die Vorstellung, daß die beiden ihr schmähliches Tun in einem ganz ungewöhnlichen Grad betreiben. Die Komparative bewirken dabei, daß von jedem Attribut auch noch für den jeweils anderen etwas abfällt.

Nun erreicht der Satzbogen in dem Hauptsatz, der verwünschenden Frage, warum sie nicht aus Rom verschwänden, seinen Höhepunkt. Grund zum Unwillen hat sich ja inzwischen genügend angesammelt, so daß der Wunsch, sie loszuwerden, sehr verständlich ist. Im Ausdruck übersteigert Catull die übliche Verwünschungsformel *abi in malam rem* dadurch, daß er die Vorstellung der Verbannung und berüchtigter Verbannungsorte in das Gedicht treten läßt.[4]

Die dritte Gegenüberstellung in den Versen 6–8 rundet ab, sie begründet noch einmal ausdrücklich und mit einem neuen Gedanken, warum Catull die schleunigste Abreise der beiden so geraten erscheint: das Metier des Vaters ist im Volk so bekannt geworden, daß er es nicht mehr ausüben kann, und der Sohn ist für seine Art des Gelderwerbs zu alt. Die das Gewerbsmäßige entlarvenden Worte *non potes asse venditare* bilden einen effektvollen Gedichtschluß.

[2] Bardon, Propositions 38 n. 3, kennzeichnet den Aufbau des Gedichtes als *ordre embrassé:* die Verwünschung in der Gedichtmitte stehe zwischen der Charakteristik des Paares zu Beginn und Schluß.

[3] Zeugen für diese besondere Verächtlichkeit sind Apul. met. 4, 8 fin.; Tert. apol. 44, 2. Die Häufigkeit solcher Diebstähle ist vielfach bezeugt: Plaut. Rud. 382–385; Sen. epi. 56, 2; Petron. 30, 8; Dig. I 15, 3; 5; cf. Bährens ad 1.

[4] Am vergleichbarsten ist das Wegwünschen *in solas terras* Ter. Phorm. 978f.; cf. Friedrich; Lenchantin ad 5.

34. Gedicht

Das erste Gedicht in der alexandrinischen Ausgabe des Anakreon war ein Hymnus auf die Artemis von Magnesia.[1] Wenn Catull in seinem Hymnus das Versmaß dieses bekannten Gedichtes aufnimmt,[2] bedeutet das ein Programm: der Anschluß an das klassische Muster zeigt den Willen, den in Rom üblichen urtümlichen Gebetsformeln eine poetisch reine griechische Form gegenüberzustellen.[3]

In Aufbau und Gestaltung hält sich Catull deutlich an die überlieferten Formen der griechischen Hymnendichtung.[4] Die erste Strophe dient als Proömium. Ein Chor aus Knaben und Mädchen stellt sich vor und kündigt einen Hymnus auf Diana an. Der Dichter schafft so eine lebendige Szene, wir sehen den zum frommen Lied bereiten Chor gewissermaßen vor uns. Eine solche Selbstvorstellung des Chores gibt es bereits in der griechischen Dichtung: in Chören des Dramas entspricht sie in etwa der Selbstvorstellung eines neu auftretenden Schauspielers in seinen ersten Versen. Auch das einzelne folgt griechischen Vorbildern. Und wenn *Dianae sumus in fide* mit seiner Erinnerung an ein schutzgewährendes Klientenverhältnis sprachlich römisch geprägt ist,[5] gibt Catull inhaltlich doch nur die übliche Bezeichnung eines Chores als Diener der Gottheit wieder.[6] Traditionell in einem Lied auf Artemis ist die Betonung der Reinheit des Chores,[7] und mit Wendungen „wir singen“ oder „ich will singen“ setzen Hymnen recht häufig ein.[8] Sprachlich erreicht Catull bereits in den wenigen Versen des Proömiums durch die feiernden Wiederholungen und den hellen Vokalklang einen hohen Ton. Der künstlerische Anspruch wird in der zierlich verschränkten Wortstellung offenkundig: nach dem in Vers 1 und 3 wirkungsvoll an den Anfang gesetzten Gottesnamen sind die übrigen Vorstellungen in der Form eines Chiasmus (ABC cba) angeordnet.

[1] Hephaist. de poem. 4, 8; Anacr. 3 P.

[2] Freilich treten in Anacr. 3 P wie sonst bei diesem Dichter die Pherekrateen in unregelmäßigerer Folge auf.

[3] So urteilt Williams 154.

[4] Cf. E. Norden, Agnostos Theos, Darmstadt [4]1956, 150–152.

[5] Den Sprachgebrauch zeigen z. B. Ter. Eun. 885–887; Cic. Rosc. Am. 93; cf. E. Fraenkel, Rhein. M. 71 (1916) 193 ff. Horaz beschreibt dasselbe Verhältnis in c. 4, 6, 33 als *tutela deae*.

[6] Wie Eur. I. T. 131; Phoen. 205; 221 (δοῦλα, λάτρις).

[7] Cf. Eur. I. T. 130 πόδα παρθένιον ὅσιον; *pueri integri* ist also keine aus der *egestas patrii sermonis* geborene Umschreibung von ἠίθεοι, wie Wilamowitz, Hell. D. 2, 287 geglaubt hatte. Cf. auch Hor. c. s. 6; epi. 2, 1, 132.

[8] Z. B. Eur. I. T. 179–181; Troad. 515; Ar. Thesm. 312 f.; 889; Call. hy. 3, 2.

Der Einsatz des Hymnus selbst in der 2. Strophe ist mit allem Glanz ausgezeichnet, den eine lange Tradition einem antiken Lyriker bereithielt. Hymnenstil ist das feiernde *o,*[9] die Umschreibung des Namens als Tochter der Leto[10] und das preisende *magna,*[11] das durch die Zusammenstellung mit *maximi,* dem kultischen Attribut des Göttervaters, noch gesteigert wird. Das Wort *progenies* ist ein hoher Klang, und die Einführung der Geburtslegende in einem Relativsatz ist im Hymnus seit je üblich.[12] Dabei muß man auch die Assoziationen mithören, die die Motive bei einem antiken Hörer hervorriefen. Mit der Nennung des Ölbaumes erinnert Catull an vielfältige dichterische Verklärungen dieses Mythos, die das göttliche Geschehen als eine Verzauberung der Natur schilderten.[13] Wie eine bewußte Anspielung an den Artemishymnus des Kallimachos wirkt auch das im Lateinischen für eine Geburt sehr ungewöhnliche Wort *deposivit.*[14] Ein solches Wirkenwollen mit Anspielungen und Assoziationen ist alexandrinische Kunst, die Catull hier kenntnisreich aufgreift.

In der 3. Strophe vergegenwärtigt Catull das Bild der Göttin als Herrin über die wilde, menschenferne Natur, wie es die Dichter seit Homer immer wieder schilderten.[15] In griechischen Liedern auf Artemis tritt dieser Bereich in den Beiworten der Göttin hervor oder in Relativsätzen, die ihr Walten preisen. Catull variiert und schildert ihre Herrschaft in einem von der Geburtslegende abhängigen Finalsatz. Ein solcher Finalsatz ist in einem

[9] Z. B. Eur. Troad. 884; Ar. Thesm. 987ff.; Lucr. 1,1; 3,3; Hor. c. 1,19; 1,35.

[10] Anacr. 3,2 P; Eur. I. T. 126; Ar. Thesm. 321.

[11] Den religiösen Klang von *magna* in diesem Zusammenhang zeigen Stellen wie Enn. ann. 201; 491 V².

[12] Cf. E. Norden op. cit. 168ff.

[13] Cf. hy. Hom. 3,117f.; Theogn. 5–10; Eur. Hec. 458–461; Ion 919–922; I. T. 1098–1106; Limenius paean 5f. (Powell p. 149); Call. hy. 4,249–263. Die Geburtslegende war ursprünglich mehr auf Apollon bezogen, aber in der Hec. und I. T. steht Artemis im Vordergrund. Auch sonst wird Delos schon lange vor Catull als der Geburtsort der Artemis gefeiert: cf. carm. conv. 3 P. Die Darstellungen der bildenden Kunst erläutert K. Schefold, Die Göttersage in der klassischen und hellenistischen Kunst, München 1981, 43–46. Man wird also Wilamowitz, Hell. D. 2,288, nicht folgen können, wenn er glaubt, kein Grieche hätte die Geburt der Artemis an den delischen Ölbaum verlegen können.

[14] Call. hy. 3,25; cf. 1,15; Theocr. 26,34. Im Lateinischen wird *deponere* in diesem Sinn noch von Phaedr. 1,18,5; 1,19,4 gebraucht, vermutlich nach Catulls Vorbild.

[15] Den Kern der Vorstellung bietet bereits der Vergleich Hom. Od. 6,102–106. Dann: hy. Hom. 5,18–20; 27,4–7; Alc. fr. 304, I 6 LP; Simon. fr. 14,35 b 7 P; Aesch. fr. 342 N²; Soph. O. T. 208; Eur. I. T. 126f.; Troad. 551–553; Ar. Thesm. 114f.; Call. hy. 3,18; Verg. A. 9,405–411; 11,557; Hor. c. 1,21,5; 3,22,1; c. s. 1.

Hymnus ungewöhnlich. Vielleicht hatte Catull Kallimachos' Artemishymnus im Ohr, an dessen Beginn das göttliche Kind von Zeus bestimmte Gaben erbittet, wobei Vers 7 und 12 mit ἵνα-Sätzen auf das von ihr beabsichtigte spätere Wirken hingewiesen wird. Wie dem auch sei, der poetische Gewinn dieser Abweichung vom Üblichen ist nicht gering. Durch diesen Finalsatz gewinnt der Dichter eine geschlossenere syntaktische Einheit und kann die Periode in sehr vollen Tönen ausklingen lassen. Auch hier ist die poetische Ausgestaltung das Entscheidende: die Kette der Genitive mit ihren vollklingenden Attributen schafft ein Bild der weiten, wilden Natur, über die die Göttin gebietet.[16] Auch in einer solchen Wortmalerei konnte sich Catull in der Nachfolge des Kallimachos fühlen, der in seinem Hymnus auf Delos in vergleichbarer Weise Geräuschwörter häufte und dann den Zauber der Natur durch vielfache Wiederholung der Worte Gold oder golden pries.[17]

Die 4. und 5. Strophe werden von einem neuen Klang bestimmt. Die dreimal mit einem feiernden Du einsetzenden Verse zeigen, daß Catull hier den Klang einer Aretalogie bzw. einer Prädikation aufnehmen wollte, in der herkömmlicherweise die Taten der Gottheit mit ähnlich feierndem Du gepriesen wurden.[18] Aber inhaltlich bringt Catull zunächst in der 4. Strophe nur weitere Namen der Göttin, was durch *dicta (es)* in Vers 14 und 16 ja auch ausgesprochen wird. Erst die 5. Strophe schwingt dann wie oben die 3. weiter aus und preist das mit dem letzten angerufenen Namen verbundene segensreiche Wirken der Göttin, ist also eine Aretalogie im eigentlichen Sinne. Doch dieses Nennen neuer Namen im Rahmen der Aretalogie ist schwerlich eine Vermischung der hymnischen Formen der Epiklese und der Aretalogie; denn die genannten Namen zeigen ja schon durch das bloße Nennen andere weite Bereiche des göttlichen Wirkens auf. Wie sehr für Catull das Feiern der Taten der Gottheit und das dafür stellvertretende Nennen ihrer Namen eins ist, wird deutlich, wenn er die herkömmliche Formel,[19] womit die Namensreihe der Epiklese üblicherweise abgeschlossen

[16] Zwei parallele Begriffe stellt auch die griechische Tradition nebeneinander; cf. hy. Hom. 27, 4. Daß auch die Flüsse und Gewässer der unberührten Natur zum Bereich der Artemis gerechnet wurden, sieht man aus ihrem Beiwort ποτάμια Pind. P. 2, 7. Catull wird griechische Hymnen gekannt haben, in denen wie Hor. c. 1, 21, 5 auch die Gewässer der unberührten Natur als Teil des Herrschaftsbereichs der Artemis genannt wurden. Wilamowitz, Hell. D. 2, 228 sieht in *amniumque sonantum* eine Wiedergabe von ποταμῶν κελαδόντων (Hom. Il. 18, 576 etc.).

[17] Call. hy. 4, 136–147; 260–265. In Vers 260–263 beginnen in ähnlich künstlicher Weise alle Verse mit dem Wort golden oder Gold.

[18] Cf. E. Norden op. cit. 149 ff.

[19] Cf. E. Norden op. cit. 144–147.

wird („mit welchem Namen auch immer es dir gefällt"), erst zu Beginn der letzten Strophe (Vers 21f.) nach Abschluß der Aretalogie bringt.

Wenn Diana in der 4. Strophe mit drei Namen genannt wird, ist das eine uralte Vorstellung; eine dreigestaltige Artemis-Hekate wurde schon im Heraion II von Samos aus der Zeit um 650 v. Chr. gefunden,[20] und auch in der Tragödie wurde Artemis schon als Hekate oder Selene gepriesen.[21] Aber Catull näher lag der Kult der dreigestaltigen Diana von Aricia, die als *tergemina Hecate, diva triformis, potens Trivia, Diana triplex* angerufen wurde[22] und an die man wohl auch sonst in der römischen Literatur in erster Linie dachte, wenn man Diana die dreigestaltige Göttin nannte.[23] Aber so nahe in Rom die Anrufung von drei Namen lag, im einzelnen scheint Catull eher ungewöhnliche Wirkungen gesucht zu haben. Diana als Juno zu bezeichnen und so zwei grundverschiedene Göttergestalten zu vermengen, nur weil beide als Geburtsgöttinnen gegolten haben, erscheint seltsam; denn es bestand hier keinerlei Zwang von der Art, daß es etwa in Italien nicht möglich gewesen wäre, Diana als Geburtsgöttin anzurufen.[24] Bizarrer noch ist es, wenn Catull mitten im Götterhymnus Luna – also doch wohl die Göttin, könnte man meinen – von fremdem Lichte leuchten läßt, was nur auf den kalten Himmelskörper paßt. Durch den astronomischen Fachausdruck *notho... lumine*[25] schiebt sich mitten in den Anrufungen an die Göttin der ganz anders geartete Gedanke in den Vordergrund, daß von den Gestirnen selbst Einflüsse auf das Menschenleben ausgehen; von solchen Einflüssen des Mondes auf das Wachsen der Lebewesen und insbesondere auf Empfängnis und Geburt weiß Cicero in ›de natura deorum‹ zu berichten.[26]

[20] Cf. E. Simon, Die Götter der Griechen, München 1969, 152ff.; Abb. 141; 144; 149. Die Göttin in den drei Gestalten ist sie auch Pap. Chicag. bei Powell p. 86, col. 10, v. 2–4.

[21] Hekate: Aesch. suppl. 676; Eur. Phoen. 109f.; Verg. A. 4,511. Selene: Aesch. fr. 170 N²; Cic. n. d. 2,68; Verg. A. 9,405; Hor. c. s. 2; c. 4,6,38–40; [Tib.] 3,4,29.

[22] Den Dianakult von Aricia erschloß A. Alföldi, Am. J. Arch. 64 (1960) 137ff.; cf. A. Alföldi, Das frühe Rom und die Latiner, Darmstadt 1977, 44–46.

[23] Verg. A. 4,511; Hor. c. 3,22,4; Ov. f. 1,387; cf. C. I. L. II 2660 *Delia virgo triformis.*

[24] In der Komödie wurde gewöhnlich Juno Lucina angerufen: Plaut. Aul. 692; Ter. And. 473; Ad. 487 etc. Aber wie Inschriften lehren, galt in Italien auch Diana als Schützerin des weiblichen Lebens; cf. K. Latte, Römische Religionsgeschichte, München 1960, 170. Die Gleichsetzung wurde wohl dadurch ermöglicht, weil der Beiname Lucina auch der Diana gegeben wurde: Cic. n. d. 2,68; Verg. ecl. 4,10; Hor. c. s. 15.

[25] Lucr. 5,575; Philo 1,628 νόθον φέγγος.

[26] Aristot. gen. an. 4, 10; Cic. n. d. 2, 50; 103; cf. Friedrich ad 13; Kroll ad 17.

In der 5. Strophe, der einzigen ausgeführten Prädikation, wie gesagt, verweilt Catull noch etwas bei dem Segen der Göttin, den sie in ihrer Erscheinungsform als Mondgöttin spendet. Die Einteilung des Bauernjahres durch den Mond läßt an den Beginn von Virgils Georgica denken,[27] wo Sonne und Mond, die das Jahr des Bauern lenken, als erste der Gottheiten angerufen werden, die sein Land und seine Arbeit schützen. Aber wieder ist die Genauigkeit der Beschreibung des Mondlaufs *(cursu... menstruo),* die eigentlich ganz auf das Gestirn und seine Gesetzmäßigkeiten zielt, in einem Götterhymnus und unmittelbar neben der Anrufung *dea* verwunderlich.[28] Daß die Göttin den Bauern die Scheunen füllen möge (Vers 19f.), hatte Kallimachos in seinem Artemishymnus auch schon ähnlich ausgedrückt; wem sie gnädig leuchte, sagte er, dessen Äcker tragen reiche Frucht, dessen Vieh gedeihe und dessen Haus mehre sich.[29]

Nach den teilweise irritierend modernen Zügen in der 4. und 5. Strophe schließt das Gedicht in der letzten mit traditionellen Motiven. Traditionell ist das Grußwort *sis sancta,*[30] traditionell die Formel, mit der man eine Reihe von Gottesnamen ausklingen ließ.[31] Traditionell ist schließlich auch der Abschluß mit einem Gebet, in dem der Segen auf Volk und Land herabgefleht wird. Solche Bitten waren besonders in Päanen gebräuchlich,[32] scheinen darum auch in einem Gebet an Apolls Schwester gut zu passen. Bewußt gibt Catull diesen Gebetsworten einen fast altertümlichen Klang, wie er der Gebetssprache anstand. *Romuli... gens* ist ein hoher Klang,[33] *sospitare* ist altertümlich[34], und für *antique* in der Bedeutung von *antiquitus* gibt es keinen weiteren Beleg, vermutlich ist es eine archaische Formel;[35] und die Berufung auf die früher zuteil gewordene Hilfe ist in Hymnen seit jeher üblich.[36]

Wie schon der deutliche Wille, mit einem berühmten Gedicht des Ana-

[27] Verg. g. 1,5f.

[28] Horaz verquickt c. 4,6,38–40 in ähnlicher Weise die segnende Diana und den günstigen Einfluß des Mondes auf die Ernte und den Jahreslauf.

[29] Call. hy. 3,129–131; cf. A. P. 6,267; 269; 271; 347.

[30] *Sis sancta:* „Sei mir verehrt, verehrungswürdig"; den Sprachgebrauch zeigen Stellen wie Hor. c. 4,11,17; Tib. 2,6,31; Liv. 3,52,4; Ov. tr. 1,8,15.

[31] S. oben n. 19.

[32] Cf. Macedonius paean 28–32, Bitte für Athen (Powell p. 139); Limenius paean 36–49, Bitte um Schutz für Athen, die Bewohner von Delphi und das Römerreich; Timoth. Pers. 237–240; carm. conv. 1; 2 P.

[33] Es findet sich in einer hochstilisierten Stelle des Porcius Licinus: fr. 1,2 Morel.

[34] Cf. Enn. sc. 295 V^2; Plaut. Aul. 546; Pacuv. 234 R^2; Liv. 1, 16, 3.

[35] Cf. Fordyce ad 23.

[36] Hom. Il. 5,116; Sappho fr. 1,5 LP; Soph. O. T. 165f.

kreon zu konkurrieren, vermuten ließ, zeigt die Gestaltung klar, daß Catull mit seinem Dianahymnus in erster Linie künstlerische Ziele verfolgt: er wollte ein ungewöhnliches Kunstgebilde schaffen und nicht etwa einen Gebrauchstext, der dann sekundär in die Gedichtsammlung aufgenommen worden wäre.[37]

35. Gedicht

Das Gedicht gibt sich als ein kleines Billett, das einen in Como ansässigen Freund Caecilius[1] nach Verona einlädt; hier wolle er ihm wichtige Überlegungen eines gemeinsamen Freundes mitteilen. Der Ton ist lebendig, ungezwungen, wie er eben einem schnell hingeworfenen Brief ansteht: *Velim dicas; quare, si sapiet; si mihi vera nuntiantur; ignosco tibi* stehen der gesprochenen Sprache nahe[2], und auch das sonst nicht belegte *viam vorabit* klingt in seiner drastischen Bildlichkeit umgangssprachlich.[3] Ebenfalls klingt es nicht sehr hoch, wenn der Brief *papyre* angeredet wird; das meint nicht mehr als Zettel.[4] Schließlich ist die Benennung von Como mit der eben neu geprägten Namensform *Comum Novum* ein aus dem Leben gegriffener Zug.[5]

Und doch scheint das Gedicht kein wirkliches, dem Leben entnommenes

[37] Schwabe 335f. glaubte, Catull habe das Gedicht in offiziellem Auftrag geschrieben. Wilamowitz, Hell. D. 2,290, hielt es für möglich, daß es für ein bestimmtes Dianafest in Oberitalien verfaßt sein könnte. J. Granarolo, L'œuvre 61–70, sieht in ihm einen Ausdruck echter römischer Religiosität. Aber läßt nicht allein das respektlose Wort vom fremden Licht, durch das Luna leuchtet, an der religiösen Quelle der Inspiration zweifeln? Und ein ursprüngliches Gefühl italischer Frömmigkeit hätte vermutlich auch nicht so vieler griechisch-literarischer Vorstellungen bedurft, um sich aussprechen zu können. Cf. E. V. Marmorale, L'ultimo Catullo, Napoli [2]1957, 79; Bardon, Propositions 109.

[1] Die berühmtesten der in Como vielfach inschriftlich bezeugten Caecilii waren später Plinius d. Ä. und d. J.; der Dichterfreund des Catull ist nur durch dieses Gedicht bekannt.

[2] Cf. Kroll ad 7; R. Heine WdF 73.

[3] Cic. Att. 4,11,2 schreibt mit demselben bildlichen Ausdruck *voramus litteras,* und in den romanischen Sprachen ist der Ausdruck durchaus geläufig: dévorer un livre, dévorer l'espace, divorar la via. Der höhere Stil bevorzugte abgeschwächtere Wendungen: Verg. A. 1,418; cf. Bährens ad 7.

[4] Eine Anrede an die abgesandte poetische Epistel ist geläufig, aber die Stilisierung ist dann gewählter: Ov. ex P. 4,5,1 *Ite, leves elegi;* Stat. s. 4,4,1 *Curre ... epistula.* Das Wort *papyrus* in der Bedeutung Papyrusblatt ist nicht sehr häufig. Juv. 7,101 und Mart. 3,2,4 verwenden es wenig respektvoll.

[5] Caesar hatte die Kolonie mit dem Namen *Novum Comum* nach der *lex Vatinia*

Einladungsbriefchen in Versen zu sein. Warum hätte Catull in einem wirklich abgesandten Brief zu Beginn Caecilius' Eigenschaft als Poet so sehr hervorheben sollen? Davon wußten doch beide; das ist deutlich für das Lesepublikum berechnet. Vor allem aber ist es in einem wirklichen Brief undenkbar, den Grund der erbetenen Reise so vage zu lassen; gewisse Überlegungen eines gemeinsamen Freundes wolle er mitteilen? Hier wäre mindestens der Name nötig gewesen; denn sie hatten vermutlich eine ganze Reihe gemeinsamer Bekannter! Wegen Überlegungen eines ungenannt bleibenden Freundes wird schwerlich jemand seinen Freund zu einer eiligen Reise auffordern. Der Brief ist also fiktiv, seine Lebendigkeit literarische Stilisierung.[6]

Daß es sich um Literatur handelt, ist durchaus auch der Sprache abzulesen. Wesentliche Worte werden durch Alliterationen aneinander gebunden: *Veronam veniat, Larium litus, amici accipiat, si sapiet, viam vorabit, Dindymi dominam, ignes interiorem.* Auch die Versgestaltung ist sorgfältig. Die bei Kurzversen typische Gefahr einer gewissen Monotonie vermeidet Catull geschickt durch häufige Enjambements, in denen Spannungen über die Versgrenzen fortwirken, so daß sehr mannigfaltige rhythmische Einheiten entstehen. Schließlich erhebt sich die Wendung *Novi relinquens/Comi moenia Lariumque litus* fast zu epischer Höhe,[7] was ein hübsches Kompliment für Caecilius' Heimat ergibt.

Wenn der äußere Anlaß vorgeschützt ist, verliert die ganze Einladung an Gewicht. Sie scheint nicht viel mehr als ein poetisch fruchtbares Motiv zu sein, mit dessen Hilfe die eigentlichen Aussagen lebendig in Szene gesetzt werden konnten. Der Kern des Gedichtes sind aber literarische Urteile. Zwei treten vor allem hervor: Was bedeutet es, wenn Catull Caecilius zu Beginn als *poeta tener* charakterisiert, und was meint er, wenn er am Schluß als Urteil über sein Werk sagt, es sei *venuste incohata?*

Für das Urteil des Gedichtbeginns scheint die Zusammenstellung von *poetae tenero* und *meo sodali* nicht unwesentlich. *Meus sodalis* nennt Catull immer wieder einen Angehörigen seines engeren Freundeskreises;[8] und *meus* unterstreicht dabei die Bedeutung, die Catull der Bindung gibt.[9]

des Jahres 59 neu gegründet; cf. Suet. D. Jul. 28; App. b. c. 2,26; Strab. 5,213; Fordyce introd.

[6] Horaz scheint in seinem Epistelbuch in Rom nicht der erste gewesen zu sein, der die Möglichkeiten der Briefform für die Literatur ausgenützt hat. Schon Lucilius hat anscheinend die 1. Satire des 5. Buches (fr. 181 ff. M) als Brief stilisiert, und fr. 341 M meint er mit *epistula* wohl ein kleines Gedicht in Briefform. Cf. Williams 457.

[7] Schnelle verweist dafür auf Hom. Il. 24,145; Verg. A. 1,2 und 1,7.

[8] c. 10,29; 12,13; 47,6; wohl auch c. 95,9; cf. c. 30,1 *unanimis sodalibus.*

[9] Cf. c. 53,3 *meus... Calvos.*

Wenn nun von diesem *sodalis* erwartet wird, er werde von einem in Aussicht stehenden doch wohl literarischen Gespräch mit zwei anderen Angehörigen des Kreises so angetan sein, daß ihm eine Teilnahme daran eine eilige Reise wert ist, müssen sogar enge literarische Beziehungen bestanden haben. Er war als *poeta* [10] Mitglied des Freundeskreises! Diese Verhältnisse machen es von vorneherein wenig wahrscheinlich, daß mit *tener* ein abwertendes Urteil ausgesprochen wird.

Das Attribut *tener* hat, wie die in verschiedenem Zusammenhang passenden deutschen Äquivalente zart, weich, fein, zärtlich, feinfühlig zeigen, ein breites Bedeutungsspektrum. Da *tener* aber hier ein Attribut von *poeta* ist, ist dieses Spektrum eingeschränkt; denn es handelt sich nicht um eine Eigenschaft des Menschen, sondern des Dichters, ist also ein literarisches Urteil.[11] In literarischem Sinn wird *tener* zweifach gebraucht. Einmal zielen 'zärtliche' Verse auf den Inhalt; das Attribut charakterisiert also die Liebesdichtung[12] und den Liebesdichter.[13] Da aber Caecilius als Dichter einer Magna Mater nicht als typischer Liebesdichter eingeführt wird, ist zu fragen, ob hier nicht eine auf die literarische Form zielende Bedeutung von *tener* näherliegend ist, ob er also nicht ein zierlicher Dichter im Sinne der kallimacheischen Ästhetik genannt wird. Als positives literarisches Werturteil ist das Wort mehrfach gebraucht, Cicero nennt sogar einmal eine von ihm geschätzte Enniustragödie ein *poema tenerum et moratum et molle.*[14]

[10] Die Meinung von R. Heine WdF 63–65, *poeta* sei bei Catull eine nicht mehr recht ernsthafte, ironisierende Bezeichnung für den Dichter, scheint mir wenig begründet: 1. ist das Wort auch in der augusteischen Dichtung nicht durchweg entwertet. Im hohen Stil ist es wohl durch das wiederentdeckte *vates* in den Hintergrund getreten, aber im Sermonenstil bleibt es weiterhin das übliche Wort für den Dichter, und noch in Horazens später Ode 4, 6, 30 hat es einen hohen Klang; 2. hat Catull kein anderes Wort für den Dichter. Wenn er es im Sinn von einem schlechten Dichter gebraucht, geschieht die Abwertung durch das jeweilige Attribut bzw. den Zusammenhang, nicht durch das Wort *poeta*; 3. dürfte in dem selbstironischen *pessimus poeta* der Gedichte 36 und 49 der Witz gerade darin liegen, daß sich Catull als einen nicht unverächtlichen Dichter ansieht. Die direkte Ironie liegt dabei in *pessimus,* nicht in *poeta.*

[11] Aus diesem Grund sind alle von R. Heine WdF 65–69 angeführten Stellen, in denen haltlose, laszive Menschen mit *tener* charakterisiert werden, in diesem Zusammenhang wenig förderlich.

[12] Cf. Ov. am. 2, 1, 4; 3, 8, 2; a. a. 2, 273; I. M. Fisher, Class. Phil. 66 (1971) 2 n. 11.

[13] Ov. a. a. 3, 333; rem. a. 757. In diesem Sinn sagt wohl auch Martial 7, 14, 3 *teneri... amica Catulli;* cf. Mart. 12, 44, 5.

[14] Cic. de div. 1, 66. Klar auf das Formale deuten auch Hor. a. p. 246 und Domitius Marsus fr. 3 Morel *(tenellus).* Ov. am. 2, 1, 4 wird durch den Gegensatz zur

Die Vermutung wird durch dasselbe Bedeutungsspektrum des synonymen *mollis*[15] noch näherliegend: Auch *mollis* kann neben der Liebesdichtung eine Dichtung von kallimacheischem Geist im Gegensatz zum pathetischen Epos bezeichnen.[16] Ich möchte also meinen, daß *tener* hier in dem Sinn gebraucht ist, in dem es später einmal Martial auf Catull selbst anwendet: Er stellt sich 4, 14 als Dichter poetischer Kleinform dem Epiker Silius gegenüber und vergleicht Vers 13f. das Verhältnis mit dem Gegensatz des *tener Catullus* und des *magnus Maro;* die Attribute bezeichnen hier klar die verschiedenen Stilformen der von den beiden Dichtern verwendeten Gattungen.

In dieselbe Richtung weist Catulls Schlußurteil über Caecilius' Gedicht: *venuste.* Sprechende Zusammenstellungen mit Synonymen weisen dieses Wort als sehr positives literarisches Urteil aus. Cicero stellte *venustus* mit *urbanus* und mit *politus* zusammen.[17] Bei Catull steht *venustus* neben *dicax, urbanus* und *bellus,*[18] sein Gegenteil *invenustus* neben *illepidus* und *sordidus.*[19] Diese Zusammenstellung von *venustus* mit anderen Catull wesentlichen Wertkriterien[20] scheint klar zu zeigen, daß der Dichter hier ein sehr positives Werturteil aussprechen will,[21] wie es ja auch schon der

dramatischen Dichtung diese Bedeutung wenigstens einbezogen, und Petron. 118,1 meint *sensum teneriorem* einen geistreichen Gedanken. Auch in der rhetorischen Theorie wird Cic. Or. 52; Brut. 38 das Wort zur Charakterisierung eines geschmeidigen Stils verwendet.

[15] Neben Cic. div. 1, 66 ist die Zusammenstellung Cic. Tusc. 3, 12 aufschlußreich.

[16] Solche Gegenüberstellungen zeigen: Prop. 1, 7, 19; 3, 3, 18; Hor. c. 2, 12, 3. In diesen Stellen ist *mollis* dem kallimacheischen λεπτός in ähnlichen Gegenüberstellungen verwandt: Call. epi. 27, 3f.; fr. 1, 11 Pf.

[17] Cic. dom. 92; Orat. 29. Brut. 262 nennt er Caesars Commentarii *venusti,* weil sie ohne Redeschmuck schön seien.

[18] c. 22, 2 und 9.

[19] c. 10, 4; 12, 5; 36, 17. Die durch die Kontrastworte deutliche Nähe von *venustus* und *lepidus* ist wesentlich; denn auch *lepidus* und *lepos* finden sich bei Catull als bedeutungsvolle Bewertungsmaßstäbe: c. 1, 1; 6, 17; 12, 8f.; 50, 7f.; cf. V. Buchheit WdF 50f.

[20] Cf. Fordyce ad c. 43, 8.

[21] Konträr faßt F. O. Copley, Am. J. Phil. 74 (1953) 149–160 = Approaches 173–184, das Gedicht auf. Mit Bährens ad 14 versteht er *incohata* als stilistisch unvollendet und glaubt, Catull wolle den Freund zu Verbesserungen aufrufen und habe ihn zu einer persönlichen Unterredung gebeten, um ihm das nahezulegen. Gewiß könnte *incohatus* stilistisch unvollendet bedeuten; Cic. de or. 1, 5; off. 1, 153 verwendet es in dieser Bedeutung. Aber es kann auch begonnen oder kaum begonnen meinen: Plaut. Amph. 868; Cic. Arch. 28; n. d. 1, 56. Diese zweite Bedeutung ist in unserem Gedicht wegen der Verbindung *venuste incohata* die einzig mögliche. Von

Gedichtzusammenhang nahelegt; denn Catull bestätigt mit seinem Urteil freudig die Begeisterung von Caecilius' Freundin über dieses Gedicht. Er scheint hier also Caecilius freundschaftlich ermuntern zu wollen und ihm zu bestätigen, daß er eine Dichtung im Geiste des Freundeskreises begonnen habe und daß bereits ihr Beginn vielversprechend sei.

Zwischen den beiden Polen, der Anrede an den Dichterfreund zu Beginn und dem äußerlich zurückgenommenen, im Grunde aber sehr anerkennenden Lob seines Werkes am Schluß, entfaltet sich das poetische Spiel des Gedichtes. Zunächst wird in der Einladung des Gedichtbeginns sehr energisch eine Bewegung eingeleitet, die den Freund in ein gemeinsames Überlegen im Freundeskreise hineinziehen möchte.[22] Die Verben der Bewegung *veniat, relinquens,* das Nennen von Ziel und Ausgangspunkt und schließlich die Hoffnung, der Freund werde den Weg in größter Eile zurücklegen, wirken alle in dieselbe Richtung.

Da scheint sich diesem so energisch angestrebten Ziel in dem mit *quamvis* eingeleiteten Nebensatz ein Hemmnis in den Weg zu stellen. Catull vermutet, daß Caecilius' Freundin ihren Geliebten auch nicht für kurze Zeit von sich lassen möchte, weil er gehört habe, sie sei leidenschaftlich in ihn verliebt. Dieses vermutete Hemmnis wird nun genauso ausführlich vergegenwärtigt wie oben die erwünschte Bewegung: *milies . . . revocet, manusque collo ambas iniciens, roget morari.* Die Ausführlichkeit, in der ein Hemmnis, das dem Dichter unerwünscht sein muß, eingeführt wird, ist erstaunlich. Die einfachste Psychologie verlangte, so möchte man meinen, daß in der Einladung zu einer Reise ihre verlockenden Seiten in den Vordergrund geschoben werden und daß das Hinderliche möglichst bagatellisiert wird.

Aber während der Verse, die die heftige Verliebtheit von Caecilius' Freundin schildern, verschieben sich überhaupt die Gewichte der Darstellung. Das Mädchen und seine Liebe werden keineswegs negativ gesehen, wie man es bei der Beschreibung eines unerwünschten Hindernisses für die eigenen Pläne eigentlich meinen könnte.[23] Die Schönheit des Mädchens

Catulls Dichtungsauffassung her ist ein Urteil „auf reizende Weise unvollkommen" unmöglich. Catull macht also in dem Gedicht eine freundliche Verbeugung vor dem vielversprechenden Beginn einer Dichtung eines wohl jüngeren Freundes.

[22] In Vers 6 scheint *amici . . . sui meique* nach dem Sprachgebrauch, wie er im Cicerobriefwechsel vorliegt, nur einen gemeinsamen Freund meinen zu können; cf. die von R. Heine WdF 72 n. 35 angeführten Stellen. Daß bei Cicero natürlicherweise Namen genannt werden, ist gewiß ein Unterschied, er ändert aber schwerlich den Sinn: Das Fehlen des Namens dürfte bei Catull auf den literarischen Charakter des Textes zurückgehen; eine Namensnennung hätte die Vorstellung des Freundeskreises nicht vertieft, aber von der zentralen Thematik abgelenkt.

[23] R. Heine glaubt, Catull schildere diese Liebe als etwas Negatives. Er sucht dies

wird durch das Attribut *candida,* das für Catull viel Glanz hat,[24] betont. Und auch für ihre leidenschaftliche Verliebtheit zeigt Catull Verständnis; so schildert er ja seine eigene Liebe[25], und so schildert er immer wieder mit viel Zustimmung die Liebe anderer;[26] gerade das leidenschaftliche Verfallensein erscheint ihm selbst ja als der Gipfel irdischer Seligkeit. Das Wichtigste aber ist, daß das in den Freund so verliebte Mädchen keineswegs unklug ist. Ja, ihre Liebe habe sich überhaupt erst durch die Begeisterung für Caecilius' Dichtung entzündet.[27] Catull feiert in ihr also eine *puella docta,* wie man sie in seinem Kreis und dann in dem der Elegiker schätzte.[28] Wenn er sie kunstsinnig wie Sappho[29] nennt, kann man über diese übertriebene Schmeichelei natürlich lächeln; aber das ist kein ernsthafter Vergleich, sondern eine Andeutung ihrer geistigen Welt; auch Properzens Cynthia versucht sich in äolischer Dichtung und konkurriert durch ihre Gedichte mit Korinna.[30]

Hier, in den letzten Versen des Gedichtes, wo das Ziel des Beginns, den Freund für eine Unterredung über literarische Fragen zu gewinnen, endgültig zu entgleiten droht – denn je leidenschaftlicher die Liebe des Mädchens glüht, desto weniger wird es den Freund ziehen lassen –, hier, an die-

WdF 73 f.; 77 dadurch zu belegen, daß er die Ausdrücke, mit denen die Liebe der Freundin charakterisiert wird, als unpassend für eine Frau zu erweisen sucht; solche Ausdrücke leidenschaftlicher Verliebtheit bezögen sich sonst fast ausschließlich auf Männer. Gewiß, aber diese Tatsache scheint das natürliche Ergebnis der Art und Weise zu sein, in der die Liebe bes. in der Komödie dargestellt wurde. Verliebt sind die jungen Männer, die Frauen dulden und hoffen, daß sie nicht allzusehr betrogen werden; von den Liebesgefühlen all der Hetären und Freundinnen aber ist herzlich wenig die Rede. Wenn Catull eine neue Sicht der Verhältnisse hat, sollte man dies herausstellen, ihm aber nicht *rumores senum severiorum* in den Mund legen.

[24] Das zeigen Stellen wie c. 68,70 und 134; cf. Verg. ecl. 2,16; 5,56; Hor. c. 1,13,9; 3,9,2; Prop. 2,3,24; vid. Schnelle 12. Wegen des c. 13,4 etwas lässig gesagten *candida puella* sollte man dem Attribut hier nicht sein Gewicht nehmen.

[25] c. 100,7 spricht Catull von sich in denselben Worten wie hier von dem Mädchen; cf. c. 68,53–56.

[26] Die Darstellung der Liebe des Mädchens in c. 45,16 erinnert wie die von Ariadnes Liebe in c. 64, 91–93 auch im Wortlaut an Vers 15.

[27] Cf. Prop. 1, 7, 11; 2, 13, 11; [Tib.] 4, 6, 2.

[28] Allein schon an der innigen Freude des Mädchens über die Magna-Mater-Dichtung scheitert der Interpretationsversuch von J. M. Fisher, Class. Phil. 66 (1971) 1–5, der die Liebe des Mädchens allegorisch als eine Liebesdichtung auffaßt, die die Vollendung des Kleinepos verzögert.

[29] *Sapphica musa* steht für Sappho wie Ov. a. a. 3,329; cf. Ov. tr. 2,364 *Teia musa* oder Ov. ex P. 4,16,29 *musa Turrani.*

[30] Cf. Prop. 2,3,18–20.

sem scheinbar entferntesten Punkt, findet der Dichter durch das freundliche Einstimmen in das Urteil des Mädchens ganz zwanglos zu dem Gedichtbeginn, der Charakterisierung *poeta tener* und überhaupt dem literarischen Thema zurück. Nur das Einladungsthema ist fallengelassen, als ob es darauf nicht allzusehr ankomme. Entscheidend scheint allein das Rühmen der entstehenden Dichtung des Freundes, die Catull nicht weniger als dem Mädchen gefällt. Ob nun der Freund kommt oder bei seinem Mädchen bleibt, Catull zeigt ihm, daß er mit ihm durch die gleiche poetische Welt verbunden ist, daß er sich aber auch über seine Liebe freut.

36. Gedicht

Seine Meinung über schlechte zeitgenössische Literatur hat Catull gelegentlich sehr deutlich gesagt, und er hat sie auch in anderen Gedichten in vergleichbarer Weise zum Teufel gewünscht.[1] Doch hinter der scheinbar heftigen Erregung stehen bleibende Überzeugungen, die Catulls Dichtungsverständnis bestimmen.[2] Rechte Dichtung ist für ihn leicht, elegant, gewählt, witzig, weltmännisch, das Gegenbild klassifiziert er als schwerfällig, plump, ungestalt, banal und provinziell.[3] Hinter diesen Wertungen steht Kallimachos' Vorliebe für die spielerische Leichtigkeit einer geistreichen Dichtung, die die breite Straße des Gewöhnlichen verachtet.

Catull hat seine Worte über die zeitgenössische Literatur stets in bestimmte Lebenssituationen eingefügt, aus denen sie ganz natürlich hervorzugehen scheinen;[4] etwa in c. 95 ist das langerwartete Gedicht des Freundes Cinna erschienen, das Catull nun in grundsätzlicher Weise mit der üblichen Literatur seiner Zeit vergleicht; und wie sich in c. 35 eine lebendige Situation um das Urteil über die Dichtung eines anderen Freundes gruppiert, wurde eben beleuchtet. Eine solche Lebenssituation hat Catull auch hier gewählt, wenn er vorgibt, Lesbia habe bei der Versöhnung nach einem Streit gelobt, Jamben des Dichters, die diesem Streit Ausdruck gegeben hatten,[5] gewissermaßen als Versöhnungsopfer zu verbrennen. Das Motiv

[1] Cf. c. 14,21–23; 44,18–21; 95,7f.

[2] Die These, daß der wesentliche Inhalt des Gedichtes „Catulls Dichterkritik" sei, vertritt vor allem V. Buchheit, Herm. 87 (1959) 309–327 = WdF 36–61.

[3] Die Gegenüberstellung geschieht am deutlichsten in c. 22.

[4] Die Parallelen von c. 14 und 44 mit unserem Gedicht zeigt Buchheit WdF 40–44 auf.

[5] Daß Lesbia Schmähverse von Catull verbrannt haben wollte, wird nicht immer gesehen. Aber die enge Verbindung der Motive der Wiederversöhnung, der Beendigung des Schreibens von Schmähjamben und des Verbrennens von Versen zum Zei-

der Verbrennung von Spott- und Streitversen nach einem Sinneswandel oder einer Versöhnung war, wie Verse von Tibull und Horaz zeigen, ein üblicher literarischer Topos. Tibull will 1,9,47–50 nach einem Sinneswandel Verse, deren er sich nun schämt, vernichten, und Horaz stellt c. 1,16,1–4 einem erzürnten Mädchen frei, seine Invektiven, mit denen er es erzürnt hatte, gewissermaßen als Preis der Versöhnung zu vertilgen.[6] Catull ist nun offenbar dieses beabsichtigte Brandopfer nicht ganz so willkommen wie später Horaz; so schiebt er an die Stelle der eigenen Verse einen seiner Ansicht nach für eine Verbrennung viel geeigneteren Gegenstand unter: das langweilige Geschichtsepos eines gewissen Volusius,[7] über das er bei dieser Gelegenheit ein vernichtendes Urteil fällt.

In den ersten Versen setzt Catull bewußt rätselvoll ein: wenn er ein Gelübde der Geliebten mit dermaßen unmanierlich benannten Papieren einlösen will, klingt das geradezu blasphemisch; Gelübde löste man ja gemeinhin mit etwas Wertvollem ein. Aber gerade durch diesen Beginn ruft Catull eine verwunderte Aufmerksamkeit beim Leser hervor, der nun gespannt der Auflösung dieses Rätsels entgegensieht, die erst in den letzten Versen des Gedichtes erfolgt.

Vers 3 holt der Dichter mit *nam* zu einer weitläufigen Erklärung aus; aber wir erfahren natürlich noch nicht, was es mit Volusius auf sich hat und wieso man mit seinen „Dreckspapieren“ ein Gelübde einlösen kann. Catull berichtet, wie es zu dem Gelübde kam, daß Lesbia Venus und Amor gelobt habe, wenn Catull sich mit ihr wieder versöhne und aufhöre, Jamben gegen sie zu schreiben, diese Jamben zu verbrennen. Diese Verse werden dabei *pessimi poeta scripta* genannt; *pessimus poeta* nimmt offensichtlich Lesbias eigene vorwurfsvolle Worte auf.

Daß Catull den Wunsch eines Brandopfers der eigenen Verse nicht ernsthaft aufnimmt, sieht man am Tonfall, in dem von Lesbias Gelübde berichtet wird. Das Pathos überschlägt sich fast. Der *nam*-Satz zieht sich in einem

chen der Wiederversöhnung in den Versen 4–8 macht diese Deutung zwingend. Nur so sind auch Lesbias helle Empörung und ihr Racheverlangen verständlich. Diese für die Erkenntnis der Gedichtsituation entscheidende Einsicht ist von Muretus, Bährens 212f. und Ellis introd. klar ausgesprochen. Cf. aber Williams 223; Wiseman 40–45.

[6] Gerade das Topische der Situation warnt davor, hier mit der Widerspiegelung einer realen Lebensbegebenheit zu rechnen. Cf. E. Fraenkel, Festschrift für A. Lesky, Wien 1956, 181; V. Buchheit, WdF 44; 59; Fordyce introd.

[7] Die *annales Volusi* werden auch c. 95,7 angegriffen; sonst sind sie nirgends genannt. Wegen der Erwähnung eines Nebenarms des Po in c. 95, wo ihnen Catull den Untergang prophezeit, scheint Volusius ein oberitalienischer Dichter gewesen zu sein.

weitgeschwungenen Satzbogen von Vers 2–8.[8] Die durch das lange Hinausschieben der Auflösung der Periode entstehende Spannung wird durch Enjambements in den Versen 3 und 6 noch erhöht. Alliterationen verstärken den feierlichen Klang: *Veneri... vovit, si sibi, pessimi poetae, deo daturum.* In Worten und Fügungen ist der höchste Ton erstrebt: die Götternamen in Vers 3 und das Attribut sind ein epischer Klang;[9] das Sprachbild *truces iambos vibrare* erweckt die Vorstellung eines Schleuderns von Blitzen oder Geschossen;[10] die Metonymie in Vers 7 ist eine Ausdrucksweise der hohen Poesie;[11] schließlich stammt dic Vorstellung von Unglückshölzern aus der Sakralsprache.[12]

Das hohe Pathos ist freilich von ironischen Lichtern durchzuckt. Eine Spannung ist fühlbar zwischen den hochgegriffenen Worten und dem bescheidenen Versmaß. Dann ist *electissima... scripta* wenig im Sinn der zornigen Verfolgerin gesagt; *electus* ist in der Sprache der Literaturkritik ein rühmendes Wort,[13] so daß ein komischer Kontrast zu dem dazugehörigen Genitivattribut *pessimi poetae* entsteht. Im Kontrast zum Inhalt steht auch das Wort *ustulare;* es scheint ausgesprochen umgangssprachlich gewesen zu sein.[14]

Lesbias Gelübde wird also in einer nicht allzu ernsthaften Weise vorgeführt. Catull ironisiert offensichtlich die ungemeine Bedeutung, die Lesbia dem Gelübde gegeben hat und die in dem sprachlichen Pathos zum Ausdruck kommt. Von dieser Haltung her fällt auch ein ironisches Licht auf die die Partie abschließenden Verse 9f., in denen Lesbias Selbsteinschätzung deutlich wird: sie ist der festen Überzeugung, daß sie mit dem Gelübde einen geistreichen Einfall gehabt habe. *iocose lepide* ist dabei sprachlich sehr betont, hierauf scheint es Catull besonders anzukommen, und an diese Worte wird er dann im 2. Teil des Gedichtes auch anknüpfen. Warum freilich Lesbia den Einfall für so ausgesprochen geistreich und reizend hielt, wird nicht gesagt. Die Meinung könnte vielleicht sein, daß durch das Opfer

[8] Cf. V. Buchheit WdF 54; Williams 220.

[9] Cf. Enn. ann. 54; 64; 627 V^2; Lucr. 5,147; 5,309; 6,70; Cat. c. 64,95. 268. 298.

[10] Cf. Cic. Cat. 2,23; Orat. 234; Verg. A. 8,524; Ov. met. 2,309; 8,374.

[11] Cf. Verg. A. 2,311; 7,77. Ähnliche Beiwörter des Gottes finden sich Nic. Ther. 458; Call. fr. 228,63 Pf.

[12] Cf. Kroll ad 8; K. Latte, Römische Religionsgeschichte, München 1960, 210 n. 7. Auf Unglückshölzern sollten Dinge übler Vorbedeutung verbrannt werden.

[13] Die *electio verborum* ist in der rhetorischen Disziplin ein wichtiger Begriff: Cic. Orat. 68; auct. ad Her. 4, bes. 3–7.

[14] Das selten gebrauchte Wort ist Vitr. 1,5,3; 5,12,5 ein technischer Ausdruck für das Ankohlen von Holzpfählen und wird Priap. 46 für das Lockenbrennen gebraucht. Cic. Phil. 2,91 soll *semiustulatus* offensichtlich derb realistisch wirken.

an Venus das Austilgen der Spuren der Entzweiung zu einem Symbol der Erneuerung der Liebe stilisiert würde.

Man könnte nun meinen, wenn es Catull mit seiner Liebe ernst war, hätte ihm Lesbias Vorschlag hoch willkommen sein müssen, oder er hätte gar wie der zerknirschte Horaz in c. 1, 16 seine giftigen Verse freiwillig zum Verbrennen anbieten müssen. Statt dessen distanziert sich Catull unmißverständlich von dem Vorschlag, erst insgeheim durch die Ironisierung und dann klar dadurch, daß er sich für das *pessimus poeta* mit einem *pessima puella* revanchiert.[15] Er scheint dem Verbrennen seiner Verse keinen Geschmack abgewinnen zu können, aber worauf er im letzten abzielt, wird hier noch nicht deutlich.

Beim Neueinsatz in Vers 11 spielt Catull weiter mit dem Einfall des Gelübdes. Er nimmt die Stellvertretung für Lesbia (*pro mea puella* hatte er Vers 2 gesagt) scheinbar todernst. Da sie ihr Gelübde Venus gelobt hatte, wendet er sich nun in feierlichster Gebetsform an die Göttin und bittet sie, seine Erfüllung des Gelübdes zu akzeptieren. Wie in einem feierlichen Hymnus wird der Geburtslegende der Göttin und der Orte ihrer Verehrung gedacht.[16] Catull nimmt dabei den Tonfall der Verse 3 ff. auf, ihr Pathos und die Ironisierung dieses Pathos. Pathetisch reiht er sieben Kultorte und gibt ihnen ausgesprochen poetische Attribute.[17] Aber schon die Siebenzahl wirkt übertrieben, ernsthafte Hymnen nennen zwei oder höchstens drei Kultorte.[18] Auch die Vielzahl der stereotyp wiederholten *quae* und *quaeque* macht eher den Eindruck einer Hymnenparodie als eines ernsthaften Hymnus,[19] und parodistisch wirkt es vor allem, wenn unter die traditionellen Kultorte der Aphrodite[20] drei banale Namen von teils recht

[15] Die Wiederaufnahme des Wortes *pessimus* stellt einen klaren Bezug zu dem Gebrauch des Wortes in Vers 6 her. Ein völliger Bedeutungswandel zu einem ganz abgeschwächten verschmitzt, schlau (cf. Bährens; Kroll ad 9) ist darum kaum anzunehmen; Catull meint hier schon „schlimmes Mädchen". Wie ernst das ist, ist freilich eine andere Frage.

[16] Cf. Bährens; Kroll ad 11; E. Norden, Agnostos Theos, Leipzig 1913, 148; 168. Die ähnliche Formulierung in Apul. met. 4, 28 *(quam caeruleum profundum maris peperit)* deutet darauf hin, daß Catull hier eine ganz bestimmte Formung des Topos aufnahm.

[17] *Sanctus* war Vers 3 das Beiwort von Venus selbst; Adjektivbildungen von der Art des *caeruleus* und *harundinosus* sind typisch poetisch; cf. Ross 57; 62.

[18] Bei Ananios fr. 1 West finden sich einmal fünf Orte; aber der alte Jambendichter wird das vermutlich auch in keinem allzu ernsten Ton geschrieben haben.

[19] Den zugrundeliegenden Relativstil der Prädikation beleuchtet E. Norden op. cit. 170 ff. Typischer Hymnenstil ist auch *colis* in Vers 14; cf. Hom. Il. 1, 35 f. etc.

[20] Cf. Theocr. 15, 100 f.

schäbigen Häfen an der Adria gemischt werden.[21] Insbesondere zerreißt die Benennung des letzten als „Seemanskneipe an der Adria“ den feierlichen Tonfall des Hymnenstils gründlich.[22] Die Liebesgöttin mag nun gewiß in dieser Seemannskneipe allerhand zu tun gehabt haben,[23] aber in einem Hymnus wirkt die Erinnerung daran bewußt frivol. Schließlich wäre auch der geschäftsmäßige Ausdruck, die Göttin möge das Gelübde als empfangen quittieren,[24] in einem ernsthaften Hymnus undenkbar.

Wenn Vers 17 die Bitte an Venus eingeschränkt wird, die Göttin solle das Gelübde nur annehmen, wenn es witzig und geschmackvoll ist, weist das auf Lesbias Selbsteinschätzung in Vers 9 zurück. Aber anstelle eines vermeintlich witzigen Einfalls soll nun ein wirklich gelungener treten. Man versteht nun auf einmal, wieso Catull mit den „Dreckspapieren“ des Volusius ein Gelübde einlösen will. Er faßt *„pessimi poetae scripta“* ganz anders auf als Lesbia. Anstelle der eigenen Verse, die ihm so zerstörungswürdig nicht dünken, schiebt er etwas wirklich Verbrennungswürdiges unter.

Dies geschieht in den drei letzten Versen, die das vielfältige Spiel mit Situationen und Tönen fast unwirsch abbrechen. Mit einem scharf entgegensetzenden „ihr indessen“[25] kommt er zum Abschluß: die schauerlichen Annalen des Volusius gehören ins Feuer. Die Attribute bäuerisch und witzlos, die ihnen gegeben werden, stehen dabei im klaren Gegensatz zu der Charakterisierung seines eigenen Einfalls in Vers 17. Sein geistreiches Spiel mit dem Gelübde soll als der Kontrast zu den plumpen Versen des Volusius erscheinen.

In dem Ärger Lesbias über Catulls Verse und in dem Ärger Catulls über Volusius' Verse werden zwei konträre Auffassungen von Dichtung einander gegenübergestellt. Lesbia sind Catulls Jamben wegen ihres Inhalts zuwider: sie sind Zeugnisse eines Streites; für Catull sind Volusius' Verse miserable Dichtung; ihr Inhalt tangiert ihn offensichtlich nicht. Wenn nun im Spiel des Gedichtes die eine Auffassung durch die andere ersetzt wird,

[21] Cf. Kroll ad 11.12; Wieseman 41–44. Wiseman glaubt p. 44f., die Wahl der drei Orte beruhe auf einer Erinnerung an die Heimfahrt von Bithynien, und er baut weitreichende chronologische Schlüsse darauf. Aber sollte Catull sich in seiner Umwelt so wenig ausgekannt haben, daß man die Nennung der Hafenplätze des Adriatischen Meeres erst nach der bithynischen Reise annehmen kann? Der Grund der Nennung entspringt jedenfalls eindeutig parodistischer Absicht und beruht nicht auf einer sich assoziativ einstellenden Reiseerinnerung.

[22] Cf. Williams 222.

[23] Plaut. Men. 258–264 wird die Stadt als wahres Sündenbabel geschildert, das vor allem durch seine raffinierten Dirnen bekannt sei.

[24] Cf. Kroll; Fordyce ad 16.

[25] In Vers 18 ist *interea* adversativ; cf. Friedrich ad c. 14,21.

die naive Auffassung der Dichtung als eine bestimmte inhaltliche Aussage durch die Auffassung der Dichtung als ästhetischer Gegenstand, so ist das nichts Geringes: für Catull sind nicht böse, sondern schlechte Verse verbrennungswürdig.

37. Gedicht

In den ersten zehn Versen und dann wieder am Gedichtschluß scheint das Gedicht nichts als eine leidenschaftlich heftige Schmähung eines Kreises von zweifelhaften Personen zu sein, die eine Art von Bordellkneipe frequentieren. Der Eindruck einer zornigen Angriffsstimmung wird durch das jambische Versmaß, die empörten Fragen und Ausrufe, emphatische Wortwiederholungen[1] und die fortwährende direkte Ansprache[2] hervorgerufen. Es klingt, als höhne und schmähe Catull die angegriffene Schar ins Gesicht.

Zu dem jambischen Angriff paßt das unverblümt obszöne Vokabular, mit dem Catull das Treiben der Gesellschaft charakterisiert: *solis putatis esse mentulas vobis, quidquid est puellarum confutuere.* Auch *salax taberna, contubernales, sedetis* und *sessores* deuten auf ein windiges Lotterleben. *Taberna* genügte auch ohne Beiwort zur Bezeichnung einer Bordellkneipe,[3] das Attribut *salax* legt die Bedeutung fest; *contubernales* werden in einer drastischen Bordellschilderung des Caelius die Dirnen genannt, hier wird es also Buhler meinen;[4] *sedere* kann schwerlich die wörtliche Bedeutung haben, da man bei Gelagen nicht saß, sondern auf Polstern lagerte,[5] es wird

[1] Vers 1 *taberna, contubernales;* 3f. *solis, solis;* 3. 5. 7. 9 *putatis, putare, putatis, putate;* 6. 8 *sedetis, sessores;* 7f. *ducenti, ducentos;* cf. Bardon, Propositions 34.

[2] Vers. 1. 3. 6. 7. 9 und nach einer Pause wieder 15 und 17f.

[3] Cf. [Verg.] Copa 20; Prop. 4,8,15–20.

[4] In einer Rede gegen C. Antonius bei Quint. i. o. 4,2,123. Die ganze Wortgruppe war offen für solche Bedeutungen. *Contubernium* kann ein Konkubinat meinen: [Verg.] catal. 13,7; Suet. D. Jul. 49,1, und *contubernalis* hieß ein Partner eines illegitim zusammenlebenden Sklavenpaares, z. B. Petron. 57,6.

[5] Im ältesten Rom saß man zu Tische, und lange saßen wenigstens noch die Frauen (Isid, orig. 20,11,9; Val. Max. 2,1,2), aber schon zur Zeit des älteren Cato lag man ganz allgemein zum Essen; cf. Liv. 39,43; Cic. fam. 9,26,2; J. Marquardt, Das Privatleben der Römer, Bd. 1, Leipzig ^{2}1886, 300f. Natürlich war das auch bei Gelagen der Fall. Cicero beschreibt Cat. 2,10 die Gelage der Catilinarier: *accubantes in conviviis, complexi mulieres impudicas.* Von ähnlichen Gelagen der Clodia berichtet Cic. Cael. 35; bei Ovid kann man am. 1,4 oder a. a. 1,129ff. vergleichen. Weinreichs Übersetzung „wenn ihr... aufgereiht herumsitzt" und „von euch Bankhokkern" ist also nicht sehr glücklich; von einem Sitzen auf langen Bankreihen hört man nur bei Götterfesten: Ov. f. 6,30f.

hier also im übertragenen Sinne eines untätigen Herumlungerns gebraucht sein;[6] auch *sessores* erhält dann erst seine Schärfe: das sind nicht Leute, die bei einer bestimmten Gelegenheit sitzen, sondern bei denen das faule Zeittotschlagen die übliche Haltung ist.[7] *Continenter* bedeutet dabei wie üblich die Länge der Zeit: ununterbrochen lungern sie herum.

Catulls jambischer Angriff ist – wie sich das seit Archilochos für einen Jambendichter gehörte[8] – von Selbstbewußtsein und Überlegenheitsgefühl bestimmt. Eine spielerische Selbstsicherheit zeigt sich in der Art, in der er mit dem Wort *putare* jongliert.[9] In dem herausfordernd fragenden *putatis* und *non putatis* der Verse 3 und 7 wird die Selbstgewißheit der versammelten Gesellschaft als haltloses Wähnen entlarvt, wobei die Verhöhnnung durch das Vers 5 untergeordnet noch einmal auftauchende Wort *(putatis ... putare)* geradezu aufreizend wirkt. Ein viertes Mal greift Catull das Wort Vers 9 auf, wenn er mit einem herrischen *atqui putate* seinen Willen anstelle ihres leeren Dünkels setzt. Selbstsicherheit zeigt Catull auch, wenn er herausfordernd ihre große Zahl nennt (7 *centum an ducenti*) und sich nicht scheut, alle zusammen anzugreifen (8 *una ducentos*), weil er sie grenzenlos verachtet.[10]

Bei dieser selbstbewußten Auseinandersetzung kommt es Catull vor allem darauf an, den lächerlichen Anspruch dieser Gesellschaft zu entlarven. Das sind ja nicht irgendwelche beliebigen Schürzenjäger; sie meinen, etwas Besonderes zu sein (3 *solis*, 4 *solis licere*), auf alle anderen herabblicken zu können (5 *putare ceteros hircos*),[11] ja die Gesellschaft zu sein, die *boni beatique*,[12] die den gesellschaftlichen Ton angibt. Das stutzerhafte Aussehen wird besonders bei einem Egnatius hervorgehoben, den sein modischer

[6] Cf. Plaut. Aul. 73; Ps. 80; Liv. 3,68,8; Donat. ad Ter. Ad. 672; Kroll ad 6.

[7] Cf. Heinze ad Hor. epi. 2,2,130.

[8] Cf. Archil. fr. 126 West.

[9] Cf. Quinn ad 5.

[10] Daß der obszöne Kraftausdruck *irrumare* hier nicht mehr als ein Verunglimpfen und Verächtlichmachen bedeutet, zeigt die folgende mit *namque* einsetzende Erklärung, nach der die Beschimpfung durch eine Bemalung der Hausfront mit obszönen Symbolen geschehen wird, was vermutlich auch nicht allzu wörtlich zu nehmen ist: ein Jambendichter hat schärfere Waffen als einen Malerpinsel! Cf. Quinn Int. 96 und ad 16,1.

[11] *putare ceteros hircos* meint ein Herabblicken auf die anderen, als ob sie ein unfeiner, bäuerischer Haufe seien; cf. Plaut. Most. 7f.; 16; 35; 40. Hier wirft ein eingebildeter Stadtsklave einem anderen Sklaven sein bäuerisches Wesen vor.

[12] Als *boni* wurden die der sozial höchsten Schicht zugehörigen, als *beati* die Reichen bezeichnet; cf. Plaut. Capt. 583; Poen. 303; Cic. Att. 1, 19, 6; 8, 1, 3.

Bart hervorstechen läßt.[13] Die Haltlosigkeit eines solchen Anspruchs macht Catull aber schnell deutlich: sie selber sind *insulsi;* ihnen, nicht den anderen, auf die sie herabblicken, fehlt es an Geschmack und Lebensart;[14] sie alle sind nichts anderes als *pusilli et semitarii moechi,* klägliche Wichte und Lüstlinge, deren üblicher Umgang Straßendirnen sind.[15] Als Gipfel der Widerlichkeit wird Egnatius hervorgehoben. Obwohl er gewiß römischer Bürger und vermutlich eine Person von Rang und Namen war,[16] wird er als Barbar aus dem Inneren Spaniens gehöhnt, der sich in der ekelhaften Weise dieses Barbarenlandes die Zähne mit Urin blank putze.[17]

Im schmähenden Charakter, in der Herabsetzung von Gestalten, die in der Gesellschaft offensichtlich eine Rolle spielten, ist unser Gedicht mit dem Angriff auf Mamurra in c. 29 vergleichbar. Aber wie da Mamurra nicht das eigentliche Ziel des Angriffs ist, sondern durch ihn Caesar denunziert werden soll, so ist in unserem Gedicht das eigentliche Thema Lesbia, auf die durch den Kreis, in dem sie verkehrt, ein böses Licht fallen soll. So gehört das Gedicht zu einer Reihe von Texten, in denen die einst so geliebte Frau durch ein höhnisches Zerrbild ihres Umgangs bloßgestellt wird.[18]

Für die zeitgenössischen Leser ist die Beziehung des Gedichtes auf Lesbia wohl schon von Gedichtbeginn an und nicht erst Vers 11 ff. deutlich gewesen: wenn Vers 2 gesagt wird, die *taberna* liege am neunten Pfeiler nach dem Castor- und Polluxtempel, so ist das praktisch eine Adressenangabe. Catull muß also mit schonungsloser Offenheit ein ganz bestimmtes Haus bezeichnet haben, was nur sinnvoll war, wenn Lesbia hier tatsächlich verkehrte.

[13] Ein gepflegter Bart war damals bei der *delicata iuventus* Mode: Cic. Att. 1, 14, 5; 1, 16, 11; Cat. 2, 22f.; Cael. 33.

[14] *Insulsus* ist ein Maßstab gesellschaftlichen Verhaltens: c. 10,33; 17,2; Cic. Cael. 69 etc.

[15] Ähnlich wird Lesbias Umgang c. 58,4f. geschildert.

[16] Nach c. 39,2f. wirkte er als Rechtsbeistand vor Gericht.

[17] Der inschriftlich vielfach bezeugte, ursprünglich samnitische Name zeigt, daß Egnatius italischer Herkunft war; cf. Neudling 58. Wenn er hier und c. 39,17 ein Keltiberer genannt wird, ist das die Sprache der Invektive. In sehr vergleichbarer Weise schmähte Cicero Pisos Schwiegervater, der ein römischer Bürger aus Placentia war, einen Insubrer und schrieb der Familie die für Gallier bezeichnende Hosenkleidung zu; cf. Ascon. p. 5,3–7 Clark; Cic. Pis. 53; Neudling 61. Die Egnatius zugeschriebene widerliche Gepflogenheit ist also wie die Gallierhosen in Ciceros Invektive ein leichthin aufgegriffenes Schmähmotiv, das den Angegriffenen als barbarischen Provinzialen abstempeln sollte.

[18] Vergleichbar ist c. 11. Dem *centum an ducenti* entspricht dort *trecentos,* dem *hanc omnes amatis* dort *quos simul complexa tenet,* dem *omnes... moechi* ein *cum suis moechis;* cf. Quinn Int. 77.

Was ist das nun für ein Haus, mit dessen Bekanntschaft Catull so ohne weiteres rechnete? Wenn man sich vom Dioskurentempel aus dem Getriebe des Forums entfernte,[19] also nach Süden ging, kam man sehr schnell in eine Gegend, in der eine Kaschemme im eigentlichen Sinn gewiß nicht mehr zu finden war; denn vom Castor- und Polluxtempel über den Palatin hin erstreckte sich Roms vornehmste Wohngegend, das Aristokratenviertel der späten Republik. Die Bezeichnung Bordellkneipe hat also Catull einem privaten und, wenn man vom Selbstverständnis des hier versammelten Kreises ausgeht, wohl recht vornehmen Haus gegeben, weil er so das Treiben in diesem Haus charakterisieren wollte. Und Lesbias Rolle in diesem Haus muß, wie gesagt, stadtbekannt gewesen sein, wenn Catulls topographische Genauigkeit irgendeinen Sinn haben sollte. Wenn Lesbia mit der historischen Clodia identisch war, könnte es sehr wohl ihr eigenes Haus gewesen sein.[20]

Die mit einem begründenden *nam* einsetzende Partie, Vers 11ff., zeigt den eigentlichen Grund von Catulls jambischem Angriff auf: seine Geliebte, die er so über alles geliebt hatte[21] und um die er so sehr gerungen hatte,[22] ist inmitten dieses Kreises, ist die Geliebte von allen. Alles, was Catull vorher über die ordinäre Primitivität des eingebildeten Zirkels gesagt hatte, trifft nun auch Lesbia, die mit diesen verächtlichen Gestalten umgeht und sich von ihnen lieben läßt. Ganz bewußt spricht Catull nun von Lesbia mit

[19] Nach Sen. const. sap. 13,4 wurden unmittelbar beim Castortempel in überfüllten Buden Sklaven gehandelt, wie ja überhaupt die kaiserzeitlichen Verkaufsstellen längs der *via nova* ihre Vorgänger gehabt haben werden. Aber um eine *taberna* in diesem Sinn handelt es sich in dem Catullgedicht nicht.

[20] Zur Zeit des Prozesses mit Caelius, also 56 v. Chr., lebte Clodia, die Witwe des Metellus, auf dem Palatin, wo sie nach Cicero ihre Orgien feierte: Cic. Cael. 18; 36–38; 47; 49; 57; cf. Pepe 56. Man dachte an das Haus, das dem Bruder Clodius auf dem Palatin gehörte, aber Cic. Mil. 75 unterscheidet klar Clodius' Haus von dem angrenzenden seiner Schwester; cf. Friedrich p. 67. Da nun Clodias verstorbener Mann Metellus in eben der Gegend gewohnt hatte – nach Cic. Cael. 59 neben dem Porticus des Catulus, also in unmittelbarer Nähe der Häuser des Clodius und des Cicero; cf. Pepe 70f. –, hat Clodia vermutlich weiterhin in diesem Haus gewohnt; cf. auch Kroll ad 2; Della Corte introd. Weitergehende Spekulationen Pepes über die genauere Lage des Hauses sind angesichts unserer lückenhaften Kenntnisse über die spätrepublikanische Bebauung des Palatin nicht beweisbar.

[21] Vers 12 ist ein nur leicht abgewandeltes Selbstzitat von c. 8, 5.

[22] In Vers 13 könnte *magna bella pugnata* als die übliche Soldatenmetapher für den Liebhaber erscheinen, der wie ein Soldat unendliche Strapazen auszustehen habe; cf. Prop. 1, 6, 30; 3, 8, 33f.; Tib. 1, 1, 75; 1, 10, 53; Ov. am. 1, 9; 2, 12; Kroll ad 11–20. Aber der pathetische Klang der Stelle legt nahe, daß hier viel mehr an innere Kämpfe und seelisches Ringen gedacht ist.

den gleichen Worten, die vorher dem ganzen Kreis galten. Dem *consedit istic* entsprechen vorher *sedetis* und *sessores;* bei *puella* in Vers 11 denkt man an das *quidquid est puellarum* zurück, das zusätzlich die schmähliche Dirnenrolle, die sie zu spielen bereit ist, beleuchtet. Besonders hart ist, wie Catull seine teuerste Erinnerung, die durch das Selbstzitat in Vers 12 *amata... quantum amabitur nulla* wachgerufen wird, durch eine sehr bewußte konträre Verwendung des Wortes *amare* in *hanc omnes amatis* grausam zerstört.

Durch den persönlichen Hintergrund wird das Gedicht mehr als ein mutwilliger jambischer Angriff. Hier führt nicht Freude am Verletzen die Feder, sondern tiefer innerer Schmerz, in Haß und Verachtung umgeschlagene Liebe, von der Catull im Grunde immer noch nicht losgekommen ist.[23]

38. Gedicht

Schon Lucilius hatte sich in einer Satire des 5. Buches bei einem Freund beklagt, daß er ihn in einer Krankheit nicht besucht habe.[1] Ein solcher Vorwurf mangelnder Freundschaft ist hier ins Literarische verschoben: Der Freund hätte in einem Trostgedicht Anteil an Catulls Leid nehmen sollen; er erwartete also von ihm, was sich andere Bekannte von ihm selbst ausbaten.[2] Catulls Antwort auf diese Vernachlässigung scheint uns recht empfindlich zu sein; aber das ist die andere Seite seiner geradezu exaltierten Freundschaftsbeteuerungen: bei so engen Gefühlsbindungen wird eine Enttäuschung doppelt empfunden.

Der angesprochene Freund Cornificius war ein uns nicht mehr recht faßbarer Poet in Catulls Umkreis.[3] Er wird also einbezogen gewesen sein in den vielfältigen Austausch poetischer Äußerungen und Gegenäußerungen,

[23] Sehr aufschlußreich für Catulls Seelenlage ist Vers 15 *quod indignum est;* gefühlsmäßig hält er Lesbia immer noch eines besseren Loses wert.

[1] Lucil. fr. 181–188 M = Gell. 18, 8.

[2] c. 65, 17 bedeutet *tua dicta* eine solche Bitte; Catull will hier unbedingt der Bitte entsprechen, um eine wenig freundschaftliche Haltung, wie er sie in unserem Gedicht beklagt, zu vermeiden. Auch c. 68, 1 ff. hatte ein Freund in großem Kummer um eine literarische Gabe gebeten. Ein abschlägiger Bescheid erschiene Catull auch dort als wenig freundschaftlich; cf. v. 12; 37f.

[3] Cf. Ov. tr. 2, 436. Die spärlichen Fragmente finden sich Fr. P. L. Morel p. 90. Nach Hieron, chron. a Abr. ad a. 1976 (= 41 v. Chr.) ist der Dichter im Jahre 41 im Bürgerkrieg gefallen; höchstwahrscheinlich war er also der Redner und Politiker Q. Cornificius, der sich im Bürgerkrieg unter Caesar hervorgetan hat und im Jahre 41 als Prokonsul von Africa dort gefallen ist; cf. Ellis introd.; Neudling 52–57.

mit denen die Dichter dieses Kreises einander oft sehr persönlich ansprachen.

Man diskutierte, in welchem Kummer sich Catull Trost erhoffte, und dachte an Krankheit[4] oder an das Leid um Lesbia.[5] Aber die Art, in der der erwartete Zuspruch charakterisiert wird, legt mehr einen Trauerfall nahe:[6] Dazu passen die Worte *allocutio*[7] und *solari* gut, vor allem aber die Erwartung, das Freundesgedicht solle trauriger als die Klagelieder des Simonides sein: Simonides war vor allem durch seine Threnoi, seine Totenklagen bekannt.[8] Daß ein solches Thema in Catulls Freundeskreis sehr wohl möglich ist, zeigt Catull selbst in c. 96, den Trostversen an den Freund Calvus.

Der Todesfall, der Catull nach seinen Worten besonders getroffen hatte, war der Tod seines einzigen Bruders. Über ihn spricht er wie in den ersten Versen unseres Gedichtes: Schmerz ohne Ende drückt ihn nieder, Leid erfüllt sein Herz, alle Freude ist erstorben, er will nur noch Trauerlieder dichten.[9] Das Argument, Catulls Leid könne von keinem Trauerfall herrühren, weil er sage, sein Schmerz wachse von Tag zu Tag, während sich doch die Trauer um einen Toten mit der Zeit lindere,[10] ist reichlich rationalistisch: Es rechnet nicht mit der in einem solchen Fall naheliegenden pathetischen Übersteigerung des Ausdrucks und kann wohl überhaupt nicht so allgemeinverbindlich gesagt werden; Trauer kann durchaus ein langes, zehrendes Leid sein, und ein Verlust kann immer unerträglicher erscheinen. Bei Catull jedenfalls scheint, als er lange Zeit nach dem Tode des Bruders sein Grab besucht, die Wunde noch nicht vernarbt (c. 101).

[4] Schwabe 45; 298 und Bährens ad 6 denken an die schließlich zum Tode führende Krankheit, die sich, wie Vers 3 sagt, fortwährend verschlimmert habe; gewiß paßte der verzweifelte Ton zu einer solchen Situation, aber simonideische Trauergesänge wären in diesem Fall ein seltsamer Trost.

[5] So Friedrich ad 2; Kroll introd.; C. Scelfo, Mondo classico 3 (1933) 494 ff.

[6] Diese Auffassung vertritt vor allem F. O. Copley, Tr. Am. Phil. Ass. 87 (1956) 125–129 = Approaches 187–191.

[7] Varro, l. L. 6, 57; Sen. cons. ad Marc. 1, 6; cons. ad Helv. 1, 3; Tro. 619; epi. 98, 9; cf. Ellis ad 5. Aber die Worte werden auch als Zuspruch in anderem Leid verwendet, z. B. Hor. epo. 13, 18; Liv. 9, 6, 8; Ov. tr. 1, 5, 4; 1, 8, 18.

[8] Die wenigen Fragmente sind 15–26 P. Ihre bedeutende Einschätzung in Rom zeigen Hor. c. 2, 1, 38; Quint. i. o. 10, 1, 64. Als Trost im Liebeskummer passen Threnodien wohl so wenig wie in schwerer Krankheit. Catulls Freund Allius erwartete c. 68 in solchem Kummer aufheiternde Gedichte.

[9] Im einzelnen kann man vergleichen: Vers 1 f. und c. 65, 4 *tantis fluctuat ipsa malis;* Vers 3 und c. 65, 1 *assiduo ... dolore;* Vers 8 und c. 65, 12 *maesta carmina;* cf. auch c. 68, 13 f.; 25 f.

[10] Cf. Friedrich ad 2; Quinn ad 3.

Catull bleibt in dem Gedicht dem Tonfall des gesprochenen Wortes nahe. Wortwahl, Satzbau und umgangssprachliche Verkürzungen dienen diesem Eindruck. Es war ja eine der wesentlichen Entdeckungen Catulls, daß im schlichtesten Alltagswort ein persönliches Gefühl oft unverstellter zum Ausdruck kommen kann als in der geprägten poetischen Diktion.

Malest, „schlecht geht's", setzt Catulls Klage in Vers 1 ein. So seufzte man in der Komödie, wenn man sich unglücklich fühlte;[11] das ist schlichte Alltagssprache. Dieser Wehelaut wird dann vom Dichter, ohne daß er sich viel 'höherer' Sprachmittel bediente, in sehr eindringlicher Weise vertieft. Zunächst zeigt die Gegenüberstellung der Namen *Cornifici, tuo Catullo* auf das, was Catull in seiner Not so dringend braucht, die Nähe eines Freundes. In Vers 2 wird zunächst der Wehelaut des Beginns eindringlich wiederholt und dann durch das synonyme, aber sprachlich steigernde *et laboriose* verstärkt.[12] Der dazwischen fallende Ausruf *me hercule* ist wieder dem gesprochenen Wort nahe, wie das häufige Vorkommen in der Komödie und im Briefwechsel Ciceros zeigt. Er trägt hier sehr wesentlich zum Eindruck einer abgerissenen, schmerzlichen Klage bei. Vielleicht ist auch der Hiat in Vers 2 ein bewußtes Ausdrucksmittel und soll eine lange Pause, d. h. ein stockendes Sprechen andeuten.[13] Vers 3 vertieft, ohne eigentlich einen neuen Gedanken zu bringen, durch das eindringlich wiederholte *magis magis* und durch das in seiner Wortfülle gewichtige *in dies et horas*[14] den Ausdruck des Schmerzes.[15]

Auch wenn Catull Vers 4 zu seinem Vorwurf ansetzt, bleibt der fast stokkende, aber sehr eindringliche Tonfall erhalten. Der gerade begonnene Satz wird sofort durch die Erinnerung, daß ein hilfreiches Wort ein leichtes gewesen wäre, unterbrochen. Die Synonymhäufung *minimum* und *facilli-*

[11] Plaut. Amph. 1058; Cist. 59 etc. Cf. Fordyce ad 1.

[12] *laboriosus* bzw. *-e* ist zur Bezeichnung von seelischem Kummer nicht sehr häufig; cf. Cic. Tusc. 4,18; Mil. 5; Sen. ep. 82,2.

[13] Die Konjekturen, die in Vers 2 den Hiat zu vermeiden suchen, befriedigen nicht. Silligs *et est laboriose* legt eine ganz unmotivierte Betonung auf das *est,* und das von Kroll erwogene *me hercules* wiche künstlich von dem normalen Sprachgebrauch ab (cf. Cic. Orat. 157), was für einen Gefühlsausdruck wie hier wenig passend wäre. Und kann eine Verkürzung der langen Schlußsilbe *-es* angenommen werden? Catull scheint hier wie in dem ähnlich emotionalen Sprechen c. 3,16 einen Hiat zugelassen und so ein stockendes Sprechen angedeutet zu haben.

[14] Vergleichbare Stellen kommen gewöhnlich mit weniger Worten aus, meist wird alternativ entweder *in dies* oder *in horas* gesetzt; Hor. s. 2,6,47; b. Afr. 1,2 kombinieren. Ein *magis in dies* zeigt Cic. Mil. 25 eine starke Betonung an, Sall. Cat. 5,7 steigert noch durch *magis magisque in dies.*

[15] H. Tränkle, Philol. 111 (1967) 205, weist darauf hin, daß das drängend Vorwurfsvolle des Ausdrucks vor allem auf den Synonymhäufungen beruht.

mum ist dabei wieder sehr betonend. Nach dieser Verzögerung ist die Frage in Vers 5 dann um so wirkungsvoller. Wirkungsvoll sind auch die wortkargen Vorwürfe in Vers 6. Das lakonische *irascor tibi* und die folgende Verkürzung[16] scheinen der Alltagssprache wieder sehr nahe, aber in den knappen Worten kommt die Erregung eindringlich zum Ausdruck; Virgil hat später die Wirkung solcher Sprachmittel zu schätzen gewußt.[17]

Wenn Catull in den beiden letzten Versen die Vorwürfe fallenläßt und den Freund um Mitleid und Anteilnahme bittet, ja anfleht, ist das *paulum quid lubet* in seiner Schlichtheit fast rührend.[18] In dem Vergleich des letzten Verses mit den voller klingenden Worten und dem hochtönenden Attribut *Simonideis*[19] erhebt sich die Sprache wieder. Wir werden zum Jammer des Gedichtbeginns zurückgeführt, und dem Freund wird durch den Hinweis auf eine literarische Darstellungsmöglichkeit gezeigt, wie die gestörte Harmonie zwischen den Freunden wiederhergestellt werden könnte.

39. Gedicht

Die gesellschaftlichen Maßstäbe, auf die sich Catulls Angriff gegen Egnatius gründet, zeigt die Komödie. Wie ein ausgesprochener Griesgram auf der komischen Bühne als Zielscheibe des Spottes dient, wirkt das reine Gegenteil davon, ein ewig lächelnder Freundlichtuer, nicht weniger komisch.[1] Egnatius, der vermutlich meinte, er stehe auf der Höhe der Zeit und mache sich durch sein gewinnendes Wesen allseits beliebt,[2] verfehlt durch seine Übertreibung den rechten gesellschaftlichen Ton.[3] Sein Fall ist dem des

[16] Ähnliche Ellipsen finden sich im Briefstil: Cic. Att. 1,2,1 *abs te tam diu nihil litterarum;* cf. Ellis ad 6. Mit dem Wort *amores* bezeichnet Catull auch sonst Äußerungen und Beweise von Zuneigung: c. 13,9; 64,334.

[17] Verg. A. 1,135.

[18] Fordyce ad 7 zeigt durch die gleiche Ellipse Cic. Att. 10,16,6, daß das schlichte Alltagssprache ist.

[19] Solche Bildungen sind bei Catull auf die großen Gedichte und auf eine paratragische Wendung c. 58 b, 2 beschränkt; cf. Ross 100 f. Freilich, Ross' Auffassung, die Anspielung an Simonides sei hier "playful", kann ich nicht teilen; in dem schweren Klang der beiden letzten Verse drückt sich schmerzliche Klage aus.

[1] Cf. Alexis CAF 2,329 Kock. Auf das Fragment wiesen schon Muretus und Bährens hin; cf. Menand. monost. 108. Nicht ganz vergleichbar ist die in ewigem Lächeln ihre Zähne zeigende Kupplerin Plaut, Truc. 224 f.: Die hatte ihre Geschäftsgründe für ihre unentwegte Freundlichkeit.

[2] Cf. die Charakteristik der Gestalt, die Quinn introd. gibt.

[3] Auch Ov. a. a. 3,281–290 lehrt die Mädchen, dezent zu lachen, ohne die Zähne zu blecken.

Arrius im 84. Gedicht vergleichbar, der gerade durch den Versuch, sich besonders gewählt auszudrücken, fortwährend über das Ziel hinausschießt und so seine Unbildung kundtut.

Das ewige Lächeln des Egnatius wird gleich Vers 1f. als das wesentliche Thema genannt, und die beiden ersten Verspartien schließen Vers 7f. und Vers 15f. mit eindeutigen Urteilen: dieser Tick[4] sei weder elegant noch urban, und dann stärker, nichts sei alberner als ein derart törichtes Lachen.

In den einleitenden Versen 1–6 schildert Catull Egnatius' ewiges Lächeln. Komisch wirkt die Schilderung allein schon durch die Wahl des Wortes *renidere* und die mehrmalige insistierende Wiederholung in der Form *renidet* in den Versen 2, 4, 6, 7. Dieses Wort, das eigentlich widerspiegeln, strahlen, glänzen bedeutet, ist ja keineswegs ein beliebig einsetzbares Synonym von *ridere* oder *subridere*. Einmal findet es sich, wenn die äußere Freundlichkeit als etwas 'Aufgesetztes' erscheint, also wenn das Lachen als gezwungen, tückisch, boshaft u. dgl. geschildert werden soll;[5] dann aber bezeichnet es ein kindlich naives Lachen; etwa Ovid charakterisiert dadurch den Knaben Icarus, der das ernste Tun des Vaters noch nicht begreift.[6] Hier zeichnet die Charakterisierung von Egnatius' ununterbrochener Freundlichkeit als 'Strahlen' das Bild einer lächerlichen Betulichkeit: In seinem Bestreben, jedem zu gefallen, merkt Egnatius nicht, wie unpassend eine solche zur zweiten Natur gewordene Haltung für einen Römer von gesellschaftlichem Rang ist.

Eine lächerliche Wirkung erzielt Catull vor allem auch durch die viermalige Wiederholung von *renidet* in wenigen Versen.[7] Der Dichter imitiert gewissermaßen im sprachlichen Ausdruck, daß kein Augenblick ohne dieses Strahlen vergeht. Daß es Catull hierauf ankommt, unterstreicht er durch ein „immer und überall" in Vers 2.[8] Und dann führt er Vers 2–6 zwei Situationen vor, in denen ein Lachen ganz bestimmt nicht am Platz ist, in denen sich Egnatius aber keineswegs davon abhalten läßt. Wenn es vor Gericht einem Verteidiger auf dem Höhepunkt seines Plädoyers gelungen ist, eine

[4] Mit *morbus* konnte man einen Tick, eine Schwäche für irgend etwas Abwegiges bezeichnen: Cic. Verr. 1,91; 4,1; Sen. dial. 10,13,2; epi. 79,4; Petron. 46,3; cf. Fordyce ad 7 und unten n. 12.

[5] Beispiele sind Liv. 35,49,7; Tac. ann. 4,60; 15,66; hist. 4,43; Stat. Th. 12,688.

[6] Ov. a. a. 2,49; met. 8,179; Hor. c. 3,6,12 'strahlen' die Barbaren über die unerwartete Beute.

[7] Cf. Schnelle 8; Bardon, Propositions 34; 54. Bardon sieht in den Wiederholungen von *renidere* und dann von *dentes* die entscheidenden Mittel der Karikatur.

[8] Das Wort *usque quaque* ist bei Plautus üblich, also kaum sehr auffällig; cf. Plaut. Poen. 105 (mehr lokal); Bacch. 735 (mehr temporal).

allgemeine Rührung zugunsten seines Mandanten hervorzurufen,[9] lächelt Egnatius, der auch auf der Verteidigerbank sitzt,[10] in seiner vermeintlich urbanen Weise und zerstört so den Vorteil seiner Partei; ja nicht einmal bei einem traurigen Begräbnis kann er sein 'Strahlen' unterdrücken. Sprachlich besonders wirkungsvoll ist, daß beide Sätze auf ein *renidet ille* hinauslaufen, das durch die isolierte Stellung zu Beginn eines neuen Verses zusätzlich betont ist.

In der karikierenden Schilderung der ersten Verse findet Catull auch Zeit, die Schlußpointe des Gedichtes vorzubereiten. Wenn er Vers 1 boshaft vermutet, Egnatius wolle wohl seine blendendweißen Zähne überall sehen lassen, wirkt das im Moment nur als ein besonders alberner Zug im Gesamtbild und trägt wohl auch etwas dazu bei, die Szene bildhaft werden zu lassen; aber Catull führte diesen Zug natürlich vor allem ein, um das für die Schlußpointe entscheidende Wort *dens* frühzeitig ins Bewußtsein zu bringen.

In dem die Partie abschließenden Satz Vers 6f. überschlägt sich Catulls Laune fast. Aus dem *usque quaque* des Beginns ist nun ein *quicquid est, ubicumque est, quodcumque agit* geworden.[11] Und auch dieser Satz schließt mit *renidet,* dessen abermaliges Wiederholen nun schon wie blanker Hohn wirkt. Über die Schärfe des Schlußurteils in Vers 7f. wundert man sich nun nicht mehr: was Egnatius hat, ist ein *morbus,* also eine Sucht, eine Verrücktheit.[12] Und nach den vorgeführten Beispielen stimmt jedermann mit ein, daß das gewiß nicht das Benehmen eines Weltmannes ist.[13]

Nachdem das Bild des geschmacklosen Zeitgenossen gezeichnet und das Urteil ausgesprochen ist, dient die zweite Partie, die Verse 9–16, ganz der Vorbereitung der Schlußpointe. Catull wendet sich Vers 9 Egnatius mit Anrede und Mahnung zu, wobei freilich der herablassend-ironische Klang

[9] Es ist offenbar eine Situation, wie sie Cic. Sest. 121 schildert.

[10] Kroll ad 2.3 und Fordyce ad 2f. erklären nach Cael. ap. Cic. fam. 8,8,1, daß Egnatius, wenn er sich an der Seite des Angeklagten aufhält, einer seiner Verteidiger gewesen sein wird. Nach Cic. Sull. 4 umgaben in den *subselliis* einflußreiche Männer den Angeklagten, um seine Sache wenigstens moralisch zu unterstützen, auch wenn sie nicht direkt in der Verteidigung mitwirkten; cf. Friedrich ad 2.

[11] Die komische Wirkung solcher Verallgemeinerungen in einer sich überstürzenden Aufzählungskette kennt auch Plautus, Bacch. 1087f. und Martial 11,98,3.

[12] Cf. Hor. s. 1,6,30; 2,3,121; Bährens ad 7. Sen. de clem. 2,6,4 urteilt ähnlich: *scias ... morbum esse, non hilaritatem, semper arridere ridentibus,* wobei freilich die Bedeutung des Mitlachens etwas anders als bei Catull ist; cf. Ellis ad 7.

[13] Was Catull unter *urbanus* und *elegans* versteht, zeigt am besten c. 22,2.9.12f. Cf. auch die Gegenüberstellung Cic. Cael. 33. Cic. fam. 3,8,3 *ut nunc loquimur* zeigt, daß das Wort damals als modisch empfunden wurde. Cf. Fordyce ad 8.

des *bone Egnati* unüberhörbar ist.[14] Der Dichter beginnt nun eine sehr lange konditionale Periode, deren Zielrichtung zunächst noch nicht erkennbar ist. In nicht weniger als sieben durch ein stereotypes *aut* verbundenen Aufzählungsgliedern nennt er verschiedene mögliche Herkunftsorte, aus denen Roms damalige Bevölkerung hergezogen sein konnte, und stellt fest, auch wenn Egnatius aus einem dieser Orte und Landschaften käme, wollte er nicht, daß er fortwährend so töricht lächle.

Diese Fortsetzung scheint zunächst recht überflüssig zu sein; denn man versteht an dieser Stelle noch unmöglich, welchen Unterschied der Herkunftsort in der anstehenden Frage mache. Auch die Wahl der Attribute deutet noch nicht in eine bestimmte Richtung – warum werden die Etrusker und Umbrer beleibt,[15] die Lanuviner dunkel[16] genannt, warum erwähnt Catull seine eigenen Landsleute? Die einzige Absicht dieser Aufzählung scheint zu sein, eine Auflösung möglichst lange hinauszuschieben und so Spannung hervorzurufen. Aber insgeheim wird die Schlußpointe sehr wohl vorbereitet. Eine gewisse Verwunderung muß im Leser entstehen, daß nun schon wieder wie Vers 1 von den Zähnen die Rede ist: Den Lanuvinern wird ein gutes Gebiß zugeschrieben, und schließlich wird als die gemeinsame Eigenschaft aller genannten und vieler anderer Menschen festgehalten, daß sie ihre Zähne auf reinliche Weise putzen. Gerade weil der Hinweis auf diese Eigenschaft unerwartet ist, fühlt der Leser, daß dies mit der Auflösung der zunächst rätselhaften Partie zu tun hat.

Das erneute und merklich verschärfte Urteil über Egnatius' Benehmen in Vers 15f., bei dem die Worte *usque quaque* und *renidere* erneut aufgenommen werden, signalisiert klar den Abschluß der 2. Verspartie. In der Schlußpartie erfolgt die Auflösung des Knotens sehr rasch. Sie setzt mit der nüchternen Feststellung ein: „Nun aber bist du ein Keltiberer." Warum das den ganzen Fall verändert, sagt der nächste Satz. Irgendwoher hatte Catull gehört, daß keltiberische Stämme die unappetitliche Sitte hätten,[17] die

[14] Den Tonfall zeigen Ter. Andr. 616; Cic. Verr. 5,12; Hor. s. 2,3,31.

[15] Durch C. G. L 5,233 wird *pinguis* als antike Lesart an dieser Stelle bezeugt, *parcus* und *pinguis* sind also in gleicher Weise antike Lesarten. Die Wahl zwischen beiden fällt nicht schwer; denn *pinguis* ist auch Pers. 3,74 das Beiwort der Umbrer, und Theopomp bei Athen. 12,526 sieht in der Lebensweise der Umbrer und Etrusker keinen Gegensatz, sondern ein ähnliches Wohlleben. Cf. Friedrich; Fordyce ad 11.

[16] Geht *ater* auf die dunklen Haare oder auf die sonnenverbrannte Haut? Das erste wäre eine Parallele zu dem 'schattenden Bart', der c. 37,19 einen Kontrast zu den blitzenden Zähnen bildet, dieses findet sich z. B. Ter. Ad. 849, wäre hier aber nicht recht motiviert.

[17] Catull brauchte das nicht aus völkerkundlicher Literatur zu haben wie Diod.

Zähne mit Urin zu putzen.[18] Daß ein römischer Bürger aus Spanien, als den Egnatius Namensform und Lebensumstände ausweisen, das natürlich nicht tat, ist Catull gleichgültig; er hat so ein komisch-burleskes Motiv, mit dem er Egnatius lächerlich machen kann. Als Keltiberer, meint er, habe Egnatius mehr Grund als jeder andere, sein albernes Lachen zu lassen; beim Anblick seiner blanken Zähne[19] müsse ja jeder an das seltsame Mittel denken, dem dieser Glanz verdankt wird. Die Häufung von bewußt grob gewählten Worten, die absichtliche Übergenauigkeit, die den Vorgang des Zähneputzens sehr naturalistisch darstellt, und das derb übertreibende *lotium bibere* verweilen genüßlich beim Ausmalen des komischen Effekts.

Der burleske Gedichtschluß, der Egnatius einen unkultivierten Barbaren sein läßt, ist thematisch durchaus an das erste Thema, das unaufhörliche Lächeln, gebunden. Es hatte bereits gezeigt, daß Egnatius von wirklicher Urbanität keine Ahnung hat; nun erscheint er in grotesker Übertreibung als Halbwilder, dessen Versuch, in Rom eine Rolle zu spielen, nur als Anmaßung empfunden werden kann.

40. Gedicht

In diesem Gedicht stellt sich Catull sehr deutlich in die literarische Tradition des Jambus und sucht bis in die Formulierungen hinein die Nähe des Begründers des literarischen Genos, die Nähe des Archilochos. Schon die Grundhaltung des Gedichtes, der Wille, sich für angetane Unbill kräftig zu rächen und sie mit literarischer Schmähung heimzuzahlen, ist Geist vom Geiste des Archilochos, der sich rühmte, er verstehe sich darauf, einem, der ihm Böses angetan hatte, dies auf schlimme Weise zu vergelten.[1] Catull erinnert geradezu an den Wortlaut einer berühmten Epode des alten Haudegens, in der er seinen Erzfeind Lykambes angegriffen hatte.[2] Schon Archilochos setzte hier mit ungläubigen Fragen ein: er kann es nicht fassen, daß der Gegner so leichtsinnig ist, ihn herauszufordern; auch er sieht schon in einem solchen Tun puren Wahnsinn und droht damit, daß der Herausfor-

5,33,5 oder Strab. 3,164. Dergleichen Verhöhnungen fremder Völker und ihrer Bräuche waren zu allen Zeiten Gemeingut.

[18] Vers 19 empfiehlt es sich nicht, das Apul. apol. 6 überlieferte *pumicare* in den Text zu setzen. *Pumicare* wäre für das spezielle Mittel kaum das passende Wort; daß aber *defricare* gut paßt, zeigt nicht nur c. 37,20, sondern auch Ov. a. a. 3,216.

[19] *Vester* für *tuus* findet sich auch c. 68,151; 71,3; 99,6; cf. Friedrich ad. 2.

[1] Archiloch. fr. 126 West: ... δεινοῖς ἀνταμείβεσθαι κακοῖς. Auch Horaz sah hierin den Kern archilochischen Wesens: epo. 6,4 *me remorsurum petis.*

[2] Archil. fr. 172 West.

derer beim Volk ein Gegenstand des Gelächters sein werde. Auch die höhnisch bemitleidende Anrede *miselle* und die ironische Frage, welcher Gott ihm das angetan habe, könnten Archilochosreminiszenzen sein.[3]

Aber die bewußte Aufnahme von Motiven und Formulierungen des alten Jambendichters bedeutet nicht, daß Catull ein Gedicht von der Art jener Epode geschrieben hätte. In ihr ist eine breite Entfaltung biographischer Einzelheiten zu vermuten;[4] außerdem wurde eine Tierfabel erzählt, die zu ihrer Darstellung eines gewissen Umfangs bedurfte. Catull dagegen scheint es ganz im Gegenteil auf knappste Darstellung anzukommen. Der persönliche Anlaß wird in den beiden letzten Versen gerade noch angedeutet; so ist das Gedicht fast ganz auf einen Ausdruck eines kräftigen Sich-Wehrens reduziert.

Catull übernimmt wohl Archilochos' wesentliches Ausdrucksmittel, eine Folge von ungläubig staunenden Fragesätzen, aber er versucht, die Ausdruckskraft dieses Mittels noch zu verstärken. Wirkungsvoll ist schon die Anrede *miselle,* bei der die mitleidige Deminutivform Catulls ganzes Überlegenheitsgefühl zum Ausdruck bringt.[5] Dann ist die Bildlichkeit des ersten Satzes sehr kraftvoll: der Gegner scheint sich in seiner Narrheit in Catulls Jamben wie in das aufgestellte Netz eines Jägers zu stürzen.[6] Und wirkungsvoll ist auch die Vermehrung der Zahl der Fragen zu einer Folge von fünf Sätzen, deren bedrängender Charakter durch die Reihe der Fragepronomina *quaenam, quis, quid, qualubet* gut zum Ausdruck kommt. In den beiden ersten Fragen waltet wie bei Archilochos ein Ton fassungslosen Staunens vor; der Dichter scheint es nicht begreifen zu können, daß der andere gerade einen Jambendichter herausfordert, der sich wehren kann; ebenfalls wie Archilochos erscheint ihm solch ein Beginnen als purer Wahnsinn *(mala mens, vecordem).* In den kürzer werdenden Kola der Verse 5 und 6 überwiegt dann die Ironie. Catull erwägt Vers 5 als einzig

[3] Lukian schreibt Pseudol. 1 in einer Archilochosparaphrase (cf. fr. 223 West): ὦ κακόδαιμον ἄϑρωπε. Archil. fr. 210 West beginnt: τίς ἆρα δαίμων, καὶ τέου χολούμενος. Archilochosnähe wurde vielfach festgestellt, cf. Hendrickson, Class. Phil. 20 (1925) 155–157; Kroll ad 2; Wheeler 277 n. 46; Fordyce introd. et ad 3. Der Schluß freilich, daß die Motivvereinigung bei Catull es nahelege, daß die Archilochosfragmente 210 und 223 West zu der mit fr. 172 West beginnenden Epode gehört hätten, ist nicht beweiskräftig. Catull hat ein Gedicht von ganz anderer Art als die Archilochosepode geschrieben und kann hierfür durchaus Reminiszenzen aus verschiedenen Gedichten haben anklingen lassen.

[4] Man vergleiche die Darstellungsart in dem großen Gedicht P. Colon. 7511 = S 478 Page.

[5] Cf. Bardon, Propositions 14.

[6] Cf. Hezel 45.

denkbares Motiv, daß der andere auf diese Weise vielleicht bekannt werden möchte, und fragt Vers 6 weiter, ob ihm denn das auf jede Weise erstrebenswert sei. Der Übergang zum folgenden wird dabei schon durch die Wahl des Wortes *notus* vorbereitet, das der Bedeutung „berüchtigt" näher steht als der von „berühmt".[7]

Auf das Staccato der fünf immer kürzer werdenden Fragen folgt dann ein in seiner Knappheit ungemein ironisch wirkendes, vernichtendes *eris*, das Catulls ganze Überlegenheit über den nicht ernstgenommenen Gegner zeigt: diesen Wunsch kann ihm ein Jambendichter erfüllen! Das viersilbige *quandoquidem* holt betont aus.[8] Die Betonung ist verständlich; denn erst hier wird ja gesagt, daß Catull seinen Angriff auf Ravidus eröffnete, weil der es gewagt hatte, ein Auge auf seinen Liebling zu werfen;[9] und in diesem Nebensatz macht Catull auch deutlich, daß eine solche Frechheit einem Jambendichter gegenüber soviel bedeute, wie wenn Ravidus absichtlich eine lange Pein gesucht hätte. So läuft die ganze dynamisch vorwärtsdrängende Fragekette in einem breiten Nebensatz aus,[10] der die lange Strafe, die dem Herausforderer bevorsteht, vorwegzunehmen scheint.

41. Gedicht

Das Spottgedicht, das nur die Verhöhnung einer unverschämten Courtisane zu sein scheint, erhält durch den 4. Vers eine politische Dimension. Wenn Ameana[1] die Freundin des Bankrotteurs von Formiae genannt wird, war sie die Freundin des Caesarianers Mamurra, den Catull immer wieder angegriffen hat.[2] In Ameana sollte also vermutlich Mamurra selbst getroffen werden; und der Hauptschimpf des Gedichtes wird darin bestanden haben, daß es Ameana als eine von jedermann käufliche Person darstellte.

Die Szene wird durch das Zwillingsgedicht c. 43 in der Provinz lokali-

[7] Die Bedeutungsschattierung zeigen Cic. Cael. 31; Phil. 11,10.

[8] *Quandoquidem* ist bei Terenz und Lukrez eine geläufige und unbetonte Konjunktion. Seit Virgil, der es ecl. 3,55 noch einmal verwendet, wird es selten. Vielleicht störte der für eine bloße Konjunktion doch etwas breite Klang. c. 64,218 und 101,5 scheinen darauf hinzudeuten, daß das Wort für Catull einen gewissen Nachdruck besaß; cf. Quinn ad 7.

[9] Mit *meos amores* könnte auch ein Mädchen gemeint sein, wegen der Parallelen c. 15,1 und 21,4 denkt man aber wohl besser an einen Liebling; cf. Neudling 155.

[10] Cf. Salvatore 11.

[1] Die Namensform (nach Bährens vielleicht eine Vulgarisierung von Ammiana) wird von Neudling 3 als eine durchaus mögliche Namensbildung angesehen.

[2] Die Vergeudung des väterlichen Vermögens wird c. 29,17 konstatiert; Mamur-

siert, also im cisalpinischen Gallien, wo sich Mamurra, der einflußreiche Praefectus fabrum Caesars, häufig aufgehalten haben muß. Seine Freundin wird von Bährens und Ellis für eine Veroneserin gehalten, weil nur in diesem Fall, wie es Vers 5 vorschlägt, ein Familienrat einberufen werden konnte. Aber wenn Ameana aus Verona stammte, wäre das bewundernde Bestaunen der Provinz in c. 43, 6 nicht recht erklärlich; das paßte besser darauf, daß die mit Mamurra aus Rom gekommene Dame in der Provinz als Gipfel hauptstädtischer Eleganz bestaunt wurde. Die übermütige Erfindung des Familienrates aber wird man nicht zu sehr pressen dürfen; wer sind schon bei einer Courtisane die *propinqui?*[3]

Vers 1 setzt sofort höhnisch herausfordernd mit der Beschimpfung Ameanas als ältliche Dirne ein, und wie um ihr Milieu drastisch zu demonstrieren, erfindet Catull Vers 2, sie habe von ihm für ihre Gunst 10000 Sesterze gefordert.[4] In Vers 3 wird als weiterer Schimpf hinzugefügt, daß sie nicht einmal schön sei, und ihre Liaison mit dem reichen und mächtigen Mamurra erscheint durch den herabwürdigenden Ausdruck „Bankrotteur von Formiae" auch nicht als Ruhmesblatt. Aber Catull weiß, daß ein bloßes Beschimpfen die wirkungsloseste Form eines Angriffs ist. Er stellt sich deshalb so, als ob er den Dirnencharakter keineswegs erst beweisen müßte. Er geht von ihm wie von einer allgemein bekannten Tatsache aus und mimt nur ein helles Entsetzen über die Höhe des geforderten Liebeslohns und stellt sie in Gegensatz zu den geringen Reizen, die die Dame aufzuweisen habe. Die Sprache dieser Verse klingt lebhaft, besonders das emphatische *tota* und das verächtliche *ista* treffen ganz den Charakter eines emotional bewegten Sprechens.

Die direkte Schmähung des Gedichtbeginns läßt Catull in der 2. Gedichthälfte in einer leichthin imaginierten Szene in Witz und Lachen umschlagen. Wenn er Ameana in Vers 1 und 3 *puella* genannt hatte, bedeutete das nicht mehr als eine übliche Bezeichnung einer Hetäre oder einer Geliebten; die Dame brauchte dabei keineswegs ausgesprochen jung sein. Mit diesem Wort *puella* beginnt nun Catull in Vers 5 sein Spiel. Er spricht nun auf einmal so, als ob von einer *puella* im ursprünglichen Sinne die Rede sei, also von einer jungen Unverheirateten, für die der Vater und die Familie Sorge tragen mußten. Wie wenn Ameana nun eine junge, schutzbedürftige Person wäre, ruft der Dichter scheinbar in vollem Ernst ihre Verwandtschaft

ras Herkunft aus Formiae wird auch durch Hor. s. 1, 5, 37 und die Inschrift bei Giglioli, Notizie dei Scavi, 1908, 391 f., bestätigt.

[3] Cf. Neudling 3.

[4] *poscere* entspricht einem αἰτεῖν, das A. P. 5, 121, 4 für die Forderung des Liebeslohnes gebraucht wird.

auf, angesichts eines so schweren Falles Freunde und Ärzte um sie zu versammeln.

Eine solche Familienversammlung war in Rom ein hochwichtiges Ereignis: in einem solchen Rahmen wurden Testamente gesiegelt, die Männertoga verliehen;[5] ja in solchem Rahmen tagte nach der Vätersitte das feierliche Familiengericht.[6] Und die Bedeutung und Feierlichkeit werden von Catull durchaus betont, wenn eigens drei Personengruppen genannt werden, die hier mitwirken sollen. Diese Feierlichkeit kann angesichts des vorliegenden Falles nur komisch wirken. Mag man auch die Preisvorstellungen Ameanas für reichlich unbescheiden halten, was sollen hier all diese Zurüstungen?

So vorbereitet, kann der komische Höhepunkt des Gedichtes gebracht werden. „Das Mädchen ist nicht normal", setzt Vers 7 ein. Catull stellt also die Geldforderung als so absurd hin, daß man an dem Verstand des Mädchens zweifeln muß. Und um das möglichst drastisch herauszustellen, wurden all die gewichtigen Anstalten getroffen.

Wenn Fröhlichs ingeniöse Textherstellung des letzten Verses richtig ist,[7] beleuchtet Catull hier noch einmal den Grund für seine Diagnose: es könne nur Wahnsinn sein, eine solche Summe zu fordern, wenn man so wenig attraktiv ist. Catull nähme also das Motiv von Vers 2/3 nochmal auf, variierte aber hübsch: die Dame unterläßt offensichtlich ein Hauptgeschäft ihres Metiers, sie schaut nicht in den Spiegel. Die entscheidenden Worte *aes imaginosum*[8] wären dabei geschickt bis zum Schluß aufgespart. Natürlich kann die Verwendung einer so hochpoetischen Metapher in der Stilebene unseres Gedichtes nicht ernsthaft sein; Catull spielte hier mit einer griechischen Bezeichnung für den Spiegel,[9] um einen wirkungsvollen ironischen Schlußeffekt zu erreichen.

[5] Cf. J. Marquardt, Das Privatleben der Römer, Bd. 1, Leipzig ^{2}1886, 125 n. 8.

[6] Val. Max. 5, 8, 2.

[7] *nec rogare, / qualis sit, solet aes imaginosum*. Der Wiederherstellungsversuch von Schwabe *nec rogate, qualis sit: est imaginosa* bedeutete nicht nur einen sehr starken Eingriff in die Überlieferung; *qualis sit* hat schwerlich die intendierte Bedeutung „welche Krankheit sie hat". In Plaut. Aul. 217 und Cic. n. d. 1, 65, auf die man sich berufen hat, fragt *qualis* nach den ganzen Umständen und der Art einer Person; cf. Fordyce ad 7f.

[8] Gell. 16, 18, 3 zeigt, daß *imaginosus* 'Bilder widerspiegelnd' bedeuten kann; hier wird bei einem Spiegel das Wort *imaginare* in einem naturwissenschaftlichen Kontext im Sinne eines '*imagines reddere*' gebraucht.

[9] A. P. 6, 210, 3 f. (Philitas v. Samos); Call. hy. 5, 21. διαυγής bedeutet hier nicht durchscheinend, sondern glänzend; auch Sterne, Augen und Edelsteine können dieses Attribut haben; cf. Liddell-Scott s. v.

42. Gedicht

Unserem Gedicht liegt ein derber altitalischer Brauch zugrunde, der sich in einigen Komödienszenen widerspiegelt.[1] Die Herausgabe von unrecht zurückgehaltenem Gut konnte der Geschädigte durch Auffallen erregendes öffentliches Beschelten zu erzwingen suchen. Der Beschuldigte wurde dabei umringt und mit lauten Beschimpfungen[2] zur Herausgabe des Gutes aufgefordert. Neben kräftigen Schimpfworten[3] scheint dabei die Wiederholung kurzer, ins Gehör gehender Sätze, die die Forderung vorbrachten, typisch gewesen zu sein.[4] Der Brauch geht offenbar von der Überzeugung aus, daß kein Mensch die Schande einer solchen Bloßstellung ertragen kann und deshalb sehr schnell das zurückgehaltene Gut herausgeben werde. Catulls unerwartete Wendung, daß von einer für solche Regungen unempfindlichen Person alle Beschimpfungen völlig wirkungslos abprallen, ist als komischer Überraschungseffekt auch schon in einer Plautusszene vorgebildet.[5]

In der Komödie handelte es sich um Geld, das man auf diese marktschreierische Weise zurückhaben wollte, im Leben wird es nicht anders gewesen sein. Bei Catull sind Verse das Streitobjekt; denn was sonst wird auf den zurückgeforderten Schreibtäfelchen gestanden haben? Wer die Dame war,[6] die sie zurückhielt, und wie die Verse in ihre Hand gekommen sind, wird nicht gesagt. Man wird vermuten dürfen, daß Catull einstmals bessere Beziehungen zu ihr hatte und ihr damals diese Verse gewidmet hatte.[7] Aber auf die Darlegung irgendwelcher, der Dichtung zugrundeliegender Lebensverhältnisse kommt es Catull nicht an;[8] ihm scheint es allein wichtig zu sein, die komische Situation, die er im Auge hatte, möglichst wirkungsvoll zu entfalten.

Der springende Punkt in Catulls Erfindung ist die Wahl der Bundesge-

[1] Cf. H. Usener, Rhein. Mus. 56 (1900) 1 ff. = Kleine Schriften Bd. 4, 356 ff.; E. Fraenkel, WdF 437 ff.

[2] Cf. Plaut. Pseud. 357 im Zusammenhang.

[3] Plaut. Pseud. 360–368.

[4] Plaut. Most. 603–605 im Zusammenhang.

[5] Plaut. Pseud. 369 f.

[6] Lesbia war die Angegriffene gewiß nicht, wie Schwabe 120 glaubte und nun wieder Quinn, Int. 101, vermutet. Als Dirne konnte er sie beschimpfen, eine dumm grinsende Hundsvisage konnte er ihr nicht zuschreiben; cf. M. Schuster, RE s. v. Valerius Sp. 2373.

[7] Wie schon Bährens ad 4 äußert Williams 198 f. den bei einer *moecha* naheliegenden Gedanken, Catull habe ihr seine Liebeswünsche in Versform zugesandt.

[8] Cf. E. Fraenkel WdF 437.

nossen, mit deren Hilfe er die Schreibtäfelchen wiedergewinnen will. Alle Spottverse,[9] die sich nur irgendwo zeigen, das heißt wohl, die ihm jetzt in den Sinn kommen wollen,[10] bietet er als Hilfstruppen auf. Catull ruft sie gerade so zusammen, wie ein römischer Großer seine Sklaven oder seine Klienten versammelt hätte.[11] Catulls Klientel sind eben seine Verse, die für ihn wirken. Das Aufgebot ist zu Gedichtbeginn wie das Zusammenströmen einer unübersehbaren Menge vergegenwärtigt: *undique* zeigt das Kommen von allen Seiten an, und die Vorstellung der großen Zahl in *quot estis omnes* wird durch ein gesteigertes *quotquot estis omnes* wirkungsvoll wiederholt.[12]

Nicht unwichtig für das Verständnis des Gedichtes ist die Frage, ob man Vers 4 die Überlieferung *vestra* hält oder Avantius' Emendation *nostra* übernimmt. Fraenkel verteidigt die Überlieferung.[13] Er sieht in der Stelle eine quasi-juristische Fiktion: die Verse sollen als die rechtlichen Eigentümer der Täfelchen, auf denen sie stehen, dieses ihr Eigentum zurückfordern. Aber können die Verse, die doch zusammen mit ihren Täfelchen in die Gefangenschaft der zweifelhaften Dame geraten sein müssen, vom Dichter überhaupt zusammengerufen werden? Und sind sie, die doch vermutlich eine ganz andere Thematik haben, für die Aufgabe der Rückforderung überhaupt geeignet? Ist die Gedichtsituation nicht verständlicher, wenn Catull Verse aufbietet, die ihm wirklich zu Gebote stehen, also die, die ihm gerade sein Zorn eingibt und die eben darum auch für die gegenwärtige Aufgabe geschaffen sind? Wenn das aber so ist, schrieb Catull ein *nostra* im Sinne eines *mea pugillaria*; den Plural kann er hier auch um der Gedichtsituation willen gewählt haben, in der er inmitten seiner Trabanten steht und in der er mit ihnen eine zusammenwirkende Schar bildet.

Das Unternehmen der Rückforderung wird als lebendige dramatische

[9] Hendekasyllaben meint hier wie c. 12, 10 Spottverse, die ja in der Tat unter Catulls Elfsilblern einen ziemlichen Raum einnehmen. Andernorts spricht Catull, mehr vom Inhalt her gesehen, von *iambi:* c. 36, 5; 40, 2; 54, 6.

[10] Wie in c. 12, 10f. sind die angedrohten Spottverse natürlich noch ungeschrieben; denn was nützten hier Spottverse, die gegen jemand anders gerichtet waren; cf. Williams 197f.

[11] Wie schon Ellis ad 10 glaubt Bardon, Propositions 52, der Dichter stelle uns die verfolgenden Verse als eine Meute von Hunden vor Augen; aber Hunde können weder nach der Person, die sie verfolgen sollen, fragen (v. 7) noch im Chor höhnen (v. 11f.; 18–20; 24).

[12] Die große Zahl der zu erwartenden Spottverse gehört auch c. 12, 10 zu der Drohung.

[13] WdF 432; *in nuce* findet sich das Argument schon bei Kroll ad 4.

Szene gestaltet.[14] Zumeist ist der Anweisungen und Befehle erteilende Dichter die sprechende Person, dreimal hören wir aber auch die Schelt- und Spottverse der Hendekasyllaben, mit denen sie der Widersacherin zusetzen. Nach dem Zusammenrufen der Verse zu Beginn hat man sich ihr Zusammenströmen vorzustellen. Vers 3 spricht der Dichter bereits zur versammelten Runde, er erklärt die Lage. Die mit einem kräftigen Schimpfwort eingeführte Dame verlache seinen Wunsch nach Rückgabe der Täfelchen.[15] Das *si pati potestis* zeigt dabei, daß er sich, wie es ja nicht anders sein kann, des Unwillens seiner poetischen Trabanten über diesen Übergriff sicher ist. Auch die die erste Versgruppe in Vers 6 abschließenden hortativen *persequamur* und *reflagitemus* sind von der Überzeugung getragen, daß die poetischen Trabanten gemeinsam mit ihm die Diebin verfolgen werden.

Vers 7 wird der bis dahin zügige Handlungsfortschritt durch ein dramatisches Zwischenspiel unterbrochen. Die Helfershelfer haben offenbar, wie das übliche Technik solcher dramatischer Szenen war,[16] den Dichter mit der Frage unterbrochen, wer es denn sei, den sie verfolgen sollten. Anstatt der nun fälligen Namensnennung, die Catull also bewußt vermeidet, deutet er gewissermaßen mit dem Finger auf die Person, als ob sie unmittelbar vor ihnen stünde. Das Opfer ist also gestellt, die Bescheltung kann beginnen! Die Situation ergibt dabei ganz natürlich, daß der Dichter bei diesem Hinzeigen die Dame schildern kann, ihr wenig anständiges Auftreten und ihr stupides Lachen, die ihn an eine Schmierenschauspielerin und an das Aussehen einer Hunderasse erinnern. Das Ergebnis dieser Verse ist neben dem Weiterführen der Handlung auf die Bescheltung hin auch, daß die Versediebin dem Leser so recht genau vorgeführt wird. Nun kann Catull in Vers 10 an die Stelle der allgemeinen Aufforderung zur Verfolgung den klaren Befehl setzen, das gestellte Opfer, wie es bei einer Bescheltung der Brauch ist,[17] zu umringen und das Gut herauszufordern.

Auf diesen Befehl hin ertönt Vers 11 f. zum erstenmal der Chor der Hendekasyllaben. In der beschimpfenden Anrede variiert er das *moecha turpis* von Vers 3 zu einem gesteigerten *moecha putida* und fordert dann in knap-

[14] Diesen Charakter hat E. Fraenkel WdF 432–437 herausgearbeitet; cf. E. Fraenkel, Horace, Oxford 1957, 180 f.; Williams 198. Andere Beispiele einer so dramatisierten Form sind: A. P. 5, 181 (Asklepiades); 5, 182 (Meleagros); Cat. c. 12; Hor. c. 1, 27; 3, 19; Tib. 2, 1.

[15] *Iocus* konnte man einen Menschen nennen, der zur Zielscheibe des Spottes diente: Prop. 2, 24, 16; Petron. 57, 4; Bährens ad 3.

[16] Man wollte so wohl eine allzu große Breite in der Wiedergabe des Dialogs vermeiden; cf. A. P. 5, 181, 3 und 5; Hor. c. 1, 27, 9 f. und 13.

[17] Wie Plaut. Pseud. 357.

pen Worten die Schriften zurück. Der Anruf und die Forderung werden darauf, in der Wortstellung variiert, wiederholt. Schmähungen sind in einer solchen derben Scheltszene üblich.[18] Auch die Wiederholung von Scheltworten und Forderungen war Brauch;[19] durch eine solche Hartnäckigkeit wollte man offensichtlich auf die Nerven gehen. Schließlich ist auch die Inversion bei der Wiederholung ein Mittel volkstümlicher Beredsamkeit.[20]

Im folgenden ist das völlige Mißlingen des mit großem Aufwand begonnenen Unternehmens witzig herausgearbeitet. Voll Selbstironie schildert Catull sein Erstaunen und seinen Ärger, der sich in polternden Schimpfworten Luft macht.[21] Schließlich scheint es ihm die Sprache zu verschlagen; ein Wort, das für diese Schamlosigkeit paßt, gibt es offenbar nicht. Nach Vers 14 hat man sich so eine Pause der Ratlosigkeit zu denken. Aber dann rafft sich Catull zu einem zweiten Versuch auf. Wie mühsam ihm das nach seinem unerwarteten Mißerfolg fällt, zeigen die gezwungenen Begründungen mit ihrer Häufung von kurzen Partikeln und der harte Konsonantenklang in Vers 16f.[22] Und auch seine Siegesgewißheit ist Vers 16 merklich geringer, wenn ihm das bloße Erröten ihres ungerührten Gesichts schon als Erfolg erschiene. Trotzdem gibt er Vers 18 den Befehl zur zweiten Bescheltung, die sogar mit lauterer Stimme geschehen solle,[23] wie auch seine eigene Stimme in den klingenden *a-* und *o-*Lauten dieses Verses wieder ihre Kraft gefunden zu haben scheint. So wiederholt der Chor nochmals seine Forderung, doch der Mißerfolg ist der gleiche. Der Dichter scheint es fast erwartet zu haben; er stellt die Erfolglosigkeit nur noch resignierend fest.

An diesem Punkt kommt dem Dichter die rettende Idee. Er muß seine Strategie völlig ändern. Die Hendekasyllaben sollen die Geste demütigen Flehens annehmen. Und so huldigen sie im letzten Vers in einer ausdrücklichen Palinodie[24] der Dame und bitten die „Keusche und Gute“, die Verse zurückzugeben. Diese Huldigung kann nach den vorherigen Beschimpfungen nur grotesk wirken und kann darum von der Dame nicht für ernst genommen werden. Aber durch das dick aufgetragene Lob hat Catull die Lacher auf seiner Seite und gibt so die allzugut für das Gegenteil bekannte Widersacherin der Lächerlichkeit preis. In diesem Stimmungsumschlag löst

[18] Das zeigt Plaut. Pseud. 360ff.

[19] Wie Plaut. Most. 603–605.

[20] Das zeigt ebenfalls Plaut. Most. 603. E. Fraenkel WdF 435 weist auch auf Menand. Peric. 256f. hin.

[21] Den beabsichtigten Tonfall zeigt Plaut. Pers. 406ff. Text v. 14 wohl: *potest.*

[22] Cf. E. Fraenkel WdF 436 n. 12.

[23] Cf. Plaut. Pseud. 556; auf die Lautstärke kam's an.

[24] Wie Hor. epo. 17,40f.

sich der grimmige Ernst des Gedichtbeginns in Lachen auf. Durch die ironische Darstellung des eigenen Mißgeschicks[25] hat sich der Dichter von seiner zornigen Erregung gelöst.

43. Gedicht

Das zweite Hohngedicht auf „die Freundin des Bankrotteurs von Formiae" bildet mit c. 41 ein Paar, wird aber, wie es in unserem Gedichtbuch gern geschieht, von dem Zwillingsgedicht durch einen dazwischengerückten Text mit anderer Thematik getrennt. Wieder erscheint die Gedichtsituation wie aus dem Leben gegriffen. Diesmal schüttelt Catull den Kopf über den Ruf als Schönheit, dessen sich Ameana in der Provinz erfreut.

Das *salve* in Vers 1 ist nicht der übliche Gruß auf der Straße, wie man ihn aus zahlreichen Komödienstellen kennt. Die Aufzählungskette der Verse 1–5 ist in keiner wie auch immer gearteten Redesituation, am wenigsten aber bei einer zufälligen Begegnung denkbar.[1] Die Grußformel und die Anreden sind hier ein rein literarisches Mittel. Diese Art von Anrede erscheint eher als die höhnische Umkehr eines poetischen Preisens, mit dem man hohe Gegenstände feierte.[2]

Die Kette der Vokative in den Versen 1–5 ist die Umkehr eines Preisgedichtes auf weibliche Schönheit, die gern durch eine Aufzählung von Einzelschönheiten gefeiert wurde.[3] Wie in solchen Gedichten etwa bewundernde *o* die Aufzählungsglieder einleiteten, so folgt hier sechsmal ein bestreitendes *nec* aufeinander: alles, was gemeinhin als Zeichen von Schönheit gilt, sucht man bei dieser Dame vergeblich! Das ist eine raffiniertere Weise des Hohnes, als es die direkte Aufzählung von Häßlichkeiten wäre, wie das in jambischen Gedichten nicht unüblich war.[4]

Zunächst zielt Catull auf vier körperliche Schwächen. Ameana hat in seinen Augen eine zu große Nase, keine zierlichen Füße, keine schwarzen Augen und plumpe Finger. Catulls Schönheitsideal scheint dem von Horaz

[25] Williams 199 vergleicht Catulls Selbstironie in c. 10.

[1] Den Unterschied zeigen Epigramme wie A. P. 5,46 (Philodemos); 5,101 (anonym). Cf. aber Kroll ad 1; Schnelle 23.

[2] Cf. A. P. 7,43,1 (Ion); 7,72,1 (Menandros); Cat. c. 64,23; Verg. g. 2,173.

[3] A. P. 5,132 (Philodemos); Ov. am. 1,5,19–22. Auch Dioskorides will A. P. 5,56 eine von ihm bewunderte Schönheit durch eine Aufzählung von Einzelzügen vergegenwärtigen.

[4] Zwei derbe Beispiele sind Hor. epo. 8 und 12.

und Varro zu entsprechen;[5] er schätzt offenbar einen grazilen südlichen Typ mit feurigen schwarzen Augen, wie er uns in der campanischen Wandmalerei häufig entgegentritt.[6] Das ironisch Schillernde der Sprache wird gleich im ersten Kolon deutlich, wenn anstelle der groben Direktheit von c. 41,3 gesagt wird, das Mädchen habe nicht die kleinste Nase. Das wäre, wörtlich genommen, nichts Negatives; denn ein „winziges Näschen" entspräche keineswegs dem antiken Schönheitskanon.[7] Aber offenbar hatte hier die Natur des Guten zuviel getan, so daß die rechte Mitte nach der anderen Seite hin um ein beträchtliches überschritten war.

In den letzten drei Kola geht Catull von den physischen Schwächen auf Schlimmeres über. Wie bei wahrer Schönheit Charme und Esprit die äußere Schönheit beleben mußten,[8] wird hier ein wenig erbaulicher Anblick durch den Mangel an Eleganz und Bildung noch trostloser. Die Dame mit den feuchten Lippen und der vulgären Sprache ist das Gegenteil einer gepflegten gesellschaftlichen Erscheinung.[9] Und ihr gesellschaftlicher Platz wird zum Schluß mit dem höhnenden „Geliebte des Bankrotteurs von Formiae"[10] schonungslos enthüllt.

Nach der langen Aufzählungskette der ironischen Anreden kommt Catull Vers 6–8 rasch zum Schluß. Zwei empörte Fragen und ein ebenso empörter Ausruf genügen, den Anlaß von Catulls Angriff und sein Urteil zu skizzieren: in der Provinz gilt Ameana als Schönheit, ja man wagt es, sie mit Lesbia zu vergleichen;[11] Catull kann das nur als der Gipfel von Unverstand und Plumpheit erscheinen.

Aber so knapp die Schlußpartie ist, sie führt doch wesentlich über das bloße Höhnen und Abwerten der ersten Verse hinaus. Ja, eigentlich bringt sie erst die zentrale Aussage, um deretwillen wohl überhaupt erst die ganze seltsame 'Begrüßung' inszeniert worden ist. Es handelt sich ja nicht nur um die Zurückweisung einer Einzelperson, sondern um das Zurückweisen ei-

[5] Hor. s. 1,2,93; Varr. men. 375; Prop. 2,12,23; cf. Friedrich ad 7; Kroll ad 2; Pepe 17f.

[6] Ein schönes Beispiel dafür ist das heute im Nationalmuseum zu Neapel befindliche Fresko aus Herculaneum ›Latona und Niobe‹; Helbig 170b.

[7] Cf. Kroll ad 1.

[8] c. 86,5f. Daß zu den physischen Reizen Charme kommen muß, wußte auch das griechische Epigramm: A. P. 5,67 (Kapiton).

[9] Das *sane* ist ironisch schillernd; ähnlich ironisch ist es Plaut. mil. 882; Phaedr. 3,15,12.

[10] Die Umschreibung verkehrt eine Pathosformel zum Hohnwort; den ursprünglichen Charakter solcher Umschreibungen zeigen Stellen wie c. 36,11; 64,228; 66,44; cf. Schnelle 24.

[11] Eine vergleichbare Thematik bringt c. 86.

nes falschen Anspruchs in Dingen, die Catull wichtig erscheinen. Wenn gesagt wird, der Provinz gefalle diese Dame, so liegt allein schon in dem Wort Provinz ein gehöriges Stück Verachtung.[12] Das ist keineswegs nur eine Bezeichnung des Schauplatzes! Auch das Wort *bella* ist in diesem Zusammenhang wesentlich. Das Wort, das Vers 2 entsprechend dem gewöhnlichen Sprachgebrauch nicht mehr als hübsch, wohlgeformt meinte, ist als allgemeine Wertung eines der Schlüsselwörter, mit denen man in Catulls Kreis das benannte, was der eigenen kultivierten Lebensform entsprach.[13] Und der letzte Vers faßt Catulls hochmütige Verachtung schlechter Lebensart abschließend zusammen. Ein empörter Ausruf, der mit *o saeculum* beginnt, ist etwas Geläufiges; das findet sich schon in der Komödie.[14] Entscheidend für Catull sind die Attribute *insapiens* und *infacetum*: sie sind für ihn der Gegensatz all dessen, was ihm und seinem Kreis als Kennzeichen lockerer, geistreicher Lebenskultur galt.[15]

44. Gedicht

Das Motiv des Gedichtbeginns scheint ganz aus dem Leben gegriffen. Auf der in der Umgebung von Rom gelegenen Villa erholte man sich von den Plagen des Stadtlebens, und bei Gesundheitsstörungen kurierte man sich dort aus. So erzählt Cicero in einem Brief,[1] daß er einmal erst auf seinem Tusculanum die nötige Ruhe fand, um eine hartnäckige Magenverstimmung loszuwerden, die er sich bei einem Gastmahl zugezogen hatte. Der Briefschreiber verfehlt dabei nicht, in ironischer Selbstbemitleidung Ursache, Krankheitssymptome, die eigene hypochondrische Stimmung und die angewandte Kur aufs genaueste zu beschreiben. Ebenso hatte Catull, wie er Vers 6f. schreibt, auf seinem Landgut Zuflucht und Heilung gefunden, als ihn einmal ein schlimmer Husten plagte.

Aber Catulls Gedicht ist keineswegs ein schlichter Bericht eines Vorfalls seines Lebens, sondern das Motiv der Heilung auf dem Land wird der Ausgangspunkt für ein vielfältiges literarisches Spiel. Die erste literarische Verwandlung des scheinbaren Lebensberichts geschieht in den ersten Versen, in denen das Landgut in preisendem Hymnenton angeredet wird, als sei es eine rettende Heilsgottheit.[2] Dem Hymnenstil entsprechen das prei-

[12] Die Maßstäbe Catulls zeigt am besten c. 22; cf. auch c. 36,19; 54,2.

[13] Cf. c. 8,16. In c. 86 bezeichnet *formosa* das hier Gemeinte.

[14] Ter. Ad. 304.

[15] Cf. Fordyce ad 8.

[1] Cic. fam. 7,26; cf. Bährens ad 14.

[2] Der scherzhafte Anklang an die Hymnenform wird von Williams 139f. herausgestellt.

sende *o* des Beginns,[3] das Zur-Wahl-Stellen verschiedener Namen der 'Gottheit', für das auch sonst das disjunktive *seu – seu* üblich ist,[4] und das eine Parenthese einleitende *nam*, mit dem sonst der hymnische Anruf oder die Macht der Gottheit begründet wird.[5] Hymnenton erhält das Gedicht auch durch die persönliche Anrede mit Pronomina der 2. Person in Vers 6 und 14 und die Dankesformel in Vers 16f.; *grates agere* sagte man vornehmlich, wenn man der Gottheit dankte.[6] Schließlich paßt zu diesem Stilcharakter die Wahl der altertümlichen Ausdrücke *autumnant* und *recepso.*[7]

Aber der feiernde Hymnenton wird nicht ernsthaft durchgehalten. Bereits die Parenthese in Vers 2–4 ist von scherzhafter Selbstironie erfüllt. Die beiden Namen sind ja keineswegs gleichwertig, wie es die Hymnenform verlangte. In Tibur hatte sich die vornehme Welt niedergelassen; das Sabinerland östlich davon war dagegen schlichtes Bauernland, wo ein Besitz nicht eben viel galt, wie man Horazens Worten über sein Sabinum entnehmen kann. Catulls Gut lag nun, wenn es nur gute Freunde zu Tibur rechneten, offenbar so weit davon entfernt, daß man es im Ernst kaum mehr tiburtinisch nennen konnte. Catull macht sich hier also über seine eigene Schwäche lustig, daß er es gerne hörte, wenn man von seinem tiburtinischen Landgut sprach, und sich ärgerte, wenn man es ein Sabinergut nannte. Entsprechend dieser ironischen Wendung ist auch der feierliche Hymnenton nicht für das ganze Gedicht bestimmend. Mit ihm kontrastieren Ausdrücke, wie sie im römischen Alltagsleben gang und gäbe waren: *quovis pignore contendere, libenter in villa suburbana esse, tussim expellere, cenas sumptuosas appetere.*[8]

Nach der Wiederholung des Anrufs an das Landgut in Vers 5, bei der das *verius* die Selbstironie der Parenthese noch einmal aufgreift, beginnt Catull mit der Erzählung der Begebenheit, in der sich der Landaufenthalt hilfreich

[3] Cf. Cat. c. 34, 5; Hor. c. 1, 30, 1; 1, 35, 1.

[4] E. Norden, Agnostos Theos, Leipzig 1913, 144–147. Der Vokativ Sabine in Vers 1 und 5 ist wohl als Annäherung an diese Formeln und nicht als Kasusattraktion zu deuten.

[5] E. Norden op. cit. 153ff. Beispiele sind Pind. O. 4, 1; Ariphron fr. 1, 3 P; Ar. ran. 404; 409; Lucr. 1, 10; 1, 31; Hor. c. 3, 11, 1f.

[6] Cf. Plaut. mil. 412; Pers. 756; Stich. 403; Trin. 821; Liv. 5, 23, 3; 7, 36, 7; 23, 11, 12; Cic. rep. 6, 9 etc. Auch bei der späteren Übertragung auf den einem Menschen geschuldeten Dank bleibt ein feierlicher Ton erhalten.

[7] Das altlateinische *autumare* wird Hor. s. 2, 3, 45 und Quint. i. o. 8, 3, 26 als gravitätisch empfunden; das längst nicht mehr gebräuchliche *recepso* klingt wie eine alte religiöse oder juristische Formel.

[8] Cf. Cic. fam. 9, 23; Suet. Aug. 76, 1; Ellis ad 6; Fordyce ad 4. 6. 7.

erwies. Die Verse 6f. drücken zunächst reine, herzliche Dankbarkeit für den Aufenthalt und für die Befreiung von dem schlimmen Husten aus.[9] Aber dann beginnt Vers 8f. erneut ein ironisch neckendes Spiel: an dem Husten sei er selber schuld; den verdanke er seinem „Bauch“, seinem allzu gierigen Verlangen nach einem Schlemmermahl. Der Leser soll hier sichtlich gefoppt werden, er kann den Zusammenhang nicht verstehen; denn Exzesse bei einem Gelage, sollte man meinen, verursachen andere Folgen als einen lästigen Husten.

Von dem in Vers 10 mit einem erklärenden *nam* einsetzenden Satz erwartet man nun Aufschluß über die seltsame Krankheitsursache. Aber Catull hält den Leser noch eine Weile hin. Er scheint weitläufig von dem verhängnisvollen Gastmahl berichten zu wollen und erzählt, scheinbar ohne Bezug zu der Krankheitsursache, daß er um dieses Gastmahls willen eine Rede des Sestius[10] gegen den Amtsbewerber Antias gelesen habe. Wie man später erfährt, mußte man Sestius' gerade aktuelle Rede gelesen haben, wenn man bei ihm zu Tische kam, wohl weil sie der eitle Gastgeber zum bevorzugten Gesprächsthema machte. Auch wenn Catull Vers 12 fortfährt, die Rede sei von Gift und Pest erfüllt gewesen, ahnt man den Clou noch nicht, auf den er hinauswill; man nimmt das wohl als inhaltlichen Bericht, wie Horaz einmal von dem Gift der Rede eines gehässigen Menschen sprach.[11]

Vers 13f. bringt den überraschenden Aufschluß und löst die Spannung: eben diese Lektüre sei die Ursache seiner Erkältung und seines fürchterlichen Hustens gewesen; er habe sich gewissermaßen an dem frostigen Stil der Rede erkältet, sich einen literarischen Schnupfen geholt. Dieser Witz, den Catull in seiner Wirkung so sorgfältig vorbereitet hatte, nimmt eine geläufige Metapher auf. Frostig wurde ein Stil genannt, dem das Feuer, aber auch der lebendig-natürliche Tonfall fehlte, der gespreizt und langweilig war.[12] Auch Catulls Witz, daß der Stilmetapher 'frostig' die Wirkungen

[9] Daß *mala* kein bloßes Füllwort ist, zeigt Horazens *male tussire* s. 2,5,107: so bezeichnete man offensichtlich üblicherweise einen gefährlichen Zustand.

[10] Der Politiker Sestius ist wohlbekannt. Er stand auf der Seite Ciceros und der Senatspartei, und Cicero verteidigte ihn im Jahre 56 in der erhaltenen Rede *pro Sestio* gegen eine Anklage *de vi;* cf. Schwabe 303–305; Neudling 160–162; Fordyce introd. Ciceros ähnlich lautender Redetitel *contra C. A. et L. C. competitores* macht es wahrscheinlich, daß Catull auf eine ganz bestimmte, von Sestius veröffentlichte Rede anspielte, in der er die Amtsbewerbung eines gewissen Antius bekämpfte; cf. Fordyce ad 11.

[11] Hor. s. 1,7,1.

[12] Catull meint wohl weniger ganz bestimmte Stilfehler, die die rhetorische Theorie so bezeichnete (Arist. rhet. 1405 b 34–1406 b 19; Quint. i. o. 6,1,37), sondern ganz allgemein einen gräßlichen Stil.

eines realen Frostes zugeschrieben werden, hat schon Vorläufer.[13] Catull nahm den Scherz aus der Literatur auf, machte ihn zum Mittelpunkt dieses Gedichtes[14] und gruppierte es um diese Mitte.

Man könnte nun meinen, was bisher wie eine reale Situation erschien, die Krankheit, die Zuflucht auf dem Lande und die Heilung, habe sich nun in diesem Scherz verflüchtigt. Aber Catull behält das alles bei, ja er bekräftigt in einer sehr realistischen Darstellung der Krankheitssymptome und der angewendeten Brennesselkur,[15] daß diese ganz und gar literarische Erkältung eine schlimme Krankheit war, in der ihm erst die Flucht auf sein Landgut Heilung gebracht habe.

Vorbereitet durch die erneute Hinwendung an das Zuflucht gewährende Landgut in Vers 14 setzen die Verse 16ff. erneut in vollen Hymnentönen ein, wenn Catull in sehr feierlich-förmlicher Weise seinen Dank abstattet. In diesen Ton paßt, wenn er sich bei dem hilfreichen Land wie bei einer Gottheit dafür bedankt, daß er von der eigentlich verdienten Strafe verschont geblieben ist; und dazu scheint auch zu passen, wenn er für den Wiederholungsfall gelobt, nicht mehr um Abwendung der schlimmen Erkältung bitten zu wollen.

Hier sorgt Catull in dem Verwirrspiel des Gedichtes noch einmal für eine Überraschung. Vers 18f. meint man natürlich, Catull wolle im Wiederholungsfall selbst die Strafe, also einen erneuten fürchterlichen Husten, auf sich nehmen, um so in einer Art Selbstverfluchung den festen Vorsatz zu bekräftigen, daß er nicht nochmals einen so unverzeihlichen literarischen Fehlgriff tun werde. Aber mitten im Sprechen wendet sich die Zielrichtung des Satzes, und überraschend wünscht er, nicht ihn, sondern Sestius solle dann die Erkältung treffen. Diese Wendung des Fluches von sich auf einen Gegner ist eine aus volkstümlichen Wurzeln kommende, weitverbreitete literarische Form, die sog. Apopompe.[16] Offenbar erscheint Catull die Sünde des Sestius, die darin besteht, solche Sachen zu verfassen und obendrein seine Gäste zu zwingen, das auch noch zu lesen, so unverzeihlich, daß vor allem ihm die Strafe auf den Hals gewünscht werden muß. In dem un-

[13] Cf. Ar. Ach. 139f.; Machon bei Athen. 579 e; Cic. fam. 8,9,5; Mart. 3,25; Fordyce introd.

[14] Das betont V. Buchheit WdF 41–44.

[15] Catull behandelt seinen literarischen Schnupfen durchaus, wie die antike Medizin Erkältungskrankheiten behandelte, die Ruhe und leichte Kost wie ein Brennnesselgericht empfahl; cf. Cels. 4,5,8 bzw. Plin. n. h. 22,35; Cels. 4,10,4; Bährens ad 15.

[16] Eine ausführliche Apopompe hat c. 63, 91–93; cf. Kroll ad l. Allgemein behandeln diese Form O. Weinreich, Tübinger Beiträge 5 (1929) 175ff.; Zeitschr. f. Kirchengesch. 61 (1942) 45f.; E. Fraenkel, Horace, Oxford 1957, 410f.

erwarteten Umschlagen des Satzes kommt der Ärger über eine solche Art von Literatur gut zum Ausdruck.[17] Das eigentliche Thema des Gedichtes, der Hohn über Sestius' schlechten Stil, wird so zum Schluß noch einmal kräftig in den Mittelpunkt gestellt.

Die Absicht des Gedichtes ist also in erster Linie eine literarische. Ein Redner, dessen Stil übrigens auch seinem politischen Freund Cicero auf die Nerven ging,[18] soll verspottet werden. Daß hier Sestius zur Zielscheibe des Spottes gemacht wurde, ist für Catulls Wertungen nicht uninteressant. Politisch hätte ihm Sestius ja nahestehen müssen; denn er war stets für die Sache der Nobilität eingetreten,[19] und er verfolgte Ziele, wie sie auch Catulls politische Freunde verfolgten. Aber offenbar war für Catull Sestius' politische Rolle nicht so wichtig, daß er deswegen den Spott über seinen schlechten Stil unterdrückt hätte.

45. Gedicht

Die schwebende Heiterkeit des Gedichtes ist ein Geheimnis der Form. Das Gedicht ist keine realistische Dialogszene,[1] sondern wie Horaz c. 3,9 ein kunstvoll stilisiertes Rollengedicht. Wie in der Horazode die auf den Liebhaber und das Mädchen verteilten Strophen durch formale und inhaltliche Entsprechungen aufeinander bezogen sind, so spiegeln auch bei Catull die beiden Verspartien Vers 1–9 und Vers 10–18, die wie Strophe und Gegenstrophe auf das Paar Septimius und Acme verteilt sind, einander in einem vielfältigen Spiel von Wiederholungen und Variationen wider.

In den jeweils einleitenden Versen schildert der Dichter die Liebessituation, in der dem dann sprechenden Partner die aktive Rolle zufällt. Die beiden Reden beginnen hierauf mit einer vertrauten Anrede, in die bereits die ganze innige Liebe gelegt ist, und sind dann eine einzige Versicherung unverbrüchlicher Liebe, die beide über alles stellen, was es sonst in der Welt gibt. Den Strophenabschluß bildet dann ein wortgleicher Refrain von zwei

[17] Williams 138 vergleicht Komikerstellen wie Plaut. Pseud. 138, in denen eine einsetzende Verwünschung durch den Einwurf eines anderen Sprechers in die entgegengesetzte Richtung gelenkt wird.

[18] Cf. Plut. Cic. 26,6; Cic. Att. 7,17,2; 7,32,1 und 3; Bährens ad 10; Neudling 160.

[19] Cic. Sest. 5. Außer von Cicero wurde Sestius in dem Prozeß des Jahres 56 auch von Hortensius und Calvus verteidigt, denen Catull freundschaftlich verbunden war; dagegen trat der von Catull c. 52 angegriffene Vatinius als Zeuge gegen Sestius auf; cf. Neudling 161.

[1] Mit Dialogepigrammen der Anthologie, mit denen man das Gedicht verglichen hat, hat es nichts zu tun.

Versen, in denen der das Paar umschwebende Liebesgott sein Wohlgefallen und seinen Segen durch ein glückverheißendes Niesen kundtut.

In der Mädchenstrophe finden sich also die gleichen Elemente, und zwar in der gleichen Reihenfolge, aber bei der Wiederholung ist der Wunsch, zu übersteigern und zu überbieten, deutlich. Die Schilderung der gleichen Liebessituation zu Beginn geschieht in der Mädchenstrophe durch eine ausführliche Beschreibung des zärtlichen Liebesspiels. In der Anrede kehrt das vertraute *mea* wieder, aber das Kosewort *mea vita* und die Koseform des Namens steigern doch merklich. Die folgende Liebesbeteuerung braucht nun zwar weniger Worte, aber die Superlative des Liebenden werden durch ein *multo mihi maior acriorque* noch zu überbieten gesucht, und das *perdite amo* des Septimius wird nun durch die anschaulichere Vorstellung der leidenschaftlichen Glut, die das Innere des Mädchens ganz erfaßt hat, überhöht.

Überhaupt ist die Mädchenstrophe im Charakter etwas verändert. Die Strophe des Mannes entfaltet sich mehr nach außen. Er legt in aller Form einen pathetischen Liebesschwur ab, er vergleicht seine Liebe mit der anderer Liebhaber und denkt an die gräßlichsten Gefahren,[2] denen er sich unterziehen will, wenn er seinen Schwur brechen sollte. Das Mädchen spricht mehr von seelischen Vorgängen, vom Entschluß zu treuem Amordienst und von der Glut, die ihr ganzes Inneres durchdringt. Dem entspricht auch eine Veränderung im Lautcharakter.[3] Die Worte des Mannes sind durch einen härteren Konsonantenklang bestimmt, aber die gehäuften *a* zu Beginn geben seinen Worten doch auch einen sehr sieghaften Charakter; den Worten des Mädchens gibt der von Liquidae bestimmte Konsonantismus und insbesondere die alliterierenden *m* in Vers 15f. einen viel weicheren, einschmeichelnderen Ton.

In den Versen 19–26 gibt der Dichter sein Schlußwort. Er bedenkt das Verhältnis der beiden und versichert, daß die Liebenden alles das wahrmachen, was sie einander versprochen haben. In der sprachlichen Gestaltung kommt es Catull vor allem auf ein Verschmelzen der Einzelstimmen zu der innigen Einheit des *mutuis animis*, des *amant amantur* und der innigen Verschränkung der Namen und des Geschicks in den folgenden Versen an. Und in den beiden Schlußversen drückt er seine Überzeugung aus, daß sich in der Liebe dieses Paares der Gipfel irdischer Seligkeit verwirklicht habe.

Catulls eigentümliche Form beruht auf einer noch greifbaren Tradition der griechischen Lyrik.[4] Formal am verwandtesten ist das 8. Gedicht der

[2] Die Vorstellung der Begegnung mit einem gefährlichen Raubtier in einsamer Gegend als Beispiel einer ungeheueren Gefahr ist ein traditionelles Motiv; cf. Semonid. fr. 14 West.

[3] Cf. Fordyce introd.

[4] Cf. Williams 210f.

Theokriteischen Sammlung. Der Dichter führt hier in die Situation ein, den größten Teil des Gedichtes macht aber ein Wechselgesang zweier Hirten aus, die in Strophenpaaren von jeweils zwei Distichen miteinander wetteifern. Diese Strophenpaare entsprechen sich motivlich und bis in den Wortlaut hinein, wobei die Antwortstrophe die vorhergehende aufnimmt und dabei zu überbieten sucht.[5] Diese Form gab es auch außerhalb der Wechselgesänge der Bukolik. Vielleicht hat Sappho die Wechselstrophen ihrer Hochzeitsgedichte ähnlich geformt.[6] Und daß es die Form auch in der Liebesdichtung gegeben hat, zeigt das schon genannte Gedicht 3, 9 des Horaz, in dem sich auch Strophenpaare mit strenger Responsion ablösen. In der griechischen Dichtung hat sich nur die Parodie solcher Gedichte in Aristophanes' Ekklesiazusen erhalten, die aber formal sehr vergleichbar ist; wir finden hier dieselben motivlichen und verbalen Responsionen.[7]

Offenbar greift also Catull eine traditionelle lyrische Form auf. Das unmittelbare Vorbild werden motivähnliche Gedichte aus der hellenistischen Zeit gewesen sein. Uns ist zwar aus dieser Zeit nichts Vergleichbares greifbar, aber das heiter spielende Paar[8] mit der es umschwebenden Gestalt des neckischen Amor wird durch die bildende Kunst, wie sie uns in den Liebespaaren und Erotendarstellungen der campanischen Wandmalerei entgegentritt,[9] in diese Zeit verwiesen. Zu diesen heiteren Motiven paßt das glückverheißende Niesen des Liebesgottes in den Refrainversen, das auch schon ein Motiv der hellenistischen Dichtung ist.[10] Gut hellenistisch erscheint auch die Liebesvergessenheit des glücklichen Paares, dem alle Reichtümer der Welt ihrer Liebesseligkeit gegenüber belanglos erscheinen.[11] Die Nähe

[5] Verg. ecl. 3 und 7 nimmt diese Technik in allen Einzelheiten auf.

[6] Darauf deutet Catulls in Sapphos Tradition stehendes Hochzeitsgedicht c. 62. Sappho fr. 114 LP schildert eine Braut im Dialog mit der als sprechende Person eingeführten Parthenia.

[7] Ar. eccl. 952–959/960–968; 969–972/973–976.

[8] Vergleichbar sind Alciphr. 1, 28, 1; Prop. 2, 15, 9f.; Hor. c. 2, 12, 25f. Auch Ov. am. 2, 18, 6 sitzt die Geliebte auf dem Schoß des Liebhabers.

[9] Etwa Helbig 320; 826, abgebildet z. B. bei L. Curtius, Die Wandmalerei Pompejis, Köln 1929, Tafel 1 und Abb. 147.

[10] Cf. Theocr. 7, 96; Prop. 2, 3, 23f. Das Niesen, ganz gleichgültig ob von rechts oder von links, kann nur wie Hom. Od. 17, 541 oder Xen. anab. 3, 2, 9 ein gutes Zeichen sein, wie v. 9 und 18 *approbationem* und v. 19 *auspicio bono* zeigen. Wenn Amor bald von rechts, bald von links niest, soll das die Vorstellung hervorrufen, daß er das Paar umschwebt. In c. 68, 133f. entspricht dem ein *hinc illinc;* cf. Friedrich introd.; Fordyce ad 8f.

[11] Das Motiv erscheint auch Call. fr. 75, 44–48 Pf; Theocr. 8, 53–56; Hor. c. 2, 12, 21–24; Prop. 1, 8, 33–36.

zu diesen glücklichen Bildern und Vorstellungen scheint mir auch klar irgendwelche ironisierenden Absichten bei der Schilderung des Paares auszuschließen.[12] Die Superlative des Gedichtes sind keine ironischen Überzeichnungen, sondern gehören zum Genre: Liebesbeteuerungen haben zu allen Zeiten etwas Überschwengliches an sich, und Catull schildert in eigener Person das Entzücken der Liebe nicht anders.

Bei aller Nähe zu hellenistischen Liebesdarstellungen geht Catull in einem wesentlichen Punkt darüber hinaus. So ausschließlich[13] und so für ewig[14] sind eigentlich die hellenistischen Liebesbindungen nicht geschildert. Diese Forderung, die Liebe müsse ein ganzes Leben währen und dieses Leben ganz erfüllen, ist eine sehr persönliche Vorstellung Catulls: so hatte er selbst seinen Bund mit Lesbia aufgefaßt,[15] und ganz ähnlich sah er in der Liebe seines Freundes Calvus eine sogar den Tod überdauernde Freundschaft.[16]

Ein zeitgeschichtlicher Bezug[17] scheint Vers 22 beabsichtigt, wenn anstelle einer Allgemeinaussage, Septimius ziehe seine Acme aller Macht und allen Schätzen der Welt vor, konkret gesagt wird, er schätze sie mehr als Syrien und Britannien. Das sind ja die beiden Länder, die damals im Zentrum des allgemeinen Interesses standen, weil an diesen Punkten Crassus und Caesar große militärische Unternehmungen planten. Und es mochten damals viele junge Römer so wie Ciceros Freund Trebatius wenigstens in Gedanken damit gespielt haben, sich an diesen Unternehmungen zu beteiligen und so zu Geld, Einfluß und Ehre zu kommen. Septimius kennt ein besseres Glück: die Liebe. Es ist, als ob Catull in dieser Gegenüberstellung sehr betont den Werten, die in Rom weithin als die höchsten galten, das persönliche Glück der Liebeswelt entgegenstellte, wie er sich ja auch persönlich in c. 5,1–3 durch die römischen Wertvorstellungen nicht in seinem Liebesglück stören lassen wollte.

[12] So sehen das Gedicht S. Baker, Class. Phil. 53 (1958) 110–112; Quinn. Int. 228; Bardon, Propositions 121.

[13] Außer durch den Liebesschwur in Vers 3 ff. wird die Ausschließlichkeit durch *unam* und *uno* in Vers 21 und 23 hervorgehoben.

[14] Vers 3 *porro;* 4 *omnes annos; assidue;* 14 *usque.* Diesen Aspekt betont M. Gigante, Giorn. it. fil. 4 (1951) 323–327. Schwüre ewiger Liebe kennt man auch aus hellenistischen Epigrammen: A. P. 5, 6, 1 f. (Kallimachos); 5, 8, 1–4 (Meleagros); 5, 52, 1 f. (Dioskorides); aber in diesen Epigrammen liegt der Witz immer darin, daß der eine Partner den Schwur über einer neuen Liebe sehr schnell vergessen hat.

[15] Das Motiv, daß der Liebesbund das ganze Leben dauern sollte, bringen vor allem c. 76, 2 ff. und 87, 3 f.

[16] c. 96.

[17] Neudling 158 betont diesen Aspekt.

46. Gedicht

In dem kleinen Gedicht nimmt Catull im Frühjahr des Jahres 56 Abschied von Bithynien und von den Gefährten, mit denen er dort die Zeit der Provinztätigkeit verbracht hatte. Hinter den Motiven der ersten Gedichthälfte stehen griechische Epigramme von der Art, wie sie zu Beginn des 10. Buches der Anthologie gesammelt sind.[1] Diese Epigramme sind dem Priap in den Mund gelegt, der hier der Schutzherr des Hafens ist; sie fordern die Seeleute auf, in dem lachenden Frühlingswetter wieder die Seefahrt aufzunehmen.

Bereits in diesen Epigrammen folgen die beiden Verspartien, die den Frühling schildern und die zur Abfahrt auffordern, klar geschieden aufeinander.[2] Auch in ihnen findet man eine Folge kurzer, paralleler Kola, das oft anaphorisch wiederholte „schon“,[3] und auch sie sprechen vom angenehmen Wehen des Frühlingswindes[4] und lassen durch die Erinnerung an das Vergrollen der Winterstürme die glatte See im Frühling noch strahlender erscheinen.[5] Und auch hier erscheint schon die Fahrt in die Ferne als etwas Verlockendes.[6] Vor allem aber ist Catulls lebhaft-munterer Tonfall bereits in den griechischen Frühlingsepigrammen vorgeprägt, die auch sonst in Rom wohlbekannt waren.[7]

Auch in den Versen 7–11, für die es jedenfalls in den erhaltenen griechischen Epigrammen kein Vorbild gibt, behält Catull den durch den griechischen Gedichttyp geprägten Grundton bei. Wieder reiht er zunächst kurze,

[1] Vergleichbar sind A. P. 10,1 (Leonidas v. T.); 10,2 (Antipatros v. S.); 10,5 (Thyillos); 10,6 (Satyros); cf. Wilamowitz, Hell. D. 2,108; Hezel 22–25.

[2] Die genannten Epigramme sind alle so eingeteilt, daß den beiden Themen jeweils zwei Distichen eingeräumt sind. Erst spätere Variationen wie A. P. 10,4 halten sich nicht mehr an diese Form.

[3] A. P. 10,1,2; 2,3; 6,1. Dreimal wiederholt es A. P. 10,5,1–3. Auch Hor. c. 4,12,1–3 zeigt, wie typisch das für Frühlingsschilderungen war; cf. Hezel 25.

[4] A. P. 10,1,2; 5,2; 6,1f.

[5] A. P. 10,1,3f. (σεσίγηκεν entspricht Catulls *silescit*); 2,1f.; 5,4 (σῖγα). In A. P. 10,6,3f. findet sich wie bei Catull eine Aufgliederung des Motivs in zwei Kola; das erste schildert den lauen, belebenden Frühlingswind, das zweite die Ruhe des Meeres, das nun frei von den Winterstürmen ist.

[6] A. P. 10,1,8; 5,7f.; 6,7.

[7] Cicero zitiert im Atticusbriefwechsel A. P. 10,1 dreimal; cf. Wilamowitz, Hell. D. 2,108. Auffällig ist Cic. Att. 10,2,1 nach einem zitierenden λαλαγεῦσα *iam adest* die Fortsetzung *et animus ardet,* die an Catulls *iam mens praetrepidans avet* gemahnt. Das legt die Vermutung nahe, daß es schon griechische Epigramme gab, in denen wie bei Catull der vom Reisefieber ergriffene Seefahrer selbst sprach.

lebhafte, mit anaphorischem *iam* eingeleitete Aussagesätze aneinander, auf die dann ebenfalls ein Imperativ folgt. Mit den beiden letzten Versen klingt dann allerdings das Gedicht in einem viel ruhigeren Relativsatz aus.

Doch bei allem Anschluß im einzelnen hat Catull ein anderes Gedicht, als es die uns bekannten griechischen Epigramme sind, geschaffen.[8] Viel macht natürlich die Veränderung der Redesituation aus. Da nicht mehr Priap, sondern der Dichter in eigener Person spricht, kann er zu einer Schilderung der persönlich erregten Stimmung und zu persönlichen Abschiedsworten an die Gefährten übergehen. Wichtig ist auch die Wahl eines knapperen, den lebhaften Ton begünstigenden Versmaßes. Vor allem aber setzt Catull an die Stelle eines oft recht beliebigen Häufens von Stimmungselementen bei der Frühlingsschilderung eine klar umrissene, einheitliche Situation; alles, was nicht zum Aufbruch zu einer Reise über See paßt, also Motive wie Schwalbengezwitscher und Wiesenblühen, wird beiseite gelassen. Und auch in der Beschreibung der für eine Seereise wesentlichen Wetterveränderung ist seine Wortwahl viel präziser als in den griechischen Epigrammen:[9] Während dort allgemein von einem Verstummen der Stürme die Rede ist, setzt die Erwähnung der Äquinoktialstürme ein klares Datum, dessen Bedeutung jedermann kannte.[10] Diese Genauigkeit paßt gut zu der korrekten Schilderung des fruchtbaren, aber heißen Flachlandes um Nicaea,[11] dessen für den Sommer zu erwartende Beschwernisse der Lust am Aufbruch eine sehr konkrete Grundlage geben. Gewiß versucht Catull auch wie die hellenistischen Kleinmeister durch Häufung von angenehmen Vorstellungen heitere Assoziationen hervorzurufen *(egelidos*[12]*... tepores, iucundis Zephyri... auris)*, aber wichtiger und typischer ist wohl, daß die lebhaft-kräftigen Bewegungsimpulse der Aufforderungen zur Reise von Anfang an vorbereitet sind: schon *refert* bringt eine Bewegungsvorstellung, und während die Griechen von der bereits eingetretenen Stille der See sprechen,[13] ist in Catulls *silescit* noch Veränderung und Bewegung spürbar.

[8] Cf. M. v. Albrecht, Römische Poesie, Heidelberg 1977, 247–251.

[9] Cf. K. F. Quinn in J. P. Sullivan (Hrsg.), Critical Essays on Roman Literature. Elegy and Lyric, London 1962, 32.

[10] Cic. Att. 10, 17, 3 zeigt, daß man in der Umgangssprache ganz ähnlich von den Äquinoktialstürmen als Reisehindernis sprechen konnte.

[11] Strabo 12 p. 564 hält sehr vergleichbar die Fruchtbarkeit der Ebene von Nikaia und den nicht sehr gesunden Aufenthalt im Sommer für das Berichtenswerteste; cf. Bährens ad 5.

[12] Ov. am. 2, 11, 10 und Colum. 10, 282 zeigen, daß das Wort keine prosaischen Assoziationen hervorrufen mußte, auch wenn es später nicht in das typisch poetische Vokabular aufgenommen wurde.

[13] Cf. A. P. 10, 1, 3; 6, 3 f.; vid. M. v. Albrecht op. cit. 341 n. 5.

Das konsequente Zuschneiden des überlieferten Motivbündels auf die konkrete Lebenssituation führt auch dazu, daß als Ausgangspunkt der Reise das im Binnenland gelegene Nicaea und nicht der Hafen gewählt wird, in dem das Schiff liegt. Verunklart diese Ausweitung nicht die dichterische Gestaltung? Aber durch das Nennen der konkreten Orte und durch das Hinzufügen einer erst einmal nötigen Landreise kommen auch die bedeutenden Strecken zum Bewußtsein, die zurückzulegen sind, und *ad claras Asiae volemus urbes* läßt mindestens ebenso wie das Zurüsten eines Schiffes die beabsichtigte schnelle Seefahrt vor das innere Auge treten. Außerdem hat dieses Ziel für einen damaligen Römer etwas viel Verlockenderes an sich,[14] als es je eine beliebige Handelsreise haben konnte, wie sie in den griechischen Epigrammen angetreten wurde. Man merkt es bei diesen Worten: das hat ein Dichter geschrieben, der für die mannigfaltigsten Eindrücke offen ist, die er auf dieser Reise erwartet.

Bezeichnender für unseren Dichter noch ist, daß er das, was er an gegenständlichen Motiven in sein Gedicht aufnahm, weitgehend zu einem Mittel für die Darstellung des eigenen bewegten Innern machte, so daß der Frühlingsanbruch in der Natur und die eigene Aufbruchstimmung als inniger Einklang erscheinen. Was draußen geschieht, spiegelt sich im eigenen Innern wider.[15] Die Selbstanreden *linquantur, volemus* übertragen die Veränderung draußen auf den eigenen lebhaften Entschluß, die Verse 7f. sind dann allein noch Schilderung der eigenen Neugierde, der Vorfreude auf das, was er sehen wird. Besonders durch das Wort *praetrepidans,* das wohl erst Catull selbst zum Ausdruck dieser besonderen Stimmung gebildet hat,[16] wird die ungewöhnliche innere Erregung deutlich.[17]

Zu diesem persönlich bewegten Sprechen passen dann sehr wohl die letzten ganz privaten Verse, in denen sich der Dichter von seinen Freunden,[18]

[14] Welche Assoziationen für einen damaligen Römer mit einem Besuch der kleinasiatischen Städte verbunden waren, zeigen Hor. c. 1,7 und Ov. tr. 1,2,77–80: auf einer solchen Reise wollte man historische und künstlerische Denkmäler bewundern.

[15] Cf. Schäfer 33–35.

[16] Cf. Fordyce ad 7.

[17] Hezel 25 teilt nach Birt das Gedicht in die beiden Partien Vers 1–6 und Vers 7–11 ein. Das ist gewiß nicht falsch, schon die erneuten *iam* in Vers 7 und 8 markieren ja einen Neueinsatz; aber wichtiger als diese Gliederung ist der Eindruck des Weiterströmens: es ist Catull formal und inhaltlich gelungen, die überlieferten Motive und den Ausdruck seines Gefühls zu einer Einheit werden zu lassen.

[18] Wenn Cinna mit von der Partie war (cf. c. 10,31), scheint das keine willkürlich zusammengescharte *cohors* gewesen zu sein; das scheinen junge Leute gewesen zu sein, die aus Catulls hauptstädtischen Zirkeln kamen und Memmius folgten, weil er

mit denen er ein langes Jahr verbunden war, verabschiedet. In der Anrede *o dulces coetus* finden wir so recht die etwas exaltierte Weise, in der Catull auch sonst zu ihm vertrauten Menschen spricht. In den mannigfaltigen Reiserouten,[19] die die Freunde zur Heimkehr benutzen konnten, kommt aber noch einmal ein Gefühl von Befreiung und Freiheit, das das Gedicht von Anfang an bestimmte, zum Ausdruck.

47. Gedicht

Das Gedicht steht im Zusammenhang mit der Situation von c. 28, in dem Piso,[1] den Catulls Freunde Veranius und Fabullus als Angehörige seiner *cohors* in die Provinz begleitet hatten, wegen der schlechten Behandlung der beiden angegriffen wird. Aber die Angriffsrichtung ist etwas anders. In c. 28 sieht Catull den Fall der Freunde ganz als Parallele zu seiner wenig erfolgreichen Unternehmung in Bithynien, wo alle Teilnehmer leer ausgingen. Nun greift er Piso wegen der unterschiedlichen Behandlung seiner *cohors* an: ein Porcius und ein Socration[2] hätten unter ihm so viel zusammenscharren können, daß sie nun üppige Feste feierten, seine lieben Freunde dagegen hätten nicht das mindeste mitgebracht, so daß sie nun

als literarisch aufgeschlossen galt und auch politisch ähnliche Ansichten vertrat: er verfaßte selbst kleine Gedichte (cf. Ov. tr. 2,433; Plin. epi. 5,3,5) und besaß nach Cic. Brut. 247 ein Interesse vor allem für die griechische Literatur. Auch Lukrez muß ihn für literarisch interessiert gehalten haben, wenn er ihm sein Werk über die Natur widmete. Cf. Schwabe 163.

[19] Im letzten Vers wurde über den Text *diversae* oder *-e* und *variae* oder *-e* viel diskutiert. Welches Wort ist Attribut, welches Adverb? Denn zwei unverbundene Attribute *-ae -ae* wären für das stilistisch so schlanke Gedicht zu schwerfällig. Ich würde mit Mynors *diversae varie* vorziehen: auch sonst sind in dem Gedicht, wenn möglich, die Attribute in kunstvoller Sperrung von ihren Substantiven getrennt, und das den Unterschied stärker betonende *diversus* paßt gut als Attribut zu *viae:* die mannigfaltigsten Alternativen boten sich an. Cf. K. F. Quinn loc. cit. 32f.

[1] Schwabe 248f. sieht in der Tatsache, daß Piso einen Socration, also offenbar einen Griechen, zu seinen schwelgerischen Gelagen einlädt, eine Parallele zu der Schilderung des Prokonsuls von Macedonien in den Jahren 57/56, L. Calpurnius Piso, bei Cicero; cf. Cic. Pis. 22.42.67.89.

[2] Porcius könnte der Freund des Clodius C. Porcius Cato gewesen sein, der im Jahre 56 Volkstribun war und eine Piso vergleichbare Politik verfolgte; cf. Neudling 147–149. Aber Neudlings Vermutung p. 140, Socration sei ein Deckname für Philodemos von Gadara, ist sehr unwahrscheinlich. Gewiß stand Philodemos Piso nahe (cf. Cic. Pis. 68; A. P. 11,44), aber wie der heitere, bescheidene Epikureer in den Ruf eines Ausplünderers der Provinzen hätte kommen können, ist unerfindlich.

ängstlich auf Einladungen zu einem Mahl warten müßten. Besonders empörend findet Catull diese Unterscheidung, weil die Vorgezogenen ein ungewöhnlich schäbiges Paar sind: Wenn sie als Pisos „linke Hände“ bezeichnet werden, so meint das Pisos Diebsgesellen.[3] Und *scabies famesque mundi,* also „Krätze und Hungersnot der Welt“, bedeutet, daß sie Elend und Hunger hervorgerufen, d. h. also die Provinzen ausgeplündert haben.[4]

Bei seinen Freunden wird nun an sich nichts hervorgehoben, was sie einer Begünstigung von seiten Pisos würdiger gemacht hätte. Er findet es einfach empörend, daß seine lieben Freunde so schlecht behandelt wurden. Allein daß sie ihm lieb und teuer sind, hebt er hervor; das drücken die Koseform *Veraniolus,* das persönliche *meo* und dann das freundschaftliche *mei sodales* aus. Er sucht auch nicht die Ursache der Bevorzugung der beiden anderen zu ergründen; Piso ist in seinen Augen eben ein „geiler Priap“, wie er mit einem derben Schimpfwort sagt.[5] Catull ist eben der Ansicht, daß von einer solchen Person keine bessere Wahl zu erwarten ist.

Der Aufbau des Gedichtes ist sehr schlicht. Die ganze Indignation Catulls drückt sich bereits in den schmähenden Attributen aus, die Vers 1f. den beiden Angegriffenen gegeben werden. Darauf folgen in den Versen 3f. und 5–7 zwei Fragen, die mit einem herausfordernden *vos* beginnen und jedesmal die empörende Bevorzugung der beiden der Mißachtung seiner Freunde gegenüberstellen. Das *proposuit* der ersten Frage läßt die Art der Bevorzugung noch offen; der Satz dient mehr einer weiteren Charakterisierung der Personen. In der zweiten Frage wird die Bevorzugung dann konkretisiert: Während die beiden Angegriffenen ein Schlemmerleben führen, haben die Freunde so wenig, daß sie bang auf Einladungen warten müssen, wenn sie etwas genießen wollen. Alles in dem Gedicht ist auf den Ausdruck von Empörung angelegt: die Häufung der schmähenden Appositionen in Vers 1f., das Schimpfwort für Piso, die gedrängten Ausdrücke zur Schilderung der Schlemmerei in Vers 5f.[6], und schon rein formal ist eine solche

[3] Von der Linken sprach man, wenn man auf einen Diebstahl hinweisen wollte: c. 12,1; Plaut. Pers. 226; Ov. met. 13,111; cf. Kroll ad c. 12,1.

[4] Cic. Rab. 2 sagt vergleichbar *pestem ac perniciem civitatis;* Mart. 3,7,4 *o fames amicorum;* cf. Della Corte ad 2.

[5] Die Beziehung auf Priapus (cf. Ov. am. 2,4,32) zeigt, daß *verpus* hier von *verpa = membrum erectum* abzuleiten ist. Das spätere Schimpfwort für einen Beschnittenen im Sinne der jüdischen Sitte (Juv. 14,104; Mart. 7,82,6) scheint erst eine sekundäre Bildung zu sein. Die Vorstellung ist hier mit der c. 28,12f. vergleichbar.

[6] Neben *lauta* und *sumptuose* bezeichnet *de die* also Gelage, die schon am hellen Tag beginnen, das Übermaß und die Schwelgerei: Ter. Ad. 965; Hor. c. 1,1,20f.; 2,7,6f.

Häufung von Fragen geeignet, einen empörten Tonfall hervorzurufen.[7]

In Rom war es üblich, auch persönliche Vorwürfe als Verstöße gegen das allgemein anerkannte Wertsystem zu formulieren. Und die beiden Vorwürfe Catulls, die Ausplünderung einer Provinz und die Vergeudung des zusammengerafften Reichtums in maßlosen Schlemmereien, waren nun tatsächlich eines der üblichsten Themen der römischen Kulturkritik.[8] Aber kommt es Catull eigentlich so sehr auf den Verstoß gegen ein gültiges Wertsystem an? Ist er nicht vielmehr vor allem gekränkt, weil ihm nahestehende Menschen mißachtet werden? Und seine objektiven Vorhaltungen verlieren viel von ihrer Überzeugungskraft, weil er seine Freunde vor allem bedauert, daß ihnen das nicht gelungen ist, was Porcius und Socration erreichten, nämlich durch Geldbeschaffung in der Provinz[9] reichliche Mittel für ein Luxusleben zu haben. Lob und Tadel scheint Catull also weniger unter dem Gesichtspunkt objektiver Werte als nach persönlicher Zuneigung zu verteilen. In einer Umwelt, in der jedermann alles nach einem streng festgelegten Wertesystem maß, ist sein Werk eher ein Triumph der Subjektivität.

48. Gedicht

In den Kußgedichten an Lesbia sollten die Zahlenkaskaden und der Vergleich mit den Sandkörnern der Wüste und den Sternen am nächtlichen Himmel die Unersättlichkeit des erotischen Begehrens zeigen. Eine ähnliche Absicht zeigt dieses Gedicht an den Liebling Juventius. Freilich bleibt das leidenschaftliche Begehren hier ein bloßes Wünschen, ist nicht beseligend zuteil gewordene Wirklichkeit wie in den Lesbiagedichten. Die Einschränkung „wenn mich jemand immerzu küssen ließe“[1] und das Konjunktivische aller Aussagen zeigt, daß der Erfüllung des Liebesbegehrens ein Hindernis im Wege steht, daß das Gedicht also mehr einen Wunschtraum wiedergibt als eine Wirklichkeit.[2]

[7] Auch in anderen Gedichten wird der Tonfall der Empörung durch gehäufte Fragen erreicht: c. 29; 40; 52; 60; 80.

[8] In c. 29 greift Catull Caesar und Mamurra unter diesen beiden Gesichtspunkten an.

[9] Die Selbstverständlichkeit, mit der man solche Absichten annahm bzw. verfolgte, zeigen c. 10 und 28.

[1] *si quis* bedeutet, daß hier ein Hemmnis in den Umständen, etwa in den gesellschaftlichen oder familiären Verhältnissen, vorliegt; eine Sprödigkeit des Knaben, wie sie c. 99 schildert, hätte in dem Anredegedicht in der 2. Person ausgedrückt werden müssen.

[2] Das bedenkt F. Stoessl, C. Valerius Catullus 42, wohl zu wenig, wenn er cha-

Eine bloße Stilübung oder ein bloßer Versuch, die Gesellschaft durch die Verletzung eines Tabus zu schockieren,[3] ist das Gedicht aber deshalb nicht. Das Thema des Gedichtes ist wie in den Kußgedichten an Lesbia die Grenzenlosigkeit des erotischen Begehrens. Was an Lebensrealität dahintersteht, ist schwer zu sagen. Gewiß ist es nicht unmöglich, daß Catull andere Leidenschaftserfahrungen auf eine homosexuelle Liebe übertrug, weil er in Sammlungen griechischer erotischer Gedichte solche auf geliebte Jungen neben denen auf Mädchen fand.[4] Aber die sehr unbefangene Art, in der er immer wieder von seinem Liebling oder von den Lieblingen anderer spricht,[5] läßt es durchaus als möglich erscheinen, daß Catull hier wie in anderen Gebieten der üblichen römischen Anschauung[6] sehr frei gegenüberstand.

Catull beginnt das Gedicht im schwärmerischen Tonfall kosender Liebessprache: Honig nannten Liebhaber bei Plautus ihre Freundin,[7] und honigsüß war, was ihnen an ihr besonders gefiel;[8] und einer versicherte leidenschaftlich, daß er ihr die Augen küssen wolle.[9] Im weiteren finden wir die gleichen Übersteigerungen wie in den Kußgedichten an Lesbia. Immerzu *(usque)* will er küssen,[10] und wieder soll das grenzenlose Verlangen eine unglaublich große Zahl von Küssen vergegenwärtigen, die es durchaus mit der Zahlenreihe im 5. Gedicht aufnimmt.[11] Der leidenschaftliche Ton findet in der in Vers 1 und 5 über die Versenden drängenden Spannung und in Laut- und Wortwiederholungen seinen Ausdruck; sehr insistierend wirkt in Vers 1 die Wiederholung der vollen Endsilbe *-os* und der wesentli-

rakterisiert „im Augenblick des Liebesglückes". Auch der Einwand von Hezel 14, dem Gedicht fehle jede Andeutung einer Situation, erübrigt sich dadurch: Braucht eine Wunschvorstellung eine Situation?

[3] So einerseits Kroll, andererseits Quinn.

[4] Cf. Williams 551–554.

[5] c. 15,1; 21,4; 61,128ff.; 100.

[6] Die einhellig negative Beurteilung der griechischen Sitte in der römischen Gesellschaft zeigen die von Williams 551 angeführten Stellen gut. Dem steht bei den Elegikern und bei Horaz eine völlig unbefangene Behandlung als poetisches Motiv gegenüber.

[7] Z. B. Plaut. Curc. 164; Poen. 367.

[8] Cf. Plaut. Cas. 458; Pseud. 180.

[9] Plaut. Cas. 136; cf. Cat. c. 9,9; 45,11f.

[10] Das *usque* in Vers 2 und 3 entspricht dem *usque* in c. 5,9 und 45,15.

[11] Natürlich ist die Zahlenreihe in c. 5 hübscher, aber das war nicht ein zweites Mal zu wiederholen. *Trecenta milia* für eine sehr große Zahl findet sich auch Hor. epi. 2,2,164. Das Superlativische des Ausdrucks wird dadurch deutlich, daß ja schon *trecenti* allein für eine unbestimmt große Zahl gebraucht werden konnte.

chen Worte *usque* und *basiare* in Vers 2f. In Vers 5 klingen die Alliteration und der Gleichklang der entscheidenden Worte des Vergleiches *aridis aristis* heraus. Eine wesentliche Übereinstimmung mit den Kußgedichten an Lesbia ist auch die Versicherung, daß ihn die unvorstellbar große Zahl von Küssen immer noch nicht sättigen könne;[12] seine Begierde ist unstillbar.

Zweierlei macht wohl das Gedicht zu einem Kunstwerk. Einmal ist der emotionale Ausbruch in die strengste Form gebannt. Die Verse sind makellos, und die Satzgestaltung ist erstaunlich ausgewogen.[13] Zwei zweizeilige Konditionalsätze umrahmen die beiden einzeiligen Hauptsätze in der Gedichtmitte, wobei der entscheidende Begriff küssen in jedem der drei Teilsätze im Mittelpunkt steht: *sinat... basiare; basiem; seges osculationis.* Ein zweites ist wesentlich: Wie dem 7. Gedicht die poetischen Vergleiche seinen Reiz geben, verleiht auch hier das Bild des reifen Getreidefeldes dem Gedicht Farbe und Ungewöhnlichkeit. An sich ist das Bild der zahllosen wogenden Ähren eines reifen Getreidefeldes als Metapher oder epischer Vergleich durchaus gebräuchlich, aber verglichen wird üblicherweise mit einem zahllosen Heer, mit einer waffenstarrenden Schlachtreihe.[14] Gewiß ist auch bei Catull wie bei diesen epischen Vergleichen der eigentliche Vergleichspunkt die unübersehbare Zahl,[15] aber bei Catull stellen sich andere Assoziationen ein: Sonne, Lebensfülle, Glück. Einzigartig ist auch das Eingehen des Naturvergleichs in den metaphorischen Ausdruck der letzten Zeile: *nostrae seges osculationis.*[16]

49. Gedicht

Zwei entgegengesetztere Zeitgenossen als Cicero und Catull sind kaum zu denken: Cicero, am Althergebrachten hängend, konservativ in Geschmack und Urteil, als Stilist dem vollsten, tönendsten Wort zugetan, und Catull, der abenteuernde Geist, der Verächter altrömischer Biederkeit und der Ästhet im Geiste des Kallimachos, der das understatement und den

[12] In Vers 4 ergäbe Statius' Konjektur *nec mi umquam* einen glatteren Text als das überlieferte *nec numquam*; cf. aber c. 76,3.

[13] Cf. Quinn introd.; F. Stoessl op. cit. 43.

[14] Verg. A. 7,525f.; 720f.; 12,663f.; Ov. tr. 4,1,57 ist der Vergleich eine von mehreren Möglichkeiten, um eine undenkbar große Zahl auszudrücken; das Bild dürfte also in der Dichtung in weiterem Umfang gebraucht worden sein, als uns kenntlich ist.

[15] Anders ist der Vergleichspunkt Ov. a. a. 3,102: ihm kommt es auf die sorgsame Pflege des Ackers an.

[16] Cf. L. Richardson, Class. Phil. 58 (1963) 97.

'schlanken' Stil liebt. Es scheint keine Brücke zwischen beiden möglich zu sein, und in der Tat drückte Cicero seine Abneigung gegenüber der Dichtung des Catullkreises in ebenso deutlichen Worten aus, wie Catull über altrömisch-gravitätisches Wesen und über pathetisch altmodisches Dichten in der Art des Ennius – und in der Art von Ciceros eigener Dichtung! – spottete.[1]

In unserem Gedicht spricht nun Catull den großen Redner in überbescheidenem Ton an und bedankt sich bei ihm aufs demütigste, ohne daß allerdings gesagt würde, wofür der Dank ausgesprochen wird. Ist das eine ernstgemeinte Huldigung des jungen Dichters gegenüber dem berühmten Mann?[2] Vorsicht ist geboten. Wenn Catull in seinen kleinen Gedichten gravitätisch, zeremoniös und feierlich wird, schaut zwischen den Zeilen meist der Schalk hervor, und man muß mit Ironie rechnen.

Schon in der Anrede „Beredtester der Romulusenkel" ist *Romuli nepotes* in der Stilebene überzogen. Wenn in der augusteischen Dichtung die Nachkommen der Trojaner oder Römer an besonders gehobenen Stellen, zumeist in Prophezeiungen, *nepotes* genannt werden,[3] liegt allem Anschein nach feierlicher ennianischer Sprachgebrauch vor. Catull verwendet nun c. 58,5 diesen Ausdruck an einer recht derben Stelle parodistisch. Der naheliegende Schluß ist, daß er auch hier die Wendung nicht als ernsthaftes Lob gebrauchte.[4] Übertrieben wirkt auch in den beiden nächsten Versen die Wendung „soviel sind, waren und soviel in weiteren Jahren sein werden". Gewiß verwendete Cicero diesen Steigerungstopos in vollem Ernst,[5] aber schon Plautus benützt ihn in recht ironischem Ton,[6] und Catull selbst nimmt ihn in zwei Spottgedichten in komisch übertreibender Weise auf.[7]

[1] Cicero: Tusc. 3,45; Att. 7,2. Catull: c. 5,2f.; 95.

[2] Schwabe 126f.; Bährens; Ellis; T. Frank, Am. Journ. Phil. 40 (1919) 409; Kroll u. a. hielten das Gedicht für ein ernsthaftes Dankbillet, dagegen deuten R. Reitzenstein, Gött. G. Anz. 1904, 956; Friedrich; Wilamowitz, Hell. D. 2,309; Weinreich, Distichen 18f.; Paratore, Catullo 46ff.; M. Schuster RE s. v. Valerius Sp. 2369f. u. a. die grenzenlosen Übersteigerungen in Lob und Selbstverkleinerung als klare Anzeichen von Ironie.

[3] Verg. A. 2,194; 3,158; Ov. met. 15,17; 15,444; Hor. c. 1,2,35; 2,1,27.

[4] Cf. Paratore, Catullo 47. Allerdings ist kaum anzunehmen, daß in der Wendung noch ein Seitenhieb auf Cicero steckt, der als Bürger von *Arpinum* strenggenommen gar nicht zu den Romulusenkeln gehöre. Der Mann aus Verona konnte das Cicero kaum vorhalten, und unter Romulusenkeln verstand man damals doch wohl schon alle römischen Bürger.

[5] Kroll ad 2 zitiert dafür Cic. p. red. ad Quir. 16.

[6] Plaut. Bacch. 1087; Pers. 777; cf. Paratore, Catullo 53 (nach G. Funaioli).

[7] c. 21,2f.; 24,2f.; cf. Paratore, Catullo 46f.

Zu diesem übersteigerten Tonfall paßt auch die zeremoniöse Anrede *Marce Tulli*,[8] die sehr von der schlichten Weise absticht, in der Catull sonst seine Zeitgenossen anredet. Auch der Gegensatz der Verse 5–7 *pessimus omnium poeta* und *optimus omnium patronus* kann nicht ernst gemeint sein. Gewiß gehört ein Ausdruck von Bescheidenheit zu einem Dankgedicht und dgl., auch das Dedikationsgedicht an Cornelius Nepos formuliert bescheiden, wenn Vers 8f. vom Wert der eigenen Dichtung gesprochen wird; aber gerade ein Vergleich mit dieser Stelle zeigt, daß das durch die Wiederholung noch zusätzlich betonte *pessimus omnium poeta* kein Ausdruck von Bescheidenheit ist, sondern eine provozierende Selbstverkleinerung,[9] von der aus ein ironisches Licht auf das im Gegensatz dazu gestellte *optimus omnium patronus*[10] fallen soll. Catull macht sich hier wohl über den immer zu einem Selbstlob geneigten Redner lustig, ja man meint fast, daß in den gehäuften Superlativen dieser Verse eine Parodie des Superlativstils gehobener Stellen in Ciceros Reden beabsichtigt ist.[11]

Im letzten Vers läßt Catull die Maske der Demut fallen und geht von der versteckten Ironie zu einem offenen, boshaften Nadelstich über. Wenn man an Ciceros immer wieder vorgebrachten Anspruch denkt, er sei in höchster Not der Retter des Vaterlandes gewesen, kann die Bezeichnung „Bester aller Advokaten“[12] nur als ausgesuchte Bosheit verstanden werden. Ciceros Rednerideal und Anspruch zielte wahrhaftig nach einem anderen Ruhm!

Vermutlich braucht man also nicht nach einem Anlaß zu suchen,[13] bei dem sich Catull für eine Freundlichkeit Ciceros zu bedanken hatte. Der Dank wird genauso ironisch sein wie das ganze Gedicht. Viel eher steht im Hintergrund dieser Verse eine herablassende Bemerkung des Redners über Gedichte Catulls, die der auf seine Kunst stolze Dichter mit diesem 'Dank'

[8] Merklich ist der offizielle Ton in Cic. Cat. 1,27; Mil. 94; Att. 7,3,5; 7,7,7; cf. Paratore, Catullo 51.

[9] Man wird auch daran denken müssen, wie Catull c. 36 die ihm dort allerdings in einem anderen Sinn gegebene Bezeichnung *pessimus poeta* energisch zurückweist und einem von ihm für miserabel gehaltenen Poeten weitergibt.

[10] *omnium* kann hier nicht als 'Advokat von jedermann' verstanden werden: die Verbindung *optimus omnium* ist durch die parallelen Zeilen 5 und 6 als partitiver Genitiv festgelegt.

[11] Cf. Paratore, Catullo 41.

[12] An betonter Stelle in der Schlußpartie des Brutus, 332f., zeigt Cicero, wie wenig er die Bezeichnung *patronus* schätzt: Brutus solle sich aus der Schar der üblichen Anwälte emporheben *(ex turba patronorum)*; ihm zieme es, ein wahrer Redner zu werden; cf. Paratore, Catullo 41 (nach Piazza).

[13] Cf. Paratore, Catullo 33; 40; Fordyce introd.

quittiert hat.[14] Aus ihm spricht ganz dieselbe Respektlosigkeit vor anerkannter Größe wie in dem Epigramm an Caesar c. 93[15] und das gleiche gelassene Selbstbewußtsein, das auf jedes Wort der Rechtfertigung verzichten kann.

50. Gedicht

Wenn Catull hier an vergnügliche, literarischen Scherzen gewidmete Stunden zurückdenkt, die er am Vortag mit seinem Freund, dem Dichter Licinius Calvus, verbracht hatte, wenn er dann seinen Trennungsschmerz schildert und schließlich ein erneutes Zusammensein wünscht, so macht das in der Frische und Lebendigkeit des Tonfalls den Eindruck, als hätten wir wirklich ein von Catull an Calvus abgesandtes Brieflein vor uns.[1] Ganz ähnliche Sujets kann man ja im Cicerobriefwechsel finden, wo Cicero einmal in Kummer und Schlaflosigkeit in einem brieflichen Geplauder mit Freund Atticus Trost sucht oder in einem Brief an einen Bekannten auf ein Gespräch mit ihm zurückkommt und es schriftlich weiterführt.[2] Bei näherem Zusehen aber tauchen Zweifel auf, ob das Gedicht wirklich ein unverstelltes Lebensdokument ist, das nachträglich in das Gedichtbuch aufgenommen wurde. In einem wirklichen Brief braucht man dem Freund doch nicht bis ins einzelne zu schildern, was man mit ihm am Tag zuvor getrieben hat![3] Über gemeinsam Erlebtes kann man im nachhinein vielleicht noch ein Urteil fällen; erzählen wird man nur, was der Adressat noch nicht weiß. Wir haben also auch hier ein bewußt gestaltetes Kunstwerk vor uns, in dem die Lebenswirklichkeit in eine Kunstform transponiert wurde; das Gedicht diente nicht einem praktischen Zweck, einer dringenden Einladung des Freundes, sondern einem poetischen Zweck, der Darstellung einer Dichterfreundschaft und dem Bekenntnis zu ihr.

Die Verse 1–6, die in einem realen Brief abwegig wären, sind in dem Gedicht der entscheidende Ausgangspunkt. In der Schilderung des scherzenden dichterischen Wetteiferns[4] zeigt sich die Übereinstimmung in den

[14] Cf. M. Schuster, RE s. v. Valerius Sp. 2369; U. Knoche WdF 143.

[15] So Weinreich, Distichen 18f.

[1] So Kroll introd.

[2] Cic. Att. 9,10,1; fam. 7,22; cf. Quinn introd.

[3] So argumentiert Fordyce introd. Quinn ad 1–6 denkt an eine Hinzufügung von Vers 1–6 anläßlich der Veröffentlichung. Aber *atque illinc* ist kein möglicher Gedichtanfang, und die seelische Bewegung in den Versen 7ff. hinge ohne die vorherige Schilderung der Ursache in der Luft.

[4] Von formalen Spielen mit Versen haben wir schon früh Nachrichten. So formte Simonides im Scherz oder polemisch einen Hexameter des Timokreon von Rhodos

wesentlichen literarischen Vorstellungen und Urteilen. So kommen in den scheinbar so leichthin und absichtslos gesagten Worten wichtige Punkte im Dichtungsverständnis des Catullkreises gut zum Ausdruck. Natürlich meint *ludere* in Vers 1 und Vers 5 zunächst konkret ein Spielen mit Worten und Metren, aber es zielt darüber hinaus auch auf das kallimacheische Ideal eines unpathetischen, scheinbar gewichtlosen Ausdrucks.[5] In dieser Tradition werden die Dichter der nächsten Generation immer wieder von ihrem Dichten als einem Spielen sprechen.[6] Bezeichnend ist auch das Wort *delicatus*. Es fällt auf, daß Cicero *delicatus* bzw. das dazugehörige Substantiv *deliciae* öfters in Hinsicht auf die modische Jugend Roms verwendet;[7] natürlich hat von seinem Standpunkt aus das Wort einen wenig positiven Klang, aber es wird doch deutlich, daß die jungen Leute diese Wörter durchaus im positiven Sinn auf sich anwandten und damit das bezeichneten, was sie für schick und modisch hielten.[8] Auch in diesem Wort drückt sich also etwas von dem neuen, allem schwerfälligen Ernst entgegengesetzten Geist der Dichter um Catull aus. Schließlich ist das Wort *otiosus* im Sinn einer deutlichen Umwertung der herkömmlichen römischen Wertvorstellungen gebraucht. Vom altrömischen Standpunkt aus wäre sehr viel dagegen einzuwenden, den lichten Tag *otiosus*, d. h. als Müßiggänger, zu verbringen, wie es die beiden jungen Männer hier tun. Nach den herkömmlichen Vorstellungen sollten die jungen Römer der Oberschicht den Tag mit rastlosem Wirken ausfüllen.[9] Für Catull dagegen ist das *otium* der wesent-

in einen trochäischen Tetrameter um, wofür sich Timokreon wiederum mit einer boshaften Parodie dieses Versuchs revanchierte: A. P. 13,30 und 31; cf. Wilamowitz, Hell. D. 1,129.

[5] Vor allem wird man an Call. fr. 1,5f. Pf denken: ἔπος δ'ἐπὶ τυτθὸν ἑλίσσω/παῖς ἅτε.

[6] c. 61,332; Verg. ecl. 1,10; g. 4,565; Hor. c. 1,32,2; 4,9,9. Gern wird einem *ludere* ein *canere* oder dgl. gegenübergestellt, das für die herkömmliche hohe Dichtung steht: Verg. ecl. 6,1; Ov. am. 3,1,27.

[7] Cic. Att. 1,19,8; Mur. 74. Cic. Pis. 70 erhalten modische Liebesverse Philodems dieses Attribut.

[8] Ciceros Worte Cael. 44 *deliciae quae vocantur* weisen darauf hin. Später wurde das allgemeiner Sprachgebrauch: Sen. epi. 23,4; 114,4; Quint. i. o. 9,4,114.

[9] Der Römer sah ursprünglich in der Erfüllung seiner öffentlichen und privaten *negotia* seine Lebensaufgabe; cf. Cic. de orat. 3,131; Sall. Cat. 6,5; 7,1–7 etc. Dagegen steht der Begriff *otium* der *desidia* sehr nahe; Sallust sieht in der Hinwendung zu einer lässigeren Lebensform eine wesentliche Ursache des römischen Niedergangs: Cat. 10,2; 11,5f.; Jug. 41,4. Auch die Kräfte des einzelnen gehen nach Sallust durch mangelnde Tätigkeit zugrunde: Jug. 1,4; 2,4. Auch Cicero äußert gegenüber einer allzu schrankenlosen Hingabe an das *otium* Bedenken: de orat. 3,56f. Die Wandlun-

liche Teil seines Lebens geworden und vor allem der Nährboden seiner Dichtung. Die *negotia* seines Lebens, die es bis zu einem gewissen Grad auch gegeben haben muß, dringen in den Raum seiner Dichtung nicht ein. Hier erscheint er immer als *otiosus*, als ein Mensch, der die verschiedenen Möglichkeiten seines *otiums* auskostet und dann oft auch zum Stoff seiner Dichtung macht. Für ihn ist also schon wie für eine Reihe von augusteischen Dichtern das *otium* die Voraussetzung und vielfach auch der Gegenstand seiner Dichtung geworden.[10]

Gewiß wird man Catulls Darstellung der heiteren literarischen Unterhaltung nicht so zu deuten haben, daß uns vorliegende Gedichte auf solche Weise entstanden seien;[11] auch Catulls inhaltlich gewichtlos scheinende Verse sind mit so großem Kunstverstand und so sorgfältig abgefaßt, daß sie schwerlich Produkte einer Weinlaune sein können. Und bezeichnenderweise will ja Catull sein *poema* erst in der Ernüchterung des nächsten Morgens, als die Hochstimmung nur noch Erinnerung ist, abgefaßt haben. Trotzdem war gewiß das heiter-spielende Freundesgespräch ein Grundton, der in manches Gedicht eingegangen sein wird und dem das geistreich heitere Spiel mancher Verse viel verdankt.

Vers 7 bringt mit dem Bericht des Aufbruchs von jenem Zusammensein einen betonten Neueinsatz mit einer erneuten Anrede. Catull beschreibt bis Vers 13 seine Stimmung nach der Trennung der Freunde. Er sei, vom reizenden Wesen[12] seines Freundes noch ganz erfüllt, weggegangen, aber eben deshalb sei ihm die Trennung geradezu unerträglich erschienen. Er habe einen Trennungsschmerz empfunden, wie er sonst bei einem Liebenden, der von der Geliebten fern sein muß, geschildert wird. Catull verwendet bei der Beschreibung seines Seelenzustandes bewußt Worte, wie sie bei einer erotischen Leidenschaft üblich sind *(incensus, miser, furor, dolor)*[13]

gen in der Sicht des *otium* in Rom verfolgt E. Burck in H. Oppermann (Hrsg.), Römische Wertbegriffe, Wege der Forschung Bd. 34, Darmstadt 1967, 503–515.

[10] In Virgils Eklogen wird eine Welt des *otium* gefeiert, und *otium* ist auch g. 4, 564 die Voraussetzung literarischer Betätigung; dann ist die ganze Liebeswelt der Elegiker eine Welt im *otium*, aber auch Horaz betont als Voraussetzung des Dichtens in c. 1, 32, 2 das Wort *vacuus*; schließlich sind für Ovid in tr. 2, 223 f. *otium* und *lusus* wesentliche Begriffe zur Charakterisierung seiner Dichterwelt. Cf. E. Burck loc. cit. 510 ff.

[11] Quinn introd. stellt Überlegungen an, um welche Gedichte es sich handeln könnte.

[12] Auch die beiden Worte *facetiae* und *lepos* kennzeichnen in Catulls Kreis das neue Lebensgefühl; zur gesellschaftlichen Wertung: c. 12, 8 f.; 13, 10; 22, 2. 9. 12 f.; 39, 8; 86, 3 f.; zur literarischen Wertung: c. 1, 1; 6, 17; 16, 7.

[13] Die Worte werden bei Catull häufig für eine Liebesleidenschaft gebraucht. *In-*

und schildert die gleichen Symptome: Appetitlosigkeit und Schlaflosigkeit.[14] Eine solche Steigerung eines Gefühlsausdrucks und eine so schrankenlose Aufdeckung einer leidenschaftlichen Erregung mußte damals in Rom als unerhört empfunden werden, wo doch die Scheu vor übertriebenen Gefühlsäußerungen zu den Grundhaltungen rechten Benehmens gehörte. Vor allem ist zu bedenken, daß Catull hier nicht von irgendeiner Mädchenbekanntschaft spricht, sondern von einem allseits bekannten Zeitgenossen, der im Mittelpunkt des öffentlichen Lebens stand. Aber gerade dieser Kult des persönlichen Gefühls erschien im Kreise um Catull als eine Befreiung aus den engen Schranken des Herkömmlichen und Üblichen.

Die Schilderung der leidenschaftlichen Erregung gipfelt Vers 12f. darin, daß schließlich der Wunsch übergewaltig wird, so bald wie möglich der Nähe des Freundes teilhaftig zu werden. Dies leitet zu den Gedanken des Schlußteils des Gedichtes über. In den Versen 14–17 berichtet Catull zunächst weiter, wie er nach der leidenschaftlichen Erregung der Nacht, von Müdigkeit und Ermattung noch ganz zerschlagen, dieses Gedicht für den Freund gemacht habe, damit er um seinen Zustand wisse, natürlich um sich dann seiner zu erbarmen und sich wieder mit ihm zu treffen. In den letzten vier Versen geht dann Catull vom Praeteritum zum Präsens über und mahnt dringlich, seiner Bitte zu entsprechen, d. h. wieder mit ihm zusammen zu sein.[15]

Die beiden Anreden in den Schlußpartien des Gedichtes *iucunde* und *ocelle* zeigen nochmals herzlichste Freundschaft, ja das Kosewort *ocellus* steht wieder der Liebessprache nahe.[16] Die abschließende Aufforderung, die Bitte nur ja ernst zu nehmen, greift zu seltsam starken Ausdrücken. Schon *audax* klingt in diesem Zusammenhang einem Freund gegenüber ungewöhnlich kräftig; dann verleiht das zweimalige *cave,* das durch das fol-

census: c. 64,19. 97. 253; *miser* bzw. *misellus*: c. 8,1. 10; 35,14; 45,21; 51,5; 64,71. 196; 77,4; 91,2; 99,11; *furor*: c. 64,54. 197; 68,129; *dolor:* c. 2,7. Cf. R. Reitzenstein WdF 166; Schäfer 39; C. W. Macleod, Cl. Qu. n. s. 23 (1973) 294.

[14] Die liebeskranke Chloe leidet Longos 1,13,6 an denselben Symptomen. Schlaflosigkeit quält den unglücklichen Liebenden A. P. 5,119 (Krinagoras); Verg. A. 4,529–531; Prop. 3,17,11f. Und im einsamen Bett wirft sich der verlassene Liebhaber hin und her: Prop. 1,14,21; 2,22,47; Ov. am. 1,2,1–4.

[15] Kroll ad 18 glaubt, daß der Inhalt der Bitten nicht völlig klar sei. Aber wenn man die aufeinander hinweisenden Verse 13 und 17 zusammen sieht, also den Wunsch nach der Anwesenheit des Freundes und die Absicht, dem Freund seinen inneren Zustand zu eröffnen, kann die Meinung der Bitte in Vers 18f. nicht unklar sein. Cf. C. W. Macleod loc. cit.

[16] Cf. Plaut. Asin. 664; 691; Trin. 245.

gende *caveto* [17] nochmals verstärkt wird, der Warnung einen außerordentlichen Nachdruck. Und geradezu pathetisch ist die Mahnung, die Rache der gewaltigen Göttin Nemesis nicht herauszufordern.[18] Diese starken Übersteigerungen können nicht purer Ernst sein. Man denkt an c. 14, wo sich Catull demselben Calvus gegenüber unerhört entrüstet gibt, man aber bald merkt, daß das Unwetter für ein ganz anderes Ziel bestimmt ist. In unserem Gedicht macht sich Catull wohl über sich selbst ein bißchen lustig, wie ja schon die Schilderung seines so ganz zerschlagenen Zustandes nach den Erregungen der Nacht nicht ohne Selbstironie war. Er greift zu den stärksten Ausdrücken, weil er so seine Hilflosigkeit am drastischsten schildern kann.

Ein solches Überspannen des Tons muß Lächeln hervorrufen: beim Freund, beim Leser – und bei ihm selbst. Und damit ist der Dichter wieder bei dem Spiel mit der Sprache angelangt, von dem das Gedicht ausgegangen war. Die Bewegung des Gedichtes führte also vom Scherzen des Beginns über die aus Sehnsucht nach einer Erneuerung dieser Stunden entbrennende Leidenschaft bis zu ihrer Übersteigerung, deren Ausdruck aber so übertrieben wird, daß ein Umschlag ins Lachen unausweichlich ist. Die verschiedenen Gemütshaltungen sind auf die Stufen der zeitlichen Entwicklung verteilt, deren Neueinsätze jeweils klar markiert sind (1 *hesterno . . . die*, 7 *atque illinc abii*, 14 *at . . . postquam*, 18 *nunc*). Wohl ponderiert wirkt das Ganze auch dadurch, daß alle vier Verspartien eine in sich abgeschlossene Periode bilden und jeweils eine eigene Anrede an den Freund bringen.[19]

51. Gedicht

Die drei ersten Strophen des Gedichtes schließen sich so eng an ein Gedicht der Sappho an,[1] daß man zunächst eine Übersetzung vor sich zu haben glaubt. Die Dichterin hatte in ihrem Gedicht in schonungsloser Offenheit die krassen Symptome eines Leidenschaftsausbruchs geschildert, von dem sie erfaßt wurde, als vor ihren Augen ein geliebtes Mädchen, ihrer nicht achtend, aufs reizendste mit einem Mann plauderte und scherzte.[2]

[17] c. 64,231 ist ein Imperativ Futur sehr nachdrücklich an entscheidender Stelle gesetzt.

[18] Eine vergleichbare, übertreibende Pathetik findet sich in Liebesepigrammen: A. P. 12,141 (Meleagros) wird die Strafe der Nemesis neben Zeus' Blitz genannt; ähnlich A. P. 12,140 (anonym).

[19] Vers 1. 8. 16. 19; cf. Quinn introd. *4 sentences, each organized round a vocative.*

[1] Sapph. 31 LP.

[2] Daß die leidenschaftliche Erregung nicht unabhängig von der Situation der

Die Symptome ihrer leidenschaftlichen Erregung stellt Sappho so dar, daß man das Gefühl hat, ihre ganze physische und psychische Existenz sei aus den Fugen geraten. Das Gedicht war in der Antike berühmt: seine Grundstruktur wird von einer ganzen Reihe von Dichtern aufgenommen, die in Sapphos Weise eine leidenschaftliche Erregung durch eine ähnliche Reihung paralleler Symptome schildern.[3] Catull konnte also damit rechnen, daß man den Anschluß an Sappho bemerkte und auf die Neuformung des klassischen Textes gespannt und kritisch achtete.

Trotz der engen Anlehnung bis in den Einzelausdruck hinein übersetzt Catull nicht einfach, sondern transponiert den archaischen Stil seines Vorbilds in die ihm eigene, durch die Schule des Hellenismus gegangene Ausdrucksform. Der Ausdruck wird gedrängter, pointierter, eleganter. So wählt Catull in Vers 3 anstelle von Sapphos parataktischer Reihung die Unterordnung *sedens adversus* und kann so alles Licht auf das Entscheidende, das beglückende Sehen und Hören, das Gefangensein aller Sinne fallen lassen.[4] In Vers 5 wird der Übergang vom Glück des anderen zum eigenen Unglück durch das antithetische Aufeinandertreffen von *dulce ridentem* und *misero* viel wirkungsvoller herausgearbeitet als im Vorbild, und auch das zusammenfassende *quod,* das den Zusammenhang weithin gliedernd ordnet, setzt die beiden gegensätzlichen Partien in eine gespannte Beziehung zueinander.[5] In der Schilderung des Leidenschaftsausbruchs selbst schafft Catull anstelle von Sapphos archaischer Reihung eine strukturierende Ordnung. Zu Beginn der Reihe wählt er mit *omnis . . . sensus* einen zusammenfassenden Allgemeinbegriff,[6] unter den sich die folgenden Einzelsymptome unterordnen können. Unter den Einzelerscheinungen der Sappho wählt Catull aus. Wenn er besonders drastische Züge wegläßt,[7] wenn er weder den kalten Schweiß erwähnt, der den Leib bedeckt, noch den ganzen Leib vom Zittern erfaßt sein läßt, noch den ungewöhnlichen

ersten Strophe sein kann, daß es sich also um einen Ausbruch hemmungsloser Eifersucht handelt, wird von D. Page, Sappho and Alcaeus, Oxford ²1959, 28 vor allem gegenüber der Interpretation von Wilamowitz festgestellt. Daß Eifersucht das Thema Sapphos ist, kann auch die Widerspiegelung in Hor. c. 1,13 lehren.

[3] Cf. Plat. Phaedr. 251 ab; Theocr. 2,106–110; Ap. Rhod. 3,962–965; A. P. 12,135,3f. (Asklepiades); Lucr. 3,154–158; Hor. c. 1,13,3–8.

[4] Cf. B. Snell, Gesammelte Schriften, Göttingen 1966, 87 (Zuerst Herm. 66 [1931]).

[5] Cf. B. Snell loc. cit.; Salvatore 290. Ähnlich formuliert ist c. 77,4 *ei misero eripuisti omnia nostra bona.*

[6] W. Ferrari WdF 248 hebt hervor, daß Sappho einen dem generalisierenden *sensus* entsprechenden Ausdruck nicht einmal hätte bilden können.

[7] Cf. B. Snell op. cit. 89.

Vergleich der fahlen Blässe mit Gras aufnimmt, so entspricht das einer allgemeinen Wandlung des ästhetischen Empfindens; dergleichen Realismen waren nicht mehr recht literaturfähig. Catull schiebt anstelle von Sapphos Vielfalt das Grundlegende in den Vordergrund: die Störungen der entscheidenden Sinnesempfindungen, des Sehens und Hörens, die fiebrige Glut und das gehemmte Sprechvermögen. Auch die Formung der einzelnen Aufzählungsglieder ist nicht mehr so schlicht wie bei der archaischen Dichterin: Während Sappho bei der Schilderung der Einzelsymptome, wie es sich gibt, bald in der ersten Person spricht, bald eine der körperlichen Erscheinungen und Vorgänge das grammatische Subjekt sein läßt, sind die vier parallelen Kola von Catulls 3. Strophe sehr konzinn geformt: jedes Kolon hat ein sachliches Subjekt und ein dazugehöriges Prädikat, die chiastisch so angeordnet sind, daß die beiden ersten Kola mit dem Prädikat ausklingen, während in den beiden letzten das Prädikat vorangeht.[8] Am Ende der Strophe schließt dann die pointierte Antithese *lumina/nocte* ungemein wirkungsvoll ab und läßt noch einmal die Verstörung des ganzen Menschen zum Bewußtsein kommen.[9]

Gewiß ist bei Catulls Umformung auch manches verlorengegangen. Sapphos noch durch keine Tradition eingeengte ursprüngliche Nähe zu den Dingen und die herbe Schlichtheit ihres Sprechens konnten in Catulls Jahrhundert und Sprache nicht wiedergewonnen werden. Catull mußte in den Denkformen und in der Sprache seiner Zeit gestalten. Aber diese Umformung ist so wohlgelungen, daß er das fremde Gedicht zu einem Ausdruck seiner eigenen seelischen Lage, mit einem Wort: zu einem vollgültigen Lesbiagedicht, machen konnte.

Die Nachformung der sapphischen Strophe unternahm Catull hier wohl zum ersten Mal in der römischen Literatur. Auch hier hat er, vermutlich nach hellenistischem Vorbild, verändert. Während bei Sappho die metrische Einheit nicht der Vers, sondern die Strophe ist, so daß Versanfang und -ende keine besonderen Betonungsstellen sind, haben bei Catull diese Stellen ein besonderes Gewicht, und er rückt entscheidende Worte dorthin.[10] Das verleiht den Strophen eine ganz andere Tektonik, die bereits auf das

[8] Cf. Schnelle 18. Fordyce ad 11 zweifelt an dem überlieferten *gemina* und zieht Schraders Vorschlag *geminae* vor. In der Tat fällt die kühne Enallage aus dem zwar pointierten, aber im Grunde schlichten Stil des Gedichtes heraus. Die veränderte Kolonstruktur paßte durchaus zu dem sehr ebenmäßigen Bau der Strophe: zwei knappe Außenglieder würden breitere Binnenglieder umrahmen. Cf. auch Goold.

[9] Dieser Antithese entsprach im Vorbild nichts. Sie wurde erst durch die lateinische Dichtersprache, die die Augen als *lumina* bezeichnen konnte, ermöglicht; cf. Bardon, Propositions 26.

[10] Cf. Salvatore 288.

Bezugssystem horazischer Strophen vorausweist. Ferner wird der Adoneus als eigener Vers und durch den besonderen rhythmischen Charakter als betonte Stelle empfunden, die inhaltlich wesentlichen Worten eingeräumt wird.[11] Vermutlich rührt diese andere Art der metrischen Gestaltung davon her, daß die alte Lyrik Singverse schrieb, während Catull, wie schon die Alexandriner, auch in lyrischen Maßen Rezitationsverse schrieb.

Catulls Aussageintention ist umstritten. Man glaubt vielfach nicht, daß Catull in der Nachfolge Sapphos eine eifersüchtige Erregung habe darstellen wollen, die ihn überfiel, als Lesbia vor seinen Augen ihre Aufmerksamkeit und Freundlichkeit einem anderen zuwandte. W. Kroll und K. Büchner[12] fassen *par . . . deo* als „einem Gott (an Kraft) gewachsen" auf. Catulls Erschütterung habe nichts mit der Existenz eines anderen zu tun, sondern werde allein von Lesbias Anblick hervorgerufen; *ille . . . qui* meine also nicht wie Sapphos κῆνος . . . ὄττις einen bestimmten Mann, sondern sei eine allgemeine Feststellung: jeder, der das ertragen könne, sei götterstark. Aber ist die Vorstellung, nur Götterstärke vermöge es, den Anblick einer sich freundlich zuwendenden geliebten Frau zu ertragen, nicht ein bißchen absurd? Schaute denn Catull Lesbia nicht sehr genau bei dem Spiel mit ihrem Vögelchen zu? Und ist das Bild der beiden beieinander sitzenden Menschen in Vers 3–5 in seiner Ausmalung reizender Einzelzüge und in der verzückten Dauer des bewundernden Anblickens nicht klar als konkrete Szene konzipiert, die der Dichter vor sich sieht, und keineswegs bloß eine allgemeine Möglichkeit? Schließlich scheint *par deo* durch den Gegensatz *misero*, das den Unglücklichen und besonders den unglücklich und unerhört Liebenden bezeichnet, als Glücklichpreisung festgelegt.[13]

F. Tietze und E. Schäfer[14] sehen in *par deo* zwar eine Glücklichpreisung, aber auch bei ihnen ist *ille qui* kein bevorzugter anderer. Catull meine mit dem ganz bestimmten *ille qui* jeden, der in Lesbias Nähe weile, vor allem aber sich selbst; *miser* aber bedeute keine Antithese. Wie *misellus* in c. 35, 14 und 45, 21 zeige, müsse *miser* als Bezeichnung eines leidenschaftlichen Zustandes kein Gegensatz zu der Glücklichpreisung sein. Auch hier kommen Bedenken. Sollte die sprachlich so betonte Antithese in Vers 5 so ganz ohne Bedeutung sein? Und wäre bei einem Einschließen der eigenen Person

[11] Cf. Schnelle 18.

[12] Kroll introd. et ad 1; K. Büchner, Die römische Lyrik, Stuttgart 1976, 30–32. Diese Auffassung geht im Grunde wohl auf Wilamowitz, Sappho und Simonides, Berlin 1913, 56, zurück, der das Sapphogedicht in diesem Sinne interpretiert hatte.

[13] So vor allem B. Snell op. cit. 82 n. 1. Daß *par deo* durchaus ein Makarismos sein kann, zeigt Cic. n.d. 2,153 *par et similis . . . deorum*, das göttergleiches Glück meint. Cf. Plaut. Curc. 168; Prop. 2,15,39f.; Bährens ad 1.

[14] Cf. F. Tietze, Rhein. M. 88 (1939) 346ff.; Schäfer 52–54.

ein gegenüberstellendes *ille qui* nicht sehr seltsam gesagt, wenn es allein auf diese eigene Person ankäme? Können ferner der Zustand, den die Verse 1–5a schildern, und der dann in Vers 5b–12 beschriebene wirklich zur Deckung gebracht werden? Sind denn nicht hier die Sinnesempfindungen in ihrer Fülle da, während sie dort zerrüttet erscheinen? Und warum endlich versucht Catull, wenn er Vers 5b–12 ein höchstes Glück beschriebe, Vers 13ff. so entschieden davon Abstand zu gewinnen?

So scheint also die traditionelle Deutung, daß Catulls erste drei Strophen den Gesamtsinn Sapphos aufnehmen, daß also die freundliche Hinwendung der Geliebten zu einem anderen vom Dichter als Abwendung von ihm selbst empfunden wird und zu einem rasenden Eifersuchtsausbruch führt, allein Catulls Absicht zu treffen.[15] Abweichungen vom Vorbild rühren eher vom Willen nach Steigerung her[16] als von der Absicht, die Aussage zu verändern. Gut kann man das an der Aufnahme von Sapphos ἴσος θέοισιν zu Gedichtbeginn sehen. Für Sappho war „göttergleich" durch den vielfältigen Gebrauch vergleichbarer Wendungen von Homer an eine nicht unübliche Form, einen Menschen zu preisen.[17] Catull aber meint die Formel wörtlich; in seinen Augen ist die Beglückung durch Lesbias Nähe wirklich ein Glück ohnegleichen, tatsächlich ein überirdisches, göttergleiches Glück. Um das nun ausdrücken zu können, unterstreicht er die Aussage durch eine mit einer wirkungsvollen Anapher des *ille* einsetzenden, steigernden Wiederholung der Aussage[18] und fügt eine entschuldigende Formel hinzu, als ob er mit dieser Glücklichpreisung den Göttern wirklich zu nahe träte.

Auch im folgenden ist der Wille, einzelne Vorstellungen und Ausdrücke zu steigern, immer wieder fühlbar. Sappho hatte bei der die Eifersucht erregenden Szene das Licht vor allem auf das bewunderte Mädchen fallen lassen, von dem ihr gegenübersitzenden Mann war nur gesagt, daß er ihr aus der Nähe zuhörte. Catull hebt vor allem das Glück des anderen hervor. Er entfaltet das Hören zu einem durch die isolierte Stellung im Adoneus zu-

[15] Das *nam simul te . . . aspexi* scheint mir keine Stütze der Büchnerschen These zu bieten. Der Satz bezieht sich wie das entsprechende Kolon der Sappho auf die eben geschilderte Szene: nicht jeder Anblick Lesbias erschüttert Catull so, sondern ihr Anblick, wenn sie sich einem anderen zuwendet.

[16] Das Prinzip, das Vorbild zu verstärken und zu steigern, ist von W. Ferrari WdF 241ff. herausgearbeitet.

[17] Cf. Schnelle 18f.; D. Page op. cit. 21.

[18] E. Fraenkel, Plautinisches in Plautus, Phil. Untersuch. 28 (1922) 15 n. 2, sieht Catulls Übersteigerung vor dem Hintergrund ähnlicher Wendungen bei Plautus. Cf. auch St. Commager WdF 208 n. 19.

sätzlich hervorgehobenen *spectat et audit*,[19] das im Entzücken aller Sinne die Größe des Glücks ahnen läßt.[20] So wird von Catull der andere als selbst zutiefst Entzückter gesehen, was den Ausbruch der Eifersucht dann auch viel verständlicher macht. Eine Steigerung bedeutet auch das Hinzufügen des *identidem* mit seiner Vorstellung einer sehr langen Dauer dieses Beisammenseins.[21]

Der Umschlag von der Darstellung des Glückes des anderen zu der des eigenen Unglücks[22] wird nicht nur durch das hart antithetisch gesetzte *misero* stärker betont als in Sapphos Gedicht, steigernd gegenüber dem Vorbild wirkt dann auch Vers 6f. die leidenschaftlich beschwörende Vergegenwärtigung der Geliebten in der persönlichen Anrede und Namensnennung,[23] und steigernd wird zu Beginn der Aufzählung der Einzelsymptome das Umfassende der Überwältigung herausgestellt. Während Sapphos Worte für die Erschütterung des Herzens der natürliche Ausdruck der griechischen Sprache für eine starke Erschütterung war,[24] ist durch Catulls *omnis* das Erfassen aller Sinne stärker herausgestellt, und *eripit* zeigt von Anfang an die Überwältigung und den Verlust jeglicher eigener Kraft, was bei Sappho erst allmählich in den immer neuen Symptomen deutlich wird.

In der 3. Strophe soll der innere Aufruhr wohl auch durch die Lautgebung unterstrichen werden, durch die rasche Folge von *t*-Lauten und durch das lautmalerische *sonitu suopte tintinnant*, so daß hier der volle Gegensatz zu den weichen, einschmeichelnden Lauten der Verse 3–5 erreicht ist, die das Glück des anderen schilderten.[25]

In diesen Übersteigerungen seines Vorbildes wird deutlich, daß Catull

[19] Ein solch polarer Ausdruck, der möglichst viele konkrete Aspekte eines Vorgangs umfassen will, ist eine der frühen lateinischen Dichtersprache vertraute Möglichkeit der Verstärkung; cf. H. Tränkle, Philol. 111 (1967) 199, Tränkle weist besonders auf Plaut Capt. 313 hin.

[20] Der Unterschied ist von W. Ferrari WdF 245f. betont; cf. auch Paratore, Catullo 135.

[21] Es ist keine wiederkehrende Situation geschildert, *identidem* bedeutet wie c. 11,19 immerfort, unaufhörlich; cf. W. Ferrari WdF 244.

[22] Daß *miser* hier das Elend der Enttäuschung und Eifersucht meinen muß, betont W. Ferrari WdF 246 n. 12. Wiseman 34 n. 2 richtet den Blick darauf, daß sich Catull in c. 8,1, einem seiner verzweifeltsten Lesbiagedichte, als *miser* einführt.

[23] Das persönlich vergegenwärtigende Dir und Dich kennt schon Sappho in Vers 2 und 7, ein Name fällt aber nicht. Der Text in Vers 16, wo man diesen Namen vermutet hatte, lautet: φαίνομ' ἔμ' αὔται.

[24] Cf. Hom. Od. 22,298; Sapph. fr. 22,14 LP; Alc. fr. 283,3 LP; Ap. Rhod. 1,1232.

[25] Cf. Salvatore 293f.

gerade dieses Sapphogedicht als Ausgangspunkt gewählt hat, weil er in ihm eine Darstellungsmöglichkeit des eigenen leidenschaftlichen Zustandes gesehen hat. Auch wenn er nicht alle Realismen Sapphos übernahm, mußten diese Art von Selbstdarstellung, diese schrankenlose Preisgabe der eigenen Schwäche und dieser Verlust jeglicher Selbstkontrolle, jeglicher Macht über sich bei seinen Zeitgenossen schockierend wirken.[26]

In der Schlußstrophe weicht Catull stark von seinem Vorbild ab. Wohl hatte auch Sappho innegehalten und die Schilderung ihrer Leidenschaft mit einem: „Aber alles muß man ertragen, da . . .“ unterbrochen und ging damit vermutlich auch zu einer allgemeinen Überlegung über, in der ihre leidenschaftliche Erregung abklingen konnte. Im einzelnen gestaltet aber Catull seinen Abschluß offensichtlich ganz frei. Schon der Übergang ist durch das unvorbereitet und unverbunden an den Anfang gesetzte *otium* und durch den unvermittelten Übergang zur Selbstanrede härter einschneidend. Catull fällt sich gewissermaßen ins Wort. Die Leidenschaft hat einen solch quälenden Höhepunkt erreicht, daß sie unerträglich geworden ist. Der Dichter will sich nun in einer klärenden Reflexion wieder zurechtrücken; er will der Leidenschaft mit Vernunft begegnen und an die Stelle einer dumpfen Verwirrung Klarheit setzen.[27] Ein solches Sprechen mit verschiedenen Stimmen, wobei das eigene Ich in zwei sich widerstreitende Willenszentren auseinanderzufallen droht, kennen wir auch sonst bei Catull; berühmte Beispiele sind das 8. und das 76. Gedicht.[28]

Wenn sich Catull nun vorhält, daß sein müßiges Leben ihm seine Pein[29] geschaffen habe und daß er durch eben dieses müßige Leben über die Stränge geschlagen habe, so sieht er in einer bei ihm ungewöhnlichen Strenge mit sich selbst die Ursache seiner leidenschaftlichen Verstrickung in seinem aristokratischen Müßiggang. Das ist eine in der Antike verbreitete Gedankenverbindung; Theophrast definierte die Liebe als πάθος ψυχῆς

[26] St. Commager WdF 209–212 sieht das entscheidende Motiv für die Wahl des Vorbilds darin, daß Catull so seine ungeduldigen Äußerungen in Fesseln habe legen können. Unbestreitbar führt jede künstlerische Gestaltung menschlicher Leidenschaft zu einer gewissen Objektivierung der Gefühle; aber ob die Wahl des leidenschaftlichsten Vorbilds, das zu finden war, nicht eher dem Wunsch nach Ausdruckssteigerung entsprang, ist sehr zu fragen.

[27] So erklärt auch Paratore, Catullo 117f. die Aufgabe der *otium*-Strophe im Gedicht. Cf. auch D. A. Kidd, Aumela 20 (1963) 298–308; Wiseman 34.

[28] Cf. W. Ferrari WdF 258.

[29] Die Verbindung zu den bisherigen Strophen wird hier deutlich: Das Leiden, das durch *molestum esse* angedeutet wird, weist auf das Elend des *miser* in Vers 5 zurück, und *nimium gestis* paßt gut zu dem völligen Verlieren der Selbstkontrolle in Vers 5ff.

σχολαζούσης, und auch zahlreiche Stellen in Komödie und Elegie äußern diese Ansicht.[30]

Erstaunlich ist die Erweiterung der beiden letzten Verse, in denen sich Catull die Gefährlichkeit seines Zustandes durch ein historisches Paradigma klarmacht:[31] eine solche Haltung habe schon ganze Völker in den Abgrund gestürzt. Das ist ein in der antiken Kulturkritik gerade in Catulls Zeit verbreiteter Gedanke, nach dem das müßige Leben, das doch die Voraussetzung jeder höheren und verfeinerten Zivilisation ist, vor allem als Gegensatz zu der Tätigkeit und Tüchtigkeit der Altvorderen erscheint, als eine allgemeine Verführung, die die Moral des einzelnen untergräbt und der staatlichen Gemeinschaft die entscheidenden Kraftquellen entzieht.[32]

G. Williams[33] konnte nicht glauben, daß eine Gedankenverbindung der verhängnisvollen persönlichen Schlaffheit mit dem Untergang ganzer Städte und Reiche in ernsthafter Weise geschehen sei; er hielt das für Selbstverspottung. Aber wie in anderen Lesbiagedichten macht der extreme Grad der Leidenschaft den Gedanken an Ironie schwierig. Zeigt Catull hier den Abstand von sich selbst, der die Voraussetzung jeder Ironie ist? Der Tonfall von Vers 13f. scheint der nüchterner Selbstbesinnung zu sein und ähnlich wie die Selbstansprachen in c. 8 ein Versuch, Abstand von seiner Verstrikkung zu gewinnen. Bei diesem Unternehmen ist das Aufzeigen weiter Perspektiven in den beiden Schlußversen, wie es scheint, ein Versuch, Halt im Objektiven, in allgemeingültigen Gesetzlichkeiten zu finden.[34]

Weithin faßt man unser Gedicht als das zeitlich erste der Lesbiagedichte auf, in dem der Dichter in der Verhüllung der Sapphostrophen der Geliebten zum erstenmal gehuldigt und ihr seine Liebe bekannt habe.[35] In diesem

[30] Eur. fr. 322 N²; Theophr. bei Stob. Flor. 64.66; Plaut. Most. 137; 143; Trin. 658; Truc. 136–142; Ter. Heaut. 109f.; Ov. rem. 135ff.; cf. Bährens ad 13; W. Ferrari WdF 256f.; Paratore, Catullo 145; E. Fraenkel, Horace, Oxford 1957, 212.

[31] Als historisches Paradigma wird die Erweiterung von E. Fraenkel op. cit. 213 charakterisiert.

[32] Cf. Sall. Cat. 2,5; 10,2; 53,5; Jug. 41,1; hist. fr. 11 M; Tac. Agr. 11,4. Ursprünglich sind das Maßstäbe der hellenistischen Geschichtsschreibung, besonders des Poseidonios. Cf. W. Ferrari WdF 253–256; E. Fraenkel op. cit. 212f.; I. Borzsák in W. Eisenhut (Hrsg.), Antike Lyrik, Darmstadt 1970, 101ff.; Granarolo, L'œvre 212.

[33] p. 252.

[34] Havelock 129 sieht mehr eine ästhetische Wirkung; das Ausgreifen in die geschichtliche Welt gebe dem Gedicht einen eindrucksvollen Ausklang und verleihe dem eigenen Schicksal größeren Ernst.

[35] Cf. Bährens p. 27; Kroll introd.; E. Bickel, Rhein. M. 90 (1941); Quinn, Int. 57f. Aber Bickels und Quinns Vermutung, daß die 4. Strophe ein späterer Zusatz

Gedicht und in c. 11, dem anderen in der sapphischen Strophe verfaßten, glaubte man Beginn und Ende der Lesbia geltenden Liebesdichtung zu greifen. Aber ist in einem Gedicht huldigender Annäherung eine so ambivalente Haltung der eigenen Liebe gegenüber denkbar, wie sie unser Gedicht zeigt? Und ist es vorstellbar, daß man bei der ersten huldigenden Annäherung die Liebe nicht als Beglückung oder zumindest als erhoffte Beglükkung, sondern als zerstörerische Macht empfindet,[36] die, wie das geschichtliche Paradigma der letzten Verse klar zeigt, geradezu die eigene Existenz bedroht? Als Anfangspunkt der Lesbiagedichte bieten sich viel natürlicher die Gedichte an, die Catull selbst an den Anfang seiner Liebesgedichte gesetzt hat, also die *passer*-Gedichte c. 2 und 3. Ein Eifersuchtsausbruch aber, wie ihn unser Gedicht zeigt, gehört eher in eine Zeit, in der Catull, nachdem er sich im Besitz des erwünschten Glücks gewähnt hatte, mitansehen mußte, daß ihm der geliebte Mensch nicht so gehörte, wie er geglaubt hatte. Auch Sappho hatte ihr Gedicht ja in einer Situation geschrieben, in der sie ihre Liebe bedroht sah, um ihren Verlust fürchtete.

Gewiß zeigt unser Gedicht noch nicht den Zwiespalt des *odi et amo.*[37] Die Nähe der Geliebten erscheint noch als reines Glück, aber als ein Glück, dessen befürchteter Verlust den Dichter in die entsetzlichsten Qualen stürzt, aus denen er sich mit ungewöhnlich nüchternen Gedanken zu befreien sucht, die von einer Art sind, wie man sie sonst nirgends bei ihm findet.[38]

sein könnte, zeigt bereits die Schwierigkeit dieses Zeitansatzes. Heine 68f. sieht die Schwierigkeiten, verzichtet aber darauf, aus ihnen einen klaren Schluß zu ziehen.

[36] Das arbeitet neben B. Snell op. cit. und Paratore, Catullo 128 vor allem W. Schadewaldt, Sappho, Potsdam 1950, 110f., heraus, der allerdings in der Interpretation des Sapphogedichtes noch ganz in den Bahnen der Vorstellungen von Wilamowitzens Sapphodeutung geblieben ist, die sich in diesem Punkt nicht bewährt hat; cf. Setti, Stud. It. Fil. 16 (1939) 195ff.; D. Page, Sappho and Alcaeus, Oxford ²1959, 30–33.

[37] Auch aus diesem Grunde würde ich nicht mit Wiseman 34 wegen des gleichen Versmaßes und des *identidem* an derselben Versstelle annehmen, Catull habe hier auf das Absagegedicht c. 11 zurückweisen wollen; die mit *identidem* hier und dort bezeichneten Vorgänge sind nicht vergleichbar.

[38] G. Jachmann, Rhein. M. 107 (1964) 23, sieht aus diesem Grund in dem Gedicht geradezu ein „Verzichtgedicht“, mit dem sich Catull in die Welt ernster Tätigkeit zurückrufe. Das charakterisiert die Sprechsituation bestimmt besser als die Auffassung als Huldigungs- oder Werbegedicht, überschätzt aber wohl die Tragfähigkeit der Gedanken der letzten Strophe für einen Menschen wie Catull, der solche Gedanken wohl einmal aufnehmen konnte, aber schwerlich im Ernst sein Leben danach umgestalten wollte.

52. Gedicht

Die zornigen Jamben richten sich gegen zwei Handlanger der Triumvirn,[1] die durch sie zu politischen Ehren gekommen sind, derer sie in Catulls Augen ganz und gar unwürdig waren. Die Verse gehören also zu einer Gruppe von Gedichten, in denen Catull Kreaturen der Triumvirn und vor allem Caesars verfolgt.[2]

Das Gedicht setzt aufrüttelnd mit der Frage *quid est?* ein. Eine solche ungeduldige Frage richtet sich natürlicherweise an eine zweite Person.[3] Es wirkt also ungewöhnlich, wenn sich Catull selbst in dieser Weise anfährt. Der ungeduldige Ton setzt sich dann in der nächsten Frage *quid moraris?* „was zögerst du?" fort. Mit der Fortsetzung „zu sterben" hätte gewiß niemand gerechnet; das schafft also Spannung, welche ungewöhnliche Ursache Catull das Leben so verleidet. Die Wirkung wird dabei durch das fast grelle Wortspiel *moraris emori*[4] und durch die Stellung des entscheidenden *emori* an der Stelle des metrischen Umbruchs des Choljambus hervorgehoben.

Der Grund für Catulls Lebensüberdruß wird in Vers 2–3 in wenigen lakonischen Worten genannt. Es geschieht nicht viel mehr, als daß zwei Namen fallen und empört auf die Ämter bzw. die Aspirationen der beiden hingewiesen wird. Aber das genügt. Wenn solche Männer kurulische Ehren genießen, ist für Catull, der hier ganz in der Haltung eines rechten Römers spricht, die Welt aus den Fugen. Der Skandal liegt für ihn in dem schlichten

[1] Vatinius hatte im Jahre 59 als Volkstribun die Gesetzgebung der Triumvirn vorangetrieben und war mit ihrer Unterstützung für das Jahr 55 zum Praetor gewählt worden; cf. Plut. Cat. min. 42; Pomp. 52. Ab dem Zeitpunkt konnte er als wichtiger Parteigänger der Triumvirn mit ziemlicher Sicherheit ein Konsulat erwarten. Und als prahlerischer Mensch scheint er das jedermann haben wissen lassen: nach Cic. Vat. 38 soll er gesagt haben, er könne alles, was er wolle, durch Caesars Vorliebe für ihn erreichen. Nonius war für Plinius n. h. 37, 81 eine bekannte Gestalt; er weist nämlich anläßlich der Proskription eines Nonius im Jahre 43 darauf hin, daß es der Sohn des von Catull angegriffenen Nonius gewesen sei. Vielleicht handelt es sich bei dem von Catull Angegriffenen um L. Nonius Aprenas, der später in militärischen Stellungen für Caesar tätig war, oder um M. Nonius Sufenas, der im Jahre 56 als Volkstribun im Sinne der Triumvirn wirkte (Cic. Att. 4, 15, 4) und als Lohn für seine Tätigkeit im Jahre 54 ein kurulisches Amt bekommen haben könnte. Cf. Neudling 133; 179–181.

[2] Den Hintergrund beleuchtet Th. Mommsen, Römische Geschichte Bd. 3, Berlin [9]1904, 332f.

[3] Cf. Plaut. Amph. 556.

[4] Im gedämpfteren Odenstil schreibt Horaz c. 3, 27, 58 *quid mori cessas?*

Faktum selbst, wenn auch der Ton der Indignation durch das Hohnwort *struma* und das entlarvende *peierat* noch gesteigert wird.

Wenn Catull bei Vatinius nicht das bereits erreichte Amt, sondern das erwartete Konsulat nennt, scheint er dadurch die Anmaßung dieser Person besonders kraß beleuchten zu wollen. Catull findet es offenbar unerträglich, daß der in seinen Augen unwürdige Mensch ungestraft und offenbar von niemand bezweifelt seinen Anspruch auf das höchste Staatsamt erheben darf.[5]

Wenn Catull in Vers 4 den Anfangsvers bitter wiederholt, hat sich sein Ton geändert: herrschte oben die Spannung auf die Erklärung der unerwarteten Aussage vor, so ist nun derselbe Vers nur noch Ausdruck bitterer Resignation; man versteht nun Catull: Angesichts dieser unerträglichen Fakten ist einem Römer das Leben verleidet.

53. Gedicht

Catull und Calvus, die den Späteren so verwandt erschienen, daß sie immer wieder als ein zusammengehöriges Paar genannt werden,[1] standen sich nicht nur literarisch nahe, sondern waren auch aufs freundschaftlichste miteinander verbunden.[2] Vielleicht war es eine ähnliche Charakteranlage, die beide zusammenführte. Die starke Emotionalität, die für Catull so bezeichnend ist, hebt Seneca d. Ä. auch an Calvus' Redeweise und Redestil als Charakteristikum hervor.[3]

Unser Gedicht gilt Calvus dem Redner und Politiker. Calvus hat sich als Angehöriger der römischen Nobilität[4] schon in jungen Jahren einen Namen als Redner gemacht.[5] Die von Catull hier angesprochene Aktion gegen

[5] Den Hintergrund zeigt Cic. Vatin. 6 und 11. Im Vertrauen auf die Gunst der Triumvirn und vielleicht auch auf bestimmte Abmachungen, von denen Cic. Att. 4, 8b, 2 weiß, scheint Vatinius in aller Öffentlichkeit damit geprahlt zu haben, daß er das Konsulat, ja zwei Konsulate zu erwarten habe; cf. Schwabe 40–44; Ellis introd.; Friedrich ad 3; R. G. C. Levens in B. Blackwell (Hrsg.), Fifty Years (and Twelve) of Classical Scholarship, Oxford 1968, 374 n. 8.

[1] Prop. 2, 25, 4; 2, 34, 87–90; Hor. s. 1, 10, 19; Ov. am. 3, 9, 61 f.

[2] c. 50; 96.

[3] Sen. contr. 7, 4, 6–8.

[4] E. Fraenkel, Wien. St. 69 (1956) 278 ff. betont diesen Unterschied zu Catull.

[5] Ciceros Urteil über den Redner Calvus Brut. 283 ff. ist vermutlich von seinem stilistischen Vorurteil gegen den Attizismus beeinflußt; recht achtungsvoll klingt dagegen fam. 15, 21, 4. Von dem Eindruck seiner Beredsamkeit berichtet eine Anekdote beim älteren Seneca loc. cit., und noch 150 Jahre später wurde er zu den geach-

Vatinius führt in das Zentrum seiner politischen Aktivität. In seinen mindestens drei Anklagereden gegen Vatinius[6] stemmte sich Calvus bewußt gegen die Politik der Triumvirn, deren willfähriges Werkzeug Vatinius in diesen Jahren war. Ein anderes Mittel des politischen Kampfes waren Epigramme, in denen er Caesar und Pompeius schmähte.[7] Catulls eigene Epigramme gegen Caesar scheinen mit diesem literarischen Feldzug zusammenzuhängen; es ist sogar durchaus möglich, daß er den Anstoß zu seinen Schmähepigrammen erst von dem politisch aktiveren Freund bekommen hatte.[8]

Vor diesem bewegten Hintergrund nimmt sich unser Gedicht recht bescheiden aus. Es will sichtlich nicht mehr sein als eine gut erzählte Anekdote. In der literarischen Formung steht Horazens Satire 1,7 nahe,[9] die auch ganz auf ein krönendes Bonmot hin gerichtet ist; und bei Lucilius mochte es manches Verwandte gegeben haben. Wie in der Horazsatire schon die ersten Verse auf den Ausspruch hinweisen, auf den das Ganze zustrebt, so deutet auch bei Catull bereits Vers 1: „neulich lachte ich über, ich weiß nicht, wen", schon auf das Witzwort der letzten Zeile hin. Die Sprachhaltung ist völlig gelöst. Die betonte Anfangsstellung des *risi* entspricht dem lebhaften Tonfall der gesprochenen Rede,[10] und das prosaische *nescioquem* übergeht, wie man das in der Komödie oder im Cicerobriefwechsel findet, nonchalant Belangloses. Bei der Beschreibung der Szene, die als Hintergrund zum Verständnis des Witzwortes nötig ist, findet sich kein überflüssiges Wort. Das Wort *corona* ruft das für einen damaligen Römer alltägliche Bild der ge-

tetsten Rednern seiner Zeit gezählt und eifrig studiert; cf. Quint. i. o. 10,1,115; Plin. ep. 1,2,2; Tac. dial. 18,1; 21,1f.; 23,2; 25,3f. und 6; 34,7.

[6] Calvus' Reden gegen Vatinius wurden vermutlich in den Jahren 58, 56 und 54 gehalten; cf. Bährens ad 2.3; H. Meyer, Oratorum Romanorum CXXV Fragmenta 474–478; Fordyce introd. H. Comfort, Class. Ph. 30 (1935) 74–76, bezweifelt, daß die von Catull gehörte Rede die berühmte 2. Rede gegen Vatinius war: Calvus habe nach der Konferenz von Lucca im April 56 kaum mehr wagen können, Vatinius anzugreifen, und davor sei Catull noch nicht von Bithynien zurückgewesen. Aber Calvus scheint durchaus der Mann gewesen zu sein, so etwas zu wagen, und man könnte auch umgekehrt argumentieren, daß der Mißerfolg von Calvus' offenbar sehr wirkungsvoller Anklage auf eine völlige Veränderung des politischen Gesamtklimas, also auf die Zeit nach der Vereinbarung von Lucca deutet.

[7] Fr. 17 und 18 Morel.

[8] So E. Fraenkel loc. cit.

[9] Wenn man in Griechenland eine Wahrheit mit einem Ainos zu bekräftigen suchte, wählte man im allgemeinen eine Fabel: Hes. op. 202–211; Archil. fr. 174; 185 West; Call. fr. 194,6 Pf.

[10] E. Fraenkel loc. cit. weist auf Cic. fam. 2,12 hin.

drängt den Redner umringenden Menge hervor, die mit Beifalls- und Mißfallenskundgebungen nicht sparte.[11] Dann erhält man die notwendige Information, daß von einem Prozeß die Rede ist, in dem Calvus als Redner gegen Vatinius auftrat. Wenn dabei Vatinius' in Frage stehende Handlungen in nüchterner Härte Verbrechen genannt werden, zeigt Catull wie nebenbei, daß er sich voll und ganz mit Calvus' Standpunkt identifiziert. Das bewundernde *mirifice* greift dabei sprachlich wieder nicht sehr hoch; bei Catull und Cicero ist es ein leger übertreibendes Wort, das in dieser Weise offenbar in der Umgangssprache üblich war.[12] In Vers 4 f. wird vor dem entscheidenden Wort, auf das *ait haec* noch einmal vorausweist, das verblüffte Erstaunen des anonymen Prozeßbeobachters sehr plastisch herausgearbeitet. Die Sprache, die vorher so gedrängt war, verweilt nun, so daß unmittelbar vor dem entscheidenden Wort eine weitere Spannung aufgebaut wird: *admirans* hätte den intendierten Inhalt bereits voll ausgedrückt, aber Catull läßt den Anonymus auch noch vor Staunen die Hände heben und ihn zunächst nur den Ausruf „große Götter“ hervorstoßen.[13]

In dem Bonmot, mit dem das Gedicht abschließt, ist das entscheidende Wort offenbar *salaputium*, das sonst nicht überliefert ist. Nach Senecas d. Ä. darauf Bezug nehmenden Worten[14] muß es auf Calvus' kleine Körpergestalt gezielt haben.[15] Das Witzwort würde demnach etwa bedeuten: „Hat der Knirps ein Mundwerk!“ Andere Erklärer vermuteten in dem Wort einen umgangssprachlichen Ausdruck für *penis*.[16] Das Wort hätte also geklungen wie: „Das Schwänzchen macht aber Worte!“ In dem Bonmot wäre also in hübscher Weise Verblüffung und Respekt mit Respektlosigkeit gemischt. Daß eine solche Bezeichnung keine Beleidigung bedeutete, zeigt ein ähnliches Scherzwort, mit dem Augustus nach Suetons Horazvita den von ihm sehr geschätzten Dichter benannte.

Wenn man bedenkt, daß Calvus auffallend klein gewesen ist[17] und daß er

[11] Man wird sich eine lebhafte Szene wie die Cic. Brut. 290 geschilderte vorzustellen haben; cf. Fordyce introd.

[12] Ähnlich scherzhaft übertreibend gebraucht es Catull c. 71,4; 84,3.

[13] Cic. Acad. 4,63 ist ein durch ein bewunderndes Händeheben unterstrichenes *admirari* durchaus ernsthaft gemeint; Catull nimmt pathetische Gesten und Haltungen weniger ernst. *di magni* ist auch c. 14,12 scherzhaft übertreibend.

[14] Sen. contr. 7,4,7 *propter quod*.

[15] Ov. tr. 2,431 wird Calvus *exiguus* genannt; ein solches Attribut ist nur verständlich, wenn die Kleinheit sehr auffällig gewesen ist.

[16] So erklären es Bährens ad 5; E. Bickel, Rhein. M. 96 (1953) 94 f.; V. Pisani, Rhein. M. 96 (1953) 181 f. Fordyce ad 5 ist dieser Deutung gegenüber skeptisch.

[17] Nach Sen. contr. 7,4,7 mußte er sich in einem Gewühl einmal auf einen Begrenzungsstein heben lassen, damit er gehört werden konnte.

deshalb gewiß die Zielscheibe mannigfaltiger Witze war,[18] fragt man wohl vom heutigen Standpunkt aus, ob Catulls Anspielung für Calvus nicht verletzend gewesen sein mußte. Aber über körperliche Schwächen scherzte man in Rom recht unbefangen;[19] dergleichen war keineswegs wie heute mit einem Tabu belegt. Catull wollte in diesem Gedicht sicher dem Freund, den er mit dem vertrauten *meus* anredet, eine Freude machen, wenn er in der Verblüffung des Zuhörers sein ungewöhnliches Rednertalent herausstellt.[20]

54. Gedicht

Seit Muretus und Lachmann hat man in der Überlieferung dieses Gedichtes oft große Lücken vermutet, aber zu dem wegwerfenden, respektlosen Tonfall, in dem Catull hier zu Caesar spricht, würde der überlieferte Textumfang besser passen. Und wenn man in Vers 1 das das Trikolon störende *est* für einen Überlieferungsfehler hält und streicht und die drei Substantive in Vers 1–3 auf *displicere vellem tibi* bezieht, ist der Text in sich durchaus verständlich.[1] Vers 7 nimmt dann die höhnische Anrede an Caesar von c. 29, 11 auf, und Vers 6 weiß von Caesars Zorn auf jenes Gedicht, von dem auch Sueton im 73. Kapitel seiner Caesarbiographie berichtet. Das Gedicht ist also Catulls Antwort auf eine ärgerliche Reaktion Caesars auf jenes Gedicht.

Der Hauptvorwurf von c. 29 war gewesen, daß Caesar seine Gunst und sein Geld an einen Unwürdigen verschwende; seine Hauptbosheit war dabei die Gleichstellung Caesars mit seinem Günstling. Eben diese Themen nimmt unser Gedicht auf; der Tonfall ist allerdings anders. „Ich wollte, dir mißfiele . . .“ ist nicht mehr scharfer jambischer Angriff, sondern Kopfschütteln über so viel Geschmacklosigkeit in der Wahl seiner Umgebung. Durch Cicero wissen wir, daß dies die hochmütige Betrachtungsweise der römischen Nobilität widerspiegelt, die über dergleichen die Nase rümpfte,[2]

[18] Cicero witzelte sogar über die kleine Gestalt seines Schwiegersohns: Macr. s. 2, 3.

[19] So scherzte Augustus in einem offenkundig sehr freundschaftlich gemeinten Brief an Horaz über seine kleine, rundliche Gestalt: Suet. vit. Hor. p. 3, 9–14 Klingner.

[20] Die Impulsivität von Calvus' Beredsamkeit wird außer von Sen. loc. cit. auch von Quint. i. o. 10, 1, 115 und Plin. ep. 1, 2, 2 hervorgehoben.

[1] Ich folge also der Textgestaltung, wie sie von Schwabe oder Bardon vorgeschlagen wird; cf. Goold.

[2] Cic. fam. 8, 4, 2. Nach Ausbruch des Bürgerkrieges charakterisierte Atticus Caesars Anhang ähnlich: Cic. Att. 9, 10, 7; 9, 18, 2; cf. R. Syme, B. S. R. Papers 14 (1938) 12 ff.; The Roman Revolution, Oxford 1939, 78 f.

als ob nicht gefährlichere Seiten an Caesar der Beachtung wert gewesen wären.

Der andere Tonfall bedingt auch eine andere Form des Gedichtes. Der jambische Angriff in c. 29 stellte den Vorwurf und die angegriffenen Personen von Anfang an in den Mittelpunkt. Hier werden in den drei ersten Versen zunächst einmal häßliche oder widerliche Eigenheiten von drei recht obskuren Männern vorgeführt, die offenbar Kreaturen Caesars waren.[3] Was von den dreien genannt wird, ein unnatürlich kleiner Kopf, schlecht gewaschene Beine und unanständige Gepflogenheiten, scheint alles andere als wichtig zu sein. Aber darauf kommt es Catull nicht an; es soll nur deutlich werden, daß hier eine ungemein widerwärtige, unkultivierte Mediokrität versammelt ist, auf die Catull so herabsieht wie Shakespeares Coriolan auf die Plebejer. Der hochmütig-überlegene Tonfall rührt auch davon her, daß Catull ganz gegen seine übliche Art jedem Substantiv breite Attribute zuteilt: *oppido pusillum, rustica*[4] *semilauta, subtile et leve*. Bewußt will Catull bei den widerwärtigen Einzelheiten verweilen.

Nach diesem gedehnten Einsatz wendet sich Catull in Vers 4 an Caesar und irgendeinen gerissenen Alten[5] in seiner Umgebung,[6] wobei wie in c. 29 die Zusammenstellung Caesars mit einem zweitrangigen Menschen allein schon sehr wenig Respekt verrät. Er meint, im lässigsten Ton zu ihnen gewandt, wenn ihnen schon nicht alles andere an den drei zweifelhaften Existenzen mißfalle, wünschte er doch, daß wenigstens die drei genannten abstoßenden Züge ihren Widerwillen hervorriefen. Catull versteht es dabei, in den gedehnten, hochmütigen Tonfall den ganzen Kastenhochmut der

[3] Es gibt verschiedene Identifizierungsversuche; cf. E. Bickel, Rhein. M. 93 (1949/50) 17–19; Neudling 102f. 135f. Da aber von Catull offenkundig drittrangige Personen genannt werden, ist es durchaus möglich, daß sich sonst keine Nachricht von ihnen erhalten hat. Jedenfalls kommen Personen aus der Umgebung des Pompeius wegen der eindeutigen Beziehung auf Caesar kaum in Betracht.

[4] *Rustica* ist eine Konjektur von Turnebus; Mynors hält an der Überlieferung *rustice* fest.

[5] *Recoctus* bedeutet hier kaum mit einer hier nicht naheliegenden Anspielung an die Peliassage „noch im Alter jugendlich", sondern wie das Simplex *coctus* Plaut. Poen. 586 „schlau, gerissen"; cf. Forcellini s. v. *recoctus*; E. Bickel loc. cit. 15.

[6] Der überlieferte Name Sufficius ist sonst nicht bekannt. Scaliger vermutete deshalb Fufficio und meinte den Caesarianer C. Fuficius Fango. Aber wie E. Bickel loc. cit. 13f. einwandte, konnte ein Mann, der noch im Jahre 40 in Africa ein Heer befehligte, um die Jahre 55/54 schwerlich bereits *senex* genannt werden. Bickel vermutet darum Fufidio; C. Fufidius war ein Steuerpächter aus Arpinum, der vielleicht in solchen Geschäften auch in Gallien tätig war. E. Bickel loc. cit. 15f. schließt das aus Cic. fam. 7, 5, 2. Aber der Name Fufidius ist hier nur konjiziert.

römischen Aristokratie zu legen. Er kann es offenbar nicht verstehen, daß sich ein Aristokrat wie Caesar mit derlei Gelichter umgibt.

Nach diesem verächtlich vorgebrachten Ratschlag läßt Catull, als ob ihn das Ganze unendlich langweile, das Thema fallen, und er fordert Caesar in herausforderndem Ton auf, sich nur wieder über seine 'unschuldigen' Spottverse zu ärgern. Er hatte offenbar mit Vergnügen von Caesars Empörung gehört und fürchtet auch in Zukunft seinen Zorn nicht. Auch die Wiederholung der ironischen Anrede von c. 29 zeigt den Willen, den Angriff fortzusetzen.

55. Gedicht

Freundschaft galt in Catulls Kreis viel. Dem Freunde offenbarte man sich rückhaltlos, wollte aber auch an seinem Leben teilhaben, auch an seinem Liebesleben: man begleitete ihn auch zur Liebsten und feierte sie in einem Gedicht, andererseits war man recht ungehalten, wenn der Freund einem auf diesem Gebiet etwas verheimlichte.[1] Ein neugieriges Fragen nach einer heimlichen Liebe findet sich in der erotischen Poesie auch sonst,[2] aber Catulls Art des Nachforschens, das geschieht, als ob er auf die Antwort ein Recht hätte, hängt doch stark mit seiner Freundschaftsauffassung zusammen.

Eine Eigentümlichkeit des freundschaftlichen Umgangs in Catulls Kreis ist eine Freude am Spielerischen, am Scherzen und Necken.[3] Eine Freude am literarischen Spiel wird in unserem Gedicht vor allem schon dadurch deutlich, daß Catull das wesentliche Motiv, die vergebliche Suche nach dem Freund Camerius,[4] in c. 58a nochmals, und zwar in einer völlig konträren Behandlungsweise und Stilebene, gestaltete. Auch mit der Metrik spielt Catull.[5] Er sucht seinem Lieblingsversmaß, dem Elfsilbler, dadurch neue, überraschende Wirkungen abzugewinnen, daß er in diesem Gedicht den Ersatz der Doppelkürze durch eine Länge zuläßt und so im Grunde unter die Elfsilbler Zehnsilbler mischt.[6] Scherzend und spielerisch ist aber über-

[1] Cf. c. 10; 45; 6.

[2] Cf. A. P., 5, 130 (Maecius); Hor. c. 1, 27, 10ff.; Prop. 1, 9, 33f.; Tib. 1, 8, 1–8.

[3] Cf. c. 13; 14.

[4] Sonst ist dieser Camerius nicht bekannt. Da der Name aber in stadtrömischen Inschriften nicht selten ist, scheint es sich um das Mitglied einer bekannten Familie gehandelt zu haben; cf. Neudling 46f.

[5] Ein Spielen mit metrischen Variationen ist c. 50 eine reizvolle Unterhaltung mit dem Freund.

[6] Der Versuch wird sonst nur noch in dem zweiten Gedicht an Camerius in c. 58a unternommen; in der griechischen Dichtung scheint es nichts Vergleichbares zu ge-

haupt der Grundtenor des Gedichtes; in einem seiner letzten Gedichte[7] hat Catull noch einmal ein Gebilde von schwereloser Heiterkeit geschaffen.

Die beiden ersten Verse schlagen einen bewußt lässigen Konversationston an. Das *nisi molestum est* ist eine für die Alltagsunterhaltung typische Höflichkeitsfloskel, im Ton etwa von „wenn's beliebt".[8] Aber so wenig insistierend das klingt, Catull ist Vers 2 sofort beim Kern der Sache. Er möchte vom Freund den Schlupfwinkel wissen, aus dem er sich offenbar nur noch selten hervorbewegt. Dabei hat hier das Wort *tenebrae* einen unmißverständlichen Nebensinn;[9] die Frage gilt gleichzeitg der neuesten Liebschaft, von der Catull noch nichts weiß.

Nach dieser Einführung in die Gesprächssituation holt Catull aus: in den Versen 3–12 hält er dem Freund in einem Rückblick vorwurfsvoll vor, mit wie viel Mühen er ihn allerorts gesucht habe. Die Schilderung dieser vergeblichen Suche nimmt auch formal mit ihrem Staccato sich überstürzender Kola ein Komödienmotiv auf. Ganz so berichtete in Plautus' ›Amphitruo‹ die Titelfigur in einer ähnlichen Kette paralleler Glieder von einer vergeblichen Suche in allen Winkeln der Stadt.[10] Das Ethos der Partie ist bei Catull allerdings anders geworden. Plautus schildert seinen Amphitruo in äußerster Empörung und stellt diesen Ärger absichtlich heraus, damit der Zuschauer über den Gefoppten lachen kann. Der Dichter Catull zeigt sich nun selbst in der Rolle des Gefoppten; in heiterer Selbstironie lacht er bei der Schilderung der hilflosen Suche über sich selbst.

ben. Die seltsame Umformung der Verse legte nach Wilamowitz, Griechische Verskunst, Berlin 1921, 140f., vielleicht eine bei Varro überlieferte metrische Theorie nahe, die die Phalaikeen als jonische Trimeter definiert, in denen der Ersatz einer Doppelkürze durch eine Länge systemimmanent ist.

[7] Das Theater des Pompeius wurde in seinem zweiten Konsulatsjahr, im Jahre 55 v. Chr., eingeweiht: Plut. Pomp. 52; Ascon. Pis. p. 1 K.S.; cf. Schwabe 250f.

[8] Den Tonfall zeigen Stellen wie Plaut. Pers. 599; Poen. 50; Rud. 120; Ter. Ad. 806; Cic. Phil. 2,41.

[9] Neben Cic. Sest. 20 zeigen diesen Nebensinn auch Cic. Pis. 18 *popina tenebricosa*; prov. cons. 8 *libidines tenebricosae*; Vat. 11.

[10] Plaut. Amph. 1009–1014; cf. Plaut. Epid. 196–200; Ter. Ad. 713–717. Die Satzstruktur bei Plautus gibt einen Wink für die Textherstellung in Vers 3. Da es bei Catull ebenso wie bei Plautus auf den durch das Staccato kurzer, paralleler Glieder hervorgerufenen Eindruck von Atemlosigkeit wesentlich ankommt und da dieser Eindruck bei Plautus mehrmals durch den gleichen Einsatz aufeinanderfolgender Kola unterstützt wird (Amph. 1009ff. zweimal *neque*, zweimal *apud*, fünfmal *in*), scheint die beste Wiederherstellung die von Sillig zu sein, der Vers 3 parallel zu den folgenden Versen mit einem *te in* einsetzen läßt, also: *te in Campo quaesivimus minore*; cf. Goolds Text.

Bei Catull ist auch das Bild der Stadt, die er durchirrte, in einer ganz bestimmten Richtung verschoben. Während Plautus möglichst banale Orte nennt, um dem König von Theben durch diese höchst unkönigliche Umgebung einen lächerlichen Anstrich zu geben, nennt Catull die Treffpunkte der mondänen Welt. Er irrte also nicht wie Plautus' Amphitruo völlig planlos umher, sondern weiß recht genau, in welcher Umgebung sein Freund zu suchen ist. Das Motiv einer heimlichen Liebschaft, das bereits durch *tenebrae* in Vers 2 angedeutet war, wird so immer deutlicher. Wie eindeutig die Auswahl der Plätze gemeint ist, kann Ovid zeigen: Wenn er in seiner ›Liebeskunst‹ die Örtlichkeiten der Hauptstadt aufzählt, wo man am leichtesten Mädchenbekanntschaften machen kann, ist die Reihe der Catulls zum Verwechseln ähnlich:[11] Auch er nennt den Zirkus[12] und die Säulenhalle des Pompeius,[13] und anstatt des Jupitertempels erscheint der in der augusteischen Zeit offenbar modischere neuerbaute Tempelbezirk des Apollo auf dem Palatin. Auch eine Versreihe bei Properz, in der dem Dichter von der eifersüchtigen Cynthia das Betreten bestimmter, ihr verdächtiger Orte verboten wird, kann die Absicht der Catullschen Partie lehren.[14] Eine Besonderheit Catulls ist, daß er bei seiner Suche auch die Buchläden der Stadt durchmustert.[15] Aber das paßt zu seinem literarischen Kreis mit seinen literaturkundigen Damen.

Welch ein Rom hier durchsucht wird, zeigen natürlich auch die Auskunftspersonen, die von Catull angehalten und befragt werden; es sind die

[11] Ov. a. a. 1, 67 ff.

[12] Ov. a. a. 1, 135 ff. Auch Priap. 26, 1 und Juv. 3, 65 ist der Circus ein Platz, bei dem man die leichten Mädchen finden kann.

[13] Neben Ov. a. a. 1, 67 f. auch 3, 387.

[14] Prop. 4, 8, 75–77. Catulls nicht sicher lokalisierbarer *Campus minor* erscheint sonst in einem solchen Zusammenhang nicht, aber auch Hor. c. 1, 9, 18 ff. ist ein *campus* ein Platz, auf dem man die Liebste traf.

[15] In Vers 4 wurde die Überlieferung *libellis* seit B. Guarinus immer wieder angezweifelt. Dabei sind die Verkaufsstände der Buchhändler „beim Vertumnus und Janus“, also in der Nähe des Castortempels, ein mehrfach genannter, also wohlbekannter Ort der Stadt; cf. Hor. epi. 1, 20, 1 f.; Cic. Phil. 2, 21; Cat. c. 14, 17 f. Auch die Wortbildung ist untadelig; Verkaufsstellen benannte man nach den Waren, z. B. in Athen hieß es ἐν τοῖς ἰχθύσι, ἐν τοῖς στεφανώμασι, und den Buchmarkt benennt Pollux 9, 47 τὰ βιβλία. Cf. Bährens; Fordyce ad 4. Schließlich bringt Martial 5, 20, 8 das Wort *libelli* im selben Sinn in einem ganz ähnlichen Zusammenhang, nämlich in einer Aufzählung von Plätzen in Rom, an denen er gerne verweilt. Und wenn neben *libelli* die an Catull erinnernden Worte *gestatio, campus, porticus, umbra* auftauchen, so scheint der gute Catullkenner Martial bei seiner Aufzählung an jene frühere gedacht zu haben.

käuflichen Mädchen,[16] die an derlei Treffpunkten offenbar in großer Zahl zu finden waren. Als Abschluß und Höhepunkt der Schilderung seiner Suche führt Catull diese Begegnungen voll Selbstironie und Situationskomik vor. Komisch ist bereits Vers 7f., wie Catull, der in diesen Kreisen offenbar bestens bekannt ist, ungeduldig von einem Mädchen zum anderen eilt und jedesmal erneut seine unwirsche Frage nach dem verschwundenen Freund stellt[17] und wie sich die Mädchen in geheuchelter Arglosigkeit stellen, als ob sie von dem gesuchten Camerius noch nie etwas gehört hätten.[18] Als komischer Schlußeffekt lacht Vers 11f. eines der Mädchen Catull gehörig aus: Sie lädt ihn ein, doch zwischen ihren hübschen Brüsten nachzusehen, ob sich der Freund vielleicht hier versteckt halte.[19]

Nach diesem burlesken Höhepunkt beginnt Vers 13 mit einem abbrechenden *sed* ein wieder in die Gegenwart zurückführender Neueinsatz. Catull nimmt mit schnell aufeinanderfolgenden Fragen, Imperativen und Aussagesätzen und einem fortwährenden Wechsel des Tonfalls wieder den parlierenden Gesprächston des Gedichtbeginns auf. An ein etwas geschauspie-

[16] Das Milieu wird Vers 7 durch die etwas abschätzige Deminutivform *femellae* charakterisiert, die eine ähnliche Bedeutung wie das *muliercula* in Plaut. Cist. 131; Pseud. 675; Cic. Cat. 2, 23; Hor. epo. 11, 23 gehabt haben wird.

[17] Die Vorstellung, daß Catull von einem Mädchen zum anderen ging, wird durch *omnes* und die Wahl des die Wiederholung anzeigenden Imperfekts in Vers 9 hervorgerufen. Die außerordentliche Ungeduld wird durch den unwirschen Ton der Anfrage und das Verbum *prehendere* deutlich, das die Komödie dann kennt, wenn ein Davoneilender zurückgehalten wird oder wenn jemand ungeduldig am Gewand gepackt wird; cf. Plaut. Epid. 1; Mil. 59f.; Pseud. 248; Trin. 624.

[18] Ein *tamen* in der Bedeutung eines „obwohl" ist in einem Relativsatz nicht ganz ungewöhnlich; Cic. imp. P. 26 etc.

[19] Der arg zerstörte Text dieser Verse wurde auf recht verschiedene Weise zu heilen versucht. Vers 9 scheint Schwabes, von Oksala und Bardon wiederaufgenommenes *avens te*, das der überlieferten Buchstabenfolge relativ nahe ist, einen recht annehmbaren Sinn zu ergeben. In dem fehlenden Versschluß von 11 muß das Entblößen der Brust beschrieben worden sein. In c. 66, 81 drückt das Catull so aus: *nudantes reiecta veste papillas*. An unserer Stelle stand *papillae* wegen der Fortsetzung nicht zur Verfügung, und wegen des Attributs *nudum* muß auch ein anderes Verbum gewählt worden sein. Das zu *nudum* passende Substantiv scheint Prop. 2, 22, 8 *non tecto pectore* bzw. 4, 8, 47 *nudabant pectora* zu bieten. Es bleibt das Verbum zu ergänzen. Friedrichs *reclude pectus* ergibt den gewünschten Sinn. Wegen des kriegerischen *gladio pectus recludere* zweifelte man an der Möglichkeit des Ausdrucks; aber an ein solches Öffnen konnte hier niemand denken, und in der Bedeutung aufdekken, freilegen ist *recludere* durchaus gebräuchlich, z. B. Verg. g. 2, 175; 4, 52; A. 9, 423; Hor. epi. 1, 5, 16. In Vers 12 ist zu Beginn wohl die Interjektion *en* herzustellen, die ja gern auf etwas Unerwartetes hinweist; cf. Kroll ad 12.

lertes Stöhnen über die herkulische Leistung,[20] die der Umgang mit einem solchen Freund fordert, schließen sich Vorwürfe über die wenig freundschaftliche Verschlossenheit, die als hochmütige Absonderung gedeutet wird.[21] Die Dringlichkeit des Sprechens wird Vers 15f. in einer Folge von vier unverbundenen Imperativen deutlich. Das zeigt den Ernst bei allem Spiel: Freundschaft kann in Catulls Augen Vertrauen fordern.

In den letzten Versen wird dem Freund zudem bedeutet, daß er seine Menschenscheu auch um seiner selbst willen aufgeben solle. Durch seine Verschlossenheit beraube er sich eines wesentlichen Glücks der Liebe, da der Liebende sein Glück erst recht fühle, wenn er darüber sprechen könne. Das ist eine Weisheit,[22] die andere, mehr einer gefühlvollen Zweisamkeit ergebene Zeiten nicht so recht nachfühlen konnten,[23] deren geheime Reize man aber in einer Gesprächskultur wie dem französischen 18. Jahrhundert durchaus verstanden hätte.[24] Alle Motive des Gedichtes, das freundschaftliche Drängen und der Wunsch nach scherzendem Gespräch, der Übermut und ein gewisser Überschwang der Freundschaft steigern sich in den beiden letzten Versen zu einem hübschen Crescendo: mag der Freund auch sonst schweigen wie das Grab, Catull ist's zufrieden, wenn er nur eingeweiht wird.[25]

[20] Catull nimmt hier eine etwas pathetische sprichwörtliche Wendung auf, die auch an anderen Stellen bewußt übertreibend gemeint war; cf. Otto 162.

[21] Der in Vers 14 überlieferte Text *te in* bezeichnet gut die von Catull kritisierte Haltung als Zustand; die Fragepartikel *ten* wäre wenig motiviert und wäre ganz gegen die Regel an ein unbetontes Wort angehängt.

[22] Ansonsten erscheint das Motiv meist in der Form, daß ein Sprechen über leidvolle Erfahrungen in der Liebe Entlastung gewährt; cf. Theocr. 11,1–3; Prop. 1,9,33f.; Hor. epo. 11, bes. v. 12.

[23] Daß man glückliche Liebe verschweigen solle, sagen z. B. [Tib.] 4,13,8; Prop. 2,25,29–32; Ov. a.a.2,607f. Der naheliegende Grund ist, daß das Ausplaudern Nebenbuhler auf den Plan rufen könnte.

[24] Krolls Meinung ad 1, *fructus amoris* bedeuteten den Liebesgenuß im engeren Sinn, kann nicht richtig sein, da ein solcher dem Freund in seinen *tenebrae* ja offenbar reichlich zuteil wurde. Catull kann nur einen darüber hinausgehenden Reiz, der im steigernden Wort liegt, meinen.

[25] In Vers 22 ist die Textherstellung *vestri sim* wohl richtig. *Particeps* meint natürlich ein mündliches Teilnehmen, wie Ter. H. 428 oder Cic. fam. 10,12,2; das vielfach vermißte Gegensatzpaar „vor anderen Leuten, wenn nur ich selbst" ist unnötig, da sich der Sinn aus dem Zusammenhang ergibt. Krolls Vermutung, hier liege der Wunsch nach einer Liebe zu dritt vor, paßt wenig zur vorgegebenen Situation: Catull kennt ja das Mädchen nicht einmal, und *verbosa loquella* in Vers 20 zeigt klar, welche Art von Anteilnahme gemeint ist; cf. Lenchantin ad 21.

56. Gedicht

Zu Beginn greift Catull den – wie vielfache Bezeugung nahelegt – wohl recht bekannten Anfang einer Epode des Archilochos auf.[1] In ihr versprach der alte Jambendichter einem mit Namen angeredeten Freund einen lachhaften Vorfall zu erzählen, der ihn amüsieren werde. Sehr vergleichbar redet Catull hier einen Freund Cato an, mit dem er, wie Vers 3 zeigt, herzlich verbunden ist. Man wird wohl nicht fehlgehen, wenn man in diesem Cato den Dichter Valerius Cato sieht, dessen Werk ähnliche Tendenzen verfolgte wie das Catulls: freundschaftliche literarische Ansprachen waren bei Catull und seinem Kreis üblich, und es wäre seltsam, wenn Catull im Falle des Valerius Cato eine Ausnahme gemacht und ihn nicht angesprochen hätte.[2]

Das die Erwartung steigernde Motiv des Archilochos, die Ankündigung, die Geschichte sei spaßhaft und der Freund werde darüber lachen, ist bei Catull viel mehr ausgespielt als bei dem Griechen. Lebhafter setzt schon die Ankündigung mit einem Ausruf ein, dann entfaltet er den Begriff lächerlich in einem Doppelausdruck *ridiculam . . . et iocosam* und wendet das Motiv in den drei nächsten Versen fast umständlich hin und her: nach dem ersten Ausruf bringen die Verse 2–4 eine Beifügung, eine Aufforderung und eine bekräftigende Behauptung, die jedesmal sagen, daß die Sache lachhaft sei bzw. daß der Freund darüber lachen solle. Die beiden Attribute des ersten Verses werden dabei in Vers 4 nochmals aufgenommen. Zusammen mit einer Wiederholung der Anrede und mit der in diesem Zusammenhang recht hoch gegriffenen Berufung auf die Freundschaft,[3] die ein Einstimmen in die Fröhlichkeit fordere, weckt das in ganz ungewöhnlicher Weise die Erwartung auf das Kommende.

Nach dieser vielversprechenden Einleitung erscheint die dann folgende Anekdote fast wie eine Antiklimax. Schon der geringe Umfang verwundert: in drei Versen ist alles abgetan. Aber auch das, was erzählt wird, erscheint nach der wortreichen Ankündigung dürftig. Catull will das, was er c. 21 Aurelius, der seinem Liebling nachstellte, androhte, in einem anderen Fall ausgeführt haben; er will irgendeinen Kerl, den er bei seinem Mädchen

[1] Archil. fr. 168 West; cf. Hezel 45.

[2] Ellis introd. und V. Buchheit, Herm. 89 (1961) 345–356, denken an Cato Uticensis als Adressaten. Dem Alter nach könnte er angesprochen sein, aber ist es wahrscheinlich, daß Catull dem strengen Stoiker gerade diese Verse zugedacht haben sollte?

[3] Stellen wie Ter. Heaut. 1031; Cic. Att. 5, 17, 5 zeigen, daß solche Berufungen auf die Freundschaft trotz aller Geläufigkeit der Erwartung eine gewisse Betonung geben.

(womit hier schwerlich Lesbia gemeint sein kann) in flagranti ertappte, gelehrt haben, was ein Mann sei, und ihn mit überlegener Kraft zu seinem Buhlknaben gemacht haben.

Wenn man sich fragt, was Catull an diesem Vorfall so lachenswert erschien, so kann es wohl nur der für den Überraschten so ganz unerwartet kommende Umschlag ins Gegenteil gewesen sein. An sich ist *pupulus* kein grundsätzlich negativer Begriff; wenn etwa das römische Volk den begeistert empfangenen jungen Caligula liebevoll *pupus* nannte,[4] so kann das nur als Kosewort für einen noch ganz jungen Menschen gemeint gewesen sein. Aber in unserem Zusammenhang ist das Wort deutlich verächtlich: es charakterisiert einen Möchtegern, den Catull in seine Schranken weist. Dazu paßt das Überlegenheit zeigende *deprendi*, das das übliche Wort für ein Ertappen oder Überraschen bei einem unrechten Tun ist.[5] Für *puellae trusantem* gibt es keine Parallele, aber es kann schwerlich etwas anderes sein als eine (vermutlich umgangssprachliche) Variation eines *puerum puellae concumbentem.*[6] Catulls Reaktion auf diese unwillkommene Entdeckung ist mit einem noch alles offenlassenden *hunc ego* und einem bereits auf etwas Erotisches vorbereitenden *si placet Dionae* geschickt hinausgezögert; dann wird mit *pro telo*[7] die Erwartung in eine falsche Richtung gelenkt: der Ausdruck „anstatt einer Waffe" läßt für einen Augenblick an einen Zornausbruch und eine grimmige Strafe denken, wie sie von betrogenen Ehemännern berichtet wurde[8] und wie man sie auch einem gefoppten Liebhaber zutrauen kann. Auch *cecidi* würde zu einem zornigen Niederschlagen passen.[9] Freilich, ernsthaft muß man für das dreiste Bürschchen nicht fürchten; hatte doch Catull klar genug auf etwas Lachhaftes vorbereitet. Und so löst sich die bedrohliche Stimmung auch sofort auf. Catull ging nicht mit einem Schlagwerkzeug auf den Missetäter los, sondern mit seinem Penis, und *cecidi* erhält dabei seinen obszönen Nebensinn.[10]

[4] Suet. Cal. 13.

[5] Cic. fam. 8,7,2; de or. 2,275; Hor. s. 1,2,131 gebrauchen das Wort für die Überraschung eines Ehebrechers.

[6] *Trusare* ist der Wortbildung nach ein Intensivum von *trudere*. Gesichert ist die Form durch Cato r.r. 10,4;11,4 *mola trusatilis* „Stoßmühle", Handmühle. Man wird dabei daran denken, daß auch *molere* im obszönen Sinn gebraucht wurde: Lucil. fr. 278 M; Petron. 23,5.

[7] Wenn man *pro telo* als das Adverb *protelo* (wie Lucr. 4,190) auffaßte, setzte man anstelle eines witzigen Spiels eine Krudität.

[8] Cf. Val. Max. 6,1,13.

[9] *Pugnis, verberibus* etc. *caedere* ist übliche Umgangssprache: Plaut. Amph. 377; Curc. 199; Ter. Andr. 199 etc.

[10] Wie Lucil. fr. 282f. M; Laber. com. 22. Hor. s. 2,7,49 spricht von *verbera caudae*.

Catull scheint hier von einem literarischen Wandermotiv Gebrauch gemacht zu haben; auch Apuleius schildert einmal in seinen Metamorphosen,[11] wie ein zartes in flagranti ertapptes Bürschchen vom betrogenen Ehemann derselben Strafe unterzogen wurde, der ihm freilich hernach auch noch eine Auspeitschung verabreichen ließ. Gereizt hat Catull an dem Motiv vermutlich die gänzlich überraschend kommende Umkehrung der Situation und wohl auch die literarisch reizvolle Aufgabe, einem bescheidenen Motiv durch geschickte Vorbereitung und Verzögerungen Wirkungen zu entlocken.

57. Gedicht

Auch in c. 29 ist die Invektive gegen Caesar und seinen Praefectus fabrum[1] von groben Vorwürfen sexueller Ausschweifungen erfüllt; während sich dort aber auch der rein politische Angriff findet, Caesar begünstige Mamurra bei der Ausbeutung Galliens und Britanniens, ist hier überhaupt nur noch von dem Lotterleben der beiden die Rede. Ein solcher Vorwurf sexueller Ausschweifungen ist nun in der politischen Invektive in Rom etwas durchaus Übliches: Lucilius und Cicero bieten Anschauungsmaterial.[2] Wie ungemein verbreitet derartige Vorwürfe gewesen sein müssen, verrät Cicero in der Verteidigungsrede für Caelius,[3] wenn er sagt, der Vorwurf päderastischer Verfehlungen in der Jugend sei der allerüblichste gegen jedermann, der als Junge nicht ganz häßlich war; und das sei nichts als eine Schmähung, die nur um der Beleidigung willen vorgebracht werde. Aus anderen Quellen wissen wir, daß Caesar auch sonst in sehr erheblichem Umfang die Zielscheibe solcher Schmähungen war: Wenn Sueton in seiner Biographie vier Kapitel einer Aufzählung von Caesars Liebesverhältnissen

[11] Apul. met. 9,27f.

[1] Quinn introd. möchte die Entstehungszeit unseres Gedichtes weit vor c. 29 rükken, das nicht vor dem Britannenfeldzug des Jahres 55 geschrieben sein kann: Unser Gedicht sei vor Caesars Abreise nach Gallien verfaßt, da es allein auf skandalöse Vorfälle in Rom ziele. Das ist nicht überzeugend. Sexuelle Ausschweifungen aus früherer Zeit konnte man Caesar immer wieder vorhalten, wie die Soldatenverse beim Triumphzug zeigen; für eine Erwähnung von Gallien aber bestand in unserem Gedicht kein Anlaß.

[2] In Lucilius' 2. Buch war ein politischer Prozeß dargestellt; der Ankläger prangert, abgesehen vom Vorwurf der Bereicherung, auch sexuelle Ausschweifungen an: fr. 66; 72; 74 M. Bei Cicero findet sich dergleichen z. B. Verr. 2,3,77f.; 2,5,31; dom. 139; Phil. 2,44f.; 11,9.

[3] Cic. Cael. 6.

einräumt, ist das zum großen Teil ein getreuer Spiegel der verschiedensten Invektiven, die den Politiker zu Lebzeiten angriffen.[4]

Der entscheidende Angriff des Gedichtes, Caesar und sein General seien ganz von der gleichen Art, wird sofort in den ersten Worten aufgenommen: *pulchre convenit*;[5] und die Schamlosigkeit des Paares wird dabei durch die Fülle schmähender Worte grell beleuchtet.[6] Das was Vers 1 f. unvermittelt vor uns hinstellt, wird dann fast pedantisch aufrechnend 'bewiesen'.[7] Das erste Argument ist, daß beiden von den Orten her, wo sie ihre Jugendzeit verbrachten, ein unauslöschlicher Makel anhafte. Der Makel bezieht sich sicher nicht nur auf Mamurras Bankrott in Formiae[8] und auf die ungeheuren Schulden des jungen Caesar,[9] das pathetische *resident nec eluentur*[10] zeigt ebenso wie das unmittelbar anschließende *morbosi*, daß bereits hier ein sittlich verkommenes Leben gemeint ist.

In Vers 6f. kommt Catull erneut auf die päderastischen Neigungen der beiden, die an sich in den Schmähworten des Gedichtsbeginns schon zur Genüge beleuchtet waren, zu sprechen: *Morbosi* bezeichnet Päderasten,[11] und mit dem einen Bett, auf dem das so ähnliche Paar[12] die Praktiken seines Lotterlebens gemeinsam 'studiert' hatte, wird der Vorwurf recht drastisch vergegenwärtigt. Dabei soll die Homosexuellen zugeschriebene Weichlichkeit vermutlich durch die sogar bei Catull auffallenden ungewöhnlichen Deminutivformen unterstrichen werden.[13] Caesars 'Bildung' auf diesem

[4] Suet. D. Jul. 49–52 ordnet Caesars Liebesleben nach Gruppen: die Nachrede wegen Nikomedes, Verhältnisse mit adligen Matronen und Mädchen, solche in der Provinz, Beziehungen zu regierenden Königinnen.

[5] Den Sprachgebrauch zeigen Ter. Hec. 178; Ov. rem. 471; Mart. 8,35,3.

[6] Wenn der Bezeichnung *cinaedi* in der nächsten Zeile das praktisch synonyme *pathicus* nachgeschoben wird, bringt das keine zusätzliche Information, sondern ist eben ein weiteres Schmähwort.

[7] *nec mirum* verwendet Catull gern, wenn er auf eine oft erstaunliche Behauptung hin die Begründung nachliefert: c. 23,7; 62,14; 69,7.

[8] c. 41,4; 43,5 zielen darauf.

[9] Cf. Suet. D. Jul. 18,1; Plut. Caes. 11,1 etc.

[10] Schulden allein könnten nicht so pathetisch verurteilt werden, das muß auf grobe sittliche Verfehlungen gehen. Auch c. 29,16f. interessiert weniger die Tatsache des Bankrotts als die durch die drei eindeutigen Verben beleuchtete Weise, in der das Geld verschwendet wurde.

[11] Cf. Priap. 46,2.

[12] Den entsprechenden Sprachgebrauch von *gemellus* beleuchten Hor. s. 2,3,244; epi. 1,10,3.

[13] Besonders auffällig ist die Form *erudituli*; für die Deminutivform *lecticulus* in der Bedeutung Bett bietet Celsus 2,12,2 E eine klare Parallele; cf. W. Heraeus, Arch. f. lat. Lexikogr. 12,88.

Gebiet wird zwar in den Reflexen der übrigen Schmähliteratur an den Königshof des Nikomedes verlegt, aber bei derlei Beschimpfungen und Unterstellungen wird man nicht zu genau fragen dürfen, wie es um die konkreten Verhältnisse beschaffen gewesen sein mag.

Die Vorwürfe der Verse 8f., beide seien gleich unersättliche Ehebrecher und in gleicher Weise hinter den Mädchen her, werden, was Mamurra angeht, auch c. 29 erhoben; und Caesar gegenüber war das eine weit verbreitete Nachrede.[14] Die Vorstellung in Vers 9 ist wieder recht derb: Wenn die beiden als *rivales socii* bei den Mädchen bezeichnet werden, so ist hier *rivales* nicht im Sinne von Nebenbuhlern gemeint, die einander in der Gunst eines Mädchens ausstechen wollen. Das beigefügte *socii* zeigt die größte Eintracht der beiden. Was gemeint ist, zeigt die Komödie:[15] beide teilen sich in die Gunst eines Mädchens. Was aber in dem bei Plautus geschilderten Sklavenmilieu ein der Wirklichkeit abgelauschter realistischer Zug war, mußte in der Gesellschaftsebene eines Caesar ungemein ordinär wirken.

Catulls Behauptung ist nun genügend erwiesen; weiterer Farben bedarf das Gemälde nicht. So kann er wirkungsvoll mit einer Wiederholung des ersten Verses abschließen. Das ist eine von Catull auch in anderen Schmähgedichten angewendete Technik:[16] Die entscheidende Schmähung soll so doppelt treffen.

Der verletzendste Angriff des Gedichtes ist wohl weniger das Vorhalten sexueller Ausschweifungen als die konsequente Gleichstellung des großen Imperators mit einem vermutlich sehr durchschnittlichen Untergebenen. Nachdem das Motiv schon in den ersten Worten, die beiden paßten prächtig zusammen, angeschlagen war, kommt der Dichter während des gesamten Gedichtes immer wieder auf diesen Punkt zurück:[17] Vers 3 *pares utrisque*, 4 *altera et illa*, 6 *pariter, gemelli utrique*, 7 *uno in . . . ambo*, 8 *non hic quam ille magis*, 9 *rivales socii*. Diese Gleichsetzung erscheint aus dem historischen Abstand absurd. Und man fragt wohl kopfschüttelnd, ob Catull an dem bedeutenden Staatsmann wirklich nur Eigenschaften gesehen habe, die man auch einem Mamurra zuschreiben konnte. Aber vermutlich ist diese Gleichsetzung weniger ein Versuch objektiver Einschätzung als ein wirkungsvolles Mittel der Invektive. Anscheinend hielt es Catull für das Schlimmste, was man Caesar antun konnte, in ihm nicht unvergleichbare Größe zu sehen und den vergeblichen Versuch zu unternehmen, dagegen

[14] Cf. Suet. D. Jul. 50f.; besonders die Spottverse der Soldaten beim Triumphzug zeigen die Verbreitung der Nachrede; cf. Hezel 62.

[15] Plaut. Stich. 434; 729–733; Ter. Eun. 1072; cf. Friedrich ad 9.

[16] Cf. c. 16; 36; 52.

[17] Schwabe 190f. richtet die Aufmerksamkeit auf diesen wesentlichen Punkt.

anzurennen, sondern ihn als jemand abzustempeln, der auf einer Stufe mit dem widerlichsten Durchschnitt seiner anrüchigen Umgebung[18] steht. Catull wollte Caesars Erfolge und Leistungen wohl sehr grundsätzlich dadurch relativieren, daß sie mit dem Hochkommen eines Menschentyps verbunden waren, für den er nur die tiefste Verachtung empfinden konnte.

58. Gedicht

Nur noch in c. 11 hat Catull Lesbias Niedergang so schonungslos dargestellt wie in den beiden letzten Versen dieses Gedichts: Ihre Ausschweifungen erscheinen ihm als das Leben einer Straßendirne. Und doch tritt ihm davor bei der bloßen Nennung ihres Namens noch einmal die ganze Einzigartigkeit seiner Liebe zu dieser Frau vor Augen, ja man merkt, sie durchdringt ihn immer noch in allen Fasern.[1] Dadurch erhalten auch die Schlußverse einen sehr schmerzlichen Charakter, sie sind nicht unbeteiligte Schmähung, sondern ein Ausdruck der Fassungslosigkeit über etwas Unbegreifliches, ein „Notschrei", wie Weinreich das Gedicht trefflich charakterisiert.[2]

Daß sich ein so persönliches Gedicht nicht in der Form eines Monologs ausspricht, sondern an einen Dritten richtet, erscheint uns von unserer herkömmlichen Lyrikauffassung her seltsam. Wohl aus diesem Grunde meinte man, der angesprochene Caelius müsse etwas mit der Situation des Gedichtes zu tun haben, und man schloß,[3] er sei jener M. Caelius Rufus, der nach Ciceros Rede pro Caelio Liebhaber der Clodia war, sie aber nach dem Bruch der Verbindung in einer gerichtlichen Auseinandersetzung scharf angriff und seinen Angriff bis zu dem schlimmen Schimpfwort *quadrantaria Clytaemnestra*, also Dirne und Gattenmörderin, steigerte.[4] Catull hätte also Caelius wegen des gleichen Schicksals angesprochen und dessen Beschimpfung wenigstens in ihrem ersten Teil bestätigend wiederholt.

[18] Cf. R. Syme, The Roman Revolution, Oxford 1939, 61 ff. Das die Zusammensetzung von Caesars Gefolgschaft im Bürgerkrieg beleuchtende Kapitel gilt *mutatis mutandis* auch für die Zeit davor.

[1] St. Commager WdF 228f. betont gegenüber Ellis, daß Catull in den beschwörenden ersten Zeilen des Gedichtes seine Liebe noch einmal durchlebt und daß die Erinnerung an sie so bewußt wachgerufen wird.

[2] Weinreich 161.

[3] Schon P. Victorius, var. lect. 16,1; L. Schwabe 85–89. Wilamowitz, Hell. D. 2,308, verficht die These mit Nachdruck. Anhänger sind u. a. F. W. Lenz, Riv. di Cult. Class. e Med. 5 (1963) 62–67; Quinn; Della Corte.

[4] Quint. i. o. 8, 6, 53. Cicero nimmt das Schimpfwort *quadrantaria* Cael. 62 auf.

Aber paßt unsere Gedichtsituation überhaupt in diese Kombination hinein? Wenn in Catulls Gedicht die Worte *Lesbia nostra* wie mit einem Zauberstab die ganze Erinnerung an das unvergeßliche Einst hervorrufen, können sie nur „meine Lesbia" bedeuten.[5] Hätte Catull *Lesbia nostra* an einen anderen von Lesbias Liebhabern gerichtet, bekäme *nostra* einen süffissanten Unterton; es bedeutete etwa „Lesbia, die wir beide ja recht gut kennen". Von einem so ironischen Beginn könnte unmöglich der verzweifelte, pathetische Ausbruch im folgenden ausgehen. Zwei einträchtig klagende betrogene Liebhaber sind Stoff für eine Komödie, nicht für eine Tragödie!

Die Anrede an Caelius ist anders zu erklären. Die antike Lyrik war dialogischer als unsere; Catull sucht immer wieder auch für persönlichste Aussagen einen Freund, dem er sich anvertrauen konnte und von dem er Trost erwartete. So richtet er sogar die große Elegie c. 68, in der er sehr wesentliche Aussagen über den Charakter seiner Liebe macht, an einen Freund. Welcher Caelius der enge Freund war, vor dem Catull seine Klage erhebt, ist mit Bestimmtheit nicht zu sagen. Es könnte aber sehr wohl der Caelius aus Verona sein, den Catull in c. 100 freundlich anspricht und der offensichtlich in Catulls Herzensangelegenheiten eingeweiht war.[6]

Wenn Catull in Vers 1 den Freund vertraulich anspricht und von Lesbia zu berichten anhebt, muß er von Anfang an die Mitteilung der bitteren Wahrheiten der beiden letzten Verse beabsichtigt haben. Aber diese Sprechintention scheint ihm durch das eine Wort Lesbia aus dem Sinn zu kommen. Er bleibt an dem Wort gewissermaßen hängen und kreist um es in einer zweifachen Wiederholung,[7] die durch das in die Ferne weisende Pronomen „*Lesbia illa/illa Lesbia*" noch ein besonderes Gewicht erhält. Es ist, als ob Catull in die Vergangenheit zurücksinke und als ob sie wieder Gewalt über ihn bekäme. Durch das zweifache *illa* vorbereitet, wird dann in dem folgenden Relativsatz die einstige Liebe in ihrer unwiederbringlichen Einmaligkeit ganz gegenwärtig. Auch im Ausdruck ist diese Stelle sehr gesteigert. Ein schlichtes Sprechen hätte sich zwischen den Möglichkeiten *quam Catullus unam amavit* und *quam plus quam se amavit* entschieden. Catull vereinigt beides,[8] als ob er eine unvorstellbare Größe der Liebe ausdrücken wolle. Auch das folgende *atque suos omnes* ist pathetisch steigernd: er hatte

[5] Die Pronomina der 1. Person des Plurals gebraucht Catull immer wieder im Sinne des Singulars: c. 43,7; 68,132; 91,1f.; 107,3f. und 5–7; cf. Fordyce ad 1.

[6] c. 100,6f.; cf. Friedrich ad 1. Auch Kroll erwägt diesen Caelius, hält dann aber in den Nachträgen p. 297 diese Vermutung für sehr unsicher.

[7] Pathetische Verdoppelungen eines Personennamens sind nicht ganz selten: Enn. ann. 111 V^2; Cat. c. 64,26f.; Verg. ecl. 2,69; [Verg.] Culex 252; Hor. c. 2,14,1. Eine dreifache Nennung ist ungewöhnlich.

[8] Mit einem solchen steigernden, eigentlich unlogischen *unus* wird in superlati-

sein Idol über alles gestellt, was Menschen werthalten und was sie nach römischen Vorstellungen werthalten sollen.[9] Die Brücke zum Einst wird aber auch dadurch geschlagen, daß Catull in diesem Satz Formulierungen aufnimmt, mit denen er ehemals sein Glück zu beschreiben versucht hatte.[10] Es sind für Catull offenbar Formeln, mit denen er das Wesen seiner Liebe zu erfassen glaubte.

In Vers 4 ist das Erwachen jäh. Hart führt das *nunc* in die Gegenwart zurück, und hart ist der Gegensatz des derben Wortes *glubit*[11] zu dem *amavit* in Vers 3.[12] In grellen Farben malt Catull das Bild einer Straßendirne, deren gemeinen Lebenswandel Lesbia angenommen habe. Jeder Einzelzug ist ein böses, krasses Detail: die Straßen und Hintergassen,[13] in denen sie ihre Freier sucht; das Geld, das sie ihnen abnimmt; zuletzt der Spott über Lesbias Liebhaber, die in dem parodistischen *Remi nepotes*[14] als von ihrer Art abgefallene, heruntergekommene Römer charakterisiert werden.

Der bewußt gemeine Ausdruck der beiden letzten Verse ist hier nicht um

vischen Ausdrücken auch sonst auf Personen verwiesen; cf. Plaut. Most. 983; Cic. fam. 13,43,1; Rab. Post. 23; Cat. c. 107,7.

[9] Havelock 64 weist auf das Pathos hin, das für einen Römer in dem Bekenntnis der Vernachlässigung dessen liegt, was ihm am heiligsten sein müßte.

[10] *plus quam se . . . amavit* erinnert an c. 8, 5; 37, 12; 87, 1; *et suos . . .* übersteigert c. 72,3 f.; cf. Kroll ad 3; Quinn ad 2–3.

[11] *Glubere* und seine Komposita sind nur als landwirtschaftliche termini technici für das Schälen von Rinden und Getreide und für das Hautabziehen im Sinne eines Abbalgens überliefert. Plaut. Poen. 1312 wird *deglupta maena*, also 'abgeschuppter Fisch', als Schimpfwort für einen Jämmerling gebraucht. Ob das Schimpfwort hier mehr ein körperliches Verwüsten wie das *ilia rumpens* in c. 11,20 meint oder ein finanzielles 'Ausziehen', ist mit letzter Sicherheit nicht zu sagen. Jedenfalls muß das Wort in dieser übertragenen Bedeutung einen sehr derben Klang gehabt haben und wird in der Umgangssprache typisch für ein Dirnenmilieu gewesen sein.

[12] Sehr vergleichbar ist in c. 8,9 das die glückliche Erinnerung an das Einst hart unterbrechende *nunc*. Quinn Int. 63 stellt den grausamen Kontrast zwischen der Darstellung der eigenen Liebe und Lesbias Verrat als wesentlich heraus.

[13] In der Komödie wird durch *angiportum* eine schäbige Gegend, insbesondere ein Gauner- und Dirnenmilieu charakterisiert; cf. Plaut. Cist. 124; Pers. 678; Pseud. 961; 1235; Ter. Eun. 845. Horaz nimmt c. 1,25,10 Catulls Schilderung wirkungsvoll auf.

[14] Die Benennung des Volkes durch den Namen des Stadtgründers, für den hier variierend Remus steht, entstammt an sich dem hohen Stil und hat ursprünglich einen sakralen Klang; cf. c. 34,22 ff.; Hor. c. 4,5,1 f.; c. s. 47. Wie hier ist die Wendung c. 49,1 paratragisch. *Magnanimus* steht c. 64,85 an einer Stelle, die epischen Klang erstrebt; das Wort ist wohl eine ennianische Übersetzung des homerischen μεγάθυμος; cf. Kroll ad c. 64,85.

des Schmähens und Verletzens willen gewählt.[15] Catulls Gefühlserregung ist unverkennbar, und gerade die Kraßheit der Ausdrücke rührt daher. In diesem verzweiflungsvollen Bild drückt sich Catulls ganzer Schmerz aus, aber vielleicht ist die realistische Vergegenwärtigung von Lesbias Verworfenheit auch ein Mittel, sich aus der wieder offenbar gewordenen Gefühlsverstrickung endlich zu befreien. Eine ähnliche mitleidlose Klarheit zeigt Catull in c. 76; auch hier sucht sie Catull als ein verzweifeltes letztes Mittel der Selbstbefreiung.

Das Gedicht 58a

Das Gedicht ist ein anderer Versuch, das Thema des 55. Gedichts, also die mühsame Suche nach dem verschwundenen Freund Camerius, auf ironische Weise zu gestalten. Aber der Dichter hat nun grundverschiedene poetische Mittel gewählt. Während c. 55 ein Hasten durch die Straßen Roms und die vergeblichen Erkundigungen dabei geschildert wurden, während Catull also dort einen alten Komödienstoff aufgriff und ihn auf komödiantisch leichte Weise behandelte, beginnt er hier mit den Vorstellungen phantastischer Metamorphosen ein Spiel mit irrealen Phantasiegebilden, das die Wahl einer ganz anderen Stilebene nötig machte.

Wegen dieser völlig verschiedenen Behandlungsart war es kein guter Gedanke, c. 58a als einen von seinem ursprünglichen Ort mechanisch abgesplitterten Teil von c. 55 aufzufassen und ihn dort nach Vers 13 oder 14 einzuschieben.[1] Die Häufung hochgegriffener Mythologeme und die entsprechend hohe Stilisierung geben c. 58a einen anderen Charakter als c. 55; beide Gedichte sind in ihrer poetischen Welt klar unterscheidbar und haben einen eigenen, nicht zu verwechselnden Ton.[2]

Während in c. 55 die Atemlosigkeit der Verfolgungsjagd mimisch wirkungsvoll durch eine Kette einander überstürzender Kola inszeniert war und das Thema der Suche des Freundes von Anfang an genannt war, hebt c. 58a in einem gewaltigen Satzbogen mit vier parallelen Konditionalsätzen an, ohne vorläufig das Ziel dieser ungeheueren Periode auch nur zu nennen.

[15] Cf. Commager WdF 330.

[1] Die Einschiebung nach Vers 13 in der *editio Romana* von 1475 fand breite Nachfolge, vor allem bei Lachmann, Bährens, Friedrich und Lenchantin; nach Vers 14 fügten es Fröhlich, Schwabe und Ellis ein.

[2] Cf. Fordyce introd. ad c. 55. Die metrische Übereinstimmung mit c. 55, daß nämlich in beiden Gedichten Zehnsilbler unter die Elfsilbler gemischt sind, genügt schwerlich als Beweis dafür, daß ursprünglich nur ein Gedicht vorlag. Warum soll Catull, wenn er zwei motivähnliche Gedichte vermutlich ziemlich gleichzeitig schrieb, nicht in beiden dasselbe metrische Experiment versucht haben?

Der Dichter führt uns nun nicht wie in c. 55 in das reale zeitgenössische Rom, sondern nennt aus Mythos und Überlieferung Wesen, denen die größte Flugkraft und Schnelligkeit zugeschrieben wurde; aber wenn Catull auch all diese Kräfte hätte, genügte das nicht zur Lösung seiner Aufgabe, deutet er zuerst durch die Verneinungen an und sagt es dann Vers 8f. ausdrücklich. All diese gehäuften Vorstellungen dienen dazu, den Leser immer neugieriger darauf zu machen, welche unlösbare Aufgabe Catull da auf sich genommen habe. Wenn man aber dann im letzten Vers erfährt, die Aufgabe habe darin bestanden, den Freund ausfindig zu machen, erscheint das Verhältnis von erwogenem Aufwand und angestrebtem Ziel grotesk; das Staunen über die phantastischen Mittel, an die Catull denkt, muß bei der Eröffnung des bescheiden-harmlosen Zwecks in Lachen umschlagen. Catull schauspielert also zuerst; er übertreibt um der komischen Wirkung des Umschlages willen.[3]

So reicht ein Spannungsbogen vom ersten bis zum letzten Vers: die vom ersten Vers an erwartete Auflösung wird durch immer erneute Erweiterungen der Periode immer weiter hinausgeschoben. Schon der pathetische Beginn mit den vier mit einem anaphorischen *non* einsetzenden Konditionalsätzen hat etwas bewußt Überdehntes an sich. Die beiden ersten Glieder hätten vollauf genügt, die Vorstellung außerordentlicher Geschwindigkeit hervorzurufen,[4] und Catull hätte dann glatt zu einer hier vorschwebenden Aussage „könnte ich dich erreichen"[5] übergehen können. Aber das hätte natürlich keine komische Wirkung ergeben. So häuft Catull Vorstellung auf Vorstellung, damit allein schon das Übermaß paralleler Bilder übertrieben, ja grotesk wirkt. Der komische Eindruck wird durch die Formulierung im einzelnen gesteigert. Zu der verwirrenden Fülle von teilweise abgelegenen Namen gesellt sich eine in Catulls kleinen Gedichten ganz ungewöhnliche Zahl von schmückenden Adjektiven, die zum Teil einen ausgesprochen episch-poetischen Klang haben[6] und den Eindruck der Überfrachtung erhöhen.

[3] Der Gedichtaufbau, daß der Leser zunächst mit einer ihm rätselhaft erscheinenden Situation konfrontiert wird, die sich dann in einer überraschenden Wendung in Gelächter auflöst, findet sich auch sonst: c. 39 erfährt das ewige Zähneblecken des Egnatius im letzten Vers eine unerwartete Erklärung; und in c. 26 wundert man sich zunächst, warum so breit geschildert wird, welche Winde der Villa des Furius nichts anhaben können, bis man dann erfährt, daß ein Schuldensturm sie umbläst.

[4] Minos' geflügelter Wächter Talos umkreiste Kreta dreimal am Tag, und Pegasos' Schnelligkeit war sprichwörtlich; cf. Otto 271; Kroll ad 1.2.

[5] Eine Aussage in diese Richtung muß man ja nach den *non si* erwarten; cf. Fordyce introd.

[6] Ausgesprochen poetische Bildungen sind *Pegaseus*, *pinnipes*, *niveus* und *plumipes*; cf. E. Norden ad Verg. A. 6, 590f.; Ross 62; 100.

Die Satzfügung ist dabei sehr locker: Wenn Vers 3f. durch die Anaphern der die Verse einleitenden *non* auch noch deutlich als Fortsetzung des konditionalen Beginns erscheinen, so ist diese Fortsetzung durch die Ellipse der Verben doch sehr locker angefügt.[7] Dabei ist bei dieser Erweiterung der Eindruck der Fülle, ja der Überfülle offenbar Selbstzweck; denn wenn man die weiteren Namen auf die Goldwaage legte, böten sie, inhaltlich gesehen, keine weitere Steigerung: ein berühmter Wettläufer und ein noch so schnelles Pferdegespann können schwerlich mit mythischen Flügelwesen konkurrieren.

Doch all das genügt Catull noch nicht. Wie in c. 23, 18, einer anderen burlesken Aufzählung, fügt er mit einem locker anschließenden *adde* weitere Aufzählungsglieder hinzu, die wiederum die Vorstellung großer Geschwindigkeit erwecken. Nun fallen keine Namen mehr, Catull faßt zusammen: alles was Gefieder und Flügel habe, solle man hinzufügen oder wohl eher hinzudenken und dazu noch die Winde aufsuchen, die ihm in einem luftigen Gespann[8] zur Verfügung stehen sollen. Und auch hier wird der Eindruck des Phantastischen durch eine bizarre Wortwahl in Vers 5 verstärkt.

Die Satzfügung ist weiterhin sehr locker; die Imperative *adde* und *require* sind eine Art Parenthese, die die Fortsetzung des Vers 1–4 begonnenen Satzgefüges einstweilen aufschiebt. Diese Imperative deutet man wohl zunächst so, daß in ihnen die Phantasie des Lesers angesprochen wird, der sich all diese Wunderdinge ausdenken soll. In der Zielvorstellung *quos . . . dicares*, „daß du sie mir als Gespann übergibst", ist es aber dann auf einmal der Freund Camerius, der das bewerkstelligen soll. Das ist nun an sich seltsam, da der Freund ja schwerlich über die erforderlichen mythischen Kräfte verfügt und zudem kaum ein Interesse daran hatte, an seiner Suche selbst mitzuwirken. Aber mit einem solchen Nachrechnen tritt man dem luftigen Gebilde hier wohl etwas zu nahe. Das alles sind ja pure Phan-

[7] Die Satzfügung analysiert Fordyce introd. Muretus' von Mynors wiederaufgenommene Umstellung von Vers 2 und 3 verbessert die Periode nicht: grammatisch könnte man den Satz zur Not konstruieren, aber die Ellipsen wären sehr hart, und der Spannungsbogen, auf den es poetisch ankommt, würde dadurch von Anfang an sehr brüchig. Dagegen hat Muretus' Konjektur *niveis citisque bigis* durchaus etwas Verlockendes; sie paßte gut zu *Pegaseo . . . volatu* und vermiede die Härte, daß sich der Dichter nicht mit dem Lenker des Gespannes, sondern mit dem Gespann selbst gleichstellt.

[8] Die Lesart *iunctos* scheint besser zu passen als *vinctos*. Auch hier wird es wie in allen anderen Kola der Aufzählung auf eine Vergegenwärtigung großer Geschwindigkeit ankommen; eine Anspielung an die in den Schläuchen des Äolus eingesperrten Winde ergäbe keine solche Vorstellung.

tasievorstellungen, mit denen der Dichter mutwillig spielt, ein lustiger Wirbel, in den er uns hineinziehen will.[9]

Wenn Catull endlich in Vers 8 nach all den wie von einer tollen Laune diktierten Aufzählungen mit einem resignierenden *defessus tamen* den Hauptsatz beginnt, schreibt er, als ob er nur noch vage wüßte, daß er eine konditional begonnene Periode zu Ende führen müsse. Er läßt den negativ formulierten Satzbeginn als Anakoluth liegen und bezieht seine Fortsetzung nur noch auf die unmittelbar vorhergehenden positiven Vorstellungen: „Auch dann wäre ich im Innersten ermattet und erschöpft.“ Dieser freie Satzabschluß ist vermutlich keine Nachlässigkeit des Dichters, sondern paßt zu der lockeren Fügung des Ganzen, in dem es nach der übermütigen Aufzählung der phantastischsten Möglichkeiten der Verfolgung auf den Umschlag zu der resignierenden Feststellung, daß das alles nichts hülfe, ankommt.

Daß das Gedicht in der ursprünglichen Form vorliegt und nicht etwa durch Textverderbnis entstellt ist, scheint die Aufnahme der Motive in Properz 2, 30, 3–6 zu zeigen: auch hier folgt auf die Pegasus' Flug und andere schnelle Bewegungsarten schildernden Kola, die ebenfalls mit *non si* einsetzen, ein logisch im strengen Sinn auch nicht folgerichtiger Hauptsatz, daß das alles nichts nütze. Die Wirkung der gehäuften Verneinungen scheint für den Dichter wichtiger gewesen zu sein als das geradlinige Festhalten an der einmal begonnenen Satzkonstruktion.

59. Gedicht

Das Gedicht ist ein typischer jambischer Angriff, in dem es auf ein bloßstellendes Nennen des Namens und ein klares Herausstellen des schimpflichen Tuns ankam.[1] Die wortkarge Kürze des ersten Schmähverses macht auch Gebrauch von vulgären Schmähformeln, wie sie aus Inschriften bekannt sind. *Rufa Rufulum fellat* entspricht im Typ genau einem inschriftlichen *Salvia felat Antiocum*.[2]

[9] Bardon, Propositions 58 und 93, glaubt, in diesen Vorstellungen spreche sich Catulls Sehnsucht nach einer Befreiung von den irdischen Bedrängnissen aus: aber in dem Gedicht sind doch all die übersteigerten Vorstellungen von Bewegung nicht hinreichend, ein bescheidenes Ziel zu erreichen. Ein ernstgemeintes Symbol der Befreiung hätte Catull schwerlich so durch den Gedichtzusammenhang abwerten können.

[1] Horaz sah s. 1, 4, 1–7 in einem solchen auf die Freiheit der alten Komödie zurückgeführten ὀνομαστὶ κωμῳδεῖν das Charakteristische des jambischen Angriffs bei Lucilius.

[2] C. I. L. 4, 1427; cf. Bardon, Propositions 70; Kroll p. 297 (zu S. 105). Die perverse Praxis schmäht bereits Archil. fr. 42 West.

Die Namensnennung erfolgt bei Catull mit mehr Genauigkeit, als es in solchen Schmähinschriften der Fall ist. Catull fügt zum Namen noch den Heimatort und den Namen des Gatten.[3] Diese Erweiterung hat durchaus mit dem Grundziel des jambischen Angriffs zu tun. Da der Name Rufa nicht selten war, traf die Beschimpfung nur, wenn die Person genauer bezeichnet wurde.

Auch der Angriff ist umfassender. Zu dem Vorwurf des Ehebruchs und perverser sexueller Praktiken deutet die Namensgleichheit Rufa/Rufulus wie die Namensgleichheit Lesbius/Lesbia in c. 79 auf einen Inzest.[4] Und in Vers 2–5 wird zu der Schmähung sexueller Verfehlungen ein zweiter Vorwurf gefügt: Rufa habe oft die Totenopfer von den Scheiterhaufen bei Totenverbrennungen zu stehlen versucht, habe also immer wieder einen Grabraub begangen, was zu den verächtlichsten Gaunereien gerechnet wurde.[5] Alle genannten Einzelheiten dienen dazu, eine Szene von schlimmster Vulgarität zu malen: Vom Scheiterhaufen selbst raube sie das Totenmahl, ja ein heruntergerolltes Brot suche sie zu erraffen und werde deshalb von einem halb kahlgeschorenen, d. h. wegen Schandtaten gebrandmarkten Sklaven[6] des Bestattungsunternehmers verprügelt.

Die eigentliche Zielrichtung des Vorwurfs der Verse 2–4 können Verse Tibulls zeigen,[7] in denen der Dichter eine Kupplerin verwünscht. Sie solle zur Strafe, vom Hunger gepeinigt, Kräuter von Gräbern reißen müssen und von Wölfen schon angenagte Knochen suchen. Wie Tibull dem verhaßten Weib schlimmste Armut wünscht, schildert auch Catull ein Bild trostlosester Armut, in der die Frau vor Hunger auch das Widerwärtigste nicht verschmäht. Ähnlich wie in den Gedichten an Furius und Aurelius sieht Catull

[3] Der einst berühmte Name Menenius wird im 1. Jahrhundert von keinen bedeutenden Männern mehr getragen; immerhin wird im Jahre 43 ein Menenius auf die Proskriptionsliste gesetzt, kann also nicht ganz bedeutungslos gewesen sein; App. b. c. 4, 186; cf. Neudling 130. Warum Horaz s. 2, 3, 187 *fecunda in gente Meneni* der Name ein Synonym für Narren geworden ist, weiß man nicht; vielleicht ist nur ein Wortspiel mit μανία, μαίνεσθαι beabsichtigt.

[4] Die Erklärung, daß Rufulus nicht der eigentliche Name des Liebhabers sei, sondern eine von Rufa abgeleitete höhnische Prägung, so wie man Antonius nach seiner Geliebten Cytheris Cytherius nannte (Cic. Att. 15, 22, 5), ist weniger wahrscheinlich. Die Voraussetzung für die Wirksamkeit eines solchen Hohnwortes, daß die Namensübertragung als Schimpf empfunden wird, ist bei diesem Allerweltsnamen kaum gegeben.

[5] Cf. Plaut. Pseud. 361; Ter. Eun. 491; Ov. Ibis 20; Mart. 11, 54; Bährens ad 2. 3.

[6] Als Sklavenstrafe wird das Kahlscheren der Hälfte des Kopfes Apul. met. 9, 12 erwähnt.

[7] Tib. 1, 5, 53 ff.

hier in dem Zustand der Armut selbst etwas Schmachvolles, einen Makel, der jemand ebenso von der Gesellschaft ausschließt wie schlimme Taten.

Sprachlich ist der jambische Angriff sehr dicht formuliert:[8] jedes Wort hat seine Spitze; die Gräberszene wirkt aber auch durch die kräftige Anschaulichkeit ihres makabren Realismus. Alliterationen der entscheidenden Wörter unterstützen die Wirkung der Aussagen: *Rufa/Rufulum*, *saepe/sepulcretis*, *rapere/rogo*, *prosequens/panem*.

60. Gedicht

Catull wirft in dem Gedicht einem Ungenannten unmenschliche Grausamkeit vor, weil er sein Flehen in der äußersten Not mißachtet habe. Der Vorwurf der Grausamkeit wird zuerst in sehr pathetischer Weise mit der Frage erhoben, ob den Grausamen eine libysche Löwin oder die gräßliche Skylla mit einem so abscheulichen Sinn geboren habe. Dann aber bricht der Dichter seine Klage mit dem resignierenden Ausruf: „Weh, du mit dem allzu grausamen Herzen" plötzlich ab.

Die Frage, ob einen allzu grausamen Menschen ein wildes Tier oder ein Ungeheuer geboren habe, ist eine in der antiken Dichtung häufig gebrauchte Pathosformel,[1] die Catull auch im 64. Gedicht Ariadne am Höhepunkt ihrer leidenschaftlichen Vorwürfe gegen Theseus in den Mund legt.[2] Da die Pathosformel nicht nur in der Ariadneklage, sondern auch an mehreren Stellen der augusteischen Dichtung Liebesklage ist, in der einem Treulosen oder einer Treulosen Verrat und Hartherzigkeit vorgeworfen wurde,[3] stellt O. Weinreich[4] unser Gedicht in diesen Zusammenhang und glaubt, es sei an die treulose Lesbia gerichtet.[5] In der Tat sind die Aus-

[8] Cf. F. Stoessl, C. Valerius Catullus 13.

[1] Die Geschichte dieser seit Hom. Il. 16, 33–35 nicht seltenen Pathosformel verfolgen A. S. Pease zu Verg. A. 4, 366f.; O. Weinreich, Herm. 87 (1959) 78–83. Catulls Fassung schon recht nahe stehen Eur. Med. 1341–1343 die Worte, die Jason nach dem Kindermord an Medea richtet. Bereits hier findet man die Löwin, Skylla, eine individualisierende geographische Bezeichnung und ein dem *mente dura* entsprechendes ἀγριωτέραν φύσιν; cf. auch Eur. Bacch. 987–990.

[2] c. 64, 154–157.

[3] Verg. A. 4, 365–367; Ov. Her. 7, 37–39; 10, 131f.; met. 8, 120–125; 9, 613–615; [Tib.] 3, 4, 85–94. Im Hintergrund dürfte eine Wendung des Topos ins Erotische in der hellenistischen Dichtung stehen; cf. Theocr. 3, 15f.; [Theocr.] 23, 19f.

[4] O. Weinreich loc. cit. 83.

[5] Quinn Int. 74 hält diesen Zusammenhang für wahrscheinlich.

drücke äußerster Verzweiflung am ehesten in diesem Zusammenhang verständlich, und Catull beschreibt im 76. Gedicht seine Verzweiflung und Lesbias Grausamkeit in sehr vergleichbaren Worten: *in novissimo casu* erinnert an c. 76, 18 *extremam iam in ipsa morte . . . opem,* und den Ungeheuern unseres Gedichtes entspricht in anderer Bildebene c. 76, 20 *hanc pestem perniciemque*;[6] schließlich paßt die vergebliche Bitte in unserem Gedicht zu den vergeblichen Bitten, auf die c. 76, 23f. zurückschaut.

Trotzdem ist die Beziehung auf Lesbia nicht streng beweisbar. Es ist nicht unmöglich, daß hier ein treuloser Freund angesprochen ist; denn auch in solchen Gedichten weist Catull auf die eigene Not hin,[7] klagt Hartherzigkeit und Grausamkeit an[8] und jammert, daß Bitten nichts erreichten.[9] Auch ist die Pathosformel in der augusteischen Dichtung nicht auf Liebesklagen beschränkt, Ovid gebraucht sie auch gegenüber treulosen Freunden.[10] Aber der äußerste Grad der Verletzung in unserem Gedicht ist doch am ehesten als Klage über Lesbias Treulosigkeit zu verstehen.

Sein poetisches Leben erhält das Gedicht durch den Gegensatz zwischen der tönenden Pathosformel und dem ganz leisen Gedichtschluß, diesem fast nur hingehauchten, abbrechenden Klagelaut. An sich ist eine solche Pathosformel auf einen größeren Zusammenhang hin angelegt, auf eine lange Versreihe, in der sich die Klage verströmen kann;[11] und insofern haben die Kritiker, die Catulls Verse hier für ein Bruchstück hielten, das einst in einem größeren Zusammenhang gestanden habe, ein ganz richtiges Gefühl gehabt, aber Catulls eigentliche poetische Leistung sahen sie dabei nicht. Catull beginnt hier mit großem Atem; wie seine Heroine in c. 64 scheint er mit einer langen, pathetischen Klage anzuheben. Aber mitten in diesem

[6] Zu vergleichen sind auch in Vers 3 *mente taetra* und c. 76,25 *taetrum morbum*; das Wort *taeter* findet sich sonst bei Catull nicht.

[7] c. 30,5; 38,2; 77,4. Die Gegenthese, daß eine Freundschaft angesprochen sei, wird von Schäfer 63–68 vertreten.

[8] c. 73,5; 77,3–6.

[9] c. 116,6.

[10] Ov. tr. 1,8,37–40; 3,11,3.

[11] Diese Überlegung scheint auch die Frage zu entscheiden, ob die Verwendung der Pathosformel hier oder in c. 64 früher ist: in c. 64 steht sie in ihrer natürlichen Umgebung; dort wird sie also vermutlich Catull ursprünglich angewendet haben und dann erst die persönlichere Variation unseres Gedichtes versucht haben. Cf. Klingner 218f.; O. Weinreich loc. cit. 77f. Dies bestätigt die auch aus anderen Gründen naheliegende Auffassung, daß c. 64 nicht ganz am Schluß von Catulls poetischem Schaffensprozeß stand, sondern daß eine Reihe kurzer Gedichte danach verfaßt wurde.

Ausholen wird er vom Schmerz überwältigt. Er kann nur noch stöhnen über diesen allzu harten Sinn und verstummt; aber der Schmerz, der sich in diesem Verstummen ausdrückt, kann mehr ans Herz rühren als die längste, wortgewaltigste Klage.

VERZEICHNIS DER ABGEKÜRZT ZITIERTEN LITERATUR

I. Kritische Ausgaben ohne Kommentar

Schwabe: Catulli Veronensis liber rec. Ludovicus Schwabius, Gießen 1866.
Bährens: Catulli Veronensis liber rec. Aemilius Baehrens, Lipsiae 1876.
Ellis: Catulli carmina rec. Robinson Ellis, Oxford 1904.
Schuster: Catulli Veronensis carmina ed. M. Schuster – W. Eisenhut, Leipzig ³1958.
Mynors: C. Valerii Catulli carmina rec. R. A. B. Mynors, Oxford 1958.
Bardon: Catulli Veronensis carmina ed. Henricus Bardon, Stuttgart ²1973.
Thomson: Catullus, A critical edition. Ed. and introd. by D. F. S. Thomson, Chapel Hill 1978.

II. Kommentare

Bährens: Aemilius Baehrens, Catulli Veronensis liber, vol. II, Lipsiae 1885.
Ellis: Robinson Ellis, A Commentary on Catullus, Oxford ²1889.
Friedrich: Gustav Friedrich, Catulli Veronensis liber, Leipzig und Berlin 1908.
Kroll: Wilhelm Kroll, C. Valerius Catullus, Stuttgart ⁵1968.
Fordyce: C. J. Fordyce, Catullus, Oxford 1961.
Quinn: Kenneth Quinn, Catullus. The Poems, Glasgow ²1973.
Lenchantin: M. Lenchantin de Gubernatis, Il libro di Catullo, Torino 1976 (erstmals 1928).
Della Corte: Francesco Della Corte, Catullo. Le Poesie, 1977.
Goold: G. P. Goold, Catullus, London 1983.

III. Fachliteratur

Bardon, Propositions: Henry Bardon, Propositions sur Catulle, Bruxelles 1970.
Büchner: Karl Büchner, Die römische Lyrik, Stuttgart 1976.
Castorina: Emanuele Castorina, Questioni neoteriche. Biblioteca di cultura 79, Firenze 1968.
Coppel: Bernhard Coppel, Das Alliusgedicht. Zur Redaktion des Catullcorpus, Heidelberg 1973.
Fedeli: Paolo Fedeli, Il carme 61 di Catullo, Freiburg/Schweiz 1972.
Granarolo, D'Ennius: Jean Granarolo, D' Ennius a Catullo, Paris 1971.
Granarolo, L'œvre: Jean Granarolo, L'œvre de Catulle, Paris 1967.

Havelock: Eric Alfred Havelock, The Lyric Genius of Catullus, New York [2]1967.

Heine: Rolf Heine, Catull. Auswahl aus den Carmina. Interpretationen, Frankfurt a. M. 1970.

Hezel: Oskar Hezel, Catull und das griechische Epigramm. Tübinger Beiträge zur Altertumswissenschaft, 17. Heft, Stuttgart 1932.

Klingner: Friedrich Klingner, Studien zur griechischen und römischen Literatur, Zürich 1964.

Lyne: R. O. A. M. Lyne, The Latin Love Poets. From Catullus to Horace, Oxford 1980.

Neudling: Chester Louis Neudling, A prosopography to Catullus. Iowa studies in classical philology Nr. XII, Oxford 1955.

Otto: A. Otto, Die Sprichwörter und die sprichwörtlichen Redensarten der Römer, Leipzig 1890.

Paratore, Catullo: Ettore Paratore, Catullo 'poeta doctus', Catania 1942.

Paratore, Poetiche: Ettore Paratore, Poetiche e correnti letterarie nell' antica Roma. Quaderni della rivista di cultura classica e medioevale 10, Roma 1970.

Pepe: Luigi Pepe, Studi catulliani. Biblioteca di 'Giornale italiano di filologia'. Vol. 13, Napoli 1963.

Quinn, Cat. Rev.: Kenneth Quinn, The Catullan Revolution, Melbourne 1959.

Quinn, Int.: Kenneth Quinn, Catullus. An Interpretation, London 1972.

Ross: David O. Ross Jr., Style and Tradition in Catullus, Cambridge/Massachusetts 1969.

Salvatore: Armando Salvatore, Studi catulliani. Collana di studi latini 9, Napoli 1965.

Schäfer: Eckart Schäfer, Das Verhältnis von Erlebnis und Kunstgestalt bei Catull. Hermes Einzelschriften Heft 18, Wiesbaden 1966.

Schnelle: Ilse Schnelle, Untersuchungen zu Catulls dichterischer Form. Philologus Supplementband XXV Heft 3, Leipzig 1933.

Schwabe: Ludwig Schwabe, Quaestionum Catullianarum liber I, Gießen 1862.

Weinreich: Otto Weinreich, Catull. Sämtliche Gedichte, Zürich 1969.

Weinreich, Distichen: Otto Weinreich, Die Distichen des Catull, Tübingen 1926.

Wheeler: Arthur Leslie Wheeler, Catullus and the traditions of ancient poetry, Berkeley and Los Angeles [2]1964.

Wilamowitz, Hell. D.: Ulrich v. Wilamowitz-Moellendorf, Hellenistische Dichtung in der Zeit des Kallimachos, 2 Bände, Berlin 1924.

Wilamowitz, S. u. S.: Ulrich v. Wilamowitz-Moellendorf, Sappho und Simonides, Berlin 1912.

Williams: Gordon Williams, Tradition and Originality in Roman Poetry, Oxford 1968.

Wiseman: T. P. Wiseman, Catullan Questions, Leicester 1969.

Wiseman, Cinna: T. P. Wiseman, Cinna the Poet and other Roman Essays, Leicester 1974.

IV. Aufsatzsammlungen

Approaches: Kenneth Quinn (Hrsg.), Approaches to Catullus, Cambridge 1972.
WdF: Rolf Heine (Hrsg.), Catull. Wege der Forschung Bd. 308, Darmstadt 1975.

Aus dem weiteren Programm

Christ, Karl:
Römische Geschichte und Wissenschaftsgeschichte.

8337-7 Band 1: **Römische Republik und augusteischer Principat.**
1982. VIII, 275 S., Gzl.

8338-5 Band 2: **Geschichte und Geschichtsschreibung der römischen Kaiserzeit.**
1983. VII, 287 S., Gzl.

Diese Sammlung ausgewählter Studien des Marburger Althistorikers konzentriert sich in ungewöhnlicher Geschlossenheit auf wenige zentrale Problemkreise der Römischen Geschichte und der Wissenschaftsgeschichte, die auch noch in der Gegenwart für Forschung und Unterricht bedeutsam sind. Der erste Band weist als Schwerpunkte die Probleme um Hannibal, die antiken Sklavenführer, den Untergang der Römischen Republik, die augusteische Germanenpolitik sowie die Dialektik des augusteischen Principats auf. Der zweite Band befaßt sich mit Domitian, Römisch-germanische Auseinandersetzung, Tacitus, Probleme der römischen Sozialstruktur, Römische Geschichtsschreibung, Untergang des Römischen Reiches.

7058-5 Kienast, Dietmar:
Augustus.
1982. X, 515 S. mit 1 Kt. im Text, 2 Faltkt., Gzl.

Das Buch versucht einen Überblick zu geben über die reichen Ergebnisse der internationalen Forschung, besonders der letzten Jahrzehnte. Anhand einer an den Quellen orientierten Darstellung des Aufstiegs und der Politik des Oktavian/Augustus werden alle Bereiche seines politischen Wirkens diskutiert und noch bestehende Probleme aufgezeigt.

8588-4 Lateinische Rechtsregeln und Rechtssprichwörter.
Lateinisch und deutsch. Hrsg. und übertr. von Detlef Liebs.
1982. 277 S., kart.

Jeder Jurist hat noch heute fast täglich mit lateinischen Sentenzen zu tun, deren genaue Bedeutung ihm immer häufiger nicht sofort gegenwärtig ist. Ausgehend von der Frage, welche dieser Sätze noch heute von Bedeutung sein könnten, wurden aus der großen Masse des Überlieferten etwa 2000 Regeln ausgewählt, ihre Bedeutung angegeben und womöglich ihre Herkunft bestimmt.

8583-3 Nickel, Rainer:
Einführung in die Didaktik des altsprachlichen Unterrichts.
1982. VI, 277 S., kart.

Das vorliegende Buch versteht sich als Theorie der Didaktik des altsprachlichen Unterrichts. Es bietet eine Einführung in die Ziele, Inhalte und Methoden der Didaktik des altsprachlichen Unterrichts als einer Forschungsdisziplin. Der Band beinhaltet die Darlegung einer Methodik der didaktischen Forschung, eine vergleichende Darstellung der Didaktik und ihrer Bezugswissenschaften, eine Präzisierung der gesellschaftlichen Funktion didaktischer Forschung.

83/I

WISSENSCHAFTLICHE BUCHGESELLSCHAFT
Hindenburgstr. 40 D-61100 Darmstadt 11